Andrea Thain
Michael O. Huebner

Humphrey Bogart

Der Mann hinter der Maske

Eine Biographie

Wunderlich

1. Auflage Juni 1996

Fotos des Tafelteils:
Privatsammlung der Autoren
Umschlaggestaltung Susanne Heeder
(Foto: Privatsammlung Thorer)
Satz Sabon (Linotronic 500)
Gesamtherstellung Clausen & Bosse, Leck
Printed in Germany
ISBN 3 8052 0551 1

«Das Problem mit Bogart ist,
dass er ab halb zwölf
selbst glaubt, Bogart zu sein.»
David Chasen

Für Elmar Huebner,
Wolfgang Thain und
Herbert Adloff

Inhalt

John Huston über Humphrey Bogart

«Es gibt nichts Langweiligeres als die Zeitung von gestern und tote Schauspieler», erklärte Humphrey Bogart, den wir alle liebevoll Bogie nannten, als er vom Tod John Barrymores erfuhr.

Das war Bogies feste Überzeugung, und ich glaube, er hätte sich um den Kult, der seit seinem Tod um ihn aufgebaut wurde, am meisten amüsiert.

Gleichzeitig aber wäre er von einem tiefsten Gefühl der Selbstzufriedenheit erfüllt worden. Denn geschickt wie kein anderer Darsteller verstand er es, seine Feinde und Freunde, ja, sogar seine Ehefrauen hinters Licht zu führen, wenn es darum ging, Privates und Gefühle zu verschleiern.

Aus diesem Grund ist es schwer zu behaupten, daß ich Bogart kannte. Ich kannte den Bogart, den er mich kennen lassen wollte. Geschickt präsentierte er der Welt verschiedene Gesichter.

Den Schauspieler Humphrey Bogart, mit dem ich die Ehre hatte, zusammenarbeiten zu dürfen. Der Probleme hatte, seine Texte zu lernen, weil er das für Zeitverschwendung hielt. Vielleicht war das das Geheimnis seiner bemerkenswerten Spontaneität. Der für die «method» und andere schauspielerische Religionen nur Verachtung aufbrachte. Der allein durch seine Anwesenheit, sein Charisma, das rein und unverfälscht war, die Leinwand zum Glühen, zum Vibrieren brachte.

Der Hollywoodianer Humphrey «Bogie» Bogart, der auf Parties, bei Dreharbeiten und Gesellschaften bewußt die Rolle des Störenfrieds, des Unruhestifters übernahm, hinterließ bei vielen einen recht ungünstigen Eindruck. Sie hielten ihn für einen Proleten, Rowdy und Angeber, für ein Monster und einen arroganten, widerwärtigen Menschen.

Der Privatmann Humphrey DeForest Bogart war ein zugänglicher, bescheidener, von Ängsten gequälter, aufrichtiger Mann, der feinsinnig und belesen jeglicher Kultur einen ungeheuren Respekt entgegenbrachte.

Und obwohl ich nie behaupten konnte, ich kannte Humphrey Bogart, kann ich mit Stolz sagen, ich mochte ihn.

Ich nahm Bogie an viele Orte der Welt mit. Aber er mochte das überhaupt nicht, für ihn bedeutete das Ungemach und Mühsal. Er umgab sich zwar oft mit der Aura des Abenteurers, aber am wohlsten fühlte er sich zu Hause.

Worin aber besteht das Geheimnis, daß auch heute noch jeder Bogart zu kennen glaubt?

Sind es seine Filme, in denen er wie kein anderer den Typus des romantischen, eigenbrötlerischen Verlierers kultivierte?

Ist es sein Gesicht, jenes Affengrinsen, das erst erfolgreich wurde, als die Zeit der Gilberts und Valentinos vorüber war? Bogarts Gesicht gehörte den vierziger Jahren. Oder doch nicht?

Ist es sein öffentliches Sterben, das Gefühle hervorrief, wie sie nur noch James Dean, Marilyn Monroe und Elvis Presley zuteil wurden?

War es der Umstand, daß Bogie eigentlich ein Vorläufer des typischen Vertreters der sechziger Jahre war, laut, zynisch, existentialistisch, ein Hecht im Karpfenteich, der niemandem Ruhe gönnte?

Ich weiß es nicht.

Dennoch ist es niemandem so sehr zu gönnen wie Bogie. Er hat es verdient, als überaus talentierter und sensibler Schauspieler erinnert zu werden. Ich sage dies, auch wenn solche Statements mir einmal gewaltigen Ärger mit ihm einbringen werden. Aber das ist eine andere Geschichte …

Humphrey

EINS

Als Humphrey Bogart 1953 während der Dreharbeiten von *Sabrina* gefragt wurde, wen er als Vorbild für die Rolle des Linus Larrabee benutzt hatte, hielt Bogart einen Moment inne. «Nun, ich kann ohne Übertreibung sagen, daß die Rolle eine perfekte Wiedergabe meines Vaters ist.»

Bogarts Vater, Dr. Belmont DeForest Bogart, gehörte zu einer der angesehensten Familien New Yorks. Die familiären Wurzeln lassen sich bis zum Jahre 1500 zurückverfolgen. Seine Vorfahren, die aus Holland stammten, hatten mit Handelsgeschäften ein ansehnliches Familienvermögen erwirtschaftet, bevor sie vor drei Generationen nach Amerika aussiedelten.

Bogarts Großvater, Amory Elias DeForest Bogart, war nach den Schilderungen seines Sohnes eher zu den «arbeitsscheueren Kreaturen in Gottes großem Garten» zu zählen. Durch eine Investition in ein neues Verfahren, welches es ermöglichte, von Zinnplatten Lithographien zu ziehen, konnte er das dahinschwindende Familienvermögen wieder aufbessern. Später zahlte Amory seinen Partner aus und ließ sich fortan als Erfinder des Verfahrens feiern.

Belmont wurde als zweites von vier Kindern am 24. Dezember 1865 in Canandaigua geboren. Schon in frühester Kindheit mußte er erleben, wie sein Vater, der dem Alkohol verfallen war, seine Frau und seine Kinder mißhandelte. «Die Ohnmacht, sich meinem Großvater nicht zur Wehr setzen zu können, belastete meinen Vater sein ganzes Leben lang», erinnerte sich «Pat», Humphrey Bogarts Schwester. Doch Belmont wollte den Züchtigungen seines Vaters nicht hilflos ausgeliefert sein. Im Alter von 12 Jahren begann er mit einem intensiven Trainingsprogramm. Er ruderte und trieb Leichtathletik, trainierte mit Gewichten und nahm mit 16 Jahren Boxstunden. In der Trinity School, einer episkopalen Einrichtung in der 91. Straße, Amsterdam Avenue, wunderte man sich über den stillen Schüler, der ebenso verbissen wie erfolgreich Latein, Deutsch und Griechisch lernte. Lawrence T. Cole, der Leiter der Schule, und seine Frau fanden an dem Jungen Gefallen. Als Belmont ihnen von seinen häuslichen Problemen erzählte, suchte Cole den Vater Amory DeForest Bogart auf. Doch das Gespräch endete damit, daß Amory den Schulleiter hinauswarf und drohte, Belmont von der Schule zu nehmen. Belmont war verzweifelt. Noch in der gleichen Nacht packte er seine Sachen und suchte bei den Coles Unterschlupf. Zunächst drohte Bogart damit, Cole vor Gericht zu bringen, doch bei einem außergerichtlichen Termin machten Coles Anwälte Amory deutlich, welche fatalen Folgen ein Gerichtstermin auch für Bogart und seine gesellschaftliche Stellung haben würde. Schließlich willigte Amory ein, die Erziehung seines Sohnes fortan den Coles zu überlassen. Lawrence T. Cole und seine Frau Emily waren in der Gesellschaft New Yorks vor allem wegen ihrer radikalen sozialen Ansichten bekannt. Beeindruckt von dem Engagement seiner Pflegeeltern, übernahm auch Belmont deren reformerischen Ansichten, die ihm während seines Studiums der Medizin am Columbia College of Physicians and Surgeons in Manhattan manchmal Schwierigkeiten einbrachten. «Es war oft das sportliche Können und Talent meines Vaters, das ihn wiederholt vor dem Ausschluß bewahrte», erinnerte sich Humphrey Bogart. 1894 erwarb er am Columbia College den «premed», wechselte an die John Hopkin's University und graduierte 1898.

Belmont DeForest war ein brillanter Student gewesen und stand nun vor der Frage, wo er seine Praxis eröffnen sollte. Nach Connecticut wollte er nicht, weil er das Landleben verabscheute und die Nähe seiner Familie meiden wollte. In der Metropole New York aber war es sehr schwer, von einer eigenen Praxis leben zu können.

Kaum hatte er sich entschlossen, nach Hartford zu gehen und bei Dr. Oliver Smith, dem damals führenden Urologen, zu arbeiten, da erreichte ihn das Angebot des Presbyterian Hospital. Seine Arbeitszeit hätte es ihm noch erlaubt, nebenbei eine eigene Praxis zu betreiben. Nur eine Bedingung mußte Belmont noch erfüllen: Er mußte verheiratet sein.

Belmont hatte sich bisher nicht besonders viel aus Frauen gemacht. Gelegentliche Bekanntschaften hatte er immer dann abgebrochen, wenn die Beziehungen ihn zu sehr einzuengen drohten. Nun aber wollte er die einmalige Chance, die ihm das Presbyterian Hospital bot, nicht verspielen, und so machte er sich daran, um jene Frau zu werben, die ihn schon während seines Studiums beeindruckt und fasziniert hatte, die ihn aber auch durch ihre eindeutigen Avancen mehr als einmal verschreckt hatte: Maude Humphrey, Graphikerin und ungekrönte Königin der New Yorker Gesellschaft.

Am 2. August 1866 in Corning geboren, entwickelte Maude sich schon bald zum Schrecken ihrer Familie. Doch Augustus Humphrey, ihr Vater, war Kummer mit Frauen gewöhnt. Zwar stand er als Priester der Episcopalian Church seiner Gemeinde vor, zu Hause aber hatte er nur sehr geringes Mitspracherecht. Seine Frau Mary engagierte sich bei den Frauenrechtlerinnen und setzte alles daran, die anderen Mütter von Corning davon zu überzeugen, ihre Töchter eine Schule besuchen und später studieren zu lassen. Energisch hatte sie selbst die Erziehung ihrer Töchter Maude, Caroline und Edith in die Hand genommen. «Mein Großvater hielt nicht besonders viel von den Ambitionen meiner Großmutter», erinnerte sich Bogart 1953. «Aber als

Mutter 1888 die Aufnahmeprüfung in Bryn Mawr bestand, die mit der von Yale und Harvard vergleichbar ist, platzte er beinahe vor Stolz.»

Bryn Mawr war von dem reichen Quäker Joseph Wright Taylor gegründet worden, der es sich zum Ziel gemacht hatte, ein College ins Leben zu rufen, das «ein Platz für die fortschrittliche Erziehung unserer weiblichen Freunde» sein sollte.

Für jährliche 350 Dollar Miete bezog Maude ein Zwei-Zimmer Appartement. Es dauerte nur kurze Zeit, bis Maude auf sich aufmerksam machte. Sie trieb sich in den nahe gelegenen Kneipen herum, ermutigte die Männer zu zahlreichen Avancen und sorgte mit ihrer Kleidung und ihrem Auftreten für allerlei Gesprächsstoff in der Gemeinde. Wegen ihres Sarkasmus und ihres scharfen Witzes war sie gleichermaßen gefürchtet wie bewundert.

In Bryn Mawr entdeckte Maude, daß sie über eine Begabung im Zeichnen verfügte. So beschloß sie, in Paris Kunst zu studieren. Sie stellte eine Mappe zusammen und reiste mit 500 Dollar nach Paris, wo sie sich dem amerikanischen Maler und Graphiker James Abbott McNeill Whistler vorstellte. Dieser war von ihrer Schönheit gleichermaßen fasziniert wie von ihrer Kunst und nahm sie in seiner Schülerschaft auf. Für Maude waren die Pariser Jahre die «einzig wahren lebenswerten Tage» ihres Lebens. Sie genoß das freie Künstlerleben in vollen Zügen, zumal sie nicht – wie viele ihrer Kollegen – unter finanziellen Problemen zu leiden hatte. Die rauschenden Feste, die sie gab, waren der Geheimtip der Künstlerszene. Im Sommer 1896 telegrafierte ihr Vater, daß ihre Mutter an Krebs erkrankt war. Maude reiste nach Corning, um ihre Mutter zu pflegen. Doch bereits wenige Tage nach ihrer Rückkehr starb Mary und mit ihr die Hoffnung, nach Paris zurückzukehren. Ohne zu zögern willigte Maude ein, die Stellung ihrer Mutter in der Familie zu übernehmen. Doch schon bald mußte sie erkennen, daß die «spießige Gesellschaft von Corning und die muffige Luft im Hause meines Vaters mich zu ersticken drohten». Kurzerhand packte sie ihre Koffer, sagte sich von ihrer Familie los und bezog ein Appartement in Manhattan.

Das Leben in Manhattan war von einer unbeschreiblichen Aufbruchsstimmung geprägt. Die Zeit schien wie geschaffen für eine Frau wie Maude Humphrey. Ohne vorherige Terminabsprachen suchte sie die bedeutendsten Verleger der damaligen Zeit auf und überzeugte sie, daß sie ohne ihre Arbeit nicht mehr arbeiten konnten. Ähnlich verfuhr sie mit den wenigen Agenturen, die es übernommen hatten, in Magazinen Produkte zu bewerben. Es dauerte nur kurze Zeit, und Maude hatte ein Jahreseinkommen von 40 000 Dollar erreicht. Gleichzeitig setzte sie sich verstärkt für die Forderungen der Frauenrechtlerinnen ein. Sie veranstaltete Diskussionsabende und finanzierte einige der ersten Kundgebungen in Amerika.

Die Gesellschaft von Manhattan schätzte Maude wegen ihrer Parties und der zahlreichen Gesellschaften. Gleichwohl tuschelte man hinter ihrem Rücken über ihre zahllosen Männerbeziehungen. «Männer müssen erkennen, daß auch sie als Lustobjekte von uns und gewissen Männern benutzt werden können», sagte Maude, wann immer es ihr gefiel, und lachte schallend, wenn sie auf Überraschung und hochgezogene Augenbrauen stieß. Um so mehr reizte sie dieser junge Mediziner, der sich bisher standhaft geweigert hatte, ihr zu Diensten zu sein. «Wenn ich jemals heiraten sollte, dann muß es ein Mann von der Statur und dem Kaliber dieses jungen Bogart sein», erklärte sie einer Freundin.

So war Maude über die Maßen überrascht, als Belmont plötzlich begann, sie zu umwerben. Und bald schon stand für beide fest, daß sie einer festeren Bindung nicht abgeneigt waren.

Am 5. Mai 1898 heirateten sie in Canandaigua. Maude zog es vor, ihrer Familie erst nach der Trauung telegrafisch mitzuteilen, daß sie sich vermählt hatte. Im Anschluß an die kleine Feier brach das Paar zur Hochzeitsreise nach Paris auf.

Noch während der Flitterwochen bemerkte Maude, daß die Hochzeitsnacht nicht ohne Folgen geblieben war. Bereits jetzt wurde deutlich, daß sie in ihrer Wut über Belmonts «Ungeschicklichkeit» den temperamentvollen Ausbrüchen ihres Mannes in nichts nachstand.

In New York bezog das junge Paar in der 103. Straße West ein dreistöckiges Haus mit Erkern und Ornamenten, das Belmont Bogart von seinem Erbe erworben hatte.

Im ersten Stock richtete Belmont seine Praxis ein und ging auf dicken, grünen Teppichen, zwischen mahagonigetäfelten Wänden und erlesenen Möbeln seiner Profession nach. Die repräsentativen Wohnräume hatte Maude angefüllt mit klassischen Statuen, Alabasterlampen, antiken Vasen, Wandteppichen und Gemälden, die sie während der Hochzeitsreise erworben hatte. Terrakottakübel mit Gummibäumen und Palmen spiegelten sich auf dem gebohnerten Parkett, und aus dem Grammophon, Maudes Lieblingsspielzeug, zitterten zu jeder Tages- und Nachtzeit Carusos Arien durch die Räume. Die rauschenden Feste, die die Bogarts in den nächsten Monaten feierten, wurden von den Klatschspalten registriert, und auch der Verschleiß an Personal, den die Zimmerschlachten zwischen Belmont und Maude mit sich brachten, blieb dem New Yorker Publikum nicht verborgen.

Mit enggeschnürten Miedern versuchte Maude ihre Schwangerschaft zu kaschieren. Sie kam ihren gesellschaftlichen Verpflichtungen wie gewohnt nach, bis sie eines Morgens zusammenbrach und in die Klinik ihres Mannes gebracht wurde. Als Dr. Alex Hawthorne, Belmonts Vorgesetzter, hörte, daß die Frau seines Kollegen eingeliefert worden war, ließ er es sich nicht nehmen, Maude zu untersuchen und dem jungen Paar die freudige Botschaft persönlich zu eröffnen. Da blieb den Bogarts nichts anderes übrig, als sich auf die Geburt ihres ersten Kindes «enthusiastisch zu freuen».

ZWEI

Über das Geburtsdatum von Humphrey Bogart herrscht interessierte Verwirrung. Im Laufe seiner Karriere hat er wiederholt Desinformationen gestreut und lieferte dazu auch gleich eine Erklärung: «In meinen wilden Hollywoodjahren vertrieb ich mir meine Langeweile, indem ich mich mit ein oder zwei Kolumnisten ins Café oder Restaurant setzte und die eine oder andere verrückte Geschichte auskochte. Ich wollte damals sehen, wie weit ich gehen konnte, und ich muß sagen, manchmal überspannte ich auch den Bogen etwas. Aber egal, wie schwachsinnig die Sachen auch waren, die Jungs druckten es.»

Das Geschäft der Mystifikation betrieb als erste die Presseabteilung von Warner Brothers, die Bogarts Geburtsdatum auf den 25. Dezember 1900 legte, den Geburtstag seines Vaters. Und Bogie machte sich einen Höllenspaß daraus, an diesem Tag eine Weihnachts- und Geburtstagsparty zu veranstalten. Erst in den fünfziger Jahren räumte er ein, daß Hollywood getäuscht worden sei und er in Wirklichkeit bereits 1899 das Licht der Welt erblickt hatte. «Zum Teufel, wieso sollte ich den Hungerleidern Hollywoods zweimal die Bäuche füllen», argumentierte er in einem Brief an Peter Lorre, der sich darüber wunderte, daß Bogie nicht einmal seine vierte Frau Lauren Bacall in den Scherz eingeweiht hatte. Lauren ging sogar soweit, in ihrer Dokumentation «Bacall on Bogart» aus dem Jahr 1988 zu erklären: «Egal, was

Sie gelesen oder gehört haben, Bogie wurde Weihnachten 1899 geboren.»

Verwirrung herrscht auch bei den Biographen: Jonathan Coe glaubte noch 1991 zu wissen, Bogarts wahrer Geburtstag sei der erste Weihnachtstag 1899, ansonsten «wäre es, milde ausgedrückt, ein sehr seltsames Verhalten für einen Mann gewesen, den seine Freunde stets wegen seiner ‹unbedingten Ehrlichkeit› schätzten». Cornelia Zumkeller war indes davon überzeugt, daß Bogart «bereits am 24. Dezember 1899 in New York das Licht der Welt erblickte». Doch niemand hatte sich die Mühe gemacht, im Geburtsregister nachzuschauen.

Im Dezember 1898 machte sich Maude daran, das Kinderzimmer einzurichten. Im Freundeskreis beklagte sie sich wiederholt darüber, wie sehr die Schwangerschaft sie entstellt habe und daß sie es vorzöge, keine Kinder mehr zu bekommen. Bei der Eröffnung einer Vernissage am 24. Dezember fühlte sie sich unwohl. Auf dem Heimweg rutschte sie aus und stürzte auf den vereisten Bürgersteig. Dr. Bogart stellte eine schwere Prellung fest und verordnete seiner Frau Bettruhe. Doch über die Weihnachtstage nahmen Maudes Beschwerden zu, so daß es geraten schien, das Sloan Maternity Hospital aufzusuchen. Jeden Moment, glaubte Dr. Bogart, konnten die Wehen einsetzen. Doch es sollte noch bis zum 23. Januar 1899 dauern, bis ein acht Pfund schwerer Junge nach einer komplizierten Geburt das Licht der Welt erblickte.

Bereits während der Schwangerschaft hatte Maude Belmont gedrängt, das Kind nach ihrer Familie zu benennen. Dr. Bogart dagegen wollte seinen Sohn nach seinem Ziehvater Lawrence T. Cole benennen, da er die Ansicht vertrat, daß der Name «Humphrey» für einen Jungen zu weibisch sei. Um sich aber weitere Diskussionen zu ersparen, willigte er letztendlich ein. Gleichzeitig bestand er aber auf den Mittelnamen DeForest.

Kaum hatte Belmont das kleine Etwas gesehen, das fest entschlossen und mit eiserner Kraft seinen Zeigefinger umschloß, erwachten in ihm Vatergefühle. Als er mit Kollegen die Geburt seines Erstgeborenen in Luchows Restaurant feierte, verkündete er stolz, der Junge müsse, eingedenk seines festen Griffes, Chirurg werden.

Maude hatte Probleme, zu ihrem Kind eine Beziehung aufzubauen. Noch während ihres Klinikaufenthaltes engagierte sie ein irisches Kindermädchen, das die Erziehung des Jungen übernehmen sollte. Maude selbst beschränkte den Kontakt zu ihrem Kind auf ein Minimum. «Um so aberwitziger ist es, daß Mutter mir ihren eigentlichen Ruhm zu verdanken hatte», erzählte Bogie. «Mutter brauchte für eine ihrer Unternehmungen dringend Geld. Wochenlang sperrte sie sich in ihr Atelier ein, aber ihr wollte und wollte nichts einfallen. Sie hatte von Mellins den Auftrag, die neue Babylinie zu gestalten. Damals war Mellins der Marktführer auf dem Gebiet der Babynahrung. Nun, wochenlang kümmerte sie sich nicht um mich. Als das Kindermädchen einmal krank wurde, erklärte sie sich widerwillig bereit, mich in den Park zu bringen. Mit dabei waren natürlich ihr allgegenwärtiger Zeichenblock und ihre Stifte. Während ich da nun in meinem Kinderwagen vor mich hin krähte, hatte sie so etwas wie eine Offenbarung: Die Lösung ihres Problems lag vor ihr in dem Kinderwagen: ich. Also zeichnete sie mich, und die Leute von Mellins spielten verrückt.»

Innerhalb kürzester Zeit erfuhr der kleine Humphrey als Mellins-Baby ikonenhafte Verehrung. «Was mich am meisten an Bogie faszinierte, war der Umstand, daß er jenes Mellins-Baby war», erinnerte sich der Drehbuchautor Nunnally Johnson. «Jede Packung zierte das Bild des Mellins-Babys. Alle Kinder, so wurde suggeriert, die Mellins bekamen, würden aussehen wie dieses Traumbaby.» Doch der unerwartete Erfolg veränderte nichts an den Gefühlen, die Maude ihrem Erstgeborenen entgegenbrachte. Energischer denn je widmete sie sich ihrer Karriere und ihren frauenrechtlichen Verpflichtungen. 1908 lud sie

Emmeline Pankhurst und deren Töchter Sylvia und Christabel nach Amerika ein, sehr zum Unwillen der amerikanischen Einwanderungsbehörde. Nach der Gründung der Women's Social and Political Union in England 1903 waren Miss Pankhurst und ihre Anhänger weniger wegen ihrer Forderung nach Gleichberechtigung und dem Wahlrecht für Frauen, als vielmehr durch gewalttätige Proteste bekannt geworden. Die amerikanische Regierung befürchtete die «Vergiftung der weiblichen amerikanischen Köpfe» und ähnliche Ausschreitungen wie die, die das britische Empire in Angst und Schrecken versetzt hatten. Maude mußte große Überredungskunst aufbieten und schrieb sogar einen Bittbrief an Präsident Theodore Roosevelt, bevor man den Pankhursts die Einreise gestattete.

Maude begleitete die Pankhursts während ihrer Reise durch die Staaten und lernte viele Gleichgesinnte kennen, unter ihnen eine junge Frau namens Katharine Houghton Hepburn. «Im Gegensatz zu Maude Bogart bezog unsere Mutter uns in ihren Kampf ein», erinnerte sich deren Tochter Katharine Hepburn 1993. «Für uns war das das Natürlichste auf der Welt, und so kam es, daß wir auch später noch immer in irgend etwas verwickelt waren.»

Anders als seinem Kollegen Dr. Norval Thomas Hepburn war Belmont das Engagement seiner Frau peinlich. Er fürchtete, daß ihre Eskapaden sich negativ auf seine Praxis auswirken könnten. Indes kümmerte er sich so gut es ging um die Kinder. 1901 war Francis, die später jeder nur «Pat» rief, und 1903 Katharine Elizabeth, genannt «Kay», geboren worden, was Maude einmal zu der Bemerkung veranlaßte: «Belmont ist inzwischen phantastisch im Bett, aber ich weiß nicht, wie er es schafft – er braucht mich nur zu küssen, und ich werde schwanger.»

Da ihr Gatte ihr die «Kinder angehängt hatte, fand Mutter es mehr als gerecht, daß Vater allein sich um uns kümmerte», erzählte Bogie. Und weil Belmont noch seinen beruflichen Verpflichtungen nachkommen mußte, übernahmen die Kindermädchen und Bediensteten, die in schönster Regelmäßigkeit Hals über Kopf das Haus der Bogarts zu verlassen pflegten, die Erziehung der Kinder.

Maude fühlte sich durch ihre Kinder in ihrer Freiheit eingeengt. Kinder sollte man am besten weder sehen noch hören. Wenn Besuch kam, wurden die drei Sprößlinge vorgeführt und erhielten von ihrer Mutter einen flüchtigen Kuß. «Das war das höchste an mütterlichen Gefühlen, das Maude mir gegenüber als Kind aufbrachte», räumte Bogart ein. «Ein Kuß, das war in unserer Familie ein Ereignis. Ich wuchs ohne Zuneigung auf.»

Auch die Ehe der Bogarts war inzwischen geprägt von Gefühlskälte. Belmont, einst schlank und sportlich, hatte eine gesetztere Statur angenommen, und Maude verabscheute nichts mehr als «fette Männerleiber». Freundinnen gegenüber klagte sie, daß Belmont sich vernachlässige. «Es ist ungeheuerlich. Von uns Frauen wird auch erwartet, daß wir appetitlich aussehen.» Nach der Geburt ihres dritten Kindes erklärte Maude, daß sie genug «junge Brut in die Welt gesetzt» habe und begann, sich mit vorgeschützten Migräneanfällen Belmont zu verweigern. Ihre ausgeprägte sexuelle Begierde befriedigte sie von nun an mit jungen attraktiven, aber mittellosen Künstlern.

Wann immer es ihm möglich war, floh Belmont mit seinem Jungen in das Sommerhaus am Canandaigua-See. So lernte Humphrey Fischen, Jagen und Segeln. «Als ich acht Jahre alt war, konnte ich mein Boot schon allein über den See steuern.»

Belmont machte gegenüber seinem Sohn aus seinen Gefühlen und Ängsten keinen Hehl. Nüchtern analysierte er gemeinsam mit ihm seine Sorgen und Probleme. Gleichzeitig wollte er aus seinem Sohn einen richtigen Mann machen.

1910, Humphrey war zehn Jahre alt, litt Belmont an Arthritis. Zunächst versuchte er, die Schmerzen mit Alkohol zu betäuben, ging dann aber zu Morphium über. Innerhalb kürzester Zeit war Belmont von der schmerzstillenden Droge abhängig. Mehr und mehr vernachlässigte er seine Arbeit. Aus Angst, ihren gewohnten Lebensstandard zu verlieren, begann Maud wie eine Besessene zu arbeiten. «Von nun an hatte Mutter das Sagen. Ich haßte es, wie sie meinen Vater behandelte. Meistens endeten die verbalen Auseinandersetzungen damit, daß es zu wilden Keilereien und Schlägereien zwischen ihnen kam. Da ich meistens die Partei von Vater ergriff, schlug mich meine Mutter», erzählte Bogie. «Sie konnte ausgesprochen schmerzhaft zuschlagen. Ihre kleinen Hände hinterließen deutliche Spuren.»

Auf diese Weise trug Humphrey seine steife Oberlippe und eine Narbe davon, die jahrelang Gegenstand abenteuerlicher Spekulationen waren. Publikumswirksam machte Bogies Geschichte mit dem Schrapnellsplitter die Runde – oder die Version, die Bogies Schwager Stuart Rose nach dessen Tod dem Reporter Richard Gehman auftischte: Während seiner Zeit bei der Marine habe Bogart einen Gefangenen eskortieren müssen...

Die Wahrheit jedoch war weit weniger ruhmreich. In einem Brief vertraute Bogart seinem Freund Peter Lorre an, daß es seine Mutter gewesen war, die ihm während eines Wutanfalls die Verletzung zugefügt hatte. «Sie schlug mir mit der flachen Hand auf den Mund und vergaß, daß sie diesen Diamantring trug. Es tat höllisch weh. Dad wollte mich gleich verarzten, doch sie bestand darauf, daß er mich in den Wandschrank sperrte. Dort lag ich die ganze Nacht, und als er mich am nächsten Morgen herausließ, war die Wunde schon entzündet.»

Wann immer es ihm möglich war, floh Humphrey von zu Hause zu seinem besten Freund Bill Brady.

Die Bradys, eine laute, lustige Familie irischer Abstammung, führten ein offenes Haus.

«Großmutter Brady stand in der Küche, und wann immer einer der zahllosen Gäste auftauchte, erhielt er etwas aus einem dieser zahllosen dampfenden Kessel und Töpfe. Egal, wann man kam, man war immer willkommen», erinnerte sich Bogart Jahre später. «Es dauerte nicht lange, bis die Bradys meine eigentliche Familie wurden.»

Bills Vater, William Brady, hatte die sprichwörtliche amerikanische Karriere hinter sich. Im Alter von sieben Jahren arbeitete er als Zeitungsjunge und Schuhputzer, ergatterte später einen Job als Schauspieler, wurde Inspizient, Regisseur und Veranstalter von Boxkämpfen und hatte die Boxer James L. Corbett und James J. Jeffries unter Vertrag. Das Geld, das er mit diesen Boxveranstaltungen verdiente, investierte er in eine Broadway-Show mit Billie Burke und seiner zweiten Frau Grace George in den Hauptrollen – und landete einen Hit. Mehr als 300 Shows finanzierte Brady in den folgenden Jahren. Er war ein gemachter Mann, und so kaufte er ein Haus ganz in der Nähe der Bogarts und gleich auch ein eigenes Theater: das Playhouse in New York.

Brady richtete sein Augenmerk auch auf das neue Massenmedium, das für die Zeit wie geschaffen zu sein schien: den Film. In Europa hatte man bereits seit Jahren kleine Geschichten auf Zelluloid gebannt, während die Entwicklung des Films in Amerika immer noch in den Kinderschuhen steckte. Der einzige Streifen, der aus den Anfangsjahren erhalten geblieben war, war jener Nieser von Fred Ott (1897), der in die Filmgeschichte einging, obwohl er lediglich Thomas Edisons Mechaniker beim Entleeren seiner Nasenhöhlen zeigte.

1907 wurde die amerikanische Wirtschaft von Krisen geschüttelt. Banken schlossen, Arbeitslose überfluteten die Straßen. Brady jedoch erkannte die Zeichen der Zeit und nahm Kontakt zu William N. Selig auf, einem ehemaligen Magier, der bereits 1896 mit der Produktion von Filmen begonnen hatte. Selig, allgemein als Colonel bekannt, akzeptierte Brady als Partner, und Brady produzierte *The Heart of a Race Tout*, ein Film, der hauptsächlich auf der Rennbahn von Santa Anita gedreht wurde. Der Streifen war ein unglaublicher Erfolg. Für einen Nikkel konnten sich nun auch die Armen das Vergnügen erlauben, die Idole in Überlebensgröße zu bewundern.

Gemeinsam mit dem Colonel produzierte Brady in den kommenden Jahren zahlreiche Filme wie *Hunting Big Game in Africa* (1909), immer auf der Flucht vor Thomas Edison, der über die meisten Filmpatente verfügte. Um seine Rechte zu schützen hatte der Erfinder Detektive engagiert, die Jagd auf wilde Filmproduzenten wie Brady und Selig machten und ihnen, wenn sie diese erwischten, die gesamte Ausrüstung zertrümmerten. Aus Angst, ertappt und überfallen zu werden, folgte Selig den anderen Wilden nach Südkalifornien, wo man jederzeit über die mexikanische Grenze fliehen konnte, sobald Edisons Häscher einem auf den Fersen waren. Und Kalifornien bot jenes legendäre Sonnenlicht, das vielen wie «eine Wunderlampe» erschien.

Das fahrende Filmvolk parkte seine Wagen in dem Zitronenhain «Hollywood», dessen Besitzer die Gelegenheit beim Schopf packte und das Hollywood Hotel baute – der Ursprung des heutigen Hollywoods. Cowboys kamen und verdingten sich als Statisten, und das Hollywood Hotel avancierte zum pulsierenden Herz der staubigen Oase. Die Bevölkerung des Dorfes, die 1910 von 1503 auf 5000 Bewohner gewachsen war, stieg in den nächsten zehn Jahren um 720 Prozent.

1911 brannte bei Selig eine Sicherung durch. Er eröffnete den Selig Jungle Zoo, der mehr als 300 Tiere beherbergte. Nach dem Zooabenteuer wurde es still um Selig, der sich von nun an dem Studium der Zoologie widmete und einige Tierfilme realisierte.

Brady indes expandierte, baute eigene Kinos und stilisierte anonyme Schauspieler zu Idolen.

1908 entstanden die ersten Filmpaläste, die in den folgenden dreißig Jahren ihre Blüte erlebten und sich zu einer Architekturform entwickelten, deren wilder Eklektizismus die Grenzen des guten Geschmacks neu definierte. In seinem Buch «The Best Remaining Seats» schreibt Ben Hall: «Diese Vergnügungspaläste waren Ausdruck der geheimsten und polychromsten Träume einer ganzen Architektengruppe, die sonst dazu verdammt gewesen wäre, Kirchen, Hotels, Banken und Oberschulen zu bauen. Die Architektur des Filmpalastes war ein Triumph unterdrückten Verlangens.»

Hemmungslos ließen sich die Architekten von Kirchen, Schlössern, Basaren, Ställen, Tempeln, Opernhäusern, Pyramiden und Klöstern inspirieren. Wie Pilze schossen die Filmpaläste aus dem Boden und genossen die Gunst des Publikums. Selbst John Eberson, der erfolgreichste Kinoarchitekt, konnte sich diesen Erfolg nicht erklären. 1875 als Sohn eines Holzfällers in Wien geboren, kam er nach seinem Studium an der Universität Wien und seiner Zeit bei den kaiserlichen Husaren 1901 nach Amerika. In St. Louis gründete er ein eigenes Architektenbüro. Durch seinen gewagten und abenteuerlichen Baustil auf ihn aufmerksam geworden, beauftragte Brady ihn mit dem Entwurf und dem Bau einiger seiner Theater und Filmpaläste. Die Film- und Vaudevillehäuser, die Eberson für ihn schuf, gehörten zu den kühnsten Bauwerken, die Amerika je gesehen hatte.

Zu den Theatern, die Brady besaß, gehörte auch das Orpheum Theatre in Brooklyn. «Die Kinos, aber auch die Theater boten mir eine nie gekannte Geborgenheit», erinnerte sich Humphrey Bogart. Bills Vater drückte den Jungen regelmäßig Freikarten in die Hand, und so sah Humphrey, neben den damaligen Kinokassenhits, die heute in Vergessenheit geraten sind, auch zahlreiche Theatergrößen, denen es nicht besser gehen sollte. Er war von Sarah Bernhardt ebenso fasziniert wie von dem englischen Komiker W. C. Fields. Am besten jedoch gefielen Humphrey die Stücke mit H. B. Warner, den er gelegentlich während der Aufführung anfeuerte. Nach den Shows gingen sie hinter die Bühne, wo sie von den Schauspielern herzlich willkommen geheißen wurden. «Niemand wollte es sich mit Brady verderben. Aus diesem Grund behandelten sie uns wie die kleinen Prinzen, und wir genossen es.»

Dr. Bogart und Maude betrachteten die Freundschaft zwischen ihrem Sohn und Bill mit gemischten Gefühlen. Zwar gehörte Brady zu Dr. Bogarts Patienten, aber privat blickten sie auf die Vaudevilleleute herab. «Mutter war ein ausgesprochener Snob. Sie verachtete Bills Mutter, und die Großmutter bezeichnete sie als Verräterin an der Sache der Frauen. Irgendwie erfuhren sie davon, aber dennoch grüßte Grace Mutter weiter und zwang ihr gelegentlich einen kleinen Plausch auf.»

Seine Eltern machten den Umgang mit den Bradys auch verantwortlich für Humphreys schlechte Zensuren in der Delancy School. «Bogie war ein kleiner, schüchterner Junge, der nie das Maul aufmachte», erinnerte sich sein ehemaliger Mitschüler Patrick O'Brien. «Von seiten seiner Klassenkameraden mußte er viel durchmachen. Zum einen hänselten sie ihn wegen seines zweideutigen Namens, der eine Vorliebe für das eigene Geschlecht implizierte, zum anderen wegen seiner Kleidung. Er trug meistens Matrosenanzüge oder Sachen aus Samt. Irgendwie sah er aus wie dieser kleine Lord Fauntleroy.» Nach den üblichen Keilereien, die Humphrey und Bill gemeinsam durchstanden, gingen die zerschundenen Jungen zu den Bradys nach Hause. Großmutter Brady wußte, was Bogie blühte, wenn er mit zerrissenen Kleidern nach Hause kam, und «restaurierte» erst einmal die größten Schäden, bevor Humphrey sich auf den Heimweg machte.

Im Sommer 1913 verliebte sich Humphrey unsterblich in eine englische Schauspielerin, die zusammen mit Edward Everett Horton und H. B. Warner in einer Komödie auftrat. «Sie hatte flammendrotes Haar und Haut so weiß wie Schnee», schwärmte er auch noch vierzig Jahre später. «Ich sah sie und war sofort verliebt. Sie können sich vorstellen, wie die Verliebtheit eines Dreizehnjährigen aussieht. Ich schickte ihr täglich Blumen, die ich irgendwo zuvor geklaut hatte, und versäumte keine Vorstellung. Hinterher lungerte ich vor ihrer Garderobe herum und war glücklich, wenn sie mir beim Verlassen des Theaters ein Lächeln schenkte.» Wahrscheinlich war es William Brady sen., der den kleinen Bogart nicht mehr länger leiden sehen konnte. Jedenfalls lud ihn eines Nachmittags die Dame seines Herzens in ihre Garderobe ein und unterhielt sich mit ihm. «Ich war derart aufgeregt, daß ich keinen Ton herausbrachte. Und plötzlich passierte es. Sie schaute mir tief in die Augen, und plötzlich kam ihr Gesicht auf meines zu. Dann küßte sie mich leicht auf den Mund. Der Duft ihrer Haare, ihr Parfüm – oder war es das viele Blut, das in mein Glied schoß, jedenfalls wurde ich ohnmächtig und küßte ihren Zimmerboden.»

Während eines Angelausflugs erklärte Humphrey seinem Vater voller Stolz, daß er nun ein «wirklicher Mann war. Vater sah mich nur lange und schweigend an, und ich ahnte, daß dies wohl der größte Fehler meines Lebens gewesen war». Anders als geplant kehrten die beiden noch am selben Abend nach New York zurück. Dr. Bogart zog sich mit seiner Frau in den Salon zurück. Zehn Minuten später raste Maude durch das Haus und suchte Humphrey, der sich, nichts Gutes ahnend, bereits im Taubenschlag in Sicherheit gebracht hatte. Schließlich zog sich Maude mit einem Migräneanfall in ihre Räume zurück, und Dr. Bogart nahm Kontakt mit Lawrence T. Cole auf und fragte, ob er in seiner Schule noch einen Platz für Humphrey frei habe. Cole versprach, sein möglichstes zu tun und teilte einige Tage später mit, daß der Junge ab September 1913 in die St. Michael's Church aufgenommen werden könnte.

Das strenge Reglement, nach Vorbild englischer Knabenschulen, das an der Trinity herrschte, war Humphrey zuwider. Er haßte die morgendlichen Gottesdienste ebenso wie das sture Auswendiglernen von deutschen, lateinischen und griechischen Texten. Gewiß, Onkel Bunny, wie Lawrence T. Cole liebevoll von ihm genannt wurde, versuchte alles, Humphrey für diese Fächer zu interessieren, doch schien auch er die aufgebauten Mauern nicht durchbrechen zu können. Der Junge war mürrisch und wortkarg, auch gegenüber seinen neuen Klassenkameraden. «Er war kein guter Schüler», resümierte der Drehbuchautor,

Produzent und ehemalige Klassenkamerad Doug Stover. «Als er Jahre später dann diesen harten Burschen im Kino spielte, war jeder, der ihn von der Trinity her kannte, erstaunt.»

Der Schriftsteller Eric Hodgins dagegen bezeichnete Bogart als «cool. Er trug Tag ein, Tag aus einen schwarzen Derbyhut. Keiner von uns begriff, was das sollte, aber Bogie unterschied sich so von der Masse. Ansonsten war er distanziert, aber freundlich.»

Freundlich, aber distanziert, mehr wollte auch seinen ehemaligen Lehrern nicht einfallen. Bogart erzählte nur wenig von sich und seiner Familie. Doch in der elften Klasse änderte sich sein Verhalten schlagartig. Er reagierte überaus aggressiv, und es verging kein Tag, an dem er nicht in irgendwelche Schlägereien verwickelt war. Cole sorgte sich um Humphrey und suchte das Gespräch, doch der Junge starrte nur stumm und trotzig in die Ecke. Zunächst glaubte Cole, daß Humphrey mit den allgemeinen Schwierigkeiten der Pubertät zu kämpfen habe, doch nach und nach deutete manches auf tieferliegende Probleme.

Um dem häuslichen Terror und seiner Frau zu entkommen, meldete sich Dr. Bogart freiwillig als Schiffsarzt. Während er auf See war, schien Humphrey zu kränkeln und mußte häufig der Schule fernbleiben. Cole suchte Maude Bogart zu Hause auf. Sie entschuldigte ihren Sohn, da dessen Gesundheitszustand sehr labil sei. Aus diesem Grunde sollte Humphrey die Klasse wiederholen. Doch er war und blieb ein Sorgenkind. Erst als der Sportlehrer auf Humphreys Rücken tiefe Kratzspuren entdeckte, versuchte Cole, diesmal durch direkte Konfrontation, zu Humphrey durchzudringen. Es dauerte nicht lange, bis der Junge zusammenbrach und sich Cole gegenüber öffnete.

Kurze Zeit nachdem Dr. Bogart seiner Frau entflohen war, hatte Maude damit begonnen, sexuelle Befriedigung auch in den Armen ihres Sohnes zu suchen. «Es begann damit, daß Humphrey ihre Haare kämmen mußte», erinnerte sich seine Schwester Pat. «Gewiß, es gab bereits damals den Mißbrauch von Kindern durch ihre Eltern. Aber anders als heute war es ein absolutes Tabuthema. Und auch für uns war es so unaussprechbar, was hinter der verschlossenen Tür geschah, daß uns allen jahrzehntelang die Sprache fehlte.» Cole konfrontierte Maude mit den Anschuldigungen. Doch erst als er ihr drohte, sie anzuzeigen, willigte sie ein, daß Humphrey von nun an bei Coles Familie leben sollte. Dank der Unterstützung Coles bestand Humphrey 1917 die Abschlußprüfung.

Einen weiteren Versuch, seine schulische Ausbildung zu vervollständigen, unternahm Humphrey an der Philips Academy, dessen Leiter Dr. Alfred E. Stearns ein alter Freund von Dr. Bogart war.

Am 23. September traf Humphrey in Andover ein. «Vom ersten Moment an haßte ich das Kaff», sagte er später. Untergebracht wurde er in Taylor Hall, dem Stolz der Philips Academy. Die neugebauten Studentenwohnheime verfügten über Einzelzimmer, von denen jedes mit einem offenen Kamin ausgestattet war, sowie mit einem Sekretär, einem großen Kleiderschrank, einem Regal, einem Eisenbett, einem Lehnstuhl und einem kleinen Eichentisch. Der Hausvater, der mit seiner Familie im Erdgeschoß lebte, war gleichzeitig Humphreys Physiklehrer Frederick M. Boyce. «Bogart sah aus wie ein Abenteurer», erinnert sich Charles Yardley Chittick, einer der sechs Jungen, die mit Humphrey im zweiten Stock wohnten und das einzige Bad teilten. «Er war so lässig, und wann immer Freddie ihn etwas fragte, hatte er einen lockeren Spruch auf den Lippen. Es dauerte nur kurze Zeit, bis die beiden aneinandergerieten und Freddie ihm unmißverständlich klarmachte, daß ein derartiges Verhalten hier nicht geduldet werden würde.»

Doch Bogie mißfielen seine Mitstudenten, die er allesamt als Bücherwürmer bezeichnete. Anstatt sich seinem Studium zu widmen, genoß Bogie die neugewonnene Freiheit. Oft zog er abends los und machte die Kneipen unsicher. Nachts kam er grölend und sturzbetrunken zurück. Der Briefwechsel zwischen

Stearns und Dr. Bogart legt von den Eskapaden des jungen Bogart beredtes Zeugnis ab. Schließlich entzog man ihm die Erlaubnis, das Gelände der Philips Academy zu verlassen. Am 21. Dezember teilte Stearns Dr. Bogart mit, daß Humphreys Leistungen nicht den Anforderungen entsprachen. «Mutter machte Humphrey erbitterte Vorwürfe und drohte damit, ihm jegliche finanzielle Unterstützung zu entziehen. Vater dagegen war optimistisch. Er führte ein ernstes Gespräch mit ihm und glaubte, ihn wieder auf den richtigen Weg gebracht zu haben», sagte seine Schwester Pat.

Doch im Februar ließen Humphreys Leistungen so sehr zu wünschen übrig, daß Stearns den Eltern schrieb: «Falls keine grundsätzliche Besserung eintritt, sehen wir uns gezwungen, ihn von der Schule zu verweisen. Ich hoffe aufrichtig, daß eine solche Katastrophe vermieden werden kann.»

Dr. Bogart erwiderte am 21. Februar: «Sowohl meine Frau als auch ich werden alles in unserer Macht Stehende tun, damit der Junge wieder Vernunft annimmt. Es freut mich zu hören, daß Sie ein persönliches Gespräch mit ihm führen werden. Humphrey ist ein guter Junge, ohne schlechte Angewohnheiten. Er scheint nur vorübergehend den Kopf verloren zu haben.»

Am 2. April konnte Stearns berichten, daß Humphreys Leistungen sich gebessert hätten. Dr. Bogart war erfreut, zumal er zu diesem Zeitpunkt in schweren finanziellen Problemen steckte. Glücklose Spekulationen hatten ihn fast das gesamte Familienvermögen gekostet und herbe Vorwürfe von Maude eingetragen. Ein Nervenzusammenbruch zwang ihn zudem zu einem längeren Klinikaufenthalt. In Andover aber bahnte sich schon die nächste Katastrophe an. Der junge Bogart «hatte sich mit einem Johnny Towbridge angefreundet», erzählte Charles Yardley Chittick. «Johnny war ähnlich verschlossen wie Humphrey. Es schien, als ob sie sich gesucht und gefunden hätten. Johnny litt an der englischen Krankheit, wie wir es damals nannten, wenn jemand schwul war. Das an sich war schon problematisch genug, hinzu aber kam, daß Johnny eine Beziehung mit einem Assistenten hatte. Um den Ruf der Schule zu retten, entschloß man sich, den Schüler zu entfernen, während man den Lehrer weiterhin beschäftigte.»

Humphrey empörte sich über diese Ungerechtigkeit so sehr, daß er jedwede Leistung verweigerte und in den Fächern Religion, Geometrie, Chemie, Englisch und Französisch auf «ungenügend» abfiel.

Am 15. Mai 1918 schrieb Dr. Stearns den Eltern: «Zu meinem größten Bedauern sehe ich mich gezwungen, Sie davon in Kenntnis zu setzen, daß Humphrey die Probezeit nicht bestanden hat. Wir müssen Sie deshalb bitten, Ihren Sohn von der Schule zu nehmen. Ich habe an der Sitzung des Kollegiums nicht teilgenommen, auf der diese Entscheidung gefällt wurde, aber die Lehrkräfte Ihres Sohnes haben mich darüber unterrichtet, daß es, nach einhelliger Meinung aller, die mit der Situation vertraut sind, unklug wäre, Humphrey länger hierzubehalten. Ich kann nicht in Worte fassen, wie sehr ich unsere Unfähigkeit bedauere, dem Jungen den Ernst der Situation deutlich zu machen, und daß wir ihn nicht dazu bewegen konnten, alle Anstrengungen zu unternehmen, um diese Tragödie zu vermeiden. Meine langjährige Erfahrung läßt mich glauben, daß Humphrey aus diesem scheinbar unglückseligen Ereignis großen Nutzen ziehen wird. Vermutlich wird es ihn besser zur Vernunft bringen als alles andere. Ich kann nur meiner aufrichtigen Hoffnung Ausdruck verleihen, daß dies der Wendepunkt im Leben des Jungen sein wird, und daß er von nun an den nötigen Ernst entwickelt, der ihm bislang zu fehlen scheint.»

Maude antwortete am 20. Mai und schickte für Humphrey 25 Dollar, «verbunden mit der Anweisung, sofort seine Sachen zu packen und nach Hause schicken zu lassen». Ihrem Sohn teilte Maude mit, daß «Du von diesem Moment an nichts mehr von Deinem Vater oder mir erwarten kannst. Du hast jede erdenkliche Chance erhalten, und Du hast versagt. Wir beabsichtigen, Dich nicht ein Leben lang zu finanzieren. Von nun an bist Du allein auf Dich gestellt.»

«Andover war ein Pack verlogener Heuchler. Ich haßte ihre Arroganz. Ich kann und konnte nie Respekt für jemanden von ihnen empfinden. Ich stellte sie immer auf die Probe, ob sie wirklich so überlegen und gottgleich waren, wie sie immer taten», urteilte Bogart später in den vierziger Jahren. «Das größte Problem aber lag darin, wie sie unterrichteten. Sie verlangten nur, daß du Daten auswendig lernst. Das war alles. Sie sagten dir: ‹Da gab es 1812 einen Krieg. Wie hieß er?› Aber wieso die Leute sich damals entschlossen hatten, sich gegenseitig umzubringen, darüber verloren sie kein Wort.» Erst später begann Bogart, die Philips Academy zu glorifizieren, und beschloß, daß sein Sohn die Schule besuchen sollte.

Bogart hatte den Kontakt zu seinem Jugendfreund Bill Brady nie ganz aufgegeben. Als er erfuhr, daß Brady sich zu der Army gemeldet hatte, wollte er es ihm gleichtun. Er lud seine Habseligkeiten bei den Bradys ab, machte sich vier Jahre älter und heuerte bei der Navy an.

Drei

«Die Vorstellung, Soldat zu werden und meinen Dienst für mein Vaterland zu verrichten, war ausgesprochen verlockend, aber noch verlockender war der Gedanke, in Paris die Mädels kennenzulernen und meilenweit von meiner Mutter entfernt zu sein», gestand Bogart einmal lachend.

Die Einschreibung bereitete Bogart keine Probleme, man nahm ihm seine Altersangaben ab. Der Amtsarzt bemängelte lediglich sein Untergewicht, hatte aber trotzdem keine Bedenken, ihn für tauglich zu erklären. Kurz bevor der Bus zum Great Lakes Naval Training Center in der Nähe von Chicago aufbrach, rief er seinen Vater an und teilte ihm mit, daß er sich freiwillig gemeldet hatte. Dr. Bogart seufzte, hoffte dann aber, daß die Marine seinem Sohn «eher nutzen als schaden würde».

Maude dagegen wollte den Schritt ihres Sohnes nicht gutheißen. Mit allen Mitteln versuchte sie, die freiwillige Meldung rückgängig zu machen. Sie telefonierte bis nach Washington, D.C., wurde aber abgewiesen. In ihrer Verzweiflung wandte Maude sich sogar an ihren ehemaligen Lehrer, Woodrow Wilson, der in der Zwischenzeit zum 28. Präsidenten der Vereinigten Staaten avanciert war. «Ich versichere Ihnen noch einmal, daß wir um Ihre Sorgen wissen und mitfühlen. Auf der anderen Seite ist aber der Entschluß Ihres Sohnes, Dienst für sein Vaterland zu verrichten, von noch größerer Bedeutung für unser aller

Heimatland, das sich derzeit in einer gefährlichen Krise befindet. Ich bitte um Nachsicht, daß ich ihn nicht gegen seinen Willen aus der Armee entlassen kann, zumal man mir aus Norfolk mitteilte, daß er vorbildlich seinen Dienst verrichtet», antwortete Präsident Wilson ihr am 8. November 1918. Drei Tage später verkündete er die Unterzeichnung des Waffenstillstands.

Bogart jedoch scherte sich nur wenig um die Anstrengungen, die seine Mutter unternahm. Nach der Grundausbildung hielt er sich für kurze Zeit am Lake Bluff auf. «Seit meiner Kindheit hatte man mich damit geplagt, Geige zu spielen. Nun, dort traf ich jemanden, der ein unglaublicher Spaßvogel und Künstler auf der Violine war. Wie kein anderer beherrschte er das Instrument. Ich war fest davon überzeugt, daß er einmal ein großer Konzertgeiger werden würde.» Statt dessen schlug der «Spaßvogel» eine Karriere als Komiker ein und erlangte Weltruhm. Die Rede war von Jack Benny. «Bogie war das genaue Gegenteil von dem harten Kerl, den er später auf der Leinwand und in den Salons Hollywoods verkörperte. Er war damals überaus schüchtern», erinnerte sich Benny. «Er wirkte so zerbrechlich, so sensibel, daß ich mir ernsthafte Sorgen um ihn machte. Unter keinen Umständen hätte er auf diese Art die Marine überlebt. Anfangs war er sehr unterwürfig. Doch dann nahm ich ihn zur Seite, und gemeinsam trainierten wir einige flapsige Antworten. Gleichzeitig sorgte ich dafür, daß Bill Boswick ihm einige Grundkenntnisse im Boxen beibrachte, damit er nicht alle Zähne verliert, wenn er sich einmal zur Wehr setzen mußte.»

Derartig geschult traf Bogie am 23. Oktober in Norfolk Navy Yard in Virginia ein. «Als ich die Schiffe im Hafen liegen sah, platzte ich vor Tatendrang. Ich wollte kämpfen, ich wollte mein Leben riskieren, ich wollte endlich die große Schlacht selbst erleben, von der mir die anderen immer erzählt hatten.» Doch die Schlacht von Norfolk bestand darin, daß Bogie die Latrinen putzte, Nachrichten übermittelte, Schiffe im Trockendock reinigte und sich als Kammerjäger übte. «Das war das Widerlichste während meiner Dienstzeit: die Berge von Kakerlaken und Ratten, die wir von Bord schaffen mußten. Wenn die Schiffe in den Docks lagen, wurden alle Öffnungen verstopft und danach die Schiffsinnenräume unter Gas gesetzt. Das Viehzeug verreckte, aber wir mußten dann die Kadaver zusammenkarren und vom Schiff bringen. Es war einfach unbeschreiblich, wie hoch die Berge aufgestapelter Tierleichen waren.»

Seine Vorgesetzten schätzten ihn wegen seiner Zuverlässigkeit, bei seinen Kameraden dagegen genoß er wegen der frechen Lippe, die er dank Bennys Schulung nun riskierte, einen zweifelhaften Ruf. Zu jenen, die der Ansicht waren, daß Bogie einmal eine tüchtige Tracht Prügel beziehen mußte, gehörten auch zwei junge, streitlustige Iren: Spencer Bonaventure Tracy und dessen bester Freund Pat O'Brien.

Als die beiden Ausgang hatten, fügte es das Schicksal, daß sie auf Bogart und seine Clique stießen. Wieder einmal besserte Bogie seine Heuer damit auf, daß er seine Kollegen zum Armdrücken herausforderte. «Er hatte irgendeinen Trick, denn im Vergleich zu den gestandenen Seeleuten war er mehr als schwächlich», erinnerte sich Spencer Tracy. In den folgenden Stunden nun fixierte Tracy sein Opfer, bis er endlich entdeckte, wie Bogart es anstellte zu gewinnen. «Plötzlich überzog ein Lächeln Spencers Gesicht, und ich ahnte, daß er den Kleinen durchschaut hatte», sagte Pat O'Brien. «Langsam stand er auf und ging auf Bogies Tisch zu, wo der gerade einen Zwei-Zentner-Kerl in die Knie gezwungen hatte. Ohne ein Wort zu verlieren zog Spencer einen 50-Dollar-Schein und legte ihn auf den Tisch. Bogie stutzte, aber dann nahm er die Herausforderung an. Die beiden setzten an, und sofort drückte Spencer Bogies Arm nach unten. Bogie forderte Revanche, und es passierte wieder das gleiche. Nach und nach sammelten sich die anderen Marines um den Tisch, was Bogie dazu anstachelte weiterzumachen. Zu guter Letzt hatte er um die 300 Dollar verloren. Als Spencer gehen wollte, packte Bogie ihn plötzlich von hinten. Man spürte förmlich, wie er versuchte, seine Wut abzulassen. Spencer schlang seinen Fuß um Bogies Bein, und schon lag der auf der Schnauze, seine Nase blutete, aber er schien förmlich um weitere Prügel zu betteln. Ich glaube, die Tracht Prügel, die er an diesem Abend einsteckte, hat er sein ganzes Leben nicht mehr vergessen.»

Spencer aber war sichtlich beeindruckt, wie heldenhaft der Kleine die Prügel eingesteckt hatte, und als er wieder zu sich kam, spendierte er ihm einige Whiskys. «Um mit meinen Worten zu sprechen: Es war der Beginn einer wunderbaren Freundschaft.»

Die frischgebackene Kameradschaft endete abrupt, als Spencer Ende November 1918 entlassen wurde. Bogie vertraute er an, er werde an die Marquette Academy zurückkehren und katholischer Priester werden. «Und ich bin heute noch davon überzeugt, daß Spencer im Grunde seines Herzens nichts anderes war: ein ehrlicher, aufrichtiger katholischer Priester.»

Bogart war alsbald klar, daß er in Norfolk «meilenweit von den erhofften Französinnen entfernt war», und so bemühte er sich, auf die USS Leviathan zu kommen.

Daß sich das Leben an Bord deutlich von dem an Land unterschied, mußte Bogart bereits am zweiten Tag schmerzhaft erfahren. Auf einen Befehl hin erklärte er seinem diensthabenden Kapitän J. S. Oman in seiner nun ziemlich schnoddrigen Art, er solle sich um diese Sache selbst kümmern. Zehn Sekunden später befand er sich mit einem schmerzenden Kinn auf den Planken. Das war die Sprache, die er verstand, und während der nächsten 26 Einsätze, in der die Leviathan zwischen Liverpool, Brest und Hoboken dahinschipperte, sollte es zu keinen weiteren Zwischenfällen kommen. An Land jedoch schien Bogie aus dem Ruder zu laufen – wie in Norfolk, als er sich regelmäßig mit Ruth Rankin traf.

Sie war auch der Grund, weshalb Bogart beinahe unehrenhaft aus der Marine entlassen worden wäre. Um eine Verabredung mit Ruth einhalten zu können, entfernte er sich unerlaubt von der Basis. Als er wieder zurückkam, wartete bereits die Marinepolizei auf ihn und führte ihn J. S. Oman vor. Es wäre besser gewesen zu schweigen, doch Bogie verteidigte sich. Und je heftiger er dies tat, desto höher wurde seine Arreststrafe. Schließlich warnte ihn Oman, daß er jedes weitere Wort als Widerspruch ansehen und ein Verfahren gegen ihn als Deserteur einleiten würde. Bogie verstummte, entschuldigte sich am nächsten Morgen bei Oman und bat, weiterhin Dienst tun zu dürfen. «Oman stimmte zu, was ich aber nicht wußte, war, daß ich in der kommenden Nacht einen Code Red über mich ergehen lassen mußte. Ich habe in meinem Leben von vielen perversen Dingen gehört, aber nichts übertrifft die Phantasie von aufgegeilten Marines, die einen derartigen Befehl ausführen dürfen. Dagegen nehmen sich die Dinge, die in den Duschen von Männergefängnissen passieren, noch aus wie Geschichten aus einem Mädchenpensionat.»

Während andere nach einer solchen Prozedur die Entlassung einreichten, entschied Bogie sich, nach der Verbüßung seines dreißigtägigen Arrestes die Zähne zusammenzubeißen und weiterzumachen. Seinen Haß, den er gegen Oman empfand, bezeichnete Bogie in späteren Jahren als phantasieanregend und kreativ stimulierend. «Die Oscar-Nominierung für die Rolle des Kapitän Queeg in *The Caine Mutiny (dt. Die Caine war ihr Schicksal)* verdanke ich eigentlich Oman, denn er war mein direktes Vorbild. Allerdings mußte ich die Sache etwas abmildern, sonst hätte jeder Kritiker geglaubt, ich würde schamlos übertreiben.»

Nach drei Monaten Dienst auf der Leviathan wurde Bogart zum Stützpunkt zurückbeordert und war von Oman erlöst. Eine seiner ersten Aufgaben bestand darin, daß er einen Gefangenentransport nach Portsmouth bewachen sollte. Während einer Wohltätigkeitsveranstaltung hatte der Häftling der Frau des Kommandanten 80 Dollar aus der Sammelbüchse gestohlen und war zu acht Jahren Gefängnis verurteilt worden. Daß der Junge an Kleptomanie litt, spielte in dem Verfahren nur eine untergeordnete Rolle. Bogart und James Mitchell machten sich nur widerwillig an die Erfüllung des Auftrags. Doch mit den Tagen entdeckten die beiden ihr Mitgefühl mit dem Jungen. Zunächst taute ihr Schützling auf, doch das neugewonnene Zusammengehörigkeitsgefühl erlosch jäh. Im Bahnhof von Boston bat er Bogart um eine Zigarette. Den Vorschriften entsprechend mußte der Gefangene Handschellen tragen. Entgegen der Anordnung aber war er nicht ans Wachpersonal gekettet. Bogart entsprach seinem Wunsch, doch gerade als er die Zigarette angezündet hatte und sie dem anderen reichen wollte, schlug dieser mit beiden Fäusten zu und floh. Betäubt durch den Schmerz, zielte Bogart mit seiner .45er auf die Beine des Gefangenen. Der aber stolperte, und die Kugel durchbohrte seinen Rücken. Er starb noch auf dem Weg nach Portsmouth.

«Ich mochte den Kerl», erinnerte sich Bogie Jahre später. «Ich mochte ihn wirklich, aber wieso mußte dieser Arsch unbedingt fliehen. Am meisten aber erstaunt mich im Rückblick, daß nicht der Umstand, daß ich einen Menschen getötet habe, mir im Gedächtnis blieb, sondern daß meine alte Lippennarbe wieder aufsprang und durch den Gefängnisarzt noch mehr verpfuscht wurde. An das Sterben denkt man erst, wenn man älter wird, wenn man die Nachrufe auf berühmte Leute liest, deren Arbeit einen beeindruckt hat, oder wenn Leute deines Alters sterben. Der Tod des Mannes war für mich als Achtzehnjährigem völlig bedeutungslos.»

In dem anschließenden Verfahren wurde festgehalten, daß Bogart nur seine Pflicht erfüllt hatte. Dafür wurde er befördert. Und in Hollywood munkelt man noch heute, daß diese Geschichte den Stoff für den Roman «The Last Detail» von Darryl Ponicsan lieferte, dessen Verfilmung mit Jack Nicholson in der Hauptrolle 1973 in die Kinos kam.

Bogie versah noch einige Wochen nach diesem Zwischenfall

seinen Dienst an Land, bevor er an Bord der USS Santa Olivia beordert wurde.

Im Juni 1919 wurde Humphrey Bogart schließlich ehrenhaft aus der Armee entlassen.

«Ehrlich gesagt hatte der Krieg bei mir körperlich sehr viel, geistig aber nur sehr wenig bewegt», umriß er seine Zeit bei der Marine. «Ich hatte noch immer keine Ahnung, wer ich war und was einmal aus mir werden sollte. Der Krieg und die Zeit bei der Marine war für mich ein einziges Vergnügen. Eine tolle Sache.»

VIER

Während Bogarts Zeit bei der Navy hatte sich das Gesicht der Metropole New York geändert. Auswanderer strömten in Scharen in die Staaten, und die Liberty-Statue wurde das Wahrzeichen für zahlreiche, oft unerfüllte Träume. Die Seifenblase vom schnellen Geld platzte, und man suchte Trost im Alkohol. Um diesem Übel der Zeit entgegenzutreten, erließ die Regierung 1919 ein Gesetz, welches Herstellung, Verkauf und Ausschank von alkoholischen Getränken verbot. Dem organisierten Verbrechen, aber auch «Ehrenmännern» wie Joseph P. Kennedy, eröffneten sich damit ungeahnte Einnahmequellen. Sie machten nicht nur ein Vermögen, sondern gewannen auch Einfluß und Macht.

Der 13. Juni 1919 war ein trister Regentag. Gewiß, Bogart hatte alles andere als einen jubelnden Empfang erwartet, doch als ihn niemand am Bahnhof abholte, begann ihm schon Übles zu schwanen. Kaum hatte er das elterliche Haus betreten, da rief ihn seine Mutter in den Salon. In knappen Worten teilte sie ihm mit, daß es nun an ihm sei, zum Unterhalt der Familie beizutragen. Sie hatte ihm auch schon dank ihrer Freundschaft mit Samuel Rea, dem Präsidenten der Pennsylvania Railroad, einen Arbeitsplatz verschafft. Bogart sollte als Botenjunge arbeiten und konnte Anfang der kommenden Woche in der New Yorker Niederlassung beginnen. Bogart murrte, willigte aber dann doch ein, sich die Arbeit einmal anzusehen.

«Ich weiß heute nur noch, daß Old Rea den größten Fehler seines Lebens machte», erinnerte sich Bogart. «Meiner Mutter zuliebe war er eigens angereist, um mir den Laden zu zeigen. Wir liefen durch langweilige Büros mit langweiligen Menschen, die noch langweiligere Aufgaben bewältigen sollten.» Am Ende der Besichtigungstour legte Rea väterlich seine Hände auf Humphreys Schultern und blickte ihm tief in die Augen. Dann verkündete er mit gottväterlichem Vibrato: «Weißt du, mein Sohn, ich bin alt und habe nur eine Tochter. Aber wenn du sehr, sehr hart arbeiten wirst, kannst du es vielleicht einmal schaffen, Präsident dieser Gesellschaft zu werden.»

«Ein Blick auf Ruth Rea und das Wissen, daß zwischen mir und dem Präsidentenstuhl 50000 weitere Angestellte waren, veranlaßte mich dann doch, die Arbeit nach vier Tagen niederzulegen.»

Maude tobte, und Bogie hielt es für ratsam, nicht länger mit seiner Mutter unter einem Dach zu leben. Also zog er kurzerhand zu seiner damaligen Freundin Ruth Rankin nach Greenwich Village. Sein erster Versuch in der Arbeitswelt war kläglich gescheitert, jetzt wollte er das Leben erst einmal in vollen Zügen genießen. Seine Zeit verbrachte er meistens in den Flüsterkneipen, die bald schon seine zweite Heimat wurden.

«Bogie verfügte über einen Alkoholspiegelthermostat», erinnerte sich Nunnally Johnson. «Er trank immer so viel, daß er in guter Stimmung war, war dabei aber nicht wirklich betrunken. Er stand um die Mittagszeit auf, stellte sein Thermostat auf acht Scotch ein und achtete den übrigen Tag darauf, diese Stimmung beizubehalten. Wann immer es nötig war, sorgte er für Nachschub.»

Ruth Rankin glaubte, daß Bogie sich mit den paar Drinks den Kopf freimachen wollte. «Er war ausgesprochen witzig, und irgendwie gelang es ihm, daß alle Leute ihn sofort mochten.»

Auch Lee Gershwin, die Frau des Komponisten Ira Gershwin, erinnerte sich an Bogart und seinen ausgelassenen Lebensstil.

«Eigentlich verkehrten er und seine Freundin nicht in unseren Kreisen, aber manchmal ließ es sich nicht vermeiden, daß sich unsere Wege kreuzten. Er war vulgär, laut und aß mit Vorliebe Zwiebeln. Bei der allabendlichen Begrüßung schnaufte er uns dann absichtlich seinen üblen Atem entgegen. Lebhaft in Erinnerung ist mir der Maskenball von Webster Hall. Bogart kam als Torero, während Ruth einen Buckel und einen künstlichen Bauch trug. An diesem Abend goß es in Strömen. Die beiden kamen vollkommen durchnäßt und schlammverschmiert zu der Party. Das Verdeck des Autos hatte sich nicht schließen lassen, und die fehlende Scheinwerferbeleuchtung hatten sie mit roten Straßenmarkierungslampen zu ersetzen versucht. Ungeniert stolzierten sie durch die Menschenmenge und wollten wissen, wo sich die Badezimmer befanden. Nach einer Weile tauchten die beiden als Adam und Eva nebst Feigenblatt wieder auf und machten ihre Runde.»

Maude konnte kein Verständnis für das «ausschweifende Leben» ihres Sohnes aufbringen, doch Dr. Bogart war die Nachsicht in Person. «Obwohl ich reihenweise seine Wagen zu Schrott fuhr, sah Vater mir alles nach», erinnerte sich Bogart. Nach und nach gelang es ihm auch, Humphrey davon zu überzeugen, daß er wohl oder übel auch einer geregelten Arbeit nachgehen mußte. So trat Bogie schließlich eine Stelle als Laufbursche bei S. W. Strauß & Co., einem angesehenen Investmentberater an der Wall Street, an, der nebenbei erwähnt auch die finanziellen Angelegenheiten von Dr. Bogart regelte.

Zähneknirschend nahm Bogie die Arbeit an und hielt diesmal dreizehn Monate durch. In dieser Zeit kehrte auch Bill Brady mit seiner Frau Grace nach New York zurück. Von nun an pendelte Bogie zwischen seiner Wohnung in Greenwich Village, seiner Arbeit, den Flüsterkneipen und dem Haus der Bradys hin und her.

«Bogie war in dieser Zeit schrecklich unglücklich», erinnerte sich Alice Brady, Bills Schwester. Der Job ödete ihn derart an, daß er seinen Alkoholspiegel zu steigern begann. Nicht ohne Folgen: zunächst verlor er seine Arbeit, dann Ruth Rankin an einen seiner besten Freunde. Mit verschiedenen Gelegenheitsjobs versuchte er sich über Wasser zu halten. Er mietete ein winziges Zimmer in Greenwich Village und bemühte sich, von seinem Veteranenscheck zu leben. Seinen Eltern gegenüber verschwieg er, daß er seine Arbeit verloren hatte.

«Bogie war ganz tief unten. Zunächst versuchte er mit seinem Geld auszukommen, indem er sich von Ölsardinen und Crackers ernährte, doch dann packte es ihn, und er vertrank das Geld innerhalb von zwei Tagen. Ich hatte mich ein bißchen in ihn verliebt, denn damals war er schön wie Valentino. Also nahm ich allen Mut zusammen und fragte meinen Dad, ob er nicht für Bogie eine Arbeit hätte», schilderte Alice Bogies damalige Situation.

Brady sen. war erstaunt, daß Humphrey, der inzwischen zur Familie gehörte, ihn nicht selbst gefagt hatte, verstand aber dann, daß dies seinen Stolz verletzt hätte. Am nächsten Tag rief er Bogart an und vereinbarte mit ihm einen Termin am Nachmittag in den Studios von Fort Lee, New Jersey. Brady wollte zu diesem Zeitpunkt selbst ins Filmgeschäft einsteigen. Nach dem Ausstieg des Colonels hatte Brady sich wieder ganz auf seine Theaterarbeit konzentriert. Nun jedoch sah er die Gelegenheit gekommen, eine eigene Filmproduktionsgesellschaft ins Leben zu rufen. Er zeigte Bogart die Studios und bot ihm einen Posten als «Mädchen für alles» an. «Es ist nicht viel, was ich dir bieten kann, aber es ist eine Chance», sagte Brady. Gleichzeitig übertrug er ihm die Aufgabe, gemeinsam mit ihm die erste Produktion von World Films vorzubereiten. Bogie war überglücklich. Zudem war das Wochengehalt, das ihm Brady zahlte, mehr als fürstlich bemessen.

«Bogie schien aufzublühen», bemerkte Alice Brady. «Obwohl er nun auch nichts anderes tat als bei seinem vorherigen Job, schien die Arbeit ihn zu erfüllen.»

Bogie tippte Verträge, erledigte notwendige Gänge, kochte Kaffee und arrangierte die Vorbereitungen für *Life*, Bradys erstem Filmepos mit Nita Naldi, Rod La Rocque und Arlene Pretty in den Hauptrollen. Regie führte Travers Vale, ein eigenwilliger Zeitgenosse, der erst zufrieden war, wenn seine Schauspieler tränenaufgelöst das Set verließen. Weder waren die Hauptdarsteller damals große Stars noch war der Etat besonders groß, dennoch wollte Brady, daß der Film zügig und ohne Unterbrechungen abgedreht wurde. Am Ende der zweiten Drehwoche entließ er Vale. Nach dem großen Auftritt und Abgang Vales erklärte er dem versammelten Team, von nun an werde Humphrey Bogart die Regie übernehmen. «Das ist die versprochene Chance», raunte Brady dem erstarrten Bogart zu, denn niemand war über diese Entscheidung erstaunter als er.

Bogart sprühte vor Tatendrang. Die ganze Nacht hindurch studierte er das Drehbuch, notierte Anmerkungen und Verbesserungsvorschläge. Am nächsten Morgen war er als erster im Studio und schien ganz in seinem Element zu sein. Doch schon bald stellte es sich heraus, daß sein Elan ihn blockierte. Nach sechzehn Stunden Drehzeit hatte er gerade drei Minuten Film im Kasten. Auch in den folgenden Tagen wurde er das Opfer seiner spontanen Eingebungen, der Änderungen und dem, was er für Perfektion hielt. Ein Gespräch zwischen dem Kameramann und Brady beendete Bogarts Regiekarriere abrupt. Brady schnappte sich das Skript, und innerhalb einer weiteren Woche kurbelte der Kameramann den Streifen ab.

Doch Bogies Enthusiasmus ließ sich nicht bremsen. Er war davon überzeugt, daß er ein besseres Drehbuch als *Life* schreiben konnte. Brady wollte es wissen, und so verbrachte Bogart seine Nachmittage in Greenwich Village am Schreibtisch. Einen Monat später legte er Brady ein Drehbuch vor, das einer ersten Prüfung standzuhalten schien. Doch Brady sah keine Möglichkeit, eine derartige Großproduktion zu realisieren – es kamen weit mehr als hundert Personen vor, die fast alle ein grauenvolles Ende nahmen – und schickte das Drehbuch an seinen alten Freund, den Filmproduzenten Jesse L. Lasky. Dieser drückte es seinem Assistenten Walter Wanger in die Hand. «Es war einfach grauenvoll», bemerkte dieser später über Bogarts Werk. «Diese Schnulze triefte nur so von Blut und Heldentum. Also warf ich den Schund kurzerhand in den Papierkorb.»

Bogart befürchtete, er habe den Bogen überspannt und Brady würde ihn entlassen. Doch der hatte an ihm einen Narren gefressen. Gleichzeitig aber verfolgte er einen anderen Hintergedanken. «Vater hatte es nur schwer verwunden, daß ich mich so wenig für das Theater interessierte», meinte Bill Brady. «Indem er nun Hump engagierte, hoffte er insgeheim, auch mein Interesse zu wecken, zumal er wußte, daß wir seit frühester Kindheit unzertrennlich waren.»

Da die World Films derzeit ohne Produktion war und die anfallende Arbeit von Bradys Sekretärin bewältigt werden konnte, bot William Brady, auf Drängen von Tochter Alice, Bogart eine Stelle als Inspizient für seine neueste Produktion *The Happy Thieves*. Bogart erhielt 50 Dollar wöchentlich und leistete so gute Arbeit, daß Grace George, Bradys Frau, ihn für die gleiche Aufgabe für ihre Produktion von *The Ruined Lady* anforderte.

«Das Stück war ein Erfolg, was für mich wiederum schrecklich war. Abend für Abend mußte ich hinter der Bühne stehen und mich um die Requisiten und die Kulissenwechsel kümmern. Nach der dreihundertsten Vorstellung konnte ich den Text mitsingen. Schließlich schlug ich Mister Brady vor, ob er mich nicht zusätzlich als Souffleur einsetzen könnte, damit ich zehn Dollar mehr Lohn bekam.» Brady hatte jedoch ganz andere Pläne. Als er während einer Stellprobe mitbekommen hatte, wie Bogart die Schauspieler damit aufzog, sie seien für ihren minimalen Job eindeutig überbezahlt, beschloß er, den «Grünschnabel selbst einmal auf die Bühne zu stellen, wenn sich die Chance dazu bot». Bogart lachte über die «Drohung», doch diese «angedrohte Karrierechance» sollte sich früher einstellen, als es Bogart lieb war.

Neil Hamilton, der die Rolle des jugendlichen Alkoholikers Bill Bruce verkörperte, erkrankte. Kurzerhand bestimmte Brady, daß Bogart ihn ersetzen sollte. Es blieb nur Zeit für eine Probe, bevor Bogie in der Samstagsmatinee sein Debüt gab. «Es war schrecklich», gestand Bogart in einem Interview mit *Picturegoer* 1937. «Ein Blick in die gähnende Leere des Zuschauerraums genügte, und ich hatte jeden Text vergessen. Ich war heilfroh, als am Montag Hamilton wieder auftauchte.»

Brady notierte in seinen Unterlagen, daß dieser Nachmittag für ihn einer Vision gleichkam. «Mein Glück bestand immer darin, daß ich auf die Besten setzte und eine gute Nase fürs Geschäft hatte», erklärte er in einem Interview 1932. «Als ich an diesem Nachmittag Humphrey Bogart auf der Bühne sah, wußte ich, daß er es schaffen konnte. Er war ein roher Diamant, der noch den richtigen Schliff und die entsprechende Fassung benötigte. Danach aber würde er strahlen, wie kein anderer vor ihm.»

Bogart vergaß nie darauf hinzuweisen, daß er den Bradys alles verdankte. «Bogie besuchte nie eine Schauspielschule. Alles, was er konnte, brachten ihm mein Vater und meine Mutter bei», räumte Bill Brady ein. Während ihn Grace die leisen Zwischentöne lehrte, kümmerte sich Brady sen. um das schauspielerische Rüstzeug. «Die richtige Artikulation und Lautstärke brachte er mir bei, indem er sich in die letzte Reihe setzte. Wann immer er etwas nicht verstand, schrie er von seinem Platz aus ‹Was?›, ‹Was ist?›. Noch schlimmer aber war es, wenn er einschlief – oder auch nur so tat als ob. Das kam einem Todesurteil gleich.»

Sein eigentliches Debüt gab Humphrey D. Bogart mit zwei kleineren Sprechrollen am 2. Januar 1922 in der William-A.-Brady-Produktion *Drifting*. Das Melodrama, das in China spielte, stand unter der Regie von John Cromwell. Die Hauptrollen lagen in den Händen von Alice Brady und Robert Warwick. Bogie spielte einen chinesischen Kuli und den dritten Ehemann von Alice.

«Bogie trug eine weiße Jacke und servierte Cocktails», erinnerte sich Stuart Rose, der damals mit Bogies Schwester Pat ging. «Er spielte so schlecht, daß es mir peinlich war. Er murmelte, und Brady neben mir war versucht, ‹Was?› zu schreien. Voll Mitleid schaute ich zu Dr. Bogart, der neben mir saß. Doch seine Augen strahlten. Plötzlich legte er mir die Hand aufs Knie und meinte: ‹Der Junge ist gut, nicht wahr?› Niemand brachte es übers Herz, ihm diese Illusion zu rauben.»

Bogart war sich seiner Grenzen bewußt – und froh, daß er gleichzeitig als Inspizient arbeiten konnte. In dieser Funktion geriet er häufig mit Brady aneinander, der jeden Abend seine Produktion persönlich überwachte. Ohne Rücksicht darauf zu nehmen, ob die notwendigen Umbauarbeiten bereits beendet waren, ließ Brady die Pause abklingeln und gab den Befehl, den Bühnenvorhang zu öffnen. Gelegentlich kam es vor, daß das Publikum Bogart und die Bühnenarbeiter bei ihrer Arbeit beobachten konnte. Eines Abends jedoch kam für Bogie die Stunde der Revanche. «Mister Brady legte an diesem Abend selbst Hand an. Die Szene spielte in einer Bar in der Mandschurei. Alles Chinesen, bis auf den Barkeeper, dem einzigen Weißen. Wir waren beinahe fertig, nur Mister Brady war noch auf der Bühne. Der Schauspieler, der den Barkeeper darstellte, stand neben mir. Schnell besprach ich mit ihm meinen Plan. Er nahm seinen Platz ein, und ich befahl, den Vorhang zu öffnen. Mister Brady stand verdattert vor der Theke, und auch der Dümmste merkte, daß er vollkommen fehl am Platz war. Nach und nach trippelten die wilden Mandschus herein. Das Publikum applaudierte frenetisch, als einige ihn erkannten. Jovial winkte er den Barkeeper zu sich und verlangte Zigaretten. Dann warf er ein Geldstück auf die Theke und stampfte unter donnerndem Beifall von der Bühne. Als nächstes feuerte er mich.»

Dieses Spiel – feuern und wieder einstellen – sollte sich während der nächsten 63 Aufführungen noch mehrmals wiederholen.

Drifting war so erfolgreich, daß Brady mit dieser Produktion auf Tournee gehen wollte. Da Alice inzwischen hochschwanger war, engagierte Brady Helen Menken, eine zierliche, hochgewachsene talentierte Schauspielerin, deren rote Haare zu ihrem Markenzeichen wurden. Im Alter von sechs Jahren stand sie das erste Mal mit ihren Eltern auf der Bühne, hatte eine Schauspielschule besucht und war in einer Reihe von Erfolgsstücken am Broadway aufgetreten. Bald schon avancierte sie zum Lieblingskind des Kritikerzaren Alexander Woollcott. Bogie wurde die Aufgabe übertragen, mit ihr das Stück einzuüben. Die beiden probten gerade eine Woche, als bei Alice Wehen eintraten und sie nach der Samstagmatinee ins Krankenhaus gebracht wurde. Helen sollte die Rolle ab Montag übernehmen. «Bogie war damals ein kleiner, aufgeblasener Gockel», erinnerte sich die Menken, «aber hinter all diesem Machogehabe verbarg sich ein schüchterner, liebevoller Mensch, der jedoch zu Jähzorn neigte.» Zu einem dieser Ausbrüche kam es gleich am Abend des Debüts der Menken. Bogart mußte acht komplizierte Umbauten überwachen, was ihn in arge Bedrängnis brachte.

«Anstatt während der Umbauten in ihrer Garderobe zu bleiben und uns aus dem Weg zu gehen, schlenderte sie herum und verzögerte die Dinge. Ich bat sie wiederholt, wieder in ihr Zimmer zu gehen, doch sie lächelte mich nur von oben herab an. Als sie sich dann an eine Kulisse lehnte und diese krachend zu Boden fiel, verlor ich meine Beherrschung und trat ihr in den Hintern. Sie quittierte dies, indem sie mir ein blaues Auge schlug, bevor sie weinend in ihrer Garderobe verschwand und bei Mister Brady einen wilden Aufstand inszenierte. Da wußte ich, daß ich unsterblich in diese Frau verliebt war. Und es war mir egal, daß sie drei Jahre älter als ich war. Zudem war sie die einzige, die es mit mir aufnehmen konnte.»

Auch Helen war von Bogie fasziniert, und einen Monat nach Beendigung der Tournee bezogen sie in New York eine gemeinsame Wohnung. Während Helen in *Seventh Heaven* am Broadway zur Legende wurde, übernahm Bogie in der Komödie *Swifty* die Rolle von Tom Proctor und mußte sich mit 70 Seiten Text herumschlagen. «Ich hatte immer schon Probleme, mir lange Textstellen zu merken», gestand er später. «Es war die Hölle.» Diese Ansicht vertrat auch der gefürchtete Theaterkritiker Alexander Woollcott, der in einer Besprechung des Stückes am 17. Oktober 1922 im *New York Herald* schrieb: «Der junge Mann, der den bereits erwähnten Sprößling spielt, ist, was man normalerweise und gnädig als ungenügend bezeichnet.» Bogart schmerzte diese Kritik zutiefst, vor allem, weil sie seiner Mutter Anlaß gab, über ihn herzuziehen. Dr. Bogart dagegen war so erzürnt, daß er allen Ernstes erwog, Woollcott zum Duell zu fordern. Erst als Bogie in den vierziger Jahren erfolgreich war, konnte er über seine erste Kritik lachen.

Swifty war ein schwaches Stück, erlebte aber dank der Regie von John Cromwell 36 Aufführungen. Bogie mußte nicht lange auf sein nächstes Engagement warten. Er verdankte es seinem alten Freund Spencer Tracy, der als erster, bereits während der Marinezeit, den Spitznamen «Bogie» prägte.

Während einer der üblichen Sauftouren mit Bill Brady traf Bogie Spencer Tracy in einer seiner Flüsterkneipen. Tracy hatte in der Zwischenzeit seinen Wunsch, Priester zu werden, begraben, besuchte die American Academy of Dramatic Arts und hatte im Moment keinen Job. Bogart mache ihn mit Brady sen. bekannt, doch in dessen Produktionen war keine Rolle frei. Dank Bradys Vermittlung erhielt Spencer ein Angebot, in einem Science-fiction-Stück mitzuwirken. Überglücklich sagte er zu.

Da Bogie zur Zeit selbst ohne Arbeit war, arrangierte es Tracy, daß auch Bogart eine Statistenrolle in dem expressionistischen Science-fiction-Drama *R. U. R.* von Karel Čapek erhielt. Für den Part eines stummen Roboters kassierte Bogie 15 Dollar wöchentlich.

Eines Abends suchte ihn nach der Vorstellung eine attraktive, selbstbewußte Lady Mitte Vierzig auf. Sie stellte sich als Rosalie Stewart vor und erklärte Bogie, sie sei von seiner Darstellung des

Romeos Tom Proctor derart begeistert gewesen, daß sie ihn gerne für ihre nächste Broadwayproduktion verpflichten würde. Bogie grinste sie nur breit an. In seinem Innersten war er davon überzeugt, daß es sich hierbei wieder um einen von Spencers Streichen handelte. Zu oft war er ihm aufgesessen, diesmal jedoch beschloß er, ihm nicht auf den Leim zu gehen. «Und was soll die Gegenleistung für das Engagement sein? Ein Fick oder ein Wochenabonnement auf meinen Schwanz?» Rosalie, die sich einen Namen als harte Geschäftsfrau und bekennende Lesbe gemacht hatte, lächelte nur und meinte: «Für den Anfang kannst du mir einmal pro Tag zur Verfügung stehen.»

Bogie klatschte sich vor Lachen auf die Schenkel, bis Tracy und Pat O'Brien erklärten, sie steckten nicht hinter dieser Offerte. Reumütig klopfte Bogie wieder bei der Stewart an und erhielt tatsächlich den Vertrag.

Bevor die Proben zu *Meet the Wife* begannen, bemühte sich Bogie, wie auch zahlreiche andere Schauspieler, um die Hauptrolle in *The White Sister*. Helen trainierte mit ihm eifrig, doch die Rolle fiel schließlich an Ronald Colman, der durch diesen Part zum Star wurde. Aber auch Bogies Karriere nahm eine vielversprechende Wende. Die Komödie von Lynn Starling wurde ein Riesenhit und sollte 261 Vorstellungen erleben. Bogie verkörperte, neben den eigentlichen Stars Mary Boland und Clifton Webb, den Reporter Gregory Brown. Webb erinnerte sich, daß er vom ersten Augenblick an von Bogart fasziniert war. «Als ich ins Theater kam, sah ich einen jungen Mann. Er hatte die Füße hochgelegt und den Hut ins Gesicht gezogen. Ich stupste ihn an, weil ich dachte, es sei einer von den Bühnenarbeitern, und da rutschte sein Hut nach hinten. Ich erstarrte. Es war das außergewöhnlichste Gesicht, das ich je bei einem Mann gesehen hatte. Seine Augen und sein Mund unterstrichen noch diese Klarheit und Schönheit. Mir fehlte die Sprache, doch dann überzog dieses schöne Gesicht ein Grinsen, das an Grausamkeit nicht zu überbieten war. ‹Was ist los?› wollte er wissen, während ich nur unzusammenhängendes Zeug plapperte. ‹Okay, Süßer, die anderen Maskentucken warten schon hinter der Bühne, also würde ich dir auch raten, deinen Arsch dorthin zu bewegen.›»

Trotz dieses unglücklichen Starts befreundeten sie sich. Webb führte Bogart in die Kreise der New Yorker Künstler, Poeten und Schöngeister ein, während Bogie ihn mit den Flüsterkneipen, den Nachtclubs und den Bordellen bekannt machte.

Das Stück ging Bogart leicht von der Hand. Bei der Premiere am 26. November 1923 eroberte er die Herzen des Publikums im Sturm. Der Erfolg, die guten Kritiken und der Ruhm machten Bogart jedoch zu schaffen. Er erhöhte seinen Alkoholpegel und wurde unzuverlässig. Wieder einmal war Bogart zu spät von einer Sauftour nach Hause gekommen. Er wachte kurz vor der Aufführung auf. «Mir war speiübel, und ich schwitzte, als säße ich in einer Sauna», berichtete er. Seine Augen waren glasig, sein Gang mehr als schwankend. Webb und Mary Boland befürchteten, er könnte jeden Moment zusammenbrechen. Während einer Szene wurde Bogie so übel, daß er sich schweißüberströmt an die Kulisse lehnen mußte, als die Boland gerade zu einem längeren Monolog anhob, in dem sie ihre Klugheit und Schönheit rühmte. Bogie drehte sich zur Seite und erbrach sich vor dem Publikum. «Einen Schauspieler auf offener Bühne kotzen zu sehen, das hatte es noch nie gegeben», sagte Webb. «Das Publikum dachte, es sei Bogies Statement zu Marys Worten, und applaudierte frenetisch.» Danach verschwand er von der Bühne, während die Boland wild improvisierte, bis ein gnädiger Bühnenarbeiter den Vorhang senkte. Die Boland bestand darauf, daß Bogart gefeuert wurde. Zähneknirschend kam Rosalie Stewart ihrer Forderung nach, wohlwissend, daß das Stück nur noch wenige Tage laufen sollte. In den nächsten Wochen spielte Bogie junge, attraktive Liebhaber und gehörte mit zu den ersten der «Tennis, anyone?»-Generation.

«Die Autoren hatten fünf oder sechs Leute auf der Bühne und wußten oft nicht, wie man sie wieder herunterbekommen sollte.

Was macht er also? Er bringt einen jugendlichen Typen auf die Bühne, der, mit einem Tennisschläger unter dem Arm, nur auf seine Chance gewartet zu haben scheint. Wenn er fragt: ‹Wie wäre es mit einem Tennismatch?›, ist das Problem des Autors gelöst. Mit einem Schlag wird er alle lästigen Personen los und hat die Bühne für das Liebesgeflüster der Hauptdarsteller frei. Es mußte nicht immer Tennis sein. Ebenso beliebt war Golf oder Reiten, aber Tennis wurde doch am meisten strapaziert. Wahrscheinlich, weil man jetzt endlich einen jugendlichen Romeo in diesen schicken, weißen, knallengen Hosen präsentieren konnte», witzelte Bogie.

Während Helen mit *Seventh Heaven* auf Tournee ging, kehrte Bogie am 1. September 1924 mit einem Kriegsdrama an den Broadway zurück. Vor allem reizte ihn an dieser Rolle, daß er zum erstenmal mit Bill zusammenarbeiten konnte. Endlich hatte auch Bill Brady Blut geleckt und sich bereit erklärt, fürs Theater zu arbeiten. Er übernahm die Regie bei *Nerves*. Die Kritiken lobten das Werk über den grünen Klee. Leider spielte es gegen die Broadwaylegende *What Price Glory* und verschwand nach 16 Vorstellungen in der Versenkung.

Bogie spielte Bob Thatch, den Bruder der Heldin (Winifred Lenihahn), die sich in zwei Fliegerasse verliebt. Ebenfalls auf der Besetzungsliste fand sich die junge Schauspielerin Mary Philips.

«Mary machte Bogie schöne Augen, und weil Helen gerade unterwegs war, sagte er nicht nein», erinnerte sich Brady, der so mit der Legende aufräumte, Bogie sei ein Puritaner gewesen. «Er war alles andere als ein Kostverächter. Bis er 27 Jahre war, hatten wir alle Revuegirls vom Broadway auf jede erdenkliche Art und Weise durchgeknallt.»

Mehr Erfolg war Bogies nächster Rolle beschieden. In Herman Gantvoorts Produktion von *Hell's Bells* spielte er den jugendlichen Jimmy Todhunter, der sich unsterblich in die Heldin verliebt, die von Shirley Booth dargestellt wurde.

Das Stück erlebte 139 Vorstellungen, bevor Bogie am 7. September 1925 in *Cradle Snatcher*, dem Erfolgsstück des Jahres, die Frauenherzen im Sturm eroberte. Der Titel bezeichnet umgangssprachlich jene jungen Männer, die bedeutend älteren Frauen nachstellen. Die Komödie erzählt die Geschichte dreier vernachlässigter, nicht mehr allzu junger Ehefrauen (Edna May Oliver, Mary Boland und Margaret Dale), die drei Collegestudenten engagieren, um ihre Ehemänner eifersüchtig zu machen.

Bereits während der Proben in Chicago übte Bogie eine magische Anziehung auf Frauen aus. «Meinen ersten Eindruck von Bogie gewann ich 1924», erinnerte sich auch Louise Brooks. «Er war schlank, besaß Manieren und war ungewöhnlich ruhig für einen Schauspieler. Sein wunderschönes Gesicht wurde noch außergewöhnlicher durch seinen schönen Mund. Es war so voll, rosig und perfekt modelliert – absolut perfekt, mit Ausnahme der schmalen Ecken an seiner Narbe, die ein klein wenig über der Oberlippe hing. Als Bogie zum Film ging, entfernte ein Chirurg diese Verwachsung. In fototechnischer Hinsicht eine Erleichterung, für mich jedoch eine Enttäuschung, denn gerade dieser Makel übte auf mich eine unglaubliche Faszination aus.»

Dieser Faszination schien auch die gefürchtete Kritikerin Amy Leslie zu erliegen, die über die Vorpremiere in Chicago schrieb: «Humphrey Bogart löste einen Begeisterungssturm aus ... Er ist so jung und attraktiv wie Valentino. So leicht und elegant in komödiantischer Hinsicht wie E. H. Sothern und so anmutig wie unsere allerbesten Darsteller.»

FÜNF

Bogie glaubte, daß Helens Ablehnung, auf die er stieß, mit seinem beruflichen Status oder mit seiner Mutter in Zusammenhang standen. Dr. Bogart war von seiner zukünftigen Schwiegertochter begeistert, aber Maude ließ sie deutlich spüren, daß sie ihr nicht willkommen war.

Doch Helen Menkens Zögern, Bogies Frau zu werden, hatte andere Gründe. Sie fürchtete sich vor dem Augenblick, da Bogart ihre eigenen Eltern kennenlernen sollte. So lange wie möglich zögerte sie den Besuch in Hoboken, New Jersey, hinaus, doch acht Wochen vor der Heirat fügte sie sich dem Unvermeidlichen.

Bogart fiel auf, daß Helen während der Fahrt einen nervösen und angespannten Eindruck machte. Sobald sie vor dem Haus vorfuhren, legte Helen ihm ihre Hand auf den Arm und schaute ihn lange an. «Liebst du mich wirklich?» wollte sie wissen. «Und du willst mich heiraten, egal was mit meinen Eltern ist?»

«Ja, solange sie nicht von Dr. Frankenstein persönlich abstammen», war Bogarts flapsige Erwiderung.

«Als wir auf das Haus zugingen, schien Helen Höllenqualen zu leiden», erinnerte er sich. Bogart war überrascht, daß sie über einen Schlüssel verfügte. Niemand schien sie kommen gehört zu haben. Auch schien niemand zu reagieren, als sie den Eingangsbereich betraten. Dann sah Bogart zwei Menschen im Wohnzimmer sitzen, die sich aber nicht weiter um sie kümmerten. Erst als Helen sich vor sie niederkniete und sich ihnen mit einigen schnellen Handzeichen mitteilte, wurde Bogie klar, welches Geheimnis Helen hütete: Ihre Eltern waren taubstumm.

Ihn packte das nackte Entsetzen. Zwar konnte er sich noch während der Begrüßung zusammennehmen, doch dann zog er Helen auf die Veranda und machte ihr eine schreckliche Szene. Die unvorbereitete Konfrontation mit «diesen Behinderten» brachte ihn völlig aus der Fassung. Wenig hilfreich waren ihm Helens Erklärungsversuche. Gewiß, ihre Mutter war immer schon taubstumm gewesen, aber Helens Vater, Henry Menken, hatte jahrelang als Vaudevillekünstler gewirkt, bevor er einen Hörsturz erlitt und sein Gehör für immer verlor. Nein, die Taubheit war nicht vererbbar. Ebensowenig war sie anstekkend.

Wütend stürmte Bogie von der Veranda. Er wollte nur weg. Weg von Helen. Weg von seiner Enttäuschung. Weg von Problemen, die sich abzeichnen mochten. Während Helen ihren Eltern erklärte, Humphrey werde im Theater dringend gebraucht, machte Bogart die Flüsterkneipen unsicher und betrank sich. Am nächsten Tag wendete er sich an Spencer Tracy. Spencer hatte ein ähnlich traumatisches Erlebnis hinter sich. Drei Monate nach der Geburt seines Sohnes John stellte seine Frau Louise fest, daß der Junge offenbar schlecht hörte. Der hinzugezogene Ohrenspezialist diagnostizierte, daß John Tracy vollkommen taub war. Während Spencer Zuflucht im Alkohol suchte, vergrub Louise sich in der damals noch dürftigen Fachliteratur. Im Laufe der Jahre entwickelte sie sich auf diesem sonderpädagogischen Gebiet zu einer der führenden Fachkräfte Amerikas. In stundenlangen Gesprächen konnte sie Bogies Befürchtungen zerstreuen. Sie telefonierte auch mit Helen, und Bogart kehrte zu ihr zurück. «Als ich die Menkens besser kennengelernt hatte, kam ich mir wie ein Riesenarschloch vor», räumte er einmal ein. «Die Angst aber, unsere Kinder könnten selbst einmal behindert sein, sollte ich nie verlieren.»

Am 20. Mai 1926 heirateten Humphrey Bogart und Helen in New York. Die Trauung fand im Gramercy Park Hotel statt. Maude erkrankte in letzter Minute an ihrer obligatorischen Migräne und weigerte sich auch später noch, den Bogarts Glück zu wünschen. Als Geburtsjahr gaben beide 1900 an, was bei späteren Bogart-Biographen für Verwirrung sorgen sollte. Auf Bitte von Helens Mutter traute Reverend John Kent das Paar. Stuart Rose, der als Trauzeuge fungierte, erinnerte sich, daß die Trauung «mehr als makaber war. Der taube Geistliche hielt den Gottesdienst in einem unverständlichen Singsang und Zeichensprache ab».

Den Reportern präsentierte sich ein strahlendes Brautpaar, doch als die Gesellschaftsjournalisten, unter ihnen Dorothy Parker und Mark Hellinger, auch die Brauteltern interviewen wollten, erlitt Helen einen hysterischen Zusammenbruch. Sie rannte auf das Zimmer, und Bogie verbrachte den restlichen Tag damit, sie zu überreden, wieder an den Feierlichkeiten teilzunehmen.

Nach nur dreitägiger Hochzeitsreise stand Helen wieder auf der Bühne, und auch Bogie übernahm wieder den Part des José Vallejo auf der Tournee von *Cradle Snatchers*. So kam es, daß sich das frischgetraute Paar die nächsten acht Monate nur sporadisch sah.

Eines Nachmittags erreichte Bogarts Truppe die Nachricht, daß sich ein Hollywoodregisseur unter den Zuschauern befinden sollte. Die Chance, Hollywood im Sturm zu erobern, war der Traum eines jeden Schauspielers. «Was ich an diesem Abend geboten bekam, war einfach grauenhaft», erinnerte sich Howard Hawks.

Hawks hatte seinen Beruf von der Pike auf gelernt. Bereits 1919 ging er nach Hollywood und arbeitete als Requisiteur, Filmarchitekt, Drehbuchautor, Stuntman, Produzent, Regieassistent und Autor von Zwischentiteln. Nachdem seine eigene Produktionsgesellschaft Associated Producers (1920/1921) gescheitert war, ging er zur Paramount, bevor ihn schließlich Irving Thalberg für die Metro unter Vertrag nahm. Doch seinen Regieambitionen wollte auch sein Freund Thalberg nicht nachgeben, und so schmiß Hawks den Job einfach hin.

Beim Golf traf er Sol M. Wutzel, den Produktionschef von William Fox' neuem Studio.

«Was tun Sie?» fragte Wutzel.

«Golf spielen», antwortete Hawks.

«Arbeiten Sie nicht bei der Metro?»

«Nein.»

«Gut, dann haben Sie heute morgen bei der Fox angefangen.»

«Nein, ich habe genug von diesem Job. Ich werde Regie führen.»

«Okay. Sie haben bei der Fox angefangen, Regie zu führen», sagte der Produktionschef.

«Was soll ich für Sie inszenieren?» fragte Hawks.

«Schreiben Sie Ihre eigenen Geschichten.»

Hawks drehte *The Road to Glory*, dann die Komödie *Fig Leaves*. Er folgte Wutzels Rat: «Um Himmels willen, geh hin und mach Unterhaltung!», und erwog auch, *Cradle Snatchers* zu verfilmen, das Stück, an dem die Fox inzwischen die Rechte erworben hatte.

Der einzige, der ihn an diesem Abend beeindruckte, war Humphrey Bogart. «Er sah unglaublich gut aus, dabei war er schleimig-frech, irgendwie sympathisch.» Hawks lud Bogie zum Mittagessen ein. «Als er mein Zimmer betrat, war ich fast von ihm geblendet. Er trug einen grellgestreiften Anzug und einen weißen Hut. Während des ganzen Gesprächs grinste er. Ich glaube, man hätte ihm in die Fresse schlagen können und er hätte weiter gegrinst. Als er ging, konnte ich einfach nicht anders. Ich sagte: ‹Sie sind ein gutaussehender Mann.› Er errötete und bedankte sich artig. Dann fuhr ich fort. ‹Aber lassen Sie das Grinsen. Das degradiert Sie zu einem Idioten.› Wütend knallte er die Tür zu.»

Hawks war auch im Verlauf weiterer Verhandlungen von Bogart begeistert gewesen. Doch Bogie beging einen fatalen Fehler und erklärte, er sei an dem Medium Film eigentlich nicht interessiert, sein Herz schlage nur für das Theater. Hawks durchschaute sofort die Masche, die damals weit verbreitet war, um die Gage in die Höhe zu treiben, hatte aber keine Lust, sich auf dieses Spiel einzulassen. Bereits am nächsten Tag teilte er Bogart mit, daß er für die Verfilmung nicht in Frage käme.

Dennoch verdankte Bogie, wie er einräumte, diesem Gespräch sehr viel. «Von diesem Augenblick an hörte ich auf, meine Unsicherheit durch ein Grinsen zu vertuschen. Hawks hatte recht. Es machte mich zum Trottel.»

Natürlich hoffte Bogie auf die Filmrolle, zumal er wußte, daß die Laufzeit von *Cradle Snatchers* begrenzt war. Eine Zeitlang erwog er, Helen nach London zu folgen, wo sie im West End in der dortigen Produktion von *Seventh Heaven* zu sehen war. Doch kurz vor seiner Abreise erreichte ihn das Angebot, in der Neuinszenierung von *Baby Mine*, einer Komödie von 1910, mitzuwirken, mit Roscoe «Fatty» Arbuckle in der Hauptrolle.

Arbuckle war einer der ersten Hollywoodstars, der dafür verantwortlich war, daß Hollywood mit Skandal gleichgesetzt wurde. Seinem kometenhaften Aufstieg vom Klempner zum kassenträchtigen Witzbold der Paramount folgte am 5. September 1921 ein jäher Absturz. Die Party, die im Palace Hotel seit einigen Tagen stieg, war abrupt beendet, als plötzlich schrille Schreie aus der Suite 1221 drangen, in die sich Arbuckle und das Starlet Virginia Rappe zurückgezogen hatten. Gewaltsam öffnete man die Tür und fand Arbuckle kichernd im Zimmer herumhüpfen, während sich Virginia Rappe unter Schmerzen auf dem Bett wand. Sie wurde sofort in das vornehme Krankenhaus in der Pine Street eingeliefert, wo Virginia Rappe am 10. September 1921 an den Folgen eines Blasenrisses und anschließender Peritonitis starb. Nach und nach wurden die Vorfälle der Nacht rekonstruiert. Da Arbuckles «Stehvermögen» unter reichlichem

Alkoholeinfluß gelitten hatte, hatte er sein Opfer mit einer Sektflasche vergewaltigt. In mehreren Gerichtsverfahren, die, wäre der Anlaß nicht so tragisch gewesen, eher der Feder Wilders oder Lubitschs zu entstammen schienen, wurde «Fatty» freigesprochen. Dem Druck der öffentlichen Meinung nachgebend, kündigte jedoch Paramount 1922 den Drei-Millionen-Dollar-Vertrag mit Arbuckle und zog seine Filme zurück.

Verzweifelt versuchte Arbuckle nun mit *Baby Mine* an seine früheren Erfolge anzuknüpfen. Er spielte den Freund der Heldin (Lee Patrick), die dank eines gefundenen Babys vorgibt, Mutter zu sein, um so das Herz des reichen Geschäftsmannes Alfred Hardy (Bogart) zu gewinnen. Das Stück war 1910 überaus erfolgreich gewesen. Und der Premierenapplaus am Abend des 9. Juni 1927 schien darauf hinzudeuten, daß man an diesen Erfolg anknüpfen konnte. Die Kritiker überschlugen sich, wobei vor allem Bogie exzellente Besprechungen erntete. Doch die breite Masse der Theaterbesucher konnte ihre Abneigung gegen Arbuckle nicht überwinden, und so verschwand nach 12 weiteren Vorstellungen das Stück in der Versenkung.

«Arbuckle brach heulend zusammen, als uns das Theater mitteilte, das Stück werde abgesetzt», sagte Bogart. «Dieser Zusammenbruch war für mich eine heilsame Lektion über Film und Karriere. Je höher der Aufstieg, desto tiefer der Fall. Irgendwie war es auch erniedrigend, wie Fatty seiner Karriere nachtrauerte.»

Erst als Arbuckle unter dem Pseudonym William Goodrich arbeitete, konnte er als Komödienregisseur und Gagschreiber in Hollywood wieder Fuß fassen. Sein sehnlichster Wunsch, auf die Leinwand zurückzukehren, sollte sich nie mehr erfüllen. Am 28. Juni 1933 starb er im Alter von 46 Jahren in New York.

Bogie packte seine Koffer und besuchte Helen in England. «Uns wurde beiden bald klar, daß unsere Ehe in ernsten Schwierigkeiten war. Wir stritten uns über Nichtigkeiten, ob man dem Hund

Kaviar zum Fressen geben sollte, während Millionen Menschen hungerten. Ich fand, Hamburger reichten aus, und schon flogen die Fetzen.» Die häuslichen Dramen begannen mit handfesten Auseinandersetzungen und endeten mit stürmischen Versöhnungen. Mit fliegenden Fahnen eilte Bogart jedoch zurück nach New York, als er erfuhr, daß Jed Harris für seine neueste Produktion *The Front Page* von Ben Hecht und Charles MacArthur einen Hauptdarsteller suchte. Bogart verliebte sich in die Geschichte des trickreichen Chefredakteurs und seines Starjournalisten, der sich gerade auf dem Weg zu seiner Hochzeitsreise befindet, und setzte alles daran, die Rolle zu ergattern. Nachdem er die beiden Autoren fürstlich zum Essen ausführt hatte, glaubte er, den Part schon in der Tasche zu haben. Doch Jed Harris unterhielt sich nur kurz mit Bogart, bevor er den Gedanken verwarf, ihm die männliche Hauptrolle zu übertragen.

Wieder kam Bogart der Zufall zu Hilfe. Über die Bradys erfuhr er, daß *Saturday's Children* von Maxwell Anderson seinen Hauptdarsteller verloren hatte, weil Roger Pryor mehr Gage forderte, als das Stück auf Tournee gehen sollte. Eigentlich wollte niemand von der Truppe, die durch 310 Vorstellungen zusammengeschweißt war, auf die Walz gehen, aber der Austausch Pryors durch Bogart lehrte die anderen das Fürchten. Nach der Premiere in Boston, einem Zwischenspiel in Providence und Aufführungen in zahllosen anderen Städten tingelte man nach New York zurück. Dort hielt sich das Stück im Forrest Theatre noch drei Wochen lang. Ruth Gordon, die Bogarts Ehefrau verkörperte, bemerkte bissig, ihre einzige Erinnerung an Bogie beschränke sich auf die Diskussion, «ob man mit 174 Dollar im Monat auskommen könne».

Noch während der Tournee teilte Helen Bogart aus London mit, daß eine ihrer zahlreichen Aussöhnungen nicht ohne Folgen geblieben war. Obwohl ihn die Angst plagte, das Baby könne ebenfalls taubstumm sein, freute sich Bogie. Er konnte jedoch nicht ahnen, daß Helen sich in der Zwischenzeit gegen das Baby und für ihre Karriere entschieden hatte und es deshalb, dank einiger alter Hausmittel, «verlor». Die Nachricht vom Tod seines Kindes traf Bogie schwer, und wieder suchte er Vergessen im Alkohol. Als Helen ihn im Streit über die wahren Hintergründe aufklärte, kam es zu einer wilden Auseinandersetzung, so daß sie mit schweren Verletzungen ins Krankenhaus eingeliefert werden mußte. Gegen das Drängen ihrer Ärzte erstattete sie keine Anzeige. Statt dessen reichte sie die Scheidung ein.

Vor Gericht gab sie als Grund für die Trennung seelische Grausamkeit an. Unter Tränen schilderte Helen dem Richter eheliche Auseinandersetzungen, die meistens mit Verletzungen und blauen Flecken endeten. Ein Sturm der Entrüstung brach los. «Mit Humphrey Bogart nicht im ‹Siebten Himmel›» titelten die Boulevardblätter in Anspielung an Helens Erfolgsstück. «Scheidungsgrund: Bogart schlug Menken.»

Alexander Woollcott, einflußreicher Kritikerpapst und Helens glühendster Verehrer, tobte, die Broadwaygemeinde war entsetzt, und die Zuschauer forderten Bogarts Kopf.

«Obwohl es den Begriff damals noch nicht gab, war Bogart nach der Scheidung von Helen Kassengift», erinnerte sich Bill Brady. «Helen war der Liebling von jedermann. Man sprach sie von aller Schuld frei. Um so leichter fiel es, ihren Mann, das Monster, zu verstoßen und ihm die Schuld am Scheitern der Ehe zu geben.»

Wo auch immer Bogie vorsprach, schlug man ihm die Tür vor der Nase zu. Nachdem die Spareinlagen aufgebraucht waren, bezog er ein kleines Zimmer in Greenwich Village und darbte bei Crackers und Thunfisch. Gelegenheitsjobs im Hafen und Statisterie brachten das nötige Kleingeld für abendliche Trinkgelage in Tonys Bar in der 52. Straße. Meistens schlief er betrunken an der Theke ein.

«Mit Sicherheit wäre ich vor die Hunde gegangen, hätte ich nicht zwei Monate nach meiner Scheidung Mary wieder getroffen», gestand Bogart in einem schwachen Moment. Mary

Philips hatte sich einen festen Platz unter den führenden Schauspielerinnen des Broadways erspielt. Theaterhistoriker beschrieben sie als «attraktiv, aufmunternd, verständnisvoll, entschlossen».

Nach seiner Scheidung traf Bogart Mary zufällig wieder, als Bogie im Anschluß an eine Vorstellung Mary Halliday besuchte. Er lud sie zu einem Drink zu Sardi's ein und vertraute ihr seine Sorgen an. Obwohl Mary ihn bat, sie am nächsten Tag zu treffen, folgte Bogie der Einladung nicht. Er war zu sehr beschämt darüber, was er ihr alles in seinem Alkoholwahn erzählt hatte. Mary jedoch war Bogie nicht gleichgültig. Als sie ihn eines Nachts sinnlos betrunken bei Tony aufgegabelt hatte, nahm sie ihn mit nach Hause. Sie bot ihm an, bei ihr zu wohnen, und Bogie blieb. Da er die meiste Zeit ohne Engagement war, sorgte Mary für ihn. Sie tat dies gern und aus Überzeugung. «Ich wußte, daß Großes in ihm steckte.»

Ihre Freunde nahmen ihn mit offenen Armen auf. Von Holbrook Binn bekam Bogie die wichtigsten Ratschläge seiner Karriere. Auf die Frage, wie man ein Star werden könne, erklärte Binn: «Versuche immer zu arbeiten. Wenn man immer beschäftigt ist, entsteht der Eindruck, daß man gut ist.» Mary erinnerte sich: «Humphrey stutzte, aber irgendwie schien ihm dies einzuleuchten. Um Holbrook ein bißchen zu frotzeln, warf er ein: ‹Und wie schaffst du es, daß du auf der Bühne größer als in natura erscheinst?› Binn sah Bogie kritisch an, dann stand er auf und schritt durch das Zimmer. Dabei schien er förmlich zu wachsen. Als wir ihn sprachlos anstarrten, meinte er trocken: ‹Ich denke mich groß.›»

Bald schon war Bogie der Ansicht, daß Mary die ideale Frau für ihn war. «Ich mochte ihn irgendwie», räumte Mary Jahre später ein. «Aber für mich war er mehr wie ein Freund. Die Zeit der heißen Liebesschwüre hatten wir schon bei *Nerves* hinter uns gelassen. Als er um meine Hand anhielt, nun, da sagte ich nur ja, um ihn nicht zu verletzen.» So traten die beiden am

24. April 1928 in Hartford, Connecticut, vor den Traualtar. Die Zeremonie fand im Haus von Marys Mutter statt. «Mary ist die ideale Mischung aus New England und irischem Blut. Ich bin sicher, sie ist genau das, was ich brauche, um im Gleichgewicht zu bleiben», sagte Bogie den wartenden Reportern. «Die Hochzeit mit ihr ist wohl das Schönste, was mir in meinem Leben passieren kann.»

Trotz des neuen Eheglücks verfiel Bogart in Depressionen, war er doch fast ein Jahr lang arbeitslos. Also verschaffte ihm Mary mit Hilfe ihrer Freundin Helen Hayes eine Rolle in der Paramount-Famous-Lasky-Produktion *The Dancing Town*. Hayes: «Ich erklärte Edmund Laurence, unserem Regisseur, daß ich einen jungen, talentierten Schauspieler kennen würde, der unbedingt eine Filmchance verdiente. Edmund murrte zwar, als er den Namen hörte, willigte dann aber doch ein, Bogie unter Vertrag zu nehmen.» Die Dreharbeiten in New York dauerten nicht einmal drei Wochen. Bogie aber war glücklich.

Anschließend überzeugte Mary Guthrie McClintic, Bogie die Rolle ihres Ehemannes in der Komödie *Skyrocket* zu geben. Er spielte den Erfinder Vic Ewing, der wegen seiner Arbeit seine ihm ergebene Frau und seinen Vater vernachlässigt. Das Stück kam am 11. Januar 1929 heraus, überlebte aber nur elf Vorstellungen.

Die nächste Rolle verdankte Bogie Alice Brady, die ihn Ende Januar 1929 unter Vertrag nehmen ließ. In der William-A.-Brady-Produktion *A Most Immoral Lady*, einer Komödie von Townsend Martin, spielte er einen Ehrenbürger, der einer Erpresserin zum Opfer fällt. Nach längerem Hin und Her gelingt es ihm, sie auf den Pfad der Tugend zurückzubringen. Das Publikum schien sich mit Bogie ausgesöhnt zu haben, denn das Stück erlebte 160 Vorstellungen. Selbst Woollcott lobte in seiner Besprechung sein «charmantes, geschliffenes Spiel».

Noch während der Spielzeit von *A Most Immoral Lady* verschaffte ihm William A. Brady sen. eine Rolle in dem Acht-Minuten-Streifen *Broadway's Like That (dt. So ist der Broadway)* bei der Vitaphone-Gesellschaft der Warner Brothers. Ihm zur Seite standen Ruth Etting, das ehemalige Whoopee-Girl, und Joan Blondell. Ruth erinnerte sich, «daß Bogie unglaublich verständnisvoll war. Es war meine erste Sprechrolle, und er verriet mir einige Tricks. Wieder und wieder ging er mit mir das Skript durch und gab wertvolle Hinweise, wie der Text am besten zu meistern war.» Etting verkörperte ein Mädchen aus der hintersten Provinz, das zwischen zwei Songs noch die Zeit hat, mit Bogie chinesisch essen zu gehen. Der Film wurde erst 1963 wiederentdeckt, und böse Zungen bemerkten, daß gnädigerweise der dazugehörige Ton verlorengegangen sei.

Wenige Wochen nach Beendigung der Dreharbeiten erlebte *A Most Immoral Lady* seine letzte Vorstellung. Doch Bogies Glückssträhne wollte nicht enden. Innerhalb weniger Stunden bekam er die Hauptrolle in *It's a Wise Child*. Mildred McCoy spielte ein junges Mädchen, das ihre Ehe mit einem älteren Mann (Harlan Briggs) dadurch beendet, daß sie ihm erklärt, sie sei schwanger. Wieder frei, heiratet sie Roger Baldwin (Bogart). Das Stück feierte am 6. August 1929 Premiere und erlebte 378 Vorstellungen. Die Kritiken überschlugen sich.

Sechs

Während Bogie 1929 am Broadway Erfolge feierte, schien die Welt um ihn herum zusammenzubrechen. An dem Wochenende, als die *New York Times* ihren verschreckten Lesern berichtete, daß «die zweite Bankrottwelle innerhalb von vier Tagen die Börse überrollt» habe, kauften er und Mary ein Haus in der vornehmen 103. Straße. Was konnte ihnen schon die Krise anhaben? Sie gaben ihr Geld aus, sobald sie es erhielten. Und amüsieren wollten sich die Leute gerade in schlechten Zeiten.

Auch Hollywood befand sich in der Krise. Der Zusammenbruch der Banken machte den Filmleuten und ihren Geldgebern weit weniger Sorgen als der Umbruch, in dem sich die Branche befand. Seit Mitte der zwanziger Jahre hatte es Versuche gegeben, dem Film durch gesprochene Sprache mehr Leben einzuhauchen. Doch die meisten Studiobosse verwarfen diese Idee. «Gesprochene Sprache? Was für ein Unsinn!» soll L. B. Mayer ausgerufen haben. «Tonfilme sind gleichbedeutend mit Chaos.» D. W. Griffith erklärte 1924 kurz und knapp: «In unseren Filmen wollen wir die menschliche Stimme jetzt und in Zukunft nicht haben.» Noch im Februar 1927 beschlossen die «großen Fünf» (MGM, Paramount, Universal, First National und die Producers Distributing Company), keinen Tonfilm herzustellen, bis man sich auf ein einheitliches System geeinigt habe.

Doch die großen Studios hatten nicht mit Sam Warner und

seinen Brüdern gerechnet. Die Warner Brothers hatten kein Imperium zu verlieren, obwohl sie seit 1920 mit zahlreichen Kurzfilmen im Geschäft waren. Jack und seine Brüder Harry, Albert und Sam waren ständig hochverschuldet. Was sollten da weitere 500 000 Dollar ausmachen. «Wer hoch pokert, gewinnt hoch», war die Devise von Vater Warner gewesen. Vor allem Sam Warner setzte sich für den Tonfilm ein und erwarb die Rechte an dem Broadwayhit *The Jazz Singer* von Samson Raphaelson. Auch ohne Ton war die Geschichte des Rabbinersohnes, der den ihm vorgezeichneten Weg verläßt, um Showstar zu werden, kassenträchtig. Für 30 000 Dollar nahm man George Jessel unter Vertrag, der die Rolle schon am Broadway zum Leben erweckt hatte. Als dieser jedoch erfuhr, daß das Studio in den Film Songs einbauen wollte, verdoppelte er seine Gagenforderung und wurde prompt durch Al Jolson ersetzt, der mit der Rolle bereits auf Tournee gewesen war.

Das Premierenpublikum, das den Film am 6. Oktober 1927 in Warners Manhattan-Kino sah, war skeptisch. Man hielt es für ein schlechtes Omen, daß die Warners nicht an der Premiere teilnahmen. 24 Stunden vor der Premiere war Sam Warner ins Krankenhaus eingeliefert worden. Der Film, seine Herstellung und das Marketing waren zuviel für ihn gewesen. Scharfzüngige Kritiker vermuteten dahinter nur einen Vorwand, um das Debakel nicht miterleben zu müssen. Unter den geladenen Premieregästen befanden sich auch Bogie und Mary. Während Bogart von dem neuen Medium fasziniert war, glaubte Mary, der Film würde die Nacht nicht überleben.

Doch als Jolson zu singen begann, geriet das Publikum aus dem Häuschen. «Sein Schatten schien von der Leinwand herabzuspringen. Das war eine Intimität, die noch kein Kinogänger zuvor erlebt hatte. Die Schatten konnten reden. Am Klavier sitzend erzählt der Jazzsänger seiner Mom, daß sie in die Bronx ziehen würden, wenn er Erfolg hätte. ‹Eine Menge hübsches grünes Gras dort. Und eine ganze Menge Leute, die du kennst. Die

Ginsbergs, die Guttenbergs und die Goldbergs und eine Menge anderer Bergs›» (J. Charyn).

The Jazz Singer spielte innerhalb kürzester Zeit fünf Millionen Dollar ein. Hollywood geriet in Aufruhr. «Ich bin der König des Stummfilms», erklärte Warren Beatty in *Mickey One*. «Ich verstecke mich so lange, bis der Tonspuk vorüber ist.» Die Stars des Stummfilms schienen diesem Beispiel zu folgen. Jack Gilbert, Clara Bow, Buster Keaton, Valentino, Blanche Sweet, Louise Brooks, Lillian Gish, Mary Pickford, Douglas Fairbanks, H. B. Warner, Ramon Novarro, Gloria Swanson und viele andere verschwanden von der Bildfläche oder spielten immer seltener. Sie alle wurden zu Norma Desmonds, die, zurückgezogen in ihren Prachtvillen am Sunset, auf ihr Comeback warteten und träumten, am Rande des Wahnsinns.

Aufgeschreckt durch den *Jazz Singer*, bangten die Filmmogule um ihre Zukunft. Was allein zählte, waren die aktuellen Einspielergebnisse. Der alte Kram lagerte in feuersicheren Filmdosen oder wurde eingeschmolzen, weil der Silbergehalt der Nitratschicht wertvoller war als ein alter Film, der seit sechs Monaten nicht mehr im Kino lief. Movieland vergaß seine Könige und Königinnen von einst. «Hollywood ist mit totaler Amnesie geschlagen», wußte bereits der Filmhistoriker Ezra Goodman, «wenn es um etwas geht, das länger als 24 Stunden zurückliegt.»

Aber auch das amerikanische Publikum verschwor sich gegen die alte Garde Hollywoods. Die Besucherzahlen stürzten ins Bodenlose. Schließlich bot man Kinokarten zum halben Preis an, verbunden mit Gutscheinen für Haushaltsgeräte, Dauerwellen, Unterwäsche und sonstige lebenswichtige Dinge. Die Studios suchten verzweifelt Schauspieler, die gut aussahen und zudem sprechen konnten. So kam auch für Humphrey Bogart die große Stunde des Tonfilms – dank seines Schwagers Stuart Rose, der dank des rührigen Brady sen. bei den Fox Studios als Produktionsassistent, Drehbuchlektor und Mädchen für alles untergekommen war.

1900 im Alter von 21 Jahren in New York angekommen, hatte sich William Fox schnell der Herstellung von Filmen verschrieben. 1916 siedelte er von New Jersey nach Los Angeles über, wo er in der Western Avenue sein Studio eröffnete. Fox entdeckte und protegierte Theda Bara und warf jeden Monat einen Film mit ihr auf den Markt. Das gleiche Erfolgsrezept verfolgte er bei dem ersten Westernhelden der Filmgeschichte, Tom Mix, der zunächst als Pferdetrainer bei Fox begann. Und Fox verfügte nicht nur über ein wohldurchdachtes Starsystem, sondern auch über eine Kinokette mit mehr als 1000 Filmpalästen und ein Tonsystem, das William Fox als Movietone patentieren ließ und das sich bei den großen Studios durchsetzte.

Stuart befand sich gerade in Los Angeles, als er erfuhr, daß Fox den Erfolgsfilm von 1924, *The Man Who Came Back*, nun mit Janet Gaynor als Tonfilm herausbringen wollte. Stuart Rose nahm allen Mut zusammen und schlug William Fox, seinem Anwalt Saul E. Rogers und dem Geschäftsführer Winfield R. Sheehan vor, Probeaufnahmen mit seinem Schwager Humphrey Bogart zu machen. William Fox beauftragte Frank Borzage, sich den «Jungen» einmal anzusehen. Sofort machte sich Borzage auf nach New York und sah sich fünf Abende hintereinander Bogie in *It's a Wise Child* an. «Bogart war ein ungeschliffener Diamant», erinnerte sich Borzage. «Aber am meisten erstaunte mich, daß er jeden Abend er selbst war. Er war perfekt.»

Obwohl Borzage von Bogart begeistert war, stieß er auf lebhaften Widerstand bei den Verantwortlichen in New York. Von Probeaufnahmen wollten sie nichts wissen und hielten Bogie wegen seiner Narbe für zu häßlich. Und zu jung. «Allen Ernstes wollten sie mir weismachen, daß Bogie nie und nimmer Charakterrollen spielen könnte. Schließlich telefonierte ich mit William Fox, der Probeaufnahmen anordnete.»

Bogart spielte eine Szene aus seinem Broadwayhit. Im Anschluß wurde eine Szene aus *The Man Who Came Back* aufgenommen. Bogart war sichtlich nervös, dennoch war die Probeaufnahme «sehr, sehr zufriedenstellend». Borzage feierte mit Mary und Bogie im Lamb und instruierte Bogie, wie er am nächsten Morgen mit den Studioverantwortlichen verhandeln sollte. «Wenn sie dir 300 Dollar bieten, verlange 400, und du wirst sie kriegen. Der Alte ist begeistert. Außerdem hat Brady ein gutes Wort für dich eingelegt.»

Die Feier der bevorstehenden Vertragsunterzeichnung endete um sechs Uhr morgens. Da Bogie bereits um neun Uhr erwartet wurde, raste er schnell nach Hause, duschte, rasierte sich und traf pünktlich in den Büroräumen der Fox ein. «Als sie mir dann 500 Dollar wöchentlich boten, hätte es mich beinahe umgehauen», erzählte er. Bogie schluckte und verlangte tapfer 750 Dollar, die man ihm ohne mit der Wimper zu zucken zugestand. Die Dreharbeiten, so wurde vereinbart, sollten nach Beendigung seines Bühnenengagements beginnen.

Stolz rannte Bogie mit seinem Vertrag und seinem Ticket nach Hause. Er hatte es geschafft. Doch als er seine Wohnung betrat, fand er Mary heulend im Wohnzimmer sitzen. Soeben hatte sie erfahren, daß ihre Probeaufnahme mit MGM geplatzt war. Bogie versuchte sie zu trösten, doch Mary haderte mit ihrem Schicksal und schwor, sie werde nie wieder bei einer Filmgesellschaft vorsprechen und ihr Leben von nun an ganz dem Theater widmen. Bogie war das in diesem Augenblick vollkommen egal. Er konnte von nun an für beide sorgen.

Womit Bogie nicht gerechnet hatte, waren die dramatischen Veränderungen in Los Angeles, die sich während der restlichen Laufzeit seines Stückes vollzogen. William Fox hatte sich 15 Millionen Dollar von der Telephone Company und weitere 15 Millionen von Halsey, Stuart & Co., New York, geliehen. So gelang es ihm, 53 Prozent von Loew's Corporation zu kaufen, so daß L. B. Mayer und Loews Tochtergesellschaft MGM plötzlich unter Fox' Leitung standen. Doch das Glück war nur von kurzer Dauer. Nach dem Börsencrash 1929 konnte Fox die fälligen

Forderungen nicht erfüllen. Gleichzeitig überzeugten seine Schuldner andere Geldgeber und Freunde von Fox, ihn fallenzulassen, damit man den «Kuchen» unter sich aufteilen konnte. Fox kämpfte noch ein halbes Jahr verbissen um seine Vorherrschaft, doch im Frühjahr 1930 zwang man ihn, seinen Sessel zu räumen. Als Bogie schließlich in Hollywood eintreffen sollte, war die Ära Fox endgültig vorüber.

Der Abschied auf der Pennsylvania Station gestaltete sich zum Rummel. Zahlreiche Reporter waren erschienen, um ihrem Helden einen großen Abschied zu bereiten, ebenso Bogies Vater, die Bradys und die zahlreichen Freunde, die er schweren Herzens zurückließ. Da Mary noch vertraglich gebunden war, sollte sie nachkommen, sobald Bogie ein Haus gefunden und sich etwas eingelebt hätte. Die Fahrt im Super Chief sollte sich zur Strapaze entwickeln. Die Hitzewelle, die den Mittleren Westen heimsuchte, verwandelte den Zug in einen Brutkasten. Bogie verbrachte die meiste Zeit in der Bar oder auf der Aussichtsplattform. Als der Zug endlich in Pasadena, Kalifornien, eintraf, warteten bereits zahlreiche Reporter. Lässig schlenderte Bogie auf sie zu und begann, den Jungs mit kühler Professionalität ein Interview zu geben.

«Wir waren alle vollkommen verdattert», erinnerte sich Perry Lane. «Eigentlich warteten wir auf Jack Gilbert und die Garbo, die aber bereits eine Station früher ausgestiegen waren. Aber andererseits war der kleine Kerl mit seinen lustigen Sprüchen der ideale Lückenbüßer. Wir mußten alle leben, und so bescherten wir Bogie den Empfang, der eigentlich einem anderen gegolten hatte.»

Die beiden Studioleute, die Bogie abholten, waren sichtlich beeindruckt. Sie brachten ihn im Hollywood Hotel unter, bevor sie ihn mit Winnie Sheehan bekannt machten, der inzwischen von Fox die Studioleitung übernommen hatte.

Winfield R. Sheehan erinnerte mehr an einen Butler als an einen Studioboss. Er hatte ein rundliches, freundliches Gesicht und scheitelte seine Haare, die mit Pomade fest an seinen Kopf geklatscht waren, akkurat in der Mitte. Als er von Bogies Empfang erfuhr, zeigte er sich tief beeindruckt. «Nun, Mister Beauregard, wir haben Großes mit Ihnen vor», eröffnete Sheehan die übliche Konversation. «Allerdings zeichnen sich derzeit geringfügige Probleme mit der Produktion von *The Man Who Came Back* ab. Wir sind aber sicher, daß wir diese innerhalb kürzester Zeit meistern werden.» Danach übergab er Bogie an Ed Butcher, den Generalmanager.

Bogie nickte nur und versprach, sich wieder bei Sheehan zu melden. In knappen Worten skizzierte Butcher die Situation. Durch den Weggang von William Fox befand sich alles im Umbruch. Da Fox nichts delegiert hatte, mußten sich die neuen Leute erst einarbeiten. Es herrschte ein lähmendes Vakuum, das sich auch auf die Filmproduktionen hinderlich auswirkte. Der erste Drehtag war in zwei Tagen angesetzt. Als Bogie erschrak und sich besorgt erkundigte, wie er in dieser kurzen Zeit seinen Text lernen sollte, lachte Butcher und sagte, es seien nur drei Seiten Text.

Das Leben in Hollywood gefiel Bogie. Das Wetter war phantastisch, die Leute ausgesprochen nett, und am Abend erwartete ihn eine Einladung von Janet Gaynor, seiner Partnerin. Charmant plauderte sich Bogie durch den Abend und freundete sich sogleich mit John Ford, Will Rogers und Hobart Bosworth an.

Allein bei Miss Gaynor schien seine Ausstrahlung zu versagen. «Es gab wenige Menschen, aber die Gaynor war eine von jenen, die mir vom ersten Moment an unsympathisch waren», erläuterte Bogie seine gespannte Beziehung zu der Frau, die den allerersten Oscar gewann, der in der Kategorie beste Schauspielerin vergeben wurde. Obwohl sie dank ihrer kleinen Statur und ihrer süßlichen Unschuld den Titel «American Sweetheart» von Mary Pickford erbte, meinte Bogie bereits am dritten Drehtag, sie sei «nice like ice». Kein Trick war ihr zu billig, keine Chance zu gering, die Aufmerksamkeit von ihrem Partner auf sich zu lenken. Obwohl sich Regisseur Jonathan Whitey bemühte, seine beiden Stars unter einen Hut zu bringen, waren die Kämpfe zwischen der Gaynor und Bogie bald Hauptgegenstand des Klatsches. Am vierten Drehtag erschien die Gaynor nicht am Set. In einem Gespräch mit Sheehan bestand sie darauf, daß Bogart wegen «mangelnder Zusammenarbeit» durch Charles Farrell ersetzt werde. Andernfalls sähe sie sich gezwungen, die Rolle niederzulegen. Sheehan steckte in der Zwickmühle. Die Gaynor war eindeutig der größere Star, aber die Probeaufnahmen von Bogie waren überaus vielversprechend. Nach einer kurzen Krisensitzung mit New York willigte das Studio zähneknirschend ein, Bogie auszutauschen. Bogart war über diesen Entschluß alles andere als traurig. Offiziell arbeitete er nun als Sprachlehrer für Farrell, mit dem er sich ungeachtet des Zwischenfalls gut verstand.

Ed Butcher lieh Bogie ein Auto, und er machte sich daran, die Gegend zu erkunden. Er liebte Hollywood. Alles war so unbeschwert. Die Krise, die New York erschütterte, schien hier keine Wirkung zu zeigen. Alle Leute waren um die Dreißig, und alle hatten Geld wie Heu. Vor allem aber bot Hollywood größere Vernügungsmöglichkeiten als New York. Bald schon gehörte er zu den Stammgästen der Speakeasys, der Nachtclubs, der Parties der Stars und des Freudenhauses an der Wilcox Avenue.

Und er streifte durch das Studio. Er informierte sich bei den Technikern und schaute sich bei ihnen so manchen Trick ab. Er sah bei anderen Dreharbeiten zu und lernte Henry King, Raoul Walsh und Irving Cummings kennen. Schnell schloß er Freundschaft mit Maureen O'Sullivan und Joel McCrea, die am Anfang ihrer Karriere standen. Walsh machte ihn mit Marion Michael Morrison bekannt, der ihm den Titel «Der beste Kumpel, den ein Mann haben kann» verlieh, bevor er unter dem Pseudonym John Wayne in die Filmgeschichte einging.

Am besten aber verstand Bogie sich mit den Statisten. Er nahm ihre Arbeit ernst, und als einige von ihnen erkannten, daß er sich wirklich für sie interessierte, nahmen sie ihn unter ihre Fittiche und zeigten ihm, wie er sein wöchentliches Gehalt aufbessern konnte. So kam es, daß Bogie in den ersten Wochen zahlreiche Statistenrollen bei anderen Studios übernahm, ohne daß die Fox davon Wind bekam. «Ich wirkte als Statist in weit über fünfzig Filmen mit. Man brauchte nur einen Anzug, und schon war man dabei», prahlte Bogie. Bei Warner Brothers kann man seinen Namen auf der Abrechnung der Statisten für *Playing Around, Hold Everything* und Rin-Tin-Tin's *On the Border, Golden Dawn, The Dawn Patrol* ebenso finden wie bei den MGM-Produktionen *Call of the Flesh, The Big House* und *Madam Satan.* Wie es der Zufall wollte, traf Bogie auf seine alte Bekannte Lucille LeSueur, die inzwischen zur Hollywoodqueen Joan Crawford gestylt worden war. Eingedenk der langen durchzechten Nächte im Richmond Club verschaffte Joanie ihm Statistenrollen bei *Dance, Fool, Dance, Paid* und eine kleine Sprachrolle in *Montana Moon,* die allerdings auf dem Boden des Schneideraums landete.

Aber auch die Fox sollte nicht untätig sein. John Ford wollte Bogie für seinen 69. Film, *Up the River.* Ursprünglich als Gefängnisdrama konzipiert, mußte die Fox umdenken, als die MGM-Produktion *The Big House* bereits vor Fords Drehbeginn abgeschlossen worden war und nun Plagiatsvorwürfe und Rechtsstreitigkeiten drohten. Also beschloß man, *Up the River* in eine Komödie umzustricken.

Damit Bogie nicht länger unbeschäftigt war, gab Cummings ihm eine Rolle in *A Devil With Women.* Bogie spielte in diesem Abenteuerstreifen, der in einer mittelamerikanischen Bananenrepublik spielt, den reichen Müßiggänger Tom Standish, der dem Helden (Victor McLaglen), die Freundin (Mona Maris) ausspannt. «Mister Bogart sieht gut aus und ist intelligent», schrieb Mordaunt Hall in der *New York Times,* als der Film in die Kinos kam. Zur gleichen Zeit wirkte Bogie in *Body and Soul* mit. Er verkörperte den amerikanischen Flieger Jim Watson, der sich in eine Engländerin verliebt, obwohl er glücklich verheiratet ist. Bei einem Einsatz stirbt er, als er einen deutschen Aufklärungsballon angreift. Sein bester Freund (Farrell) bringt den Einsatz zu einem erfolgreichen Ende, so daß Watson postum geehrt wird. Ursprünglich gestand man Bogie und Farrell die gleiche Leinwandzeit zu. Doch was den Schneideraum verließ und letztendlich in die Kinos kam, konzentrierte sich hauptsächlich auf die Beziehung zwischen Watsons Freund, seiner Witwe und seiner englischen Freundin. Dabei entpuppte sich auch noch eine der beiden Ladies am Ende als Spionin.

«Bogie war ein unglaublicher Szenenklau», erinnerte sich Farrell 1938 an die Dreharbeiten. «Wann immer wir gemeinsam zu sehen waren, versuchte er sich in die Mitte zu drängen, so daß ich nur noch am Bildrand zu sehen war, wenn überhaupt. Wir beide waren gut befreundet. Wir verbrachten fast jedes Wochenende gemeinsam auf meinem Boot, aber es hätte nicht mehr viel gefehlt, und unsere Freundschaft wäre durch sein Verhalten in die Brüche gegangen.»

Hollywoodinsider erinnern sich, daß ein Boxkampf zwischen Farrell und Bogart dieser Freundschaft sehr dienlich war. Nach einem besonders diskussionsträchtigen Drehtag forderte Farrell Bogie auf, mit ihm nach draußen zu kommen.

«Kannst du kämpfen?» fragte Farrell erbost. Bogie lachte nur.

«Ich war Boxchampion im College. Nun, ich wollte das nur erwähnt haben.»

Bogie erbleichte und ging nach drei Schlägen zu Boden. Von diesem Augenblick an hatte Farrell bei den Dreharbeiten seine Ruhe.

Einen ebensoguten Szenendieb holte Bogie nur allzugern nach Hollywood. Als es darum ging, wer in *Up the River* seine Partner werden sollten, schlug Bogie Ford vor, sich doch einmal Spencer Tracy anzusehen. Nur zögernd folgte Ford diesem Rat, war dann aber von Tracy so begeistert, daß er die Fox überredete, ihn für 1000 Dollar wöchentlich unter Vertrag zu nehmen. Da Tracy aber gerade einen Broadwayerfolg in *The Last Mile* als Killer Meers feierte, bekam er nur sechs Wochen frei für die Dreharbeiten. In Hollywood eingetroffen, erklärte ihm Ed Butcher, daß vor allem «Beauregard Humphries hier mächtig die Werbetrommel für ihn gerührt» hatte.

Bogie war überglücklich, seinen Freund bei sich zu haben. Gemeinsam wohnten sie im Hollywood Hotel. Während sich Spencer tagsüber die Gegend und das Studio ansah, machten sie nachts gemeinsam die Kneipen unsicher. Nach vier Wochen zeigte Spencer sich sehr beunruhigt, da er noch keinen einzigen Tag vor der Kamera gestanden hatte. Bogie und Ford beruhigten ihn und lenkten seine Aufmerksamkeit auf andere Dinge. Doch als Tracy in der fünften Woche langsam ungehalten wurde, beschloß Ford, den Film endlich in Angriff zu nehmen.

Bogie spielte Steve, einen sanften jungen Mann aus besserem Hause, der wegen fahrlässiger Tötung im Gefängnis landet. St. Louis (Tracy) und Dannemora Dan (Warren Hymer) dagegen sind zwei gutmütige Berufsganoven, die den Jungen unter ihre Fittiche nehmen. Steve verliebt sich in ein Mädchen (Claire Luce) aus dem Frauenflügel. Als er entlassen wird, will er auf seine Geliebte warten. Doch da niemand aus seiner Familie und seinem Umkreis von seiner Haftstrafe weiß, droht nun ein Erpresser, Steves Vergangenheit zu enthüllen. Louis und Dan fliehen aus dem Gefängnis und helfen Steve bei der Lösung seiner Probleme, so daß er sein Mädchen heiraten kann. Danach kehren die entsprungenen Häftlinge zu einem wichtigen Baseballspiel ins Gefängnis zurück.

Die letzte Klappe fiel am Tag vor Spencers Abreise. Hollywood drehte damals schneller als heute. Innerhalb einer Woche war der Film geschnitten und wurde der Studioleitung zwei Wochen nach Tracys Abreise in der Rohfassung vorgeführt. Sheehan war sich sicher, einen Hit in der Hand zu haben und ordnete an, Tracy sofort unter Vertrag zu nehmen. Ende September fand eine Probeaufführung in San Bernardino statt, und als *Up the River* am 30. Oktober 1930 in die Kinos kam, war abzusehen, daß der Film Bogart und Tracy zu Stars machen würde. Die Kritik reagierte euphorisch, und die Fanpost für Bogie füllte jede Woche vier Postsäcke. Er sah sich genötigt, eine Sekretärin einzustellen, die die Autogrammwünsche und Briefe beantwortete. Bogie feierte rauschende Feste, zumal seine alten Freunde und Kollegen, unter ihnen Spencer Tracy, Pat O'Brien und James Cagney, nun auch ihre Zelte in Hollywood aufschlugen. Was könnte nun noch schiefgehen?

Bogies Stern leuchtete bereits nach drei Filmen hell am Firmament, da unterlief dem Mimen ein fataler Fauxpas. «Winnie war ein gutmütiger Mensch, aber er konnte es nicht ertragen, wenn man sich über ihn lustig machte», erzählte Ed Butcher kurz vor seinem Tod. «Bogie wußte das und hielt sich auch einige Monate an die Devise, doch nach dem Erfolg von *Up the River* wurde er übermütig.»

Während einer Dinnerparty verschwand Bogie und kehrte dreißig Minuten später als perfekte Sheehan-Kopie zurück. Er trug die gleiche Art von Krawatte und Anzug und hatte sich mit einem Kissen ausgestopft. Seine Haare waren mit Pomade gestylt wie die von Winnie Sheehan. Dann begann er, mit Sheehans typischem Tonfall herumzukommandieren, wobei er dessen Sprachfehler grausam perfekt kopierte. Nur wenige der Anwesenden lachten, zumal sie wußten, daß sich Maria Jeritza unter den Gästen befand, die mit Sheehan zusammenlebte.

Bereits am nächsten Morgen teilte das Studio Bogie mit, man würde ihn für einen Krimi an die Universal ausleihen. Der Film mit dem Arbeitstitel *The Flirt*, später in *Gambling Daughters* umbenannt, bevor er schließlich als *Bad Sister* in die Kinos kam, erzählt die Geschichte einer guten Schwester und einer Femme fatale, die einiges durchmachen müssen, bevor sie geläutert in den Schoß der Familie zurückkehren.

Die weibliche Hauptrolle spielte Sidney Fox, Bette Davis, in ihrem Debüt, war die gute, zuckersüße, graumausige Schwester, und Bogie verkörperte einen eleganten Betrüger und Hochstapler.

Weniger süß war Bette Davis zu Bogart, den sie vom ersten Augenblick an nicht ausstehen konnte. «Er stank aus dem Maul und kratzte sich ungeniert an den Eiern, wenn ihm danach war. Wahrscheinlich war er die Brutstätte von Abertausenden Filzläusen. Aber kümmert sich nicht jeder um seine Verwandtschaft? Denn in meinen Augen war er nichts anderes als eine Laus.»

Der so Gescholtene hatte mit dem Produktionschef Carl Laemmle Jr. eine 50-Dollar-Wette abgeschlossen, daß er noch vor Ende der Dreharbeiten die Davis erobern werde. Doch weder Konfekt noch Blumen ebneten dem Herzensbrecher Bogie den Weg, hatte doch Sidney Fox der Davis von der Wette zwischen Bogart und Laemmle erzählt. Bette schwor Rache, und Bogie raste vor Wut.

Trotz gewonnener Wette konnte Carl Laemmle Jr. Bogie nicht leiden, weil er ihn nur «Junior» nannte. Erschwerend hinzu kam, daß Bogie erfolgreich seinen männlichen Charme bei Sidney Fox erprobt hatte. Laemmle jedoch revanchierte sich, als er hinsichtlich Bogies Zukunft beim Film befragt wurde. «Ich glaube, es ist das Beste für so talentlose Darsteller wie Humphries (sic!) Bogart, sich wieder an einer Laienbühne zu verstekken.»

Wieder bei Fox, mußte er erfahren, daß die Hauptrolle von *Goldie* mit Jean Harlow als Partnerin an Spencer Tracy gefallen war. Auch stimmte Sheehan nicht zu, Bogie für die Verfilmung von *The Front Page* auszuleihen. So ging der Part von Hildy Johnson an Pat O'Brien.

Statt dessen übertrug man Bogie eine Nebenrolle in *Women of All Nations*. Diesmal teilte er sich nicht mit Victor McLaglen die Handlung, sondern durfte nur den Matrosen Stone mimen. Schlimmer noch: Der größte Teil seiner Szenen fiel der Schere zum Opfer. In der Kinofassung ist von ihm fast nichts mehr zu sehen. Anschließend wirkte Bogie in Spencers neuestem Film *She wanted a Millionaire* mit, doch wieder sorgte Sheehan dafür, daß die meisten seiner Szenen geschnitten wurden. In seiner Verzweiflung wandte sich Bogart an Cummings, der ihm auch gleich eine Rolle anbot.

«Das Ganze war zwar idiotisch, aber wir versuchten alle, Bogie zu retten», verriet der Regisseur Jahre später. «Wir mußten ihm die Schultern polstern und hohe Absätze verpassen, damit er neben George O'Brien nicht allzu lächerlich aussah.» In *A Holy Terror* verkörperte Bogie nun den eifersüchtigen Ranchvorarbeiter Steve Nash, der sein Girl (Sally Eilers) an den gutaussehenden Millionär Tony Bard (O'Brien) verliert. Bogie wirkte mit Cowboyhut und Halstuch lächerlich. Er haßte diese Rolle. Allmählich dämmerte ihm jedoch, daß er am Einbruch seiner Karriere nicht unschuldig war. Also nahm er eines Abends Cummings zur Seite und fragte ihn nach den Ursachen. «Ich schaute Bogie lange in seine traurigen Augen und erklärte ihm, es sei wohl das beste, für einige Zeit aus Hollywood zu verschwinden, bis man die Sache mit Sheehan vergessen hätte. Winnie war unglaublich beliebt, und ich hatte meine Zweifel, ob ein anderer Studioboss es mit Bogie aufnehmen wollte. Sein scharfer Witz und seine Bösartigkeit hatten ihm einen üblen Ruf eingebracht.»

Mit Schrecken erkannte Bogart, daß er selbst seine Karriere ruiniert hatte. Am nächsten Morgen suchte er Sheehan auf und erklärte ihm, er werde seinen Vertrag mit der Fox nicht verlängern. Sheehan stimmte zu und verfaßte eine wohlwollende Presseerklärung.

Tags darauf fand Bogart in seiner Post das Rückfahrticket nach New York. Er lud einige Freunde und Reporter zu einem letzten Dinner ins Lamb ein, verabschiedete sich von Tracys Familie und kehrte mit 2600 Dollar und zwei Koffern an die Ostküste zurück.

Insgeheim hatte er gehofft, daß das Studio und seine neuen

Freunde ihm einen letzten großen Abschied am Bahnhof bereiten würden. Schmerzlich wurde ihm bewußt, wie schnell Freundschaft und Kameradschaft in Hollywood an Bedeutung verlieren. «Eine Lektion, die für uns alle, die wir hier neu angefangen haben, von unschätzbarem Wert ist», notierte Tracy in sein Tagebuch, nachdem er als einziger Bogie am Bahnhof verabschiedet hatte.

Sieben

Die Rückkehr nach New York war für Bogart eine Tragödie. Bill Brady mußte ihm beibringen, daß Mary inzwischen mit Roland Young zusammenlebte. Bogie raste, aber Brady redete ihm gut zu. «Wäre es besser, wenn du dich in jemand anderen verliebt hättest? Und was würdest dann du von Mary erwarten? Ihr seid mit eurem Arrangement an dieser verfahrenen Situation selbst schuld. Ich würde einfach versuchen, neu anzufangen.»

In den stundenlangen Gesprächen drängte Bogie Mary, sich von Young zu trennen. Vergeblich. Bogart betrank sich sinnlos, trat die Haustür von Young ein und forderte seine Frau zurück. Doch Bogie war nicht mehr Herr der Situation, er schlug das Inventar kurz und klein und fiel über Young und Mary her, die beide schwerverletzt ins Krankenhaus eingeliefert werden mußten. Bogart dagegen landete in einer Ausnüchterungszelle. Es bedurfte des gemeinsamen Einsatzes von Dr. Bogart und William Brady sen., um eine Klage abzuwenden. Bogie zahlte seiner Frau und Young ein Schmerzensgeld von 2000 Dollar und kam auch für die beschädigten Gegenstände auf. «Eine sehr teure Lektion», maulte er noch Jahre später. «Denn dieser Zwischenfall kostete mich meine gesamten Ersparnisse.»

Auch am Broadway konnte Bogie nicht mehr an alte Erfolge anknüpfen. Er ergatterte lediglich eine kleine Rolle in John van Drutens glückloser Komödie *After All.*

Bogie war am Ende. «Es war zum erstenmal in meinem Leben, daß ich mir ernsthafte Sorgen um Geld machte. Ich stand wirklich kurz davor, alles hinzuwerfen, als mich ein Telegramm aus Hollywood erreichte.»

Harry Cohn von den Columbia Pictures wollte Bogart für die Titelrolle in *Love Affair* verpflichten, für 1000 Dollar pro Woche. Bogie stutzte. «Zunächst hielt ich das Ganze für einen ziemlich üblen Scherz, doch ein Telefonat mit der Sekretärin Cohns, das mich meinen letzten Cent kostete, überzeugte mich, daß das Angebot ernst gemeint war.»

Mit einem neuen Anzug, einer neuen Wäschegarnitur und drei frischen Hemden reiste Bogart im Jahre 1932 nach Los Angeles. Tracy und O'Brien erwarteten ihn, und schon bald klärte sich, wie Harry Cohn auf Bogart gekommen war: Pat O'Brien stand seit kurzem unter Vertrag bei der Columbia. Als er erfuhr, daß Thornton Freeland einen jungen Hauptdarsteller für *Love Affair* suchte, schlug er Humphrey Bogart vor. Man arrangierte eine Vorführung von *Up the River*, und Freeland war so begeistert, daß er Cohn vorschlug, Bogart einen Vertrag über sechs Monate anzubieten.

Harry Cohn war von Bogart begeistert, als er die ersten Muster von *Love Affair* zu Gesicht gekam. Sie waren exzellent, wenngleich der Film nicht zu den stärksten zählte, ein B-Film, dessen Aufgabe es sein sollte, den Stummfilmstar Dorothy Mackaill zu reanimieren. Bogie spielte Jim Leonard, den Erfinder eines neuen Flugzeugmotors, der sich in die junge Erbin Carol (Dorothy Mackaill) verliebt. Als sie ihr Vermögen verliert, will sie einen anderen heiraten, um die Finanzierung der Erfindung zu sichern. Nach allerlei verwirrenden Plots bewahrt Bogie sie im letzten Augenblick vor dem Selbstmord und gesteht ihr seine Liebe. Der 68minütige Streifen stieß auf freundliche Kritiken, wurde aber bald schon vergessen. Doch Harry Cohn war von Bogarts Talent überzeugt und versuchte, ihn zum endgültigen Durchbruch zu verhelfen. So verfolgte er den Gedanken, Bogie die Rolle des gutmütigen Gangsters in Frank Capras *Lady for a Day* zu übertragen und zog ihn auch für andere Filme in Erwägung. Die Rolle in *Forbidden* an der Seite von Barbara Stanwyck ging jedoch an Ralph Bellamy, *Circus Queen Murder* an Adolphe Menjou und *The Big Timer* an Ben Lyon. Um Bogie jedoch im Gedächtnis der Kinobesucher zu halten, lieh Harry Cohn ihn an Jack Warner, Chef der Warner Brothers, aus.

«Bogie war ziemlich verschüchtert, als er zum erstenmal die Warners betrat», erinnerte sich Mervyn LeRoy. «War es in den anderen Studios üblich, daß man neue Darsteller begrüßte, so drückte bei Warners der Pförtner einem nur eine Karte in die Hand, auf der die Garderoben und Studiohallen eingezeichnet waren. Mehr, glaubte Jack, brauchte man auch nicht zu wissen.»

Bogie war enttäuscht, als er entdeckte, daß er in *Big City Blues* nicht die Haupt-, sondern nur eine bessere Nebenrolle spielen sollte. «Jack hatte ihm diesen Part nur Harry zuliebe gegeben. Aber Bogie gab sein Bestes», sagte Regisseur Mervyn LeRoy. Bogie spielte Shep Adkins, der auf einer Party mit einem anderen fast in Streit gerät. Sie gehen mit zerbrochenen Flaschen aufeinander los, als plötzlich das Licht ausgeht und ein Mädchen ermordet wird. «Für mich war Bogie eigentlich immer schon der geborene Gangsterdarsteller», wußte LeRoy. «Aus diesem Grund bot ich ihm sofort die Rolle des Harve in *Three on a Match* an.»

Bogies Erinnerungen an die zwei Warner-Filme wurden durch eine leidenschaftliche Affäre mit Joan Blondell versüßt, die jedoch ein jähes Ende fand, als Bogie zur Columbia zurückkehrte und erfuhr, daß sein Vertrag nicht verlängert wurde. Harry Cohn befand sich gerade in Europa, und so blieb Bogie nichts anderes übrig, als seine Koffer zu packen und nach New York zurückzukehren.

Die Folgen der Depression gingen auch am Broadway nicht spurlos vorüber. Komödien, in denen Bogie bisher brillieren konnte, wurden rar, und im neuen gesellschaftspolitisch geprägten Theater mußte er erst seine Rolle finden.

Nachdem Bogart in *I Love You Wednesday* einen Architekten dargestellt hatte, spielte er in *Chrysalis* 23 Aufführungen lang die Rolle des Don Ellis, den miesen Liebhaber von Margaret Sullavan, den ein New Yorker Kritiker an ein «öliges Insekt» erinnerte. *Chrysalis* wurde Mitte November abgesetzt, doch Bogie landete sofort seinen nächsten Part in *Our Wife*. Als das Stück am 2. März 1933 herauskam, hatte sich die Situation in Amerika so dramatisch verschärft, daß Präsident Roosevelt die sogenannten «Bank Holidays» anordnete, vier Tage, die den Bankiers Gelegenheit geben sollten, Atem zu schöpfen und die Lage auf dem Finanzmarkt wieder in den Griff zu bekommen.

«An dem Tag, als *Our Wife* herauskam, hatten gerade die Banken geschlossen», erinnerte sich Bogie. «Es saßen gerade mal zehn Leute im Publikum, und auch in den nächsten Wochen sollte sich daran nichts ändern. Wir aber spielten weiter, weil wir hofften, daß irgendein Filmproduzent den Schinken kaufen und uns unter Vertrag nehmen würde.» Das Stück wurde später tatsächlich verfilmt, aber erst 1941 mit Melvyn Douglas, Ruth Hussey und Ellen Drew. Bogie spielte einen Ehemann namens Jerry Marvin, der mit seiner Freundin (Rose Hobart) nach Europa aufbricht, verfolgt von seiner Ehefrau (June Walker). Nach 26 Aufführungen schloß sich im Mai die Premiere von *The Mask and the Face* an. W. Somerset Maughams Version einer italienischen Komödie von Luigi Chiarelli erlebte insgesamt 40 Vorstellungen. Judith Anderson spielte eine untreue Ehefrau, Stanley Ridges stellte den eifersüchtigen Ehemann dar, und Bogie war in einer kleinen Nebenrolle als Italiener namens Luciano Spina zu sehen.

Während einer der letzten Vorführungen warteten Bill Brady und Mary Philips in Bogies Garderobe auf Bogie. Unter Tränen berichtete Mary, daß Young sie verlassen hatte, sie nun ohne Bleibe war und finanziell vor dem Nichts stand, da sie in den letzten Monaten nicht gearbeitet hatte. Bogie überlegte lange. «Irgendwie wußte ich, daß ich an der Situation selbst schuld gewesen war. Eine derart lange Trennung übersteht keine Ehe.» Und als Mary ihm versprach, Young nicht wiederzusehen, vergaß Bogie seinen verletzten Stolz und wollte der Ehe eine neue Chance geben.

Immer hilfreich, verschaffte Brady sen. dem Paar ein gemeinsames Engagement beim Sommertheater von Cohasset, Massachusetts. Doch nun suchten sie gemeinsam Vergessen im Alkohol. Hector Pelletier, der Polizeichef von Cohasset, erinnerte sich, daß Mary einem seiner Polizisten beinahe den Finger abbiß, als sie, Bogie und Broderick Crawford wegen Trunkenheit verhaftet wurden.

Die Bogarts blieben vier Monate. Anschlußengagements am Broadway blieben aus, und auch Mary fand nur gelegentlich Arbeit. In dieser finanziell angespannten Situation zogen sie in die billigere East Side. Hier lernte Bogie auch Mary Baker kennen, seine spätere Agentin. Bald schon akzeptierte Bogie jeden Job, den man ihm anbot. Er spielte in den Schaufenstern großer Kaufhäuser gegen Bares Schach. Jeder, der wollte, konnte ihn zu einem Schaukampf herausfordern. Er arbeitete als Hundefriseur, Käfigreiniger im Zoo und Hilfsarbeiter im Hafen. Doch wieviel er auch verdiente, den größten Teil setzte Bogie sofort wieder in Alkohol um. Nach dem Ende der Prohibition schossen Lokale wie Pilze aus dem Boden. Bald schon wurden Tony's in der 52. Straße und der Richman Club in der 65. Straße West zu seinem zweiten Wohnsitz. «Bogie balancierte am Abgrund», erinnerte sich Harry Richman vom Richman Club. «Dabei tat er jedem leid. Zu meinen Gästen zählte auch die sogenannte Unterwelt. Einer von ihnen hatte wirklich einen Narren an Bogie gefressen und zahlte die meisten seiner Rechnungen. Als Bogie eines Abends wieder ganz unten war, machte man ihm ein unwiderstehliches Angebot. Er sollte wieder vor die Kamera, diesmal aber in einer der Blue-Movie-Underground-Produktionen.»

Bogie hatte zwar einige dieser Machwerke gesehen, aber er hielt nicht besonders viel davon. Er wußte, daß Stars wie Joan

Crawford, Jean Harlow, Carole Lombard, Valentino und Ramon Novarro mit ähnlichen Filmen angefangen oder auch mal Karriereeinbrüche überbrückt hatten. Bogie zögerte lange, doch als er keinen anderen Weg mehr sah, sich und Mary über Wasser zu halten, willigte er ein. 300 Dollar für eine Viertelstunde Arbeit war schnell verdientes Geld.

In der Zeit von September 1933 bis Mai 1934 wirkte Bogie in rund zwanzig Filmen mit, die vielsagende Titel trugen, wie z. B. *The Housewife, Who's a Fairy, Gossip, Scandal, Los Angeles after Dark, Bigger yet, The Shiek, Nuts To Will Hays, Get Shots in the Ass und She loved It.* «Die Handlung ist mit einem Satz erzählt. Mann jagt Mädchen. Mann überwältigt Mädchen. Mann hat Sex mit Mädchen. Dazu gibt es noch die üblichen Variationen, aber innerhalb von zwanzig Minuten ist alles vorbei», erklärte Bogie lapidar.

Schließlich tröstete sich Bogie mit der Vorstellung, daß er sich sowieso jeden Abend auszog, bevor er ins Bett ging. Warum sollte er damit nicht auch noch Geld verdienen. Die Dreharbeiten jedoch gestalteten sich anders, als er es sich gedacht hatte. Nachdem der erste Film in einem luxuriösen Bordell gedreht wurde, entstand der Rest der Filme meistens in miesen Absteigen.

«Es ist unglaublich, wie schnell man seine Würde verliert und sich an die schnelle Art des Geldverdienens gewöhnt», erkannte Bogie. Er war sehr erleichtert, als er endlich wieder ein Broadwayengagement bekam. «Ich konnte mich auf die Verschwiegenheit meiner Freunde immer verlassen», erklärte er einmal sibyllinisch, wobei er zu erwähnen vergaß, daß der Rückkauf der Filme ihn und die Warner Brothers etliche Dollars gekostet hatte, nachdem er zum Superstar avanciert war. Die meisten von Bogies Filmen befanden sich in der Sammlung des Hollywoodregisseurs George Cukor, der Bogie in seinen letzten Tagen mit klatschträchtigen Briefen aufheiterte. Am Tag, als Bogies Tod bekanntgegeben wurde, verbrannte er sämtliche Blue Movies seiner Sammlung. Einer der wenigen «Überlebenden» aus dieser Zeit wurde in den sechziger Jahren für drei Millionen Dollar von Andy Warhol erstanden. Bogie ist darin mit einem anderen, muskulösen Mann zu sehen, wie sie sich gerade «eine Zofe teilen».

Während Bogie sich auf sein neues Stück vorbereitete, machte ihm Chester Erskine ein Angebot. «Wir waren damals in New York quasi Nachbarn. Bogart war ein sehr guter Schauspieler, aber er spielte noch immer die jugendlichen Liebhaber. Eines Morgens traf ich ihn auf der Straße und fragte, ob er nicht Lust habe, bei meinem neuen Film mitzumachen. Bogart stimmte zu und erkundigte sich, um welchen Rollentyp es sich handeln würde. ‹Es ist eine miese Type. Einer von diesen harten Jungs.› Bogie überlegte. ‹Nun, ich habe in letzter Zeit so viele harte Kerle kennengelernt, daß ich mir inzwischen zutraue, so einen zu spielen.› Er übernahm die Rolle – und er war wirklich gut. Ihm schien es Spaß zu machen, mit seiner Vergangenheit zu brechen, und ein Jahr später begegnete er mir strahlend auf der Straße und rief: ‹Ich habe sie davon überzeugt, daß sie mich *The Petrified Forest* spielen lassen.›» Erskines Film *Midnight*, eine unabhängige Produktion, wurde in den alten Studios von Thomas Edison gedreht, die längst geschlossen waren. Der Vorsitzende der Geschworenen (O. P. Heggie) schickt eine junge Frau für die Ermordung ihres Liebhabers auf den elektrischen Stuhl. Wie es der Zufall will, wiederholt sich die Tat, wobei diesmal seine Tochter (Sidney Fox) ihren Geliebten, Gus Gaboni (Bogie), umbringt. Da Bogart nur am Anfang und am Ende zu sehen war, wurde er im Vorspann erst an achter Stelle genannt. Dies hinderte jedoch 1947 einen unabhängigen Verleiher nicht daran, den Film als Bogart-Film mit dem Titel *Call It Murder* neu in die Kinos zu bringen.

Invitation to a Murder brachte Bogart wieder an den Broadway zurück. Gale Sondergaard war der Star der Show. In 52 Vorstellungen verkörperte sie eine Frau, die einem Giftanschlag entkam und nun alles daransetzt, den Täter zu entlarven. Der Verdacht fällt auch auf Horatio Channing (Bogie), ein Cousin, der sich aber als unschuldig erweist.

Die Kritiker urteilten wohlwollend über Bogart, und eines Abends befand sich unter den Zuschauern auch der Produzent und Regisseur Arthur Hopkins, der gerade die Besetzung für *The Petrified Forest* zusammenstellte. Er suchte Bogie in der Garderobe auf und fragte, ob er für eine neue Rolle Zeit habe. Da Bogart noch unter Vertrag stand, versprach er, sich sofort bei Hopkins zu melden, wenn er frei war.

Für Hopkins stand fest, daß Bogie die Idealbesetzung für den Duke Mantee war. «Robert Emmet Sherwood hatte ein Porträt seines Killers entworfen, das auf unheimliche Weise auch auf Bogie zutraf», erinnerte sich Hopkins.

«Er ist kräftig gebaut, hat aber hängende Schultern», schrieb Sherwood über Mantee. «Er hat ein finsteres, etwas nachdenkliches Gesicht. Er ist etwa fünfunddreißig und wäre, wenn er sich nicht für eine Gangsterkarriere entschieden hätte, möglicherweise ein guter Linksaußen geworden. Eine Eigenschaft hat er mit Alan Squire gemeinsam. Auch er ist eindeutig dem Tod geweiht.»

John Mason Brown, der Autor von *The Worlds of Robert E. Sherwood*, schilderte Bogies «Getriebenheit, seine gequält dreinblickenden, dunklen Augen, die Tränensäcke darunter und die gefährliche Verzweiflung, die Falten in sein Gesicht grub ... Ihm war nach Selbstmord zumute, und so sah er auch aus.»

Als *Invitation* seine letzte Vorstellung erlebte, setzte sich Bogie sofort mit Sherwood in Verbindung, mit dem er befreundet war. Robert Sherwood bereitete mit Bogart den Part des Boze Herzlinger vor, des ehemaligen Footballspielers, der ebenso hartnäckig wie erfolglos einer kleinen Kellnerin nachstellt, die sich wiederum in den vagabundierenden Intellektuellen Alan Squire verliebt.

«Bogie war vollkommen aus dem Konzept gebracht, als ich

ihm bei der Probe den Text von Duke Mantee in die Hand drückte», erinnerte sich Hopkins. «Auch Sherwood war aus dem Häuschen. Nun, ich wollte Bogie als Mantee, weil es sich hierbei um Männer handelte, die am Ende ihrer Kräfte angekommen waren.»

Hopkins bot ihm die Rolle des Killers an. Sherwood erklärte Hopkins für verrückt. Eine heftige Diskussion entbrannte, und Leslie Howard, der den Alan spielen sollte, bat Bogart, noch einmal seinen Text zu lesen. «Es war ein unglaubliches Erlebnis», erinnerte sich Howard. «Diese weltmüde, erschöpfte, tonlose Stimme. Ich war wie elektrisiert. Es gibt niemand anderen als ihn für die Rolle des Duke, rief ich aus. Bogart sah mich mit angstgeweiteten Augen an, während ich in Roberts Augen restlos den Verstand verloren zu haben schien. Und ich werde ihm bei der Erarbeitung der Rolle helfen, versicherte ich, während ich Bogies Hände schüttelte und nicht mehr losließ.»

Überglücklich rannte Bogie nach Hause und erzählte Mary, daß er die Rolle bekommen hatte. Er würde nun den Killer spielen, aber das war eigentlich egal. Hauptsache, er hatte wieder Arbeit.

Viele Produzenten hielten damals Sherwoods Drama für unaufführbar. Das Stück erzählt die Geschichte einer jungen Französin, die nach dem Ersten Weltkrieg einen Amerikaner geheiratet hat und mit ihm in die Staaten geht. Dort bedient sie in einer Raststätte, der Black Mesa Filling Station und Bar-B-Q, mitten in der Wüste von Arizona. Da taucht plötzlich Alan Squire auf, ein entwurzelter, desillusionierter Schriftsteller. Hals über Kopf verliebt sich Gabrielle in ihn. Sie fordert ihn auf zu bleiben, doch Squire zieht weiter. Bald schon fällt er in die Hand von Gangstern. Sie zwingen ihn, wieder mit ihnen zum Black Mesa zurückzukehren. Mit dem Satz «This is Duke Mantee, the worlds famous killer, and he's hungry» schlägt die Idylle endgültig ins Drama um. Mantee ist die personifizierte Gewalt und gnadenlose Realität, die nicht nur die beiden Träumer bedroht ...

Nach fünfwöchiger Vorbereitungszeit fand ein Probelauf in Hartford, Connecticut, statt. Am Weihnachtsabend feierte man Vorpremiere in Boston. Und am 7. Januar 1935 kam das Stück an den Broadway und erlebte im Broadhurst Theatre 194 Vorstellungen.

Vor allem Leslie Howard erntete Lorbeer. In der *Herald Tribune* wurde Bogie nicht einmal erwähnt. Dennoch gab es Kritiker, die sich auf ihn und sein Spiel konzentrierten. Woollcott verfaßte eine wahre Lobeshymne, und Percy Hammond erklärte: «Humphrey Bogart und seine schlaumeierischen Gangster übernehmen sofort das Ruder und verwandeln das Stück, das zunächst wie eine unschuldige Pastorale wirkte, in ein verdorbenes, faszinierendes Melodrama.»

Aufsehen erregte vor allem Bogies Dreitagebart, der in New York bald schon zum Markenzeichen besonders harter Jungs wurde.

Diesen Broadwayerfolg konnte Bogie nicht unbefangen genießen, waren doch schon die Proben zu *The Petrified Forest* überschattet gewesen vom Tod seines Vaters Belmont. Lizzy, die ein Bordell im Hafengebiet leitete, hatte Belmont zu sich genommen und ihn gepflegt, nachdem er von Maude aus dem Haus gejagt worden war und das Endstadium seiner Sucht erreicht hatte. «Ich hatte immer Probleme damit, meinem Vater meine wahren Gefühle zu offenbaren. Doch als mir Lizzy sagte, daß es zu Ende ging, nahm ich all meinen Mut zusammen. Ich griff nach seiner Hand und erklärte ihm, wie sehr ich ihn lieben und brauchen würde. Ich bin fest davon überzeugt, daß er mich hörte, denn er erwiderte den Druck meiner Hand und lächelte.»

Am 7. September 1934 verstarb Dr. Belmont DeForest Bogart im Hospital for Ruptured and Crippled in Manhattan.

Bogie und Lizzy geleiteten Belmont im Fresh-Pond-Krematorium auf Long Island zur letzten Ruhe. Weder Maude noch Freunde oder Familienangehörige nahmen an der Trauerfeier teil. «Lizzy drückte mir seinen Rubinring in die Hand. Ich trug ihn seit diesem Augenblick.» Humphrey versprach Lizzy, für die Schulden seines Vaters aufzukommen. «Allein das Wissen, daß er existierte, gab mir immer ein Gefühl von Sicherheit», sagte Bogart. «Ich war verzweifelt. Jetzt hatte ich niemanden mehr, an den ich mich wenden konnte.»

Noch hatte Bogie den Tod seines Vaters nicht überwunden, da erfuhr er im Januar 1935, daß sein Freund Bill Brady beim Brand seines Hauses in Colts Neck ums Leben gekommen war. Als William Brady sen., damals 71 Jahre alt, ihn unter den Trauernden entdeckte, ging er auf ihn zu und legte seine Hand auf Bogies Schulter. «Ich bin froh, daß Bill deinen Erfolg noch miterleben durfte», meinte Brady. «Ich habe immer gewußt, daß du ein großartiger Schauspieler bist. Hoffentlich erlebe ich noch deinen Durchbruch beim Film.»

«Wir hatten beide die wichtigsten Menschen in unserem Leben zur gleichen Zeit verloren», erinnerte sich Bogart. «Irgendwie schweißte uns das zusammen. Von diesem Augenblick an wurde er so etwas wie ein Adoptivvater für mich.»

Bogies Sorgen fanden kein Ende. 1935 trennte Stuart Rose sich von Bogies Schwester Pat, die an schweren Depressionen litt und lange Zeit in Sanatorien verbracht hatte. Pat kehrte an die Westküste zurück, und Bogie übernahm liebevoll ihre Pflege.

Auch um seine eigene Ehe war es nicht zum besten bestellt. Mary hatte sich wieder einmal mit Young ausgesöhnt, der ihr im Gegenzug die weibliche Hauptrolle in seiner neuesten Produktion *A Touch of Brimestone* andiente.

Schicksalsschläge an allen Fronten. Leslie Howard wollte bis spätestens August 1935 aus der Produktion *The Petrified Forest* aussteigen, weil Warner mit ihm das Stück verfilmen wollte. Bogart, Sherwood und Hopkins gerieten in Panik. Bogie hatte inzwischen genug Geld verdient, um die Schulden seines Vaters begleichen und ein F. Y. M.-Konto (Fuck You Money) anlegen zu können, aber die Zukunft sah eher trübe aus. Der Markt war überschwemmt mit unbeschäftigten Schauspielern. Von 152 Stücken erlebten gerade 21 ihre dritte Woche. Verzweifelt suchten Hopkins und Sherwood Ersatz für Leslie Howard, doch niemand war fähig, die Rolle zu übernehmen. So mußten sie das Stück am 29. Juni 1935 auslaufen lassen.

Um Bogie über diesen Schock hinwegzuhelfen, versprach Howard, daß Bogart bei der Verfilmung mitwirken könne.

Als sich das Studio bis Ende Juni nicht bei ihm gemeldet hatte, nahm Bogie das Angebot des Sommertheaters von Skowhegan an und trat in Stücken wie *Rain, A Certain Feeling* und *Ceiling Zero* auf. Eine Karriere in Hollywood schien entrückter denn je.

ACHT

«West Point, Sing Sing und San Quentin» nannte man das Studio der Brüder Harry, Albert und Jack L. Warner. Vor allem Jack Warner mit seinen weißen Lederhandschuhen, den handbemalten Krawatten und dem überdimensionalen Panamahut führte ein strenges Regiment. Gleich einem Gefängnisdirektor. Von 1923 an bis 1967, als er das Studio an Seven Arts verkaufte, war er der alleinige Herrscher des Warner Studios.

Sein Vater Benjamin, ein polnischer Kesselflicker und Schuster aus Kraznsdhiltz, wanderte 1883 nach Amerika aus. Jack erblickte am 2. August 1892 in London, Ontario, das Licht der Welt. Zunächst ließ sich die Familie in Youngstown, Ohio, nieder, doch dann kaufte sie 1903 ein Nickelodeon in Newcastle, Pennsylvania. Jack stieg mit seinen Brüdern Harry, Sam und Albert in die Filmbranche ein, doch bald waren sie gezwungen, an den Edison-Trust zu verkaufen. So zogen die Brüder umher, produzierten den einen oder anderen Kurzfilm, darunter *My Four Years in Germany* (1917), *Kaiser's Finish* (1918), *Open Your Eyes* (1919), bevor sie 1922 vier Hektar Land erwarben und für 250000 Dollar das erste Warner Brothers Studio errichten ließen. Dank des hysterischen Hundes Rin Tin Tin liefen die Geschäfte gut. Die Warners fanden zahlreiche Geldgeber, dennoch schlitterten sie immer am Rande eines Konkurses vorbei. Jack selbst erklärte, man sei «nur ein kleines, beschissenes

Studio gewesen», doch das sollte sich schlagartig mit *The Jazz Singer* ändern. Mit diesem ersten Tonfilm wurde das Studio zu einem ernst zu nehmenden Konkurrenten. Jack produzierte Gangsterfilme und Musicals, die dem Geschmack der Arbeiterschaft entsprachen. Das Studio selbst funktionierte wie eine Fabrik. Es produzierte Filme wie am Fließband. Allein im Jahre 1936, als *The Petrified Forest* in die Kinos kam, brachte Warner 68 Filme heraus. Mindestens ein halbes Dutzend Filme pro Jahr mußten die Regisseure abkurbeln. Nur einige wenige hatten das Privileg, unter ihnen Jacks Schwager Mervyn LeRoy, sich auf nur vier Filme konzentrieren zu können. Warners Schauspieler mußten in mindestens 12 Streifen mitwirken. Die Darsteller erhielten Siebenjahresverträge, die sie an Warner fesselten. Ohne Rücksicht auf persönliche Wünsche jagte man die Darsteller von einem Film zum nächsten. Rollen mußten hart erkämpft werden. Wenn ein Schauspieler sich weigerte, einen Part zu übernehmen, griff Jack Warner zu disziplinarischen Maßnahmen, die der chinesischen Wasserfolter vergleichbar waren. Das Studio behielt die Gagen eigenwilliger Darsteller so lange ein, bis diese sich Jacks Wünschen beugten.

Zu Warners großen Stars gehörten Bette Davis, Joan Blondell, James Cagney, Errol Flynn, E. G. Robinson und Gary Cooper. Warner verachtete seine Schauspieler. Sein Geiz, wie auch der seines Bruders Harry, war legendär. Harry machte es sich zur Gewohnheit, durchs Studio zu laufen, krumme Nägel aufzuheben und sie mit den Zähnen wieder geradezubiegen. Harry ordnete auch an, daß scharfe Gewehrmunition benutzt wurde, war sie doch billiger als Platzpatronen.

Sparsamkeit demonstrierte auch Jack Warner und möblierte seine Prachtvilla mit Studiorequisiten. «Was immer ihm gefiel klaute Jack aus der Requisitenabteilung», erinnerte sich Produzent Jules Levy. «Nahm man in seiner Villa eine Vase in die Hand, dann trug sie mit Sicherheit eine Lagernummer.»

Die Filmrechte von *The Petrified Forest* hatte, nach zähem

Ringen, Warner Brothers an Land gezogen. Und Leslie Howard gleich dazu, aber an einem gescheiterten Filmschauspieler wie Bogart war man nicht interessiert, zumal Edward G. Robinson unter Vertrag stand und den Bereich der Schurkenrollen abdeckte.

Auf Drängen von Sherwood, Hopkins und Howard nahm Warner eine Option auf Bogart auf, hatte aber nicht die Absicht, ihn zu beschäftigen.

Im September 1935 traf Bogie in Beverly Hills ein. Mary blieb in New York bei Young, versprach aber, ihn bei Gelegenheit zu besuchen. Bogie freute sich darauf, seine alten Freunde wiederzusehen. Dennoch machte er sich keinerlei Illusionen über eine Hollywoodkarriere. Zu oft war er geholt und wieder fallengelasssen worden. Auf dem Weg zum Hotel erzählte ihm Spencer Tracy, daß E. G. Robinson seit acht Wochen suspendiert sei, da er sich weigere, die Rolle des Duke Mantee zu spielen. Auch ein erstes Gespräch mit Jack Warner blieb unverbindlich und stellte Bogart nicht zufrieden.

Am Nachmittag telegrafierte er nach Schottland, wo Leslie Howard seinen Urlaub verbrachte. Howard reagierte sofort, schickte Warner ein Telegramm und drohte, von seinem Vertrag zurückzutreten, wenn Bogart nicht die versprochene Rolle erhielte. Warner raste vor Wut, ordnete dann aber an, drei Probeaufnahmen mit Bogie zu machen.

Humphrey Bogart quartierte sich in der Zwischenzeit im Garden of Allah ein, einer Bungalowanlage am Sunset Boulevard, die, so Sheila Graham, vor allem wegen ihrer dünnen Wände berüchtigt war. «Als Arthur Kober eine Zeitlang in der Anlage lebte, weckte ihn mitten in der Nacht eine verschlafene Stimme. ‹Würdest du mir bitte ein Glas Wasser holen, Liebling.› Kober stand auf, stolperte ins Badezimmer und ging wieder zurück. Erst jetzt bemerkte er, daß der Wunsch von einer Dame aus der angrenzenden Wohnung geäußert worden war.»

Hollywood war für Bogie wieder einmal ein Neubeginn, und

es gelang ihm sogar, trocken zu bleiben. Doch nachdem Warner ihn durch 15 Probeaufnahmen gehetzt hatte, ging er mit Tracy auf eine dreitägige Sauftour. Kaum war er zur Besinnung gekommen, klingelte das Telefon. In knappen Worten teilte ihm das Studio mit, Warner Brothers sei bereit, ihn für zehn Wochen bei einer Gage von 200 Dollar wöchentlich unter Vertrag zu nehmen. Bogie grunzte und fragte, ob er die Rolle des Duke Mantee bekommen würde. Das Studio blieb eine klare Antwort schuldig, und Bogart legte auf. Drei Stunden später stand ein Bote vor der Tür, der ihn zu Jack Warner bringen sollte. Bogie duschte in aller Ruhe, kleidete sich an und trat mit dreistündiger Verspätung Warner gegenüber. Zehn Minuten hörte Bogie sich Warners Donnerwetter an, stand dann auf und verließ wortlos den Raum. «Allein diese Geste verdiente meine Hochachtung», gestand Warner. Er gab ihm einen Vertrag, der ihm die Rolle und 40 Wochen Arbeit zu 400 Dollar wöchentlich garantierte.

Bogie vergaß nie anzumerken, daß er sich nur vorübergehend in Hollywood aufhielt. Um dies zu unterstreichen, kaufte er einen verbeulten Chevrolet und trug auch weiterhin seinen alten, abgenutzten Kamelhaarmantel. «Ich habe schon zu viele Leute nach Hollywood kommen sehen, die sich mit großen Villen und Cadillacs so verschuldeten, daß sie zu Sklaven eines Studios wurden. Mir kann das nicht passieren.»

Bereits vor Drehbeginn konnte man in den Gazetten fast täglich Berichte und kleine Anekdoten über Bogie finden. Sofort hatte die Presse Spencers liebevolle Koseform übernommen und fütterte die Öffentlichkeit mit Material, das vor allem dazu diente, den Namen ins Gedächtnis der Leser zu verankern. Die unbekümmerte Offenheit seiner Interviews gefiel, und sie schlossen ihn in ihr Herz.

Bogie erkannte die gegenseitige Abhängigkeit und zollte der schreibenden Zunft Respekt. Gemeinsam heckten sie die abenteuerlichsten Geschichten aus. Von Bogies geerbten Bahnhöfen, über seine Vorliebe für das Cello, bis hin zu wagemutigen

Kriegsgefechten war Bogie keine Geschichte zu abseitig. Hauptsache, sie schrieben seinen Namen richtig.

In den verbleibenden Tagen bis zum Drehbeginn des Films *The Petrified Forest (dt. Der versteinerte Wald)* machte Bogie seine Runde durch die Studios. Er freundete sich mit den Technikern und Beleuchtern an, witzelte mit den Leuten der Maske und tauschte sich mit den Statisten aus. Zudem besuchte er verschiedene Regisseure und sah ihnen bei der Arbeit zu. Bei dieser Gelegenheit erfuhr er, daß Bette Davis unbedingt die Rolle der Gabrielle spielen wollte. Jack Warner hatte für diesen Part ursprünglich Joan Blondell vorgesehen, was mehr nach Bogies Geschmack gewesen wäre.

Bogie freundete sich auch mit den Drehbuchautoren Charles Kenyon und Delmer Daves an, die Sherwoods Stück für die Leinwand bearbeiteten. In späteren Jahren machte Bette Davis ihn deshalb dafür verantwortlich, daß die Rolle der Gabrielle gegenüber der Theaterfassung deutlich geschrumpft war.

Bogart hingegen war es vollkommen egal, daß auch sein Text nur zehn Seiten umfaßte, ihm kam es auf die Konzeption seiner Rolle an: «Mantee sitzt die meiste Zeit auf einem Stuhl. Er hält das Gewehr in der Hand. Und irgendwie erzeugt das die Spannung. Die Zuschauer lassen ihn eigentlich nie aus den Augen, weil sie damit rechnen, daß er jeden Moment schießt.»

Heute fällt es schwer, den Film mit seinen bedeutungsschwangeren Dialogen und seinem prätentiösen Stil genießen zu können, doch die Kritiker berauschten sich an dem Film, der am 21. Januar 1936 in die Kinos kam.

Bereits bei der täglichen Sichtung der Filmmuster sah Jack Warner, daß Bogie sich gut in seine «Murderers Row» einreihen ließ.

«Bogart beherrschte den Film von der ersten bis zur letzten Minute», erinnerte sich Warner. «Bei dieser magnetischen Präsenz wäre ich ein Idiot gewesen, ihn nicht weiter zu verpflichten.»

Anfang November 1935 speisten Warner und Bogart gemeinsam in Jacks Büro. Sie plauderten über Segeln, Polo, Bogarts Freundschaft mit Tracy und wendeten sich schließlich der Frage zu, was Bogie nach seiner Rückkehr nach New York anfangen würde. «Obwohl Jack diesen unverbindichen Plauderton drauf hatte, wußte ich, daß es um mein Überleben ging.» Offen gestand Bogart, er habe keine Ahnung, wie es weitergehen sollte, was Jack mit hochgezogenen Augenbrauen quittierte.

Beim Abschied sagte Warner: «Übrigens, Sie finden morgen in ihrer Post einen Siebenjahresvertrag. Ich würde mich freuen, wenn Sie diesen unterschrieben bei unserer Rechtsabteilung vorbeibringen würden. Sie haben gute Arbeit geleistet. Für solche Leute ist Warner Brothers das richtige Zuhause.»

Bogie

EINS

«Eines steht unumstößlich fest: zu Bogies Zeiten bei Warner gab es keine zweite Tätigkeit auf der Welt, die der Sklaverei näherkam als der Beruf des Filmschauspielers», urteilte Louise Brooks.

Bogie störte das nicht. Mit dem Super Chief Express reiste er nach New York und erklärte der wartenden Presse voller Übermut: «Ich werde nie wieder zum Broadway zurückkehren. Es gibt in Los Angeles viel zuviel zu tun.» So etwas wollten die New Yorker Reporter nicht hören, und Bogart korrigierte sich: «Man kann einer Sache erst dann sicher sein, wenn sie sich bewährt hat. Ich habe zwölf Jahre Theater gespielt. Das hat sich bewährt. Das war eine abwechslungsreiche, spannende Zeit. Und wenn ich zwölf Jahre in Hollywood Filme gemacht habe, dann können Sie davon ausgehen, daß sich auch diese Sache bewährt hat.»

In der East Side erwartete ihn ein riesiges Begrüßungsfest. Spontan schlug Bogart seiner Nachbarin Mary Baker und ihrem Mann Mel vor, nach Hollywood zu kommen. «Du wirst einfach meine Agentin. Schau, als ich den Vertrag unterschrieb, hatte ich plötzlich von acht Leuten Einladungen. Alle wollten mich vertreten. Ich kenn keinen von den Arschlöchern, und ich weiß auch nicht, wem ich überhaupt trauen kann. Dich aber kenne ich und weiß, daß du weißt, was gut für mich ist.»

Seine Noch-Ehefrau Mary ließ er in New York zurück. Ihr Herz gehörte dem Broadway, also blieb sie bei Young. Bogart: «So hatte auch ich freie Fahrt in Hollywood.»

Am 27. Dezember 1935 kehrte Bogie nach Hollywood zurück. Seine wenigen Habseligkeiten waren in zwei Kisten und drei Koffern untergebracht. Da ihm das fidele Treiben in Garden of Allah gefiel, nahm er hier wieder Quartier. In der Post fand er das Drehbuch zu seinem nächsten Warner-Film: *Bullets or Ballots (dt. Wer regiert die Stadt?)*. Joan Blondell sollte – zu Bogies Freude – seine Partnerin sein. Er vereinbarte ein Treffen, und Joan zeigte sich geneigt, ihren kurzen Flirt mit ihm wiederaufleben zu lassen.

Der eigentliche Star des Films war Edward G. Robinson, eine von Warners «heiligen Kühen». Robinson, ein eleganter Gentleman, war eigentlich nur wegen seines «Gesichts in die Murderers Row gestolpert». In *Wer regiert die Stadt?* spielte er den Undercoveragenten Johnny Blake, der das organisierte Verbrechen von innen heraus bekämpft. Bogie ist der Gangster Nick «Bugs» Fenner, der den Beweis in den Händen hält, daß Blake mit der Polizei zusammenarbeitet. Er stürmt dessen Haus, und es kommt zum Shootout. Fenner stirbt als erster. Blake überlebt nur so lange, bis er eine Gruppe von Bankiers als Hintermänner entlarvt hat. «Für dieses Ende hatte E. G. hart gekämpft», erinnerte sich Bogie. «Er ging zwei Wochen auf Suspendierung, da er es als falsch erachtete, daß Blake überleben durfte. Wie der kleine Mann das durchfocht, das imponierte mir wirklich.»

Bryan Foy, ein Produzent, der sich auf die billige Neuauflage von alten Warner-Filmen spezialisiert hatte, bereitete im Februar 1936 die Wiederverfilmung des Klassikers *Five Star Final* (1931) vor. Ursprünglich sollte Errol Flynn die Hauptrolle übernehmen, doch jetzt mußte Bogart für den Frauenhelden einspringen.

Schon die erste Begegnung zwischen Foy und Bogart war nicht

von gegenseitiger Sympathie geprägt. Gleich am ersten Drehtag kritisierte Foy Bogarts Tonfall.

«Ich weiß wirklich nicht, was daran verkehrt sein soll», beharrte Bogie. Doch Foy musterte ihn nur von oben bis unten und stöhnte: «Ach, das wissen Sie nicht? Dann fragen Sie doch mal unseren großen Boss. Auch er hat Bedenken, daß Ihr Lispeln zu tuntig wirkt.»

Während das ganze Set in Lachen ausbrach, raste Bogie wütend zu Warner. Mit Foys Behauptung konfrontiert, gestand Jack Warner, daß er Bogies Lispeln für «weibisch» hielt. «Eigentlich war es nicht Jacks Art, sich zu entschuldigen, aber er war davon überrumpelt, daß ein neuer Vertragsschauspieler ihn zur Rede stellte. So leistete er Abbitte und bat Foy, derartige Bemerkungen zu unterlassen», erinnerte sich Hal Wallis.

Als Foy ihn in einem schwachen Moment löcherte, wie er es angestellt habe, Warner soweit zu bringen, ihn zu maßregeln, erklärte Bogie mit einem bedeutsamen Augenaufschlag: «Ach, weißt du, Bryan, Jack und ich haben uns schon so viel geteilt, daß er es mir schuldig war.»

Witze über ihn zu reißen, war eine Sache, aber von einem kleinen Angestellten als schwul diffamiert zu werden, eine andere. Wütend zitierte Jack Warner Bogie ins Büro und wies ihn zurecht. «Von diesem Moment an machte ich es mir zu eigen, mich immer bei Jack zu entschuldigen, selbst wenn ich schuldlos war. Auch wenn ich einmal einen Kater hatte, ging ich gleich zu Jack, erklärte die Sache und entschuldigte mich. Ich glaube, ich entschuldigte mich sogar für den Angriff auf Pearl Harbor, aber Jack schien das zu genießen.»

Nach den Dreharbeiten zu *Two Against the World (dt. Zwei gegen die Welt)*, ein Streifen, der keine Filmgeschichte schrieb, blieb Bogie nicht viel Zeit. Im März war er im Gespräch für die Nebenrolle des Juwelendiebs in *Public Enemy's Wife*, doch Mervyn LeRoy forderte Bogie für *Anthony Adverse* an, eine kostspielige Prestigeproduktion mit Olivia de Havilland und

Claude Rains. Bogie bekam kalte Füße, und so ging die Rolle an Fredric March.

Weitaus interessierter war er an der Verfilmung von Dashiell Hammetts «The Maltese Falcon». Bogie liebte Hammetts Geschichten mit den harten, abgebrühten Detektiven, die es mit der ganzen Welt aufnahmen. Er war ein eifriger Leser des Groschenmagazins «Black Mask», in dem auch Raymond Chandler seine ersten Geschichten veröffentlichte. Hammett und seine Frau Lillian Hellman lebten in Hollywood, und es dauerte nicht lange, bis Bogart sich mit ihnen anfreundete. Hammett war von der Idee, Bogart in der Rolle des Sam Spade zu sehen, begeistert. Doch Hammett war mit Änderungen in Brown Holmes Drehbuch nicht einverstanden und zog sein Okay zurück.

Um Bogie zu beschäftigen, setzte Hal Wallis ihn in *China Clipper, Isle of Fury* und *The Great O'Malley* ein.

Im August 1936 tauchte während der Dreharbeiten zu *The Great O'Malley* Mary unvermittelt in Hollywood auf. Ihr Intermezzo mit Young war wieder einmal zu Ende. Bogie war überrascht, freute sich aber aufrichtig. Seine Agentin Mary Baker arrangierte Filmtests für Mary Philips, aber ein Filmvertrag blieb aus. Mary begann mehr zu trinken, als ihr guttat. Tägliche Auseinandersetzungen mit Bogie standen auf dem Programm. Jack Warner war um den Ruf seines Studios ebenso besorgt wie um die Arbeitskraft seines Mimen. Um Bogart aus der ehelichen Schußlinie zu nehmen, gab er der Philips einen Vertrag – und setzte sie als Statistin ein.

Mary genoß ihre neue Position – in den Armen zahlreicher Stuntmänner, mit denen sie es ungeniert auf dem Warner-Set trieb. Bogart fühlte sich gedemütigt. Wie ein Geschenk des Himmels erschien es ihm, als Mary das Angebot erhielt, die Titelrolle in *The Postman Always Rings Twice* am Broadway zu übernehmen. Nach 12 Wochen Hollywood kündigte sie ihren Vertrag mit Warner und kehrte an die Westküste zurück.

Nach diesen Turbulenzen stürzte Bogie sich in die Arbeit,

wirkte in zahlreichen Hörspielen mit und übernahm die Hauptrolle in *Black Legion (dt. Geheimbund «Schwarze Legion»).* Dieser Film markiert den Beginn einer Reihe von gesellschaftskritischen Warner-Produktionen. Bogie spielte Frank Taylor, einen Familienvater, der seine Stelle als Vorarbeiter an einen Juden verliert. Von einer Radiosendung aufgehetzt, folgt Taylor dem Vorschlag eines Kollegen und nimmt an einer Geheimversammlung der «Schwarzen Legion» teil. Er identifiziert sich mit der Organisation so sehr, daß er seinen besten Freund erschießt, weil er diesen im Suff Geheimnisse anvertraut hatte, die die «Schwarze Legion» gefährden könnten.

Geheimbund «Schwarze Legion» war auch der Grundstein der Zusammenarbeit zwischen Bogie und Regisseur Lloyd Bacon. «Archie Mayo riet mir, ich solle mir einmal die Muster von Bogarts *Geheimbund* ansehen», erinnerte sich Bacon. «Ich war wie elektrisiert. Der Mann da oben war genau der Hauptdarsteller, den ich schon seit Jahren gesucht hatte.»

Bacon stürmte am nächsten Tag zu Hal Wallis und bat, ihm Bogie für seine beiden nächsten Filme zur Verfügung zu stellen. Wallis war erstaunt, denn Bacon galt als wählerisch. Ursprünglich ein Schauspieler bei Chaplin, entwickelte sich Bacon zum führenden Slapstikregisseur. Bei Warner Brothers nannte man ihn «den Mann mit der Midasgabe», denn alles, was Bacon anfaßte, verwandelte sich in harte Dollars. Filme wie *42nd Street, The Singing Fool* und *Golddiggers of 1936*, denen niemand eine Chance gab, verwandelte er in Kassenschlager. Was konnte Bogie also Besseres passieren, als von Bacon entdeckt zu werden?

Das Gefängnisdrama *San Quentin*, das am 6. August 1937 in die Kinos kam, war ein vielversprechender Anfang. Innerhalb von 23 Tagen fertiggestellt, beliefen sich die Gesamtkosten auf 150 000 Dollar. Der Reingewinn betrug 1,5 Millionen Dollar. Zwischen Bacon und Bogie entwickelte sich eine tiefe Freundschaft. Bacon drehte mit Bogart mehr Filme als jeder andere Regisseur.

«Es wird immer behauptet, ich hätte meine Gangsterrollen an Duke Mantee angelehnt», erzählte Bogie. «Das ist blanker Unsinn. Ich war Duke Mantee. Ich verstand ihn. Wenn man sich heute meine ersten Gangsterrollen ansieht, merkt man, daß ich sehr steif war. Dies änderte sich in der Zusammenarbeit mit Lloyd Bacon. Er lehrte mich, wie Gangster gingen, sprachen, ihre Gesten, ihre Mimik. Wir fuhren gemeinsam in einen Knast und studierten die Gesichter der Leute. Damals kam mir das blödsinnig vor. Es dauerte fast zehn Jahre, bis ich begriff, was er damit wollte. Aber für die Rolle und die zahllosen anderen Rollen in diesem Genre, die noch kommen sollten, waren seine Ratschläge von unschätzbarem Wert. Wann immer ich nicht weiterwußte, dachte ich an *San Quentin.*»

Bacon und Bogie setzten ihre erfolgreiche Zusammenarbeit mit dem Gangsterfilm *Marked Woman (dt. Mord im Nachtklub)* fort. Bevor Bogie den Part des ehrbaren Staatsanwaltes David Graham bekam, war die Rolle für William Powell vorgesehen gewesen. Die Dreharbeiten sollten am 10. Oktober 1936 beginnen, doch wer nicht erschien, war Ann Sheridan. Kurz entschlossen bot Wallis die weibliche Hauptrolle Bette Davis an. Im November konnten die Dreharbeiten endlich beginnen.

Bette Davis erklärte ihn «mit zu einem meiner besten Filme». Bacon ließ ihr freie Hand und konzentrierte sich allein auf Bogie. Humphrey Bogart, den die Davis schon vor sechs Jahren abblitzen ließ, schenkte seine ganze Aufmerksamkeit einer Statistin: Mayo Methot.

ZWEI

Glaubt man den Unterlagen von Warner Brothers, so entstammte Mayo Camile Methot, geboren am 4. Juli 1906, einer der angesehensten Familien aus Portland, Oregon. Ihr Vater war Kapitän auf einem Kreuzer im Orient, ihre Mutter Reporterin und Herausgeberin einer Zeitung. Glaubt man dagegen den Kirchenbüchern Portlands, so erblickte Mayo Methot schon am 12. August 1896 das Licht der Welt. Ihre Mutter gab an: Vater unbekannt. Erst zwei Jahre später trug sich Henry Richards, soeben von hoher See zurückgekehrt, als Erzeuger ein.

«Ich sah meinen Dad ausgesprochen selten. Alles, was er mir mitgab, war die Liebe zur See.» Mayo lebte bei ihrer Mutter, die einen kleinen Laden betrieb und sich ihr Einkommen während der Prohibition durch Alkoholgeschäfte aufbesserte. Von frühester Kindheit an fühlte Mayo sich zum Theater hingezogen. Bereits mit sechs Jahren stand sie auf den Brettern und ließ sich keine Chance entgehen, beim Sommertheater in Portland mitzuwirken. Im Alter von 16 Jahren floh Mayo nach New York. «Ich konnte die Sucht meiner Mutter einfach nicht länger ertragen.»

Mayo tingelte in verschiedenen Revuen, bevor ein Matrose sie von der Bühne weg heiratete. Die Hochzeitsnacht brachte ihr zwei bleibende Erinnerungen ein: zum einen wurde sie von ihrem Ehegemahl ausgeraubt, zum anderen brachte sie neun Monate später ein Kind zur Welt. Notgedrungen tingelte Mayo weiter. «Hätte man mein Leben verfilmt, ich glaube, jeder hätte dem Regisseur den Vorwurf gemacht, nur einen üblen Tränendrüsendrücker abgeliefert zu haben», schrieb sie in ihrem Tagebuch. Im Alter von vier Jahren stirbt ihr Sohn an den Folgen einer Grippe. Mayo war verzweifelt, suchte Zuflucht in Drogen und Alkohol.

Erfolge feierte sie mit *Great Day* und, neben George M. Cohan, in *The Song and Dance Man*, aber zum großen Durchbruch fehlten ihr Selbstsicherheit und Standfestigkeit. Ihre alte Freundin und Ziegfeld-Gattin Billie Burke lud sie nach Los Angeles ein. Billie arrangierte einige Probeaufnahmen, und so kam Mayo bei Universal unter. Doch ihr Vertrag wurde nicht verlängert. Ebenso erfolglos arbeitete sie bei MGM, RKO, Paramount, United Artists, bis sie 1932 endlich bei Warner Brothers landete. Sie freundete sich sofort mit Bette Davis an, die ihr dann und wann Nebenrollen in ihren Filmen verschaffte.

Obwohl sie es wiederholt versucht hatte, kam Mayo von der Flasche nicht mehr los. «Der einzige Hals, an den ich mich in Hollywood klammern konnte, war der meines Flachmannes», witzelte sie noch vor ihrem Tod.

Humphrey Bogart war zur Zeit der Dreharbeiten von *Mord im Nachtklub* extrem schwierig. Mürrisch und oft beleidigend, hatte er nur wenige Freunde, die ihn mochten und ertrugen. Die anderen hatten Angst vor ihm. Er wußte das: «Ich kann sie als erster nicht leiden.»

Mayo gefiel ihm wegen ihrer Schlagfertigkeit. Sie gingen in der Mittagspause essen und frischten ihre Broadwayerinnerungen auf. Bogie hatte eine ihrer Shows gesehen, und sie kannte einige seiner Stücke. So entstand eine Vertrautheit und Kameradschaft, «die Bogie unheimlich guttat. Mayo war eine Frau, die einen Mann zum Anlehnen brauchte, aber auch ihre Schultern waren breit genug, daß er sich auch einmal bei ihr ausheulen konnte», charakterisierte Spencer Tracy Mayo. Ihr Witz, ihr loses Mundwerk und vor allem ihre Trinkfestigkeit beeindruckten Bogie. Das Weihnachtsfest 1936 wollte Bogie nicht allein verbringen und lud Mayo ein. Doch in letzter Minute mußte Bogie sie ausladen: Überraschend traf Mary aus New York ein. Diesmal wollte sie für immer bei ihm bleiben und ihre Absicht durch ein Kind besiegeln. Bogie sah nur wenig Sinn darin, die alte Beziehung aufleben zu lassen, doch Mary blieb hartnäckig. Bogies Agentin Mary Baker verschaffte ihr einige Filmrollen, darunter *That Certain Woman* mit Bette Davis und Henry Fonda.

Im neuen Jahr 1937 war Bogie für *The Footlose Heiress* vorgesehen. Am ersten Drehtag erfuhr er, daß er durch Craig Reynolds ersetzt worden war. Michael Curtiz, einer der wenigen A-Regisseure bei Warner, hatte Bogart für seinen neuen Film *Kid Galahad (dt. Kid Galahad – Mit eisernen Fäusten)* angefordert. Die Hauptrollen spielten E. G. Robinson und Bette Davis. Curtiz fehlte aber immer noch die Idealbesetzung für den miesen Boxmanager Turkey Morgan.

Am Set begrüßte Curtiz ihn, als sei er der Star des Films, und bedankte sich, daß Bogart so schnell gekommen war, ohne den Film zu kennen. «Ich würde sogar kommen, wenn Sie das Telefonbuch oder die Bibel verfilmen würden», antwortete Bogart. Curtiz lachte schallend und skizzierte die Geschichte des Boxpromotors Nick Donati (Robinson), der einen Hotelpagen (Morris) zum Boxchampion Kid Galahad aufbaut. Als Kid sich in Donatis Schwester (Jane Bryant) verliebt, hetzt Donati ihn in einen aussichtslosen Kampf. Ein abgekartetes Spiel mit dem finsteren Boxmanager Turkey (Bogart). Die Geschichte endet, wie alle Robinson-Bogart-Filme enden müssen: «Er erschießt dich und du erschießt ihn, und dann lebt er noch ein wenig weiter, damit er sagen kann, was er denkt und was die Zensur hören will» (Michael Curtiz).

Da Bogarts Rolle nicht besonders groß war, bestand Curtiz darauf, daß Bogie einen unvergeßlichen Auftritt bekam: Auf einer Party fordert Bogie Morris heraus. «Sie halten sich für einen tollen Hecht?» sagt er provozierend. «Dafür haben Sie viel zu lange Hosen an!» Bogie zückt sein Messer und schneidet ihm die Hosenbeine ab, bis Morris nur noch adrette Shorts zieren.

Nach und nach stellte sich heraus, daß Curtiz Bogart verpflichtet hatte, um seine beiden Stars in Schach zu halten. «Bette und E. G. konnten sich nicht leiden. Die Anwesenheit von Bogie lenkte sie voneinander ab. Beide hatten bereits mit ihm zusammengearbeitet und wußten, wie verdammt gefährlich er werden konnte, wenn man ihn nicht im Auge behielt», verriet Curtiz. Der Regisseur ungarischer Abstammung, dessen Filme ebenso zur Legende wurden wie seine abenteuerlichen Englischkenntnisse, freundete sich mit Bogart augenblicklich an. Er zeigte ihm einige «überlebenswichtige» Tricks und trieb ihn zu neuen darstellerischen Höhepunkten.

Der Kinoerfolg (eine Million Dollar Reingewinn) stärkte Bogies Position bei Warner und ließ andere Studios auf ihn aufmerksam werden. Curtiz wollte Bogie auch für sein nächstes Projekt unter Vertrag nehmen. Zwar war *The Perfect Specimen* Curtiz' erste Komödie, «aber wer kann uns haben etwas an, wenn wir machen Film zusammen». Bogie gefiel der Gedanke, sich unter Curtiz' Leitung an ein neues Rollenfach heranzuwagen.

Im März eröffnete Mary Bogie, daß sie seit Dezember schwanger war. Unweigerlich mußte Bogie an Spencer Tracys behinderten Sohn denken und geriet in Panik. Sein und Marys Alkoholkonsum konnten mit Spencers locker mithalten.

Rasch verflog Marys Mutterglück, als sich im vierten Monat ihre Figur zu verändern begann. In diesem Zustand bekam sie keine Rollen und machte Bogie Vorwürfe, absichtlich ihre Karriere zerstört zu haben. Als Bogie am 23. März abends nach Hause kam, überraschte er Mary beim Packen. Wieder einmal war Young mit einem Bühnenangebot in ihr Leben getreten, wieder einmal folgte sie seinem Ruf. «Zum erstenmal kann ich dich wirklich ernähren», schrie Bogie, als sie das Taxi zum Bahnhof bestieg. «Jetzt endlich können wir es uns leisten, also bleib bitte hier. Das Stück und Young taugen sowieso nichts. Du gehörst zu mir.» Doch Mary schwieg und entschwand. Bogies Verzweiflung schlug in Haß um, als er drei Wochen später erfuhr, daß Mary «angeblich das Baby verloren hatte. Ich war mir sicher, daß sie einen Spezialisten aufgesucht hatte. Die Karriere war ihr wichtiger als unser Kind. In diesem Moment zerbrach in mir etwas.»

Ein Unglück kommt selten allein. Zur gleichen Zeit starb Bogies Schwester Katherine. Geschwächt durch ihre Alkoholsucht, wurde ihr eine Blinddarmoperation zum Verhängnis. «Sie war ein Opfer der Flüsterkneipen», meinte Bogie Jahre später. «Sie war wie eine Kerze, die man an beiden Enden anzündete. Es war erst dann zu Ende, als sie beschloß, auch noch ihre Mitte in Flammen zu setzen.»

Bogie betrank sich sinnlos. Aus der Sauftour wurde eine Saufwoche, die in einem kleinen Hotel in Culver City endete. Am 9. April verständigte das Hotelpersonal das Studio, Bogie stehe im Begriff, sein Zimmer kurz und klein zu schlagen. Warner schickte sofort Mary Baker, Tracy und Wallis los, die mit der Warner-eigenen Studiopolizei unter Leitung von Colonel Guthrie Bogie aus dem Verkehr zogen. «Er hatte das Zimmer vollkommen zerlegt und schrie wie ein Verrückter. Wir brauchten acht Männer, um ihn zu bändigen. Unser Studioarzt jagte ihm eine Spritze in den Arm. Als er eingeschlafen war, verpaßten wir ihm eine Zwangsjacke», protokollierte Guthrie.

Warner beglich den Schaden und legte noch ein sattes Schweigegeld obendrauf. Die Dreharbeiten für die Curtiz-Produktion ließen sich nicht länger aufschieben, und so ging die Hauptrolle in *The Perfect Specimen* an Errol Flynn. Bogie wurde von Warner in einem diskreten Sanatorium trockengelegt. Mayo, die ihm im Alkoholkonsum um nichts nachstand, leistete ihm Gesellschaft. «Sie standen gemeinsam eine höllische Zeit durch», erinnerte sich Mary Baker. «Sie waren wie zwei Kriegskameraden. Die erlebten Qualen und Schrecken schweißten sie zusammen.»

Doch erst beim alljährlichen Dinner der Screen Actors Guild im Biltmore Hotel entbrannte Bogies Leidenschaft für Mayo. Er war zu diesem Abend mit Joan Blondell erschienen, Mayo in der Begleitung von James Whitmore. Um Mitternacht stürmte Bogie das Podium, überreichte Mayo eine griechische Frauenstatue, die er von irgendeiner Säule gepflückt hatte, und erklärte sie «zur schönsten Frau des Abends». Nachdem Whitmore Mayo nach Hause gebracht und Bogie sich von Joan verabschiedet hatte, fuhr Bogart zu Mayo und verbrachte mit ihr die Nacht. Am nächsten Morgen verbreitete die allwissende Klatschkolumnistin Hedda Hopper die neue Nachricht. Dementis waren zwecklos, also zogen sie demonstrativ zusammen. Die Wochenenden verbrachte das Paar auf Bogies 12-Meter-Motoryacht. Mayo zu Ehren taufte er sein Boot liebevoll «Sluggy».

Die neue Partnerschaft beflügelte seine Karriere. Mayo war zu Ohren gekommen, daß George Raft die Hauptrolle in *Dead End (dt. Sackgasse)* verloren hatte. Produzent Sam Goldwyn wollte nicht, daß Raft die Rolle des Gangsters zu sympathisch anlegte. Mayo ließ ihre alten Kontakte spielen, und gemeinsame Freunde brachten Goldwyn auf die Idee, Bogie für die Rolle zu verpflichten. Der Erfolg von *Kid Galahad – Mit eisernen Fäusten*, der am 4. Mai 1937 in die Kinos kam, tat ein übriges, und so trat Goldwyn mit Warner in Verhandlung. Warner kam dies gelegen, weil er Carole Lombard für *Fools for Scandal* haben wollte. So kam man überein, zwei Bogie-Filme gegen einen Lombard-Film auszuhandeln. «Wir wurden wie Studiorequisiten ausgeliehen, ohne daß wir etwas dagegen unternehmen konnten», lamentierte Bogie. «Die Verhandlungen waren abenteuerlich. Wenn Sie mir die Garbo geben, kriegen Sie von mir Bogart, Curtiz, drei Autos, acht Tische und soundsoviel Kostüme für einen Western. Es war der reinste Trödelmarkt.»

Dennoch war Bogie glücklich, für die United Artists arbeiten zu können. *Sackgasse* basierte auf dem gleichnamigen Erfolgsdrama von Sidney Kingsley. Es erzählt die Geschichte von Baby

Face Martin, der nach acht Morden endgültig genug hat und aussteigt. Sentimental, wie er ist, kehrt er in die East River Street zurück, an den Ort seiner Kindheit. Doch die Zeit ist nicht stehengeblieben. Seine Mutter (Marjorie Main) verstößt ihn. Seine ehemalige Freundin (Claire Trevor) geht inzwischen auf den Strich. Sein alter Klassenkamerad Dave Connell (Joel McCrea) träumt davon, menschenwürdige Häuser zu bauen. Als Baby Face erkennt, daß sich seine Hoffnungen nicht erfüllen, heuert er einige Slumkids an...

Im Gegensatz zum *Versteinerten Wald* wurde Kingsleys Stück von Lillian Hellman konsequent für die Verfilmung bearbeitet. Sie schrieb ganze Dialoge Bogart auf den Leib. «Ich habe Männer schon dafür umgebracht, daß sie mich so wie du jetzt angeschaut haben», fuhr Martin seine Mutter an. Einige Szenen jedoch fielen der Zensur zum Opfer. Während Martin im Stück seiner Exfreundin die Syphilis anhängt, wird im Film nur erwähnt, er hätte sie «verdorben».

Daß es während der Dreharbeiten turbulent zuging, war diesmal nicht Bogies Verdienst. Mit Regisseur William Wyler kam er bestens zurecht, den letzten Nerv aber raubten ihm die Dead End Kids, die nur ihre Broadwayrollen wiederholten. «Sie schnitten ihm die Hosen ab, in Anspielung an seinen letzten Film, zerstachen seine Autoreifen, verwässerten seinen Whisky und versalzten sein Essen», plauderte Wyler aus. «Bogie ertrug alle Attakken mit großer Geduld, wie ein Gentleman. Doch als es ihm eines Tages zuviel wurde, packte er den Rädelsführer, legte ihn aufs Kreuz und versohlte ihm vor versammelter Mannschaft den nackten Arsch. Wie ein kleines Kind rannte der Junge heulend in seine Garderobe. Wir applaudierten und hatten wenigstens einige Tage unsere Ruhe.»

Gleich im Anschluß an *Sackgasse* drehte Bogie für United Artists die Satire *Stand-In (dt. Mister Dodds geht nach Hollywood)*. Ursprünglich wollte Selznick ihn für *Nothing Scared*, doch die Rolle des Reporters ging an Fredric March. Frank Borzage forderte Bogie für *History Is Made At Night* an, doch Bogie folgte dem Ruf von Leslie Howard und Walter Wanger.

Der spießige Wall-Street-Bankier Atterbury Dodd (Howard) erhält die undankbare Aufgabe, das angeschlagene Colossal Studio vor dem Ruin zu retten. Gemeinsam mit dem alkohlabhängigen Produktionschef Douglas Quintain (Bogie) und dem Double der Hauptdarstellerin (Joan Blondell) gelingt ihm dieses Kunststück, indem ein Drama kurzerhand zur Erfolgskomödie umgeschnitten wird.

Am 5. Oktober 1937 kam *Mr. Dodds geht nach Hollywood* in die Kinos und erntete vernichtende Kritiken. Cineasten hingegen nehmen allein schon wegen Bogie in Hemd, Unterhosen und Zylinder alles in Kauf.

Die Dreharbeiten waren früher abgeschlossen als geplant. Warner Brothers stand vor dem Problem, den Frühheimkehrer zu beschäftigen. Pat O'Brien war an einer Salmonellenvergiftung erkrankt, also übertrug man Bogie dessen Rolle eines Sportpromotors in *Swing Your Lady*. Die Komödie von Kenyon Nicholson und Charles Robinson erzählt die Geschichte von Ed Hatch (Bogie), der einen drittklassigen Ringer (Nat Pendleton) promotet. Als ihnen die Zuschauer in Scharen davonlaufen, arrangiert er einen Kampf mit dem weiblichen Schmied (Louise Fazenda) eines kleinen Dorfes. Sein Schützling bezieht Prügel von der stattlichen Walküre, verliebt sich und heiratet sie. Bogie: «Das ist und bleibt mein schlechtester Film. Wann immer ich an ihn denke, bekomme ich einen unglaublichen Druck in Darm und Blase.»

Bei einem gemeinsamen Abendessen mit Jack Warner beklagte sich Bogie über die Rollenangebote. Warner versprach ihm ein Weihnachtsgeschenk besonderer Art. Seit langem hegte er den Plan, die erfolgreiche *Torchy Blane*-Serie neu zu beleben. Torchy, eine Reporterin, hatte sich auf Kriminal- und Gangstergeschichten spezialisiert und genoß die Unterstützung des Polizisten Steve McBride. Ursprünglich gehörten die Torchy-Filme in

Bryan Foys Abteilung. Die Schauspieler Glenda Farrell und Barton MacLane hatten die beiden Figuren unsterblich gemacht. Warner plante nun, seinem Schwager Mervyn LeRoy die Serie anzuvertrauen. Bogie war hin und her gerissen. Das Filmprojekt konnte ihm Unsterblichkeit sichern, ihn aber auch dazu verdammen, ein Leben lang auf diese Rolle fixiert zu sein. Spencer Tracy riet ihm ab, zumal die ersten Drehbücher Torchy übermächtig in den Vordergrund rückten. Doch Bogie ließ sich von Warner überreden, der eine A-Produktion in Aussicht stellte. Kaum wurden Ann Sheridan und Humphrey Bogart als Warners neues Traumpaar präsentiert, da ordneten die New Yorker Geldgeber an, die Reihe in den «bewährten Händen» von Foy zu belassen. Warner knirschte mit den Zähnen, Bogie tobte. Inmitten dieser Auseinandersetzungen platzte am 29. Januar 1938 ein Artikel der *Films Weekly*, den Bogart ausgeheckt hatte. «Bei Warner sollte man langsam wissen, daß der Name eines Schauspielers im Kurs sinkt, wenn man ihn immer nur in billigen B-Filmen einsetzt. Wahrscheinlich glauben die Warners, Bogart verfüge über kein romantisches Potential. Sie wären erstaunt zu lesen, was die Frauen dieses Landes über ihn denken, sagen und schreiben.»

Mit dieser Presse im Rücken fiel es Bogie leicht, eine folgenschwere Entscheidung zu treffen. Er prüfte den Stand seines F. Y. M.-Kontos und ließ sich bei Warner einen Termin geben. «Ich war darauf vorbereitet, daß Mister Warner mich suspendieren würde. Dennoch erklärte ich ihm, daß die Torchy-Reihe uns nur schaden würde. Ich hatte Glück. Mr. Warner verstand meine Bedenken und erlöste mich von der Bürde.» Warner gab die Rollen schließlich an Lola Lane und Paul Kelly, doch als die beiden nicht überzeugen konnten, kehrten Glenda Farrell und Barton MacLane in ihre alten Rollen zurück.

Bogie war für Höheres bestimmt. Curtiz wollte ihn für *Gold is Where You Find It* und *Dodge City* und als Sheriff von Nottingham für *The Adventures of Robin Hood*. Hal B. Wallis dagegen wollte ihn für *Jezebel*, Bette Davis' Antwort auf *Gone With the Wind*. Angesichts dieser Begehrlichkeiten meldete Bogart spöttisch den Wunsch an, einmal in einem Busby-Berkley-Musical mitwirken zu dürfen. Ein Scherz mit katastrophalen Folgen. Jack Warner war verwirrt. Berkley zeigte sich begeistert. Mayo war stolz, Bogie in einem Musical zu sehen.

Mitten in die Dreharbeiten zu *Men Are Such Fools* platzte Anfang 1938 Mary. Bogie erklärte, er würde sie diesmal nicht aufnehmen. Sofort eilte sie zu Jack Warner und schilderte in düsteren Farben, welche Folgen eine Scheidung für Bogart und seine Karriere haben würde. «Sie war plötzlich überhaupt nicht mehr klein und zierlich. Sie entpuppte sich als Frau, die sogar mir eine Gänsehaut bereitete», erinnerte sich Jack. Warner versuchte die Wogen zu glätten. Bogie war bereit, die Ehe zum Schein aufrechtzuerhalten. Mary aber forderte, Bogie solle sich von Mayo trennen. Bogie sah rot und stürmte aus Jack Warners Büro. Warner versuchte noch beschwichtigend auf ihn einzureden, da rauschte die Philips an beiden vorüber und verkündete, sie kehre nach New York zurück, um die schlagzeilenträchtige Scheidung einzureichen.

«Jack sprach nicht gerne darüber», erinnerte sich seine Frau Anne. «Aber Bogies zweite Scheidung kostete ihn und das Studio viel Geld.» Bereits am nächsten Morgen setzten sich die Warner-Anwälte mit Mary in Verbindung und handelten einen achtundfünfzigseitigen Vertrag aus, der ihr 75 000 Dollar garantierte. Mary zögerte und holte geschickt weitere 100 000 Dollar aus Warner heraus.

Die Dreharbeiten zu *Men Are Such Fools* gingen schleppend voran. Bogie durfte Harry Galleon darstellen, einen Arbeitskollegen von der Lane, die ihn dazu mißbraucht, ihren Mann, einen Footballspieler, auf die Treueprobe zu stellen und gleichzeitig ihre Karriere bei einer Werbeagentur zu puschen.

Vergebens versuchte er, das Drehbuch mehr auf sich zuschneidern zu lassen. Es gelang ihm nicht einmal, rausgeworfen zu werden, seine letzte Hoffnung, obwohl er Busby Berkley grausam hänselte.

Vor lauter Frust zog Bogie seine Cocktailstunde vor und kam bereits nach der Mittagspause betrunken ins Studio. Einmal suchte ihn die Mannschaft verzweifelt, während er in einer anderen Studiohalle seinen Rausch ausschlief. Ein anderes Mal radelte er nur in Unterhosen quer über das Warner-Gelände. Warner mußte seinem Star die Leviten lesen. Er rügte sein unprofessionelles Verhalten während der Dreharbeiten und mußte Bogart gegenüber bekennen, daß er derzeit keine Möglichkeit sehe, ihn in den teuren A-Produktionen einzusetzen. «Das Risiko ist einfach zu groß», rechtfertigte Warner seine Entscheidung. Überdies war er verärgert, daß Bogie sich so undankbar zeigte.

Um seiner Standpauke Nachdruck zu verleihen, suspendierte er Bogie für vier Wochen. «Mir war totschlecht, als ich das Büro verließ, aber ich war froh, noch meinen Vertrag zu haben. Ich hatte den Bogen überspannt. Also schwor ich mir, für das restliche Jahr meine große Klappe zu halten und sauber zu bleiben.»

Drei

Warner wußte, wie sehr Bogie die Zusammenarbeit mit Brian Foy verabscheute, also stellte er Bogart unter Foys Obhut. Zwar war Brian Foy so sehr beschäftigt, daß er die Regie von *Crime School (dt. Schule des Verbrechens)* an Lewis Seiler übertrug, dennoch schaute er gelegentlich vorbei, um vor versammelter Mannschaft zu dozieren, was von gewissen Schauspielern und ihrem unprofessionellen Verhalten zu halten sei. Bogie rächte sich, indem er ihm am letzten Drehtag einen toten Skunk in einer Präsentschachtel überreichte.

Schule des Verbrechens erzählt die Geschichte von sechs straffällig gewordenen Jugendlichen, die in einer Besserungsanstalt sadistischen Disziplinen ausgeliefert sind. Als bei einer Inspektionsreise der stellvertretende Leiter der Aufsichtsbehörde, Mark Braden (Bogart), die unmenschlichen Zustände aufdeckt, übernimmt er kurzerhand die Leitung der Anstalt. Nach und nach gewinnt er das Vertrauen der Jugendlichen und verliebt sich zudem in die Schwester eines Knastkids. Dank ihrer Hilfe gelingt es Braden, die Kids nach einer Flucht zu bewegen, freiwillig in die Anstalt zurückzukehren. Happy-End: Die Jugendlichen kehren in die Obhut ihrer Eltern zurück.

Lewis Seiler arbeitete schnell und präzise. Drei Wochen später konnte das Besetzungsbüro Bogie für ein neues Projekt einplanen.

The Amazing Dr. Clitterhouse (dt. Das Doppelleben des Dr. Clitterhouse), ein flink geschriebenes Ganovenstück, wurde allein von der Persönlichkeit des E. G. Robinson zusammengehalten. Mit Brillanz erweckte er die Figur des Psychologen Dr. Clitterhouse zum Leben, der nur wegen Recherchen für sein neuestes Buch Mitglied in einer Safeknackerbande wird. Als er aussteigen will, wird er von seinem ehemaligen Komplizen Rock Valentine (Bogie) erpreßt. Schnell erkennt der gute Doktor, daß ihm das Know-how zu seinem letzten Kapitel noch fehlt: Mord. Er vergiftet Rock und gibt vor Gericht an, bei der Tat bei klarem Verstand gewesen zu sein. Doch die Geschworenen sprechen ihn frei, da jemand, der etwas Derartiges zugibt, nur verrückt sein kann.

War die Presse voll des Lobes für Robinson, so kritisierte Alan G. Barbour «Bogarts grimassenschneidende Darstellung».

Der Film aber, den Bogie später nur «The Amazing Dr. Clitoris» nannte, stellte eine entscheidende Weiche für seine Karriere.

Neben John Wexley durfte auch ein Newcomer an dem Drehbuch mitarbeiten: John Huston. Der Sohn des Schauspielers Walter Huston hatte sich erprobt als Schauspieler, Opernsänger, Komponist, Straßensänger, Autor, Zeichner, Redakteur und Requisiteur, bevor er 1938 seinem Freund William Wyler zu Warner Brothers folgte. «Ich war frisch verheiratet, und irgendwie war ich es meiner Frau Leslie damals schuldig, es mit einer seriösen Karriere zu versuchen.» Wyler hieß seinen Freund willkommen, der wegen seiner chronischen Unpünktlichkeit schon bald Jack Warners Sorgenkind wurde. Huston überarbeitete als erstes den Bette-Davis-Film *Jezebel*. Danach reicherte er «Dr. Clitoris» mit Szenen an, die seine zynische und eigenwillige Weltanschauung widerspiegelten. (Als Robinson erfährt, daß der Bruder eines Gangsters in Harvard ist, erkundigt er sich, was er dort macht. «Er ist in Alkohol eingelegt. Er hatte zwei Köpfe.»)

Die Freundschaft zwischen dem hochaufgeschossenen, weltmännischen, wohlformulierenden Huston und dem kleinen, urbanen, mit leichtem Akzent sprechenden jüdischen Einwanderer Wyler aus dem Elsaß ließ bald schon Gerüchte blühen. «Was uns aber am meisten aneinanderschweißte, war nicht ein gegenseitiges sexuelles Verlangen, sondern der Wunsch, einen gemeinsamen Film zu entwickeln, der zur Zeit der Weltwirtschaftskrise spielen sollte», dementierte Huston.

Die Beziehung zwischen Wyler und Huston stachelte auch Bogies Phantasie an, der den gebildeten Weltmann vom ersten Augenblick an nicht ausstehen konnte. «Im Vergleich zu John war ich beinahe königlicher Abstammung, aber dennoch gab mir dieser Hurensohn das Gefühl, als sei ich der letzte Dreck.»

«Ich war nur vorsichtig», rechtfertigte sich Huston. «Man hatte mich vor Bogie gewarnt. Und irgendwie schienen sich die Warnungen zu bestätigen. Nach unserem ersten Treffen hatte ich einen ziemlich unangenehmen Geschmack im Mund.» Bogie sperrte in den nächsten Tagen Augen und Ohren auf, und es dauerte nicht lange, bis er die Freunde mit dem Satz «Na ihr zwei Schwestern» begrüßte.

«Bogie war ein Stinktier», erinnerte sich Huston. «William ärgerte sich schwarz über Bogies Sticheleien, zumal er wußte, wie gefährlich es sein konnte, als schwul verschrien zu sein. Gleichzeitig war er aber zu sehr Gentleman, als daß er Bogie selbst das Maul stopfte.»

Als Bogart sich in einer Mittagspause mit flötender Stimme erkundigte, wo Huston denn sein Sweetheart gelassen habe, stand er auf und forderte Bogie heraus, mit vor die Tür zu kommen.

«Johns körperliche Erscheinung war alles andere als furchteinflößend», erzählte Bogie. «Sie hatten ihn das lebende Skelett getauft. Nun, ich dachte, das würde für mich kein allzu großes Problem darstellen. Also nahm ich die Herausforderung an.» Nach sieben Minuten stand der Sieger fest.

Nur wenige wußten, daß Huston als Achtzehnjähriger sich den Titel Amateur Lightweight Boxing Champion of California erkämpft hatte. Bogie ging mit geplatzter Lippe, drei gebrochenen Rippen und einer verschobenen Nase zu Boden.

Am Set erlitt Bogies Regisseur Anatole Litvak beinahe einen Nervenzusammenbruch. Verzweifelt versuchte er, die nächsten Tage um Bogie herumzufilmen, zumal Bogart ihm nur noch drei Tage zur Verfügung stand.

In den nächsten Wochen verkörperte Bogart vormittags in *Racket Busters* den Bandenchef Pete Martin, der mit allen Mitteln versucht, das Transportwesen Manhattans in seine Gewalt zu bekommen, während er nachmittags in *The Unlawful* wieder unter der Aufsicht des Produzenten Bryan Foy zu leiden hatte.

Racket Busters nahm den Inhalt von Elia Kazans *On the Waterfront* vorweg. Die Kritiker lobten Bogie für seine Verkörperung des misanthropischen Gangsters, zeigten sich aber entsetzt, daß der Zensur jene Szene entgangen war, in der er die Stadt mit gefletschten Zähnen begrüßt: «Hello, suckers!» (Ein Vulgärbegriff, der bis zu diesem Zeitpunkt noch in keinem Film verwendet worden war.)

Auch *The Unlawful*, der als *King of the Underworld* am 13. Januar 1939 in die Kinos kam, wurde wohlwollend besprochen. Kay Francis war Dr. Carol Nelson, die nach der Ermordung ihres Mannes verzweifelt versucht, ihre Unschuld zu beweisen. Bogie dagegen erhielt die amüsantere Aufgabe, den «unbarmherzigen harten Gangster» Joe Gurney zu spielen, der «einen Napoleon-Komplex und eine komisch-biedere Ehrfurcht vor Kultur hat». Während seiner Flucht kidnappt er einen Schriftsteller (James Stephenson) und zwingt ihn, seine Biographie zu schreiben (Warners Gangsterstreifen *Doorway to Hell* läßt grüßen). Am Ende blendet ihn Dr. Nelson absichtlich mit ätzenden Tropfen, als er über Augenschmerzen klagt. Der größte Coup aber gelang Bogie, als er Regisseur Seiler und Drehbuchautor George Bricker überzeugte, ihm eine letzte Szene zu schreiben. Mit blutender Brust taumelt er nun die Treppe hinunter, bevor er mit ersterbender Stimme die Polizei bittet, niemandem zu verraten, daß der neue Napoleon von einer Frau aufs Kreuz gelegt worden ist.

«Gerade diese letzte Szene rückt den Film in die Nähe unerträglicher Schmiere, die nur durch Bogart gerettet werden konnte», urteilte Alan Brooke. Bryan Foy tobte, als er die letzte Szene sah, konnte aber nicht mehr nachdrehen lassen, da Bogie bereits wieder in einem neuen Projekt mitwirkte.

Entgegen Warners Bannspruch hatte Michael Curtiz Bogie für die Titelrolle in *Angels With Dirty Faces (dt. Chicago)* von Wallis angefordert. Die Novelle von Rowland Brown schildert die konträre Entwicklung von Rocky Sullivan und Jerry Connolly. Nach einem Einbruch gelingt es Jerry zu fliehen, während Rocky geschnappt wird. Jerry entscheidet sich, Priester zu werden. Rocky schlägt eine Karriere als Gangster ein. Aus dem Gefängnis entlassen, kehrt Rocky an den Ort seiner Kindheit zurück. Auch Jerry hat in der Zwischenzeit seine Heimatpfarrei übernommen. Natürlich treffen die beiden aufeinander. Jerry versucht, eine Gruppe Jugendlicher, deren Held Rocky ist, auf den rechten Pfad zurückzuführen. Nur allzugern verrät Rocky ihnen einige schmutzige Tricks, verlangt aber, daß sie zu den Jugendtreffs des Priesters Connolly gehen. Rockys Untergang ist besiegelt, als Pater Connolly in einer Radio- und Pressekampagne sich gegen die verbrecherischen Taten seines Freundes zur Wehr setzt. Rocky ermordet seine Partner, die Connolly umbringen wollen – und landet dafür auf dem elektrischen Stuhl.

Curtiz war es gelungen, Spencer Tracy für die Rolle des Paters zu gewinnen. Im Gegenzug erwartete MGM, daß Bogart in einem der nächsten Tracy-Filme mitwirken sollte.

Am dritten Drehtag wurde Spencer von MGM zurückberufen. Einige Szenen des Films *Boys Town* mußten nachgedreht werden. Hatte Curtiz gehofft, den Warner-Film verschieben zu können, so wurde er von der Metro enttäuscht. Tracy war bereits für *Stanley and Livingston* verpflichtet worden. Curtiz und Samuel Bischoff waren einem Zusammenbruch nahe. «Wir gingen einen trinken, und Spencer, dem die Sache sichtlich peinlich war, schlug vor, die Rolle an Pat O'Brien zu übertragen. Wir prüften den Vorschlag, und es schien machbar.» Doch am ersten Drehtag mit O'Brien eröffnete Jack Warner Bischoff und Curtiz, daß auf Grund des Ausstiegs von Tracy das hohe Budget gefährdet sei. Curtiz und Bischoff redeten mit Engelszungen, doch Warner bestand auf einer Umbesetzung. Statt Bogie sollte James Cagney die Rolle des Gangsters übernehmen. Bogie dagegen erhielt den kleinen Part des Rechtsanwalts, der von Rocky erschossen wird.

«Man kann sich vorstellen, daß dies natürlich die idealsten Voraussetzungen für den Beginn einer Freundschaft sind», erinnerte sich James Cagney. «Gewiß, ich kannte Bogie vom Sehen. Außerdem versorgten mich Spencer und Pat mit allerlei Bogie-Anekdoten, ihm aber jetzt die Rolle wegzunehmen war eine andere Sache.»

Nach außen ertrug Bogie diese Niederlage mit einem Lächeln. Er begrüßte Cagney am Set und übernahm ohne Murren den Part des Rechtsanwalts. Nur zu gut wußte er, daß ihm die Rolle des Rocky die ersehnte Oscar-Nominierung eingebracht hätte.

Als *Chicago* in die Kinos kam, bewahrheiteten sich seine Befürchtungen. Cagney heimste höchstes Lob ein und wurde vom Komitee der New Yorker Critics Awards zum besten Schauspieler des Jahres 1938 gewählt. Der ersehnte Oscar aber ging an Spencer Tracy für seine Darstellung des Father Flanagan in *Boys Town*.

Die letzten Drehtage von *Chicago* zwangen Curtiz zu einem Balanceakt. Er mußte nicht nur Bogie, der nach durchzechten Nächten ins Studio getorkelt kam, präsentabel erscheinen lassen, er mußte auch Bogarts Zustand vor Warner verbergen. Nach der obligatorischen Abschlußfeier meldete sich Bogie krank und checkte sich auf Drängen Mayos in eine Klinik in San Francisco ein, um sich für die bevorstehende Hochzeit trockenlegen zu lassen. Bogie wußte, daß seine Scheidung am 15. August 1938 rechtskräftig werden würde. Also setzte er den Hochzeitstermin mit Mayo für den 20. August fest.

Noch in letzter Minute drohte die Scheidung zu platzen. Der New Yorker Richter, kein Freund «schneller Scheidungen», verfügte, daß Mary und Bogie ein weiteres Jahr miteinander verbringen sollten. Sofort hetzte Warner seine Anwälte nach New York, denen es gelang, das «Baby zu schaukeln». Planmäßig fand die Hochzeit am 20. August in der Villa von Bogies Agentin, Mary Baker, statt. Den ganzen Tag lang fuhren die Lieferwagen der teuersten und exquisitesten Läden Hollywoods vor und lieferten Blumenbouquets, Champagner und lukullische Köstlichkeiten ab.

Die Studiopolizei von Warner Brothers schirmte den kleinen Kreis geladener Gäste ab. Sein alter Freund Spencer Tracy war Bogarts Trauzeuge, Jack Warner trat als Mayos Brautvater in Erscheinung. Mayo war bereits am Morgen in der Villa eingetroffen und hatte in ihrer Aufregung dem Champagner ausgiebig zugesprochen, so daß sie sich am Nachmittag nicht mehr auf den Beinen halten konnte. Verzweifelt versuchten Bogie und Mary sie unter der kalten Dusche wieder zur Besinnung zu bringen, während die Gäste samt Friedensrichter Ben Lindsay in brütender Hitze auf die Braut warteten. Mit 90 Minuten Verspätung schwebte Mayo die Treppe herunter und wurde von Jack Warner in Empfang genommen, der seine liebe Mühe hatte, sie sicher den Gang entlang zum Traualtar zu geleiten. Den Reportern erzählte man, die Braut leide unter Kreislaufbeschwerden. Das Jawort ging in einen herzhaften Rülpser über, dann ließ Mayo sich von Bogie an die Hochzeitstafel tragen.

Champagner und Whisky flossen in Strömen. Solchermaßen enthemmt, bot Schauspieler Mischa Auer splitterfasernackt einen Kosakentanz dar, während Friedensrichter Lindsay die Grenzen seiner Belastbarkeit erreichte. Als Warner und seine Frau sich verabschiedet hatten, ging die Party erst richtig los und drohte, in Tumult zu enden. Mayo bewarf Gäste mit Gladiolen und Gläsern, bis kurzerhand Bogie sagte: «Die Party ist vorbei. Los, Leute, geht nach Hause.»

Mayo jedoch wollte weiterfeiern. Die erste tätliche Auseinandersetzung zwischen den Eheleuten. Bogie flüchtete mit Mel in eine Kneipe. Mayo leerte mit Mary die restlichen Champagnerflaschen. Zwei Tage mußten die Zeitungen auf ein nachgestelltes Hochzeitsbild warten. Für eine Hochzeitsreise blieb keine Zeit. Anfang September stand Bogie für zwei Filme vor der Kamera.

Crime is a Racket, der als *You Can't Get Away With Murder* in die Kinos kam, gehört sicherlich zu Bogies routiniertesten, aber auch unterhaltsamsten Gangsterdarstellungen. Er verkörperte Frank Wilson, einen kleinen Gangster, der den jugendlichen Johnnie Storm zum Ganoven ausbildet. Bei einem Überfall erschießt Wilson den Besitzer einer Tankstelle. Da die Pistole dem Verlobten von Johnnies Schwester gehört, wird dieser für den Mord verhaftet und zum Tode verurteilt. Auf der Flucht erschießt Wilson seinen jugendlichen Kumpan Johnnie, versucht aber, es so aussehen zu lassen, als sei er Opfer der Polizeikugeln geworden. Kurz vor seinem Tod gesteht Johnnie seine Tat und bewahrt damit den Verlobten seiner Schwester vor der Hinrichtung.

Zur gleichen Zeit wirkte Bogie in *The Oklahoma Kid (dt. Oklahoma Kid)* mit. Jack Warner hatte das Drehbuch stolz als Hochzeitsgeschenk präsentiert. «Ich wußte nicht, ob ich weinen oder lachen sollte», erinnerte sich Bogart. «Wissen Sie, was er mir da in die Hand drückte: einen saublöden Western.»

Den Inhalt des Films *Oklahoma Kid* faßte Hauptdarsteller James Cagney in einem Satz zusammen: «Jim Kincaid, alias Oklahoma Kid, räumt in Tulsa City mit den Gangstern auf, bereut seine Sünden, verliebt sich, gibt sein Leben als Gangster auf, rächt seinen Vater und bringt den Gangster Whip McCord zur Strecke – kurzum, ein Haufen Pferdescheiße.»

Was Wunder, daß Cagney, als Cineasten in den siebziger Jahren den Film als gelungene Transponierung des klassischen Gangsterfilms in das Westerngenre feierten, lospolterte: «Das ist doch alles Blödsinn! Wenn ich diesen Scheiß jetzt lese, möchte ich kotzen. Es war eine typische Pferdeoper geworden, nichts als ein Programmfüller.»

Als Bogie am ersten Drehtag aus der Garderobe stolzierte, war er ganz in Schwarz gekleidet, die Haare gewellt und artig seitlich gescheitelt. Er trug einen Cowboyhut – und den unglaublichen Namen Whip McCord. «Ich war und bin zu klein, um einen Cowboy spielen zu können. Also verpaßten sie mir Schuhe mit hohen Absätzen und wattierten mir meine Schultern. Ich stolzierte durch den Film wie auf Stelzen und fühlte mich als besser bezahlte Kleiderpuppe.» Seine Stimmung hob sich erst, als er dem noch abenteuerlicher ausstaffierten Cagney gegenüberstand. «Jimmy trug einen Hut, der geradezu grotesk war. Ich konnte mich nicht konzentrieren. Ständig starrte ich ihn und dann wieder seinen Hut an. Es war einfach lächerlich. Er sah aus wie ein Riesenpilz. Ich mußte ständig lachen, und so bekamen wir an diesem Tag keine einzige Szene in den Kasten.»

Um 15 Uhr gab Regisseur Lloyd Bacon die Dreharbeiten auf. Cagney und Bogie machten ihm klar, daß sie den Film nur überstehen könnten, wenn er ihnen für ihre Blödeleien und Sprüche freien Lauf ließ. «Wir werden manchmal improvisieren», versprach Bogie. «Denn wir müssen dem Haufen Scheiße einen Schuß Witz geben.» Bacon ließ seine Stars gewähren. Ihnen verdankt der Film seine stärksten Dialoge:

«Mein Name ist Whip McCord. Sagt der Ihnen etwas?»

«Nun, ich kann ihn nicht ausstehen. Und wie steht es mit Ihnen?»

Mayo hatte Bogart eröffnet, daß ihre häufigen Versöhnungen nicht ohne Folgen geblieben waren und sie ein Kind von ihm erwartete. Bogart verbrachte Wochen damit, für seine Familie ein geeignetes Haus zu suchen. Schließlich fand er ein Anwesen in der Horn Avenue, oberhalb des Sunset Strip, verliebte sich in das Haus und taufte es «Sluggy Hollow».

Mit ihren drei Koffern nahmen die Bogarts das Anwesen in Besitz. Die Presseabteilung von Warner Brothers inszenierte große Home-Stories über das «junge Paar», das inmitten von «21 Finken, fünf Kanarienvögeln, vier Hunden, vier Katzen und einem Garten voller Wicken und Petunien» seinen Frieden fand.

VIER

You Can't Get Away With Murder und *Oklahoma Kid* hatten Bogie jede Illusion über das Filmgeschäft geraubt. Er mußte morgens im Studio erscheinen, ohne zu wissen, welches Drehbuch auf ihn wartete. «Was machst du heute, Bogie?» fragte einmal James Cagney. «Oh, das weiß ich nicht», antwortete Bogart. «Sie haben mir nur gesagt, ich solle in Halle 12 gehen.»

Daß Bogie lediglich seinen Vertrag erfüllte, fiel auch den Mitgliedern seiner Clique auf. Gewöhnlich traf sie sich im Casino oder in der Bar im nahe gelegenen Lakeside Golf Club. «Es war eine besondere Ehre, dazuzugehören», erklärte der spätere Präsident Ronald Reagan.

Zur Clique gehörten Humphrey Bogart, James Cagney, Pat O'Brien, Frank McHugh, der Regisseur Brick Enright, der ehemalige Weltmeister und Trainer der Warner-Stars Mushy Callahan sowie der Autor Richard Brooks und Warners PR-Männer Eddie Manson und Charlie Einfeld.

Während einer Mittagspause schaute Einfeld Bogart offen an. «Bogie, ich möchte ehrlich von Ihnen wissen, wie lange Sie diese Scheiße noch ertragen.»

Bogie, der eine Falle witterte, spitzte die Ohren. «Ich weiß nicht, was Sie meinen?»

«Nun, ich habe mich heute mit meiner Sekretärin unterhalten.

Sie sagte mir, Sie hätten von allen Warner-Stars den größten Sex-Appeal.»

Bogie schwieg, als Einfeld fortfuhr: «Aber schauen Sie sich an. Seit acht oder neun Jahren sind Sie nun bei Warner und spielen den Prügelknaben für Robinson, Cagney oder wen auch immer. Sie kriegen nie das Mädchen und tragen immer die gleiche Ganovenuniform: blauer Anzug, blaues Hemd, schwarze oder rote, undefinierbar gemusterte Krawatte und einen schmalkrempigen Hut. Und wenn Sie nicht aufpassen, enden Sie irgendwann auf der Straße, und kein Hund nimmt mehr einen Bissen von Ihnen an. Ich dagegen kann aus Ihnen einen Star machen. Ich bringe Sie so oft in die Zeitung, bis Warner bei mir anruft und sagt: ‹Der Kerl hat eine Menge Publicity. Wieso setzen wir ihn nicht öfter ein?›»

Bogie traute seinen Ohren nicht. Sie verabredeten sich abends bei Chasen's, um den Plan gemeinsam mit Mayo und Mary Baker zu besprechen, die inzwischen bei der Agentur Sam Jaffes eingestiegen war.

In knappen Worten umriß Einfeld, daß er Bogies Image komplett umkrempeln wollte – zum romantischen Liebhaber. Sofort machten sie sich daran, die Publicitymaschinerie zu ölen. Mayo und Bogies Schwester Pat bombardierten das Studio mit fiktiven Fanbriefen. Einfeld engagierte den Fotografen Clarence Bull, der Bogie mit allerlei Accessoires der Trendsportarten Polo, Tennis, Golf und Bogenschießen umgab. Lancierte Artikel rühmten seine Vergangenheit als Mellins-Baby, die großbürgerliche Herkunft seiner Eltern und seine tadellose Erziehung. Gleichzeitig tadelte die Presse seine Vermarktung als Gangster, zumal jedem das «romantische Potential Humphrey Bogarts ins Auge sticht», wie Klatschkolumnistin Louella Parsons apodiktisch formulierte. Bogie revanchierte sich mit einer Einladung zum Tee, was ihm einen weiteren Bericht über den «gepflegten Lebensstil Bogarts und seiner bezaubernden jungen Frau, Mayo Methot», einbrachte.

Warner verfolgte diese Entwicklung sichtlich irritiert und wies Hal Wallis in zahlreichen Memos an, zu erkunden, worauf der Stimmungsumschwung der öffentlichen Meinung zurückzuführen sei. «Wir scheinen uns in der Besetzungsstrategie geirrt zu haben», erklärte Wallis in einer Notiz vom 11. November. «Offenbar wollen die Leute Bogart in romantischeren Rollen sehen. Gleichzeitig ist anzumerken, daß die eingehende Fanpost sich in den letzten Wochen vervierfacht hat.»

Jack kam es wie gerufen, als der Drehbuchautor Casey Robinson verlangte, Bogart solle in seinem Tränendrüsendrücker *Dark Victory (dt. Opfer einer großen Liebe)* mitwirken. Ursprünglich ein Theaterstück für die Schauspielerin Tallulah Bankhead, hatte David O. Selznick die Filmrechte für 50 000 Dollar erworben. Er plante, den Stoff mit Greta Garbo und Fredric March zu verfilmen, verlor dann aber das Interesse an dieser Geschichte und verkaufte die Rolle im Januar 1938 an Warner Brothers. Das Studio plante den Film mit Kay Francis, doch die Aktrice zierte sich, am Ende sterben zu müssen. Zweite Wahl für die Rolle der Judith Traherne war Bette Davis – und es war die bessere Wahl. Der Part der reichen Erbin, die Pferde und Männer mehr als alles andere liebt, bevor sie erkennt, daß sie an einem Gehirntumor zugrunde gehen wird, versprach ihr instinktiv eine Oscar-Nominierung.

Die Dreharbeiten standen unter keinem günstigen Stern. Bogie war wie gelähmt. «Sein Spiel war von einer grotesken, amateurhaften Befangenheit», urteilte Louise Brooks Jahrzehnte später. Bette Davis durchlebte gerade eine traumatische Scheidung, nachdem ihr Noch-Ehemann Ham ihren Geliebten Howard Hughes auf plumpe Art und Weise erpreßt hatte. Hughes machte mit der Davis Schluß. Sie suchte Trost in einer stürmischen Beziehung mit Anatole Litvak, der zu dieser Zeit aber noch mit Miriam Hopkins verheiratet war. Die Hopkins indes stellte der Davis nach. Was Wunder, daß Litvak nach drei Wochen die Regie des Films *Opfer einer großen Liebe* niederlegte und erklärte, er habe dringend Ruhe nötig. Die Regie ging an Edmund Goulding, der Bogie wahre Meisterleistungen entlockte. «Nachdem der Druck genommen war, unter einem Regisseur zu arbeiten, der mit der Hauptdarstellerin schlief, lokkerte sich meine Darstellung zusehends», sagte Bogart.

Auch Bette Davis lobte Bogart über den grünen Klee. «Ich hielt seine Darstellung schlicht und einfach für vollkommen. Ich bin der festen Meinung, daß es allein der Part des sanften, romantischen Stallburschen Michael O'Leary ermöglichte, daß Bogie später auch etwas anderes als die obligatorischen Gangsterrollen angeboten bekam.»

Entgegen ihrer Gewohnheit, sich gegenseitig in den Wahnsinn zu treiben, arrangierten sich Bogie und die Davis bereits vor Drehbeginn, zumal Bette mit Mayo befreundet war. Gemeinsam nörgelten sie an «Little Ronnie Reagan» herum, der seit zwei Jahren zu Warner gehörte und sich redlich bemühte, einen bleibenden Eindruck beim Kinopublikum zu hinterlassen.

Was Bogart mit einer einzigen Szene gelang – jener berühmten Szene im Stall. Edmund Goulding hatte sich geweigert, die Szene so zu drehen, wie Robinson sie geschrieben hatte. So übernahm der Drehbuchautor kurzerhand selbst die Regie und führte das Endprodukt Warner und Wallis vor. Die Szene zeigte einen sanften, leise sprechenden Bogart, der die Klaviatur der Gefühle ebenso beherrscht wie Bette Davis.

Noch war Warner Brothers unsicher, wie Bogart in der Rolle des romantischen Liebhabers vom Publikum aufgenommen werden würde. Deshalb stellte Warner alle weiteren Bogart-Projekte bis zum Kinostart Anfang 1939 zurück. In dieser Zeit angespannten Wartens wurde Bogie von schweren Schicksalsschlägen getroffen.

Die Depressionen seiner Schwester Pat hatten sich verschlimmert und gipfelten häufig in einem unkontrollierten Kaufrausch. Sie hatte Mayo angerufen, weil sie wieder einmal ohne einen Pfennig dastand. Bogie versprach, vorbeizukommen und ihr zu helfen. Mayo und er nahmen Pat zu sich. Sie lösten ihr Appartement auf und richteten ihr ein Zimmer in der Horn Avenue ein. Doch Pats Depressionen waren so stark, daß sie auch Mayo belasteten. Nun rückte auch Maude an. Sie wollte ihrer Tochter nahe sein. Nur widerwillig nahm Bogie seine Mutter auf.

Als er eines Abends nach Hause kam, stolperte ihm seine Schwester in einem blutverschmierten Nachthemd entgegen. Sie hatte in der Küche ihre Mutter Maude mit einem Messer niedergestochen. Mayo kümmerte sich um Maude und Bogie alarmierte sofort die Studiopolizei, die einen verschwiegenen Arzt mitbrachte. Während Bogie beruhigend auf Pat einredete, versorgte der Doktor Maude. Allen war klar, daß eine weitere Betreuung von Pat durch die Familie nicht länger tragbar war. Noch am selben Abend lieferte sie Pat in das nahe gelegene Norwalk Sanatorium ein. Der Presseabteilung von Warner Brothers gelang es, Hedda Hopper und Louella Parsons zu bewegen, diese Nachricht nicht in die Klatschspalten zu bringen.

Maude wußte nun, wie leicht sie ihren Sohn erpressen konnte. Sie bestand darauf, auch weiterhin bei den Bogarts zu wohnen. Bogie stemmte sich dagegen und gab erst nach, als Maude damit drohte, in Interviews das mühsam aufgebaute Image von Bogarts Familie zum Einsturz zu bringen.

Von diesem Augenblick an mußte Mayo tagein, tagaus die bissigen Kommentare Maudes über sich ergehen lassen. «Maudes Bosheit schien keine Grenzen zu kennen», erinnerte sich Mayo. Den wahren Grund fanden sie erst Wochen später heraus, als ihnen der Arzt eröffnete, daß Maude unheilbar an Krebs erkrankt war. Schon konnten die Ärzte ihr keine Hoffnung mehr machen. Sicherlich war sie nicht allein wegen Pat nach Los Angeles gekommen. Bogie war geschockt. Der Studioarzt riet, Maude in eine Spezialklinik zu geben, da die häusliche Pflege einer Krebskranken eine schwere Aufgabe sei. Bogie war sofort einverstanden, doch Mayo gab zu bedenken: «Sie mag zwar eine elende Hexe sein, aber sie ist noch immer deine Mutter. Wenn du dich um sie nicht kümmern willst, dann tu ich es. Wer weiß, wer sich einmal um uns kümmert.»

«Irgendwie war ich stolz auf Mayo», gestand Bogie seinem Freund Peter Lorre. «Mayo hatte sich schon um Pat fürsorglich gekümmert. Und dann übernahm sie noch die Pflege meiner Mutter, die Mayo von früh bis spät drangsalierte.»

Unter dieser Belastung steigerte Mayo ihren täglichen Alkoholkonsum, obwohl sie schwanger war. «Für uns alle war es nur ein Glück, daß Maude wenige Wochen später ins Koma fiel und kurze Zeit später starb», vertraute Mayo ihrer Freundin Bette Davis an.

War es bei diesen Strapazen überraschend, daß die Horn Avenue oft einem Schlachtfeld glich? «Während ihrer gemeinsamen Jahre wurden die Nachbarn der Bogarts vom Geräusch zerbrechenden Porzellans und klirrender Gläser in den Schlaf gelullt», spottete Dorothy Parker. «Wir konnten einfach nichts dafür», entschuldigte sich Bogie. «Einer sagte was, der andere erwiderte was, und im nächsten Augenblick stritten wir uns. Wir warfen mit dem, was gerade zur Hand war. Damals brauchten wir aber noch kein Publikum dazu. Das Beste daran aber waren die ausführlichen Versöhnungen, die uns dann die notwendige Entspannung verschafften.»

An der Grenze ihrer Belastbarkeit, verlor Mayo Anfang März ihr Baby. Eine anschließende Obduktion ergab, daß das Kind durch die Alkoholexzesse der Eltern behindert gewesen wäre.

Der Film *Opfer einer großen Liebe* bekam glänzende Kritiken, und Jack Warner wies am 22. Februar 1939 das Besetzungsbüro an, Bogart auch für Bette Davis' nächsten Film – *The Old Maid* – in einer romantischen Hauptrolle einzuplanen. «Jack wollte sehen, ob sich Bogie in diesem Genre behaupten konnte, bevor er ihm eine Titelrolle in Produktionen wie *All This and Heaven Too*, *Lady With Red Hair* oder *We Are Not Alone* übertragen wollte», erinnerte sich Wallis Blanke.

Als die Dreharbeiten am 20. März 1939 begannen, hatte Bogie große Schwierigkeiten, sich den Text zu merken. Man arbeitete drei volle Drehtage an einer kleinen Szene am Bahnhof. Bette zeigte viel Verständnis, aber weder ihr noch Regisseur Goulding gelang es, Bogie über seine Blockierung hinwegzuhelfen.

Am Abend des vierten Drehtages ließ sich Jack Warner die Muster vorführen. «Bogie wirkte so unromantisch und unsäglich schlecht, daß Jack forderte, Bogart aus dem Film zu entfernen», berichtete Wallis. «Er überließ es uns, Bogie die schlechte Nachricht zu überbringen. Als wir ihm am nächsten Morgen eröffneten, Warner habe ihn durch George Brent ersetzt, rannte er wütend aus dem Studio.»

Sofort bat er Mary Baker, ihm einen Vertrag bei MGM zu verschaffen. Gewiß, er hatte bei der Metro einen Fürsprecher in Spencer Tracy, doch auf der anderen Seite hatte L. B. Mayer keine allzugroße Lust, in eine gerichtliche Auseinandersetzung mit Jack Warner verwickelt zu werden. MGM fragte bei Warner Brothers telefonisch an, doch Warner wollte Bogart unter Vertrag behalten. Also winkte die Metro freundlich, aber bestimmt ab.

Für diesen Loyalitätsbruch verdonnerte Warner Bogart zu einer Promotionreise für *Dodge City*. Gemeinsam mit Jane Wyman, Ann Sheridan, Alan Hale, Buck Jones, John Payne, Rosemary Lane und Errol Flynn, der die Hauptrolle gespielt hatte, karrte das Studio seine Stars in einem Zug quer durch Kansas, wo sie in den Kinos der Stadt Dodge City an den Premieren des Films teilnehmen mußten.

Mayo trank maßloser denn je. Als man nun im Speisewagen ein paar Drinks einnahm, hatte Mayo den anderen bereits drei Flaschen Whisky voraus. Stumm saß sie in ihrem Sessel und fixierte Bogie, der sich mit Ann Sheridan angeregt unterhielt. Mayo wußte, daß zwischen den beiden einmal etwas gelaufen war. Nach zehn Minuten rastete sie ohne Vorwarnung aus, sprang schreiend auf, verpaßte Bogie zwei blaue Augen und begann die Sheridan mit ihren Absätzen zu bearbeiten. Danach stürmte sie aus dem Speisewagen und knallte Bogie die Tür ihres Abteils vor der Nase zu, so daß diese auch noch blutete. Es bedurfte einiger Überredungskunst, bis Mayo sich wieder etwas gefaßt hatte, bevor sie Dodge City erreichten.

«Da der Zug mit Reportern nur so vollgestopft war, sorgte der Ausbruch Mayos für größere Schlagzeilen als die Premiere von Flynns Film», erinnerte sich Eddie Manson.

Die Bogarts aber sahen, wieviel Publicity ihnen ein derartiger Zwischenfall einbrachte, und trugen seither ihre Auseinandersetzungen nur noch in der Öffentlichkeit aus. Die «Battling Bogarts» waren geboren.

Während Hollywoods Klatschkolumnisten Mayos Schlagfertigkeit in den schillerndsten Farben darstellten und ihr Temperament lobten, sah Jack Warner sich genötigt, das kampflustige Paar am 8. April 1939 zu sich zu bestellen. «In seiner pastoralen Art hielt er den beiden eine Standpauke, die sich gewaschen hatte. Zwar zeigte er Mitgefühl für die angespannte Situation Bogies, dennoch erwartete er von ihm Professionalität. Bogie gelobte Besserung und nutzte die Chance, um eine Lohnerhöhung nachzusuchen. Normalerweise verschwanden Schauspieler, die es wagten, Jack direkt um eine Lohnerhöhung zu bitten, spurlos von der Bildfläche. Aber diesmal war Jack über soviel Frechheit so verblüfft, daß er einwilligte», berichtete Hal Wallis.

Nachdem Warner sich wieder gefaßt hatte, versuchte er, die Zusage rückgängig zu machen. Also bot er Bogart einen Film an, dessen Hauptrolle, so glaubte Warner, er mit Sicherheit ablehnen würde: die Fortsetzung des Warner-Horrorklassikers *Doctor X.*, der damals Fay Wray und Lionel Atwill berühmt gemacht hatte. Was Drehbuchautor Lee Katz jedoch als *The Return of Doctor X. (dt. Das zweite Leben des Dr. X.)* ablieferte, hatte keine Ähnlichkeit mit seinem erfolgreichen Vorgänger.

Bei der Untersuchung rätselhafter Todesfälle treffen der Arzt Michael Rhodes (Dennis Morgan) und der Reporter Walter Barnett (Wayne Morris) auf Dr. Francis Flegg (John Litel), der mit einer seltenen Blutgruppe, die Tote wieder lebendig machen soll, experimentiert. Kurz vor seinem Tod enthüllt er, daß sein Assistent Doktor Xavier in Wirklichkeit Marshall Quesne (Bogart) ist, der wegen seiner grausamen Versuche mit Babies hingerichtet und von ihm wieder zum Leben erweckt worden war.

Bogie lächelte bei diesem Rollenangebot nur verächtlich, doch Wallis wies ihn auf die möglichen Konsequenzen hin: den Verlust der zugesagten Gehaltserhöhung und einen schlechten Ruf bei den Bossen der anderen Studios. Diesen Argumenten konnte Bogart sich nicht entziehen, zumal Wallis ihm eine wichtige Rolle bei der A-Produktion in Raoul Walsh' *The Roaring Twenties (dt. Die goldenen Zwanziger)* zusagte.

Also hielt Bogart den Mund und fügte sich mit grauer Schminke, weißer Haarsträhne und runder Nickelbrille in die Rolle. Daß es ihm gelang, eine annehmbare Horrorfilmdarstellung abzuliefern, verdankte er der tatkräftigen Beratung, die ihm von Mayos neuestem Bekannten Boris Karloff zuteil wurde. Bogie nahm sich die Ratschläge des Horrorkönigs zu Herzen und spielte mit dem Ernst, als würde es sich um eine teure A-Produktion handeln. Ebenso eifrig rührte er später die Werbetrommel für *Das zweite Leben des Doktor X.*, obwohl er später behauptete, er könnte das Machwerk nicht ausstehen. In einem der zahllosen Promotioninterviews gefragt, ob er nicht moralische Bedenken habe, einen blutsaugenden Vampir darzustellen, meinte Bogie lakonisch: «Das ist das einzige, was diesen armen Hund am Leben erhält. Wäre es das Blut von Jack Warner gewesen, hätte mich das auch nicht gestört.»

Sofort nach Drehende meldete sich Bogie am Set von *Die goldenen Zwanziger*. Um dem allgegenwärtigen Vorwurf zu entgehen, bei Warner würde das Verbrechen verherrlicht, planten Wallis, Walsh und Litvak den Film als Abgesang auf das Gangstergenre. Heute gilt der Film als einer der besten Hollywoodstreifen dieses Genres.

Die goldenen Zwanziger basiert auf einer Erzählung von Mark Hellinger und schildert das Schicksal dreier Kriegsheimkehrer.

Der ehemalige Kneipenbesitzer George Hally (Bogart) wird zur Zeit der Prohibition Alkoholschmuggler. Sein Kriegskamerad Eddie Bartlett (Cagney) fährt Taxi, und Lloyd Hart (Jeffrey Lynn) nimmt seine Tätigkeit als Rechtsanwalt wieder auf. Eddie macht eine Karriere als Alkoholschmuggler, engagiert Hart als Anwalt und findet bald schon in George einen Partner. Erst als George bei einem Überfall auf ein Lagerhaus mit beschlagnahmtem Schnaps einen Wächter erschießt, steigt Hart aus der Verbindung aus.

Die Bandenkämpfe werden immer unerbittlicher. Eddie will sich aus dem Geschäft zurückziehen, spekuliert an der Börse, verliert beim Zusammenbruch 1929 sein Vermögen und muß seine Taxiflotte an George verkaufen. Seine ehemalige Liebe hat inzwischen Hart geheiratet, der den Kampf gegen den Alkoholschmuggel aufgenommen hat. Als Eddie erfährt, daß George Hart aus dem Weg schaffen will, versucht er, ihn davon abzuhalten. Doch George ist nicht zu überzeugen. In seiner Verzweiflung erschießt Eddie George, muß aber selbst sein Leben lassen. Er stirbt auf den Treppenstufen einer nahen Kirche.

Bogie war enttäuscht. Als er das Drehbuch studierte, war er der Meinung, er würde die Rolle des Eddie Bartlett erhalten.

Walsh, eben erst von der Paramount zu Warner übergewechselt, zeigte nur wenig Verständnis für das Lamento seines Darstellers, als er nach sechs Drehtagen die Regie von Anatole Litvak übernahm. Bogart wollte aus dem Film aussteigen, doch Produzent Samuel Bischoff machte ihm klar, daß die Rolle des tückischen Gangsters zwar klein war, aber zu den besten Parts gehörte, die er in den letzten Jahren bei Warner bekommen hatte.

Der Film war bedeutend härter und realistischer als frühere Warner-Produktionen. Litvak, und später Walsh, gelang es, die Zeit nach dem Ersten Weltkrieg ohne Schnörkel darzustellen.

Von unglaublicher Brutalität zeugt bereits die Einführung Bogarts. Die Szene spielt in den Schützengräben Frankreichs. George liegt mit seinen Freunden unter Beschuß. «Der ist keine fünfzehn Jahre alt», sagt einer seiner Kameraden, als er einen deutschen Soldaten sieht. «Und er wird auch keine sechzehn mehr werden», erklärt daraufhin Bogart, zielt und schießt.

Vor allem aber lebte der Film von den Auseinandersetzungen zwischen Cagney und Bogart, die deutlich heftiger waren als bei ihren früheren Filmen. «Cagney und Bogart arbeiten mit entgegengesetzten Stilen, die das Drama noch verstärken», urteilte der Filmhistoriker Allen Eyles. «Cagney von ruheloser Vitalität, offen und direkt. Bogart empfindlicher und kontrollierter mit unvermittelten Wutausbrüchen.» Besonders deutlich werden diese unterschiedlichen Temperamente in der Szene auf dem Schmuggelboot. Cagney läuft unruhig hin und her, während Bogart ihn stillsitzend beobachtet.

Als *Die goldenen Zwanziger* am 16. Oktober 1939 in die Kinos kam, glaubte niemand daran, daß er seine Produktionskosten einspielen würde. Um so überraschter war man bei Warner Brothers, daß der Film die erfolgreichste Produktion des Jahres wurde.

Bogart hatte sich erneut als «braver Junge» erwiesen, und so schlug Warner vor, er solle zusammen mit Mayo ausgedehnte Ferien machen. Eine Pflegerin würde sich um Maude kümmern, während die Bogarts sich in einer Privatklinik ausgiebig trockenlegen lassen konnten. Wohlwissend, daß ihre Alkoholthermostate inzwischen Höchstwerte verbuchten, stimmten die beiden dem Vorschlag zu.

Die Entziehungskur war für Bogie ebenso eine Hölle wie für Mayo. «Aber die Zeit im ‹Hotel Hell› schweißte uns enger aneinander, als wir es uns hätten vorstellen können. Als wir die Klinik nach vier Monaten verließen, dachten wir, daß uns nichts mehr erschüttern könnte.»

Gemeinsam mit Spencer Tracy, James Cagney und Eddie Manson veranstalteten die Bakers eine Willkommensfeier und kredenzten Mineralwasser, Soda und Coca-Cola. In der Zwischenzeit hatte Mary für ihren Mandanten einen Werbevertrag an Land gezogen, der ihn zu einem echten Chesterfield Boy machte. Von nun an konnte man Bogie im Film und in der Öffentlichkeit nur noch mit der obligatorischen Chesterfieldzigarette sehen. «Konsequenter als jeder andere Star vertrat er unser Produkt», schwärmte Mark Hensen, Leiter der Werbeabteilung der Zigarettenfirma.

So erfreulich der Werbevertrag auch war, Mary mußte ihm beibringen, daß Warner Brothers zur Zeit keinen Film für Bogart bereithielten. Statt dessen hatte Warner einen Konkurrenten eingekauft.

Am 15. Oktober 1939 – einen Tag vor der Premiere von *Die goldenen Zwanziger* – nahm Warner George Raft unter Vertrag. Raft war bereits seit *Scarface* bekannt und gelegentlich an Warner ausgeliehen worden, seine Popularität in Tinseltown verdankte er jedoch den Legenden, die sich um seine Beziehungen zur New Yorker Unterwelt rankten und seiner Freundschaft mit den Größen der Mafia.

Ohne einen nennenswerten Film bei Warner gedreht zu haben, avancierte George Raft dank Einfeld und seinen Mannen über Nacht zum Star. Die Fanmagazine verliebten sich in Rafts dunkle Hosenträger und seine ebenso dunklen Hemden. Auch Betty Grable konnte sich seiner Faszination nicht entziehen. Alle Welt hoffte, daß die beiden heirateten, vor allem Jack Warner, der die zusätzliche Publicity bereits in Dollars umrechnete.

Benjamin «Bugsy» Siegel, Hollywoods Killer Nummer 1, kopierte Raft, kleidete sich und redete wie Raft und sah schließlich selbst wie ein Gangster der Warner-Truppe aus.

Doch Jack Warner schien mit seinem neuen Star nicht glücklich zu werden. In einem Brief vom 17. Oktober 1939 reklamierte Raft, «daß die mündliche Vereinbarung, daß ich keine schweren Jungs spielen muß», nicht ausdrücklich im Vertrag erwähnt war. «Sie haben mir gesagt, ich muß nie eine Humphrey-Bogart-Rolle übernehmen.» Tatsächlich aber konnte Raft nur Schläger und Gangster spielen, da er nicht über weiterreichende schauspielerische Begabungen verfügte. «Aus heutiger Sicht ist es erstaunlich, daß der hölzerne Raft es überhaupt zu etwas brachte», räsonierte Warner kurz vor seinem Tod. «Ich konnte den Kerl nicht ausstehen. Aber er erfüllte allein darin seinen Zweck, daß er, als möglicher Ersatz, meine Stars Cagney, Bogart und Robinson immer bei der Stange hielt.»

Ursprünglich sollte Bogart an der Seite von Jane Wyman in Bryan Foys Film *Floating Troubles* mitwirken, der als *Gambling on the High Seas* in die Kinos kam. Er hatte das Drehbuch bereits studiert, doch im Studio eröffnete ihm Wallis, seine Rolle sei an Wayne Morris gegangen. George Raft hätte darauf bestanden, daß Bogart sein Partner in *Invisible Stripes (dt. Zwölf Monate Bewährungsfrist)* werden würde. Die Dreharbeiten würden in acht Tagen beginnen.

«Ich glaube, George wollte Bogie von der Leinwand fegen», erinnerte sich Mary Baker. «Doch als sie sich in Halle 6 gegenüberstanden, ließ Raft sofort sein Vorhaben fallen.»

«Eigentlich hatte ich einen harten, arroganten Burschen erwartet, doch als ich Bogie näher kennenlernte, wußte ich, daß er ein ausgesprochen charmanter, sensibler Mensch war, der seine Unsicherheit nur hinter diesem ganzen Getue verstecken wollte. Ich wäre ein Schwein gewesen, wenn ich ihm etwas angetan hätte», bekannte Raft offen.

Zwölf Monate Bewährungsfrist erzählt die Geschichte von Cliff Taylor (Raft) und Chuck Martin (Bogie), die beide auf Bewährung entlassen werden. Cliff will sauber bleiben, doch die «unsichtbaren Streifen» der Gefängniskleidung verhindern, daß er eine ehrliche Arbeit findet. So schließt er sich Chucks Bande an. Eigentlich will er nur so lange mitmachen, bis er seinem Bruder Tim eine Autowerkstatt kaufen kann. Bei einem Überfall benutzt Chuck Tims Garage als Versteck. Als Cliff dem verwundeten Chuck helfen will, werden beide auf der Flucht erschossen.

Für die Rolle des Tim lieh man sich von der Columbia William Holden aus, dessen Erstling *Golden Boy* nicht gerade vielversprechend war.

«Ich konnte Bill Holden vom ersten Moment an nicht ausstehen», gestand Bogie später. «Er führte sich auf wie ein junger Deckhengst und mußte alle von seinen Talenten überzeugen.»

Lloyd Bacon zeigte sich dem Heißsporn nicht gewachsen, während Bogie und Raft sich eine Bestrafung der besonderen Art einfallen ließen. Eine Prostituierte aus Rafts Bekanntenkreis war nicht nur für ihre bilinguistische Begabung bekannt, sondern auch dafür, daß sie eine ganze Filzlauskolonie beherbergte. Eines Abends nach Drehschluß ließ Raft sich von jener Schönheit abholen. Holden, der es sich zur Aufgabe gemacht hatte, seinen Kostars die Frauen auszuspannen, begann sofort die Dame zu umgarnen. Mit Erfolg. Nur wenige Tage später mußte Holden wegen eines penetranten Juckreizes die Dreharbeiten unterbrechen. Wann immer er in seine Garderobe raste, brachen Bogie und Raft in schallendes Gelächter aus.

Bill jedoch revanchierte sich. In der Motorradszene fuhr er mit Bogie im Beiwagen absichtlich so dicht an einer Mauer vorbei, daß Bogie in Panik geriet. Bacon rief Holden zur Ordnung, der Besserung gelobte, doch bei der nächsten Einstellung wiederholte er das Spiel. Wütend sprang Bogie aus dem Beiwagen. «Ich weigere mich, mit diesem Hurensohn weiterhin zu fahren», schnaubte er. «Er wird eine Bruchlandung hinlegen.» Holden beteuerte, die Maschine immer zu beherrschen. Gleichwohl ersetzte Bacon Bogie durch sein Lichtdouble. Als hätte er es geahnt, verlor Bill die Kontrolle, und die Maschine knallte gegen die Mauer. Das Double wurde mit schweren Verletzungen ins Krankenhaus eingeliefert, während Holden mit einigen leichten Verletzungen davonkam.

Nicht besser bedient war Bogart mit seinem nächsten Kostar. Errol Flynn hatte erfahren, daß Bogart in *Virginia City (dt. Goldschmuggel nach Virginia)* mitwirken sollte, und lud Mayo und Bogie zu einem Segeltörn ein. Er wußte um die Leidenschaft der Bogarts, die sich vor kurzem eine kleine Motoryacht, die «Sluggy», zugelegt hatten. Bogie verbrachte mit Mayo jede freie Minute auf dem Boot und war sogar tapfer Mitglied des Yachtclubs geworden, der seiner Ansicht nach nur so «von Arschkriechern und Speichelleckern wimmelte».

Begeistert reisten die Bogarts nach Wilmington, wo die Sirocco vor Anker lag, fühlten sich aber schon bald fehl an Bord. Errol Flynn wollte natürlich, daß auch Bogie sich zu seinen FFF-Freunden gesellte, den Flynn's Flying Fuckers. Akribisch führte Flynn Buch darüber, wie oft seine Crew und seine Gäste Geschlechtsverkehr an Bord seines Schiffes hatten. Wer in einer Woche die magische Zahl 50 überschritt, erhielt als Auszeichnung und Anerkennung eine Anstecknadel, geschmückt von einem erigierten Penis.

Ohne Wissen seiner Gäste nahm Flynn Kurs auf Mexiko. Gelegentlich übte Errol Flynn sich im Waffen- und Drogenschmuggel. Auch während dieser Tour. Kaum hatten sie die Küste Mexikos erreicht, als ein Beiboot 20 Kisten Gewehre, einige Goldbarren und «reichlich Stoff ankarrte, der, wenn man das Zeug in die Trinkwasserversorgung von Los Angeles gekippt hätte, bis Weihnachten gereicht hätte, die Tinseltownleute high zu machen». Bogie wollte mit Mayo das Boot verlassen, doch Flynn ließ die beiden kurzerhand in ihre Kabine sperren und stellte sie unter Bewachung. In den folgenden Tagen wurde er nicht müde, den Bogarts seine Lebensphilosophie nahezubringen und sie politisch zu missionieren. Offen warb Flynn für das

Großdeutsche Reich und dessen Ideale. Bogie und Mayo waren schockiert, zumal sie wußten, daß Flynn zu den Hätschelkindern Eleanore Roosevelts gehörte. «Niemand hätte uns das geglaubt», notierte Mayo in ihrem Tagebuch. Als sie endlich die Sirocco verlassen konnten, versuchte Bogie noch am gleichen Abend aus dem Filmprojekt *Goldschmuggel nach Virginia* auszusteigen, doch Curtiz bestand auf seiner Mitwirkung.

Bogart war also nicht bester Stimmung, als die Crew am 1. November 1939 nach Flagstaff, Arizona, aufbrach, wo der Film innerhalb von drei Wochen entstehen sollte.

Goldschmuggel nach Virginia, ein Routineskript von Robert Buckner, bot Bogart keine Gelegenheit zu glänzen. Kerry Bradford (Flynn), ein Unionsoffizier, findet heraus, daß Sympathisanten fünf Millionen Dollar zusammengekratzt haben, um den zusammenbrechenden Süden zu unterstützen. Sein Gegenspieler Vance Irby (Randolph Scott) soll diesen Transfer bewachen. Ihm zur Seite steht der Bandit John Murray (Bogart), der aber das Geld lieber für sich behalten möchte. In den üblichen Händeln werden Irby und Murray getötet. Flynn vergräbt das Gold und weigert sich, das Versteck zu verraten, da er als bekehrter Saulus das Gold nach Kriegsende für den Aufbau des Südens verwenden will. Er wird zum Tode verurteilt, in letzter Minute jedoch von Präsident Lincoln begnadigt.

Nach einer ungemütlichen Reise endlich in Flagstaff angekommen, erwartete die Crew tropischer Dauerregen. Flynn, der eine Höllenangst vor Unwettern hatte, verkroch sich in sein Hotelzimmer, und Bogart ertränkte mit Randolph Scott seinen Kummer in einer Bar. Da der Regen während der gesamten Drehzeit anhielt, war eine Zusammenarbeit mit Flynn nahezu unmöglich. So drehte man um ihn herum.

Bei all diesen Problemen muß es Curtiz wie ein Geschenk des Himmels vorgekommen sein, daß er die Produktion tatsächlich am 21. November abschließen konnte, zumal er bis zum 10. November nicht einmal über ein endgültiges Drehbuch verfügte.

Bereits zwei Tage später, am 23. November, stand Bogie in *It All Came True (dt. Ein Nachtclub für Sarah Jane)* vor der Kamera. Michael Fessiers und Lawrence Kimbles Drehbuch basierte auf der Erfolgsgeschichte «Better Than Life» von Louis Bromfield. Ursprünglich als A-Produktion mit Jimmy Stewart und George Raft geplant, kam die Produktion ins Schleudern, als Raft sich weigerte, den Part des Gangsters Chips Maguires zu spielen. Durch Zufall landet der Gangster in einer kleinen, heruntergekommenen Absteige, die von Tommy Taylors und Sarah Jane Ryans Müttern geleitet wird. Weil Chips mit Tommys Pistole einen Polizisten erschossen hat, muß Tommy ihn verstecken, um sich selbst nicht zu gefährden. Doch Sarah Jane erkennt in dem neuen Untermieter den berüchtigten Gangster wieder, in dessen Club sie einst aufgetreten war. Als Chips einmal sein Zimmer verläßt, beobachtet er eine Amateurshow der anderen exzentrischen Pensionsgäste. Sein Plan, die Pension als Tarnung für einen Nachtclub zu verwenden, wird von allen begeistert aufgenommen, hofft man doch, endlich aus den roten Zahlen zu kommen. Doch in der Nacht der Eröffnung verständigt die Haushälterin in ihrer Einfalt die Polizei. Der Club fliegt auf. Nobel nimmt Chips alle Schuld auf sich, um so Sarah Jane und Tommy einen sauberen, gemeinsamen Start zu ermöglichen.

Zwei Wochen vor Drehbeginn teilte Raft der Studioleitung mit, die Rolle würde nicht seinem vertraglich zugesicherten Rollenprofil entsprechen und weigerte sich mitzuwirken. Auch John Garfield sperrte sich, den Part zu übernehmen, und MGM konnte Stewart nicht länger zur Verfügung stellen, da andere große Rollen, etwa in *The Philadelphia Story*, auf ihn warteten. Warner sah sich unter Druck und betraute Wallis und Hellinger mit dem Projekt, die die Regie Lewis Seiler übertrugen. Stewart ersetzte man durch Jeffrey Lynn und Raft durch Bogart.

Bogie genoß die Dreharbeiten und seinen Text, der ihm geschliffene Dialoge bescherte: «Ich hasse Mütter! All diese Silberfäden inmitten von Gold.»

Im Januar 1940 sah Bogart sich in einer Zwickmühle. Raft hatte wieder einmal darauf bestanden, daß Bogie in der A-Produktion *They Drive by Night (dt. Nachts unterwegs)* sein Partner war. Gleichzeitig aber sollte Bogart neben E. G. Robinson in der Komödie *Brother Orchid (dt. Orchid, der Gangsterbruder)* mitwirken.

Orchid, der Gangsterbruder erzählt die Geschichte des Gangsterbosses Little Sohn Sarto (Robinson), der nach einer Europareise feststellen muß, daß sein ehemaliger Partner Jack Buck (Bogart) die Geschäfte an sich gerissen hat. Er geht in eine Falle und landet schwerverwundet in einem Kloster.

Wallis, Hellinger und Bogart stimmten die Terminplanung so ab, daß Bogie in beiden Filmen mitwirken konnte. «Dies war einfach, da ich bei *Nachts unterwegs* sowieso nach gut einer Stunde verschwinde und die Leinwand für George und Ida Lupino räume.»

Bogie und Raft bemerkten recht bald, daß Ida Lupino alles daransetzte, den Film an sich zu reißen. In der Rolle der amoralischen Lana Carlsen, die ihren Mann aus dem Weg schafft, um für Raft frei zu sein, hatte sie allemal die besten Karten.

Doch auch Bogie lieferte in der Rolle des Paul Fabrini – abgesehen von dem peinlichen Schluß – eine annehmbare Darstellung ab.

Gemeinsam mit seinem Bruder Joe (Raft) eröffnet Paul Fabrini ein Transportunternehmen. Eigentlich haßt Paul die Straße. Viel lieber würde er in einer Fabrik arbeiten und so bei seiner Familie sein können. Als er am Steuer einschläft, verliert er beim Unfall seinen Arm – und so konzentriert sich die Handlung des Films auf Raft und Lupino.

Bogart absolvierte Film für Film. Gleich im Anschluß wartete auf ihn *The Life of Knute Rockne*. Pat O'Brien sollte den Footballstar darstellen, Bogie seinen Trainer George Gipp. Doch kaum hatten die Dreharbeiten begonnen, da verschlechterte sich der Gesundheitszustand von Bogarts Mutter Maude. «Wir wußten, daß es zu Ende ging, und so verzichtete Bogie auf den Part, der Ronnie Reagan zum Durchbruch verhelfen sollte», erinnerte sich Wallis.

Maude verbrachte die letzten Tage bei Bewußtsein und überschüttete ihren Sohn und ihre Schwiegertochter mit bittersten Vorwürfen. Entgegen der Legende konnte Bogie bis zum letzten Augenblick mit ihr nicht Frieden schließen.

Eigentlich wollte Bogart, solange seine Mutter lebte, nicht mehr vor der Kamera stehen, dennoch übernahm er den Part eines Polizisten in *The Old Woman's Secret*. Anders hätte er die Arztrechnungen nicht bezahlen können. «Inzwischen war Bogie ausgesprochen knapp bei Kasse», wußte Hal Wallis zu berichten. «Die Studiounterlagen sind voll von Schreiben von Mary Baker und Sam Jaffe, die um eine Erhöhung der Gage nachsuchen, sobald Bogie nur das Studio betrat. Aber das war nicht nur die Habgier der Agenten. Noch bevor er ein Drehbuch angerührt hatte, fragte er immer als erstes, ob eine Lohnerhöhung drin sei.»

Was Wunder, daß Bogie erneut dem Scotch zusprach. «Eigentlich war es die Schuld von Mark Hellinger», witzelte er einmal. «Ich trank vorher alles, was mir in die Finger kam. Doch Hellinger vertrat die Ansicht, daß ich wie ein kleiner Junge trinke, und er hatte recht. Also stieg ich auf Scotch um, zumal ich glaubte, das hätte mehr Klasse.»

War Bogies Alkoholkonsum bisher eines der bestgehüteten Geheimnisse Hollywoods, machte er sich nun nichts mehr daraus, daß auch die Reporter und Klatschjournalisten wußten, daß er abhängig war. Selbst Hedda Hoppers Vorwürfe wies er zurück: «O Hedda, schau dir doch einmal Alkoholiker an. Menschen, die saufen, passiert immer das gleiche: sie leben länger. Oder wieso legt man sonst Hirne und anderes Viehzeug in Alkohol ein. Alkohol konserviert.» Louella Parsons dagegen lieferte er den Bogartschen Klassiker: «Die ganze Welt hinkt drei Drinks hinterher. Wenn jedermann drei Drinks täglich nehmen würde, hätten wir keine Probleme mehr.»

«Während der Dreharbeiten sah Bogie schrecklich aus», erzählte Ralph Bellamy, sein Partner. «Er kam in meine Garderobe und fragte, ob ich etwas zu trinken hätte. Ich gab ihm ein Glas, doch in kürzester Zeit leerte er die ganze Flasche. Als wir das Studio verließen, machte mir Regisseur Seiler erbitterte Vorwürfe. Also rannte ich hinter Bogie her, der noch immer seine Polizeiuniform trug, und bot an, ihn heimzubringen. ‹Verdammt, dann muß ich morgen mit dem Taxi ins Studio kommen›, maulte er. Also erbot ich mich, vor ihm her zu fahren. Doch irgend etwas ging schief. Plötzlich rammte Bogie einen Wagen, der von rechts kam. Kreidebleich fuhr ich an den Rand, doch als ich ausstieg, sah ich Bogie, wie er die Fahrerin zur Sau machte. Er erklärte ihr, es handele sich um einen Spezialeinsatz, der durch ihre Schuld gescheitert sei. Daß der vermeintliche Polizist wie ein ganzer Schnapsladen stank, schien das Opfer weit weniger zu stören, als die Angst, selbst im Gefängnis zu landen. Mühevoll zerrte ich den krakeelenden Bogart in mein Auto und fuhr ihn nach Hause.»

Noch in der ersten Drehwoche starb Maude. Während Mayo sich um die Bestattung zu kümmern hatte, verschwand Bogie spurlos. Schließlich erreichte ein Anruf aus Reno das Studio: Mister Bogart hatte bereits eine Alkoholrechnung von 1300 Dollar und einen Sachschaden von 8000 Dollar verursacht. Colonel William Guthrie machte sich auf Befehl Warners sofort auf den Weg. Der Film wurde abgebrochen und später mit anderen Darstellern realisiert.

«Zum damaligen Zeitpunkt sah ich für ein Individuum wie Humphrey Bogart keine Zukunft in meinem Studio», erklärte Warner kategorisch. «Wegen seiner ruppigen und arroganten Umgangsformen erfreute er sich im allgemeinen keiner großen Beliebtheit. Schlimmer noch sein Mangel an Beherrschung und seine Unprofessionalität. Aus welchem Grund sollte ich ihn halten? Ich weiß bis heute nicht, warum ich es tat.»

FÜNF

Drei Monate verstrichen, bevor Bogart sich wieder bei Jack Warner meldete. Artig bedankte er sich für die Grüße und Warners Verständnis. Gleichzeitig fragte er, ob Warner für ihn bereits ein geeignetes Drehbuch gefunden hatte. Warner mußte verneinen.

Während er in den kommenden Wochen in der Bibliothek hoffnungsvoll neben dem Telefon saß und darauf wartete, daß das Studio ihn zurückholte, las Bogart den Roman «High Sierra» von W. R. Burnett. Obwohl der Anti-Held Roy «Mad Dog» Earl, ein Killer und Gangster, keineswegs Bogarts angestrebtem Image entsprach, war er wie besessen von dem Gedanken, die Rolle zu ergattern. Sofort bat er Mary, sich um die Filmrechte an dem Roman zu bemühen. Doch Warner Brothers hatten bereits eine Option erworben. Bogart hakte bei Hal Wallis nach und mußte erfahren, daß George Raft für die Hauptrolle vorgesehen war.

Raft ahnte von seinem Glück noch nichts. Bei einem gemeinsamen Abendessen lenkte Mayo das Gespräch auf Burnetts Roman, Bogie setzte nach, und gemeinsam machten sie das Buch mies. George Raft machte sich den Standpunkt der Bogarts zu eigen, daß es eine undankbare Aufgabe wäre, in der «Verfilmung eines derartigen Käses mitzuwirken». Das kritische Trio schüttelte sich vor Lachen und stellte gemeinsam Vermutungen an, welchem armen Schwein Warner diesen Roman anbieten würde. Als Raft wenige Tage später das Drehbuch von *High Sierra* in den Händen hielt, meldete er sich bei Bogie und las ihm genüßlich seine handschriftliche Ablehnung vor: «Forget it, Jack.»

Doch Warner ließ nicht locker, und George Raft konkretisierte seine Ablehnung: «Nein, es sind zu viele Wörter, einfach zu viele Wörter.»

Bogart schrieb indes an Wallis, daß er noch immer bereit sei, den Part des Killers zu übernehmen. Wallis wäre beinahe weich geworden, erfuhr aber im letzten Augenblick, daß Warner, verärgert über Rafts «dreiste Absage», das Skript Paul Muni anbot. «Als Bogie hörte, daß Muni und ich uns trafen, lud er sich selbst ein», notierte W. R. Burnett. «Ihn dabei zu beobachten, wie er Muni die Rolle ausredete, war wirklich sehenswert.»

Wallis mußte die Rolle – so wollte es Warner – auch noch John Garfield, James Cagney und E. G. Robinson anbieten. Garfield stand wegen seines Alkoholproblems nicht zur Verfügung, Cagney und Robinson winkten sofort ab, da sie wußten, daß Bogie die Rolle haben wollte.

In den nächsten Wochen nun versuchten Einfeld und Wallis ihren Boss davon zu überzeugen, daß Bogie die Idealbesetzung für *High Sierra* war. Warner zögerte, weil er sich nicht vorstellen konnte, wer «dieses verkaterte Gesicht» in einer Hauptrolle sehen wollte, erklärte sich aber bereit, Bogie für den Part in Erwägung zu ziehen. «In den nächsten Monaten hatten wir viel auszustehen», erinnerte sich Einfeld. «Denn es sollte kein Tag vergehen, an dem Jack über diese Entscheidung nicht lamentierte.»

Warner zweifelte, daß Bogie wieder voll einsatzfähig war, und bestand auf einer Feuerprobe. Er schlug Bogie vor, erst einmal an der Premiere von *Nachts unterwegs* am 12. Juli 1940 teilzunehmen.

«Bogie sah schlecht aus», erinnerte sich Manson. «Einfeld gab uns strikte Anweisungen, wie wir ihn zu fotografieren hatten, nämlich so, daß sein wahrer Zustand nicht gleich jedem ins Auge fiel. Wir erprobten unterschiedliche Winkel. Als wir die Bilder entwickelten, waren wir alle sprachlos. In Bogies Gesicht spiegelte sich eine nie dagewesene Agonie wider. Eine Agonie, die seinem Gesicht etwas Faszinierendes, ja, beinahe Christliches verlieh.»

Dem Image entsprechend drückte man ihm bei der Premierenfeier ein Glas mit einer goldgelben Flüssigkeit in die Hand. Gespritzter Apfelsaft.

Bogie sagte kein Wort. Erst als Mayo sich auf der Heimfahrt erkundigte, was ihm fehlte, schüttelte er den Kopf: «Wie lange bin ich jetzt dabei? Acht, neun, zehn Jahre. Ich weiß es nicht. Und zu was habe ich es gebracht? Zu nichts. Ich versuche noch immer dem eigentlichen Star mit einem Streichholz oder einer Zigarette hinter dem Ohr die Schau zu stehlen. Was für eine beschissene Situation.»

Warner hatte die Reaktion der Zuschauer und der versammelten Presse gründlich studiert und rief drei Tage später Bogie an. Er hatte für ihn einen idealen Stoff gekauft. *High Sierra*. Bogie mußte ihm versprechen, keinen Tropfen Alkohol anzurühren. Um kein Risiko einzugehen, stellte das Studio in der Werbung später auch Ida Lupino groß heraus, die im Vorspann noch vor Bogart genannt wurde.

John Huston gehörte zu den wenigen, die sich über Warners Entscheidung freuten, war er doch mit dem Schreiben des Drehbuchs betraut worden. Raoul Walsh führte Regie, vorwiegend unter freiem Himmel in der Nähe von Mount Whitney.

High Sierra (dt. Entscheidung in der Sierra) ist ein Abgesang auf Warners altes Gangstergenre, zugleich aber auch eine Wiederbelebung der dahinsiechenden Filmgattung. Von seinem alten Kumpel und Boss aus dem Gefängnis geholt, soll Roy «Mad Dog» Earl mit einigen «Grünschnäbeln» ein Kurhotel mit Spielsalons überfallen. Unterwegs trifft Roy auf eine arme Farmersfamilie und verliebt sich in die verkrüppelte Enkelin (Joan Leslie) des alten Pa Goodhue (Henry Travis). Er finanziert ihr eine Operation, muß dann aber erfahren, daß Velma einen arroganten Schnösel liebt. Nach dem Überfall flieht Roy mit Marie (Ida Lupino), der Begleitung der beiden Grünschnäbel, und vertraut ihr schon bald mehr als jenen. Als seine Kumpane auf der Flucht sterben, meint er nur: «Smalltimers for small jobs.» Roy akzeptiert Maries Zuneigung erst, als es schon zu spät ist. Sobald er merkt, daß die Polizei ihm auf den Fersen ist, versucht er, über einen Bergpaß zu entkommen. Im Gebirge verläßt er die Dekkung aus Zuneigung zu einem kleinen Hund und wird von Polizeischarfschützen erschossen. Er stirbt einsam im Gebirge.

Während der gesamten Drehzeit war Bogart tapfer bemüht, sein Versprechen zu halten, keine harten Drinks anzurühren. Nur zum Essen genehmigte er sich ein Bier. Was Wunder, daß der gestreßte Abstinenzler seinem Unmut über die Arbeit Luft machte: «Sie zerren dich schon vor Tagesanbruch aus dem Bett, und dann reißt man sich den Arsch für sie bis Sonnenuntergang auf. Beim Theater ging ich abends um acht Uhr hin und war um elf fertig. Den Rest des Tages und der Nacht hatte man frei.» Entnervt entgegnete Raoul Walsh: «Aber du weißt ja, daß du bedeutend mehr verdienst», worauf Bogart einräumte: «Das ist aber auch der einzige Kick, der mir geblieben ist. In zwölf Filmen wurde ich erschossen, in acht auf dem elektrischen Stuhl hingerichtet oder gehängt, und in neun Filmen endete ich als Knastbruder. Ich hatte mehr Szenen auf dem Boden als im Stehen.»

Als Jack Warner den Film, der heute allgemein als Wendepunkt in Bogies Karriere betrachtet wird, sah, zweifelte er, ob der Streifen überhaupt die Produktionskosten einspielen würde.

Bogart war im Augenblick frei, und so übertrug das Studio ihm in der Neuverfilmung von *Kid Galahad* den Part, den einst E. G. Robinson gespielt hatte. Die Handlung wurde vom Boxermilieu kurzerhand in die Welt des Zirkus verlegt. Bogie verkörpert in *The Wagons Roll at Night (dt. Von Stadt zu Stadt)* den Zirkuschef Nick Coster, der einen jungen Gemischtwarenverkäufer Matt (Eddie Albert) unter Vertrag nimmt, als dieser einen entsprungenen Löwen einfängt. Matt verliebt sich in Nicks Schwester (Joan Leslie), und Coster entwickelt sich zu seinem gefährlichsten Konkurrenten.

Regisseur Ray Enright war über die Zusammenarbeit mit Bogart sehr zufrieden und fragte beim Studio nach, ob Bogart ihm nicht auch für seinen nächsten Film – *Thieves Fall Out* – zur Verfügung stehen könnte. Wallis zögerte, doch Warner entschied, daß der Part an Eddie Albert gehen sollte. «Bogie sieht inzwischen einfach zu alt aus.»

Sechs

Wäre es nach Warner gegangen, wäre der Film *Entscheidung in der Sierra* wie jede normale B-Produktion angelaufen. Doch Hellinger, Wallis und Walsh bestanden darauf, dem Film hohe Aufmerksamkeit zu sichern. «Aus finanzieller Sicht rechtfertigten wir diese Entscheidung mit den exzellenten Ergebnissen, die wir bei den Probeaufführungen erhielten», berichtete Wallis.

So buchte man für den 20. Januar 1940 das Strand in New York, und Einfeld bereitete eine Werbekampagne vor, die nichts zu wünschen übrig ließ. Zahlreiche Warner-Stars wurden für die Premiere verpflichtet, natürlich auch die bekanntesten Vertreter der «Murderers Row», Robinson, Cagney und Raft. Die Bogarts wurden von Spencer Tracy, den Bakers und Morgan Maree begleitet, der Bogart in wirtschaftlichen Fragen beriet.

«Als wir in der Limousine zum Kino gefahren wurden, trauten wir unseren Augen nicht», notierte Mayo. «Es waren nicht einige Fans erschienen, sondern Tausende von Menschen, die die Straße bereits Kilometer vor dem Kino säumten. Bogie liebte Fans, aber diese Massen jagten ihm Angst ein. Er tröstete uns in der ihm eigenen Art und sagte trocken: ‹Wie ich mein Glück kenne, ist gerade der Krieg ausgebrochen.› Wir saßen schweigend im Wagen. Denn daß diese Menschenmassen sich aufgemacht hatten, um einen Film mit Bogie zu sehen, daran glaubte niemand von uns.»

Doch als sie das Strand erreichten, bestand kein Zweifel, daß die Leute wegen Bogie gekommen waren. «Sie schrien in Sprechchören seinen Namen: Bogie, Bogie. Es war ein so ohrenbetäubender Lärm, daß wir nicht einmal das Rundfunkinterview mit Walter Winchell abschließen konnten. Als wir dann das Kino betraten, beglückwünschten Menschen, die wir noch nie gesehen hatten, Bogie zu seinem Erfolg. Es war wie im Traum.»

Von der Premierenaufführung bekam Bogie wenig mit. Gemeinsam mit Tracy beobachtete er die Ausgänge und zählte, wie viele Personen während der Vorstellung den Saal verließen und nicht wieder zurückkehrten. Erst als die Lichter angingen und das Publikum sich zu einer Standing Ovation erhob, wußte er, daß sie einen Glückstreffer gelandet hatten. Die Leute wollten Bogart sehen, der wie benommen auf die Bühne wankte. «Ich kann Ihnen heute keine Rede halten ... ich kann nur sagen, Sie haben mich unwahrscheinlich glücklich gemacht.» Verlegen wischte er sich eine Träne aus dem Gesicht, bevor Jack Warner zu einer Lobeshymne auf seinen neuen «alten» Star anhob.

Nachdem Bogie Hunderte von Autogrammen gegeben hatte, wartete man im Club 21 auf die Kritiken. «Alles verlief sehr still, weil wir es irgendwie noch nicht fassen konnten, daß sich *Entscheidung in der Sierra* zu einem derartigen Erfolg gemausert hatte. Gewiß, der Abend war ein schöner Erfolg, doch nun kam es darauf an, was die Kritiker sagten», erinnerte sich Einfeld.

Und die sparten nicht an Lob. «Einer der wenigen wahren Schauspieler, der es fertigbringt, die Gestalt eines Bösen mit romantisch-sympathischen Elementen zu kombinieren», urteilte die *Sunday Times*. Das *Monthly Film Bulletin* dagegen erklärte apodiktisch, daß «allein Bogart den Film dominiert». «Bogart ließ jeden anderen verblassen», jubelte die *New York Times*, während *Today's Cinema* festhielt, daß im Vergleich zu Bogie alle anderen auf Zwergengröße schrumpften. Die *New York Herald Tribune* lobte vor allem Warner für seine mutige Entscheidung. «Humphrey Bogart war die perfekte Wahl für diese Rolle.

Immer schon ein talentierter Schauspieler, bewies er hier großes Können…»

Kritiker wie Publikum liebten Bogarts Mischung aus Härte und Verwundbarkeit gleichermaßen. Und auf diesen neuen Rollentypus wurde nun Bogarts Image konsequent umfrisiert. Zwar hatte Bogart sich seit 1937 als zynischer Außenseiter geübt, der nur wenige Freunde besaß, jetzt aber rückte auch das romantische Verliererelement in den Vordergrund. Nach und nach ließen die Warner-Propagandisten durchblicken, daß Bogies Kindheit alles andere als rosig war, dennoch achteten sie gewissenhaft darauf, daß niemand von der schreibenden Zunft der Wahrheit zu nahe kam. «Ich glaube, außer Kate Holliday mit ihrem Artikel im *Ladies Home Journal* hatte damals keiner eine Ahnung, was man Bogie als Jugendlichem angetan hatte», merkte Einfeld an.

Bogie hätte natürlich lieber den harten Burschen markiert. Er haßte das neue «Weiche-Kern-Image». Doch Warner und Wallis beglückwünschten sich gegenseitig zu dieser Kreation. Sie wollten die prickelnde Kombination von Bogart/Lupino wiederholen und übertrugen Bogart die Hauptrolle in *Out of the Fog*. «Als mir das Studio mitteilte, daß ich erneut die Partnerin von Bogie sein würde, wurde mir schlecht», erinnerte sich die Lupino. Mit allen Mitteln weigerte sie sich. «Damals hatte ich Bogies Zynismus als menschenverachtend und deprimierend empfunden. Es dauerte einige Jahre, bevor ich erkannte, daß der zur Schau gestellte Sarkasmus nur den Menschen vorbehalten war, die er mochte. Alle anderen ignorierte er.»

Warner ersetzte Bogie mit John Garfield, und die Lupino mußte ihre Weigerung teuer bezahlen. Bei Warner in Ungnade gefallen, fristete sie in den nächsten Jahren ein Dasein als Nebendarstellerin, vor allem in Filmen mit Bette Davis.

Auch Bogies nächste prospektive Partnerin mochte kein gutes Haar an ihm lassen. «Ich weiß wirklich nicht, was alle an diesem kleinen, häßlichen Mann finden», rief Marlene Dietrich aus, als sie erfuhr, daß neben George Raft auch Bogart in *Handle With Care* (Kinotitel: *Manpower*) mitwirken sollte.

Die Dietrich hatte soeben John Wayne und Erich Maria Remarque den Laufpaß gegeben und mit Raft eine Villa im Coldwater Canyon bezogen, wo sie sich ganz dem Liebesspiel widmeten.

Davon aber hatte Bogie keine Ahnung, als er auf die Dietrich-Schmach antwortete: «Ich weiß wirklich nicht, wer mit dieser alten, heruntergekommenen deutschen Schlampe ficken möchte.»

Bogies leichtfertig hingeworfener Spruch beendete seine Freundschaft mit Raft schlagartig. Innerhalb weniger Stunden sorgte Raft dafür, daß Bogart durch E. G. Robinson ersetzt wurde.

Warner wollte seinem querköpfigen Star eine Lektion erteilen und schickte ihm das Drehbuch zu *Bad Men of Missouri*, in dem Bogie den Cowboy Cole Younger darstellen sollte. Selbstbewußt schickte Bogart das Drehbuch mit der Notiz zurück: «Dear Jack. Machst du Witze? Wenn Leute wie Lupino und Raft sich selbst ihre Filme aussuchen und besetzen können, kann ich das auch ... Mit großem Bedauern. Bogie.»

Um seinen Star wieder zur Vernunft zu bringen, ordnete Warner eine zwölfwöchige, unbezahlte Suspendierung an, die Bogie jedoch mit Werbeverträgen, persönlichen Auftritten und Eröffnungen von Einkaufsläden gut überbrückte.

Bogarts Suspendierung erwies sich für ihn als großer Glücksfall, denn er stand zur Verfügung, als das Studio händeringend einen Hauptdarsteller für *The Maltese Falcon (dt. Die Spur des Falken)* suchte.

Dashiell Hammetts Roman war bereits 1931 unter dem Titel *The Maltese Falcon* und 1936 als *Satan Met a Lady* verfilmt worden. Nun wollte Warner den Stoff ein weiteres Mal ausschlachten. Er wußte, daß Huston ein großer Fan des Krimiautors war und betraute ihn damit, ein Drehbuch zu schreiben.

Als Ansporn stellte er ihm in Aussicht, vielleicht sogar Regie führen zu dürfen. Huston, überglücklich, stürzte sich gemeinsam mit Allen Rivkin in die Drehbucharbeit. «Dabei konzentrierten wir uns auf den Roman. Wir schnitten Passagen aus Hammetts Text, versahen sie mit den üblichen Anweisungen und ließen das Ganze ins reine tippen. Innerhalb kürzester Zeit war das Drehbuch fertig.» Jack Warner war begeistert und faßte eine A-Produktion ins Auge. Regie sollte Walsh führen und Raft die Hauptrolle spielen. Doch als Walsh das Skript las, winkte er ab. An den Erfolg eines dreimal durchgewursteten Stoffes mochte er nicht glauben. Huston witterte seine Chance und erinnerte Warner an seine Zusage. Warner übertrug ihm die Regie. Grund genug für Raft, nun aus dem Projekt auszusteigen. Er hatte allzu große Bedenken wegen der «Unerfahrenheit des Regisseurs».

«Ich habe Gott gedankt, als Wallis mir erklärte, ich würde Bogart für die Rolle des Sam Spade kriegen», erinnerte sich Huston. Anders als Raft hatte Bogie keine Ressentiments. Das Studio ließ Huston freie Hand. «Sie hegten keine großen Erwartungen. Für Warner war nur wichtig, daß ich ihm Geld sparte, da ich einen Stoff verfilmte, der ihnen bereits gehörte.»

In den nächsten Wochen stellte Huston ein buntes abenteuerliches Völkchen von Darstellern zusammen. Mary Astor, die sich immer noch von der Veröffentlichung ihrer skandalösen Tagebücher zu erholen versuchte, Peter Lorre, der seit seinem psychopathischen Mörder in Fritz Langs *M* und der Titelrolle des *Mister Moto* mehr als Kosmopolit denn als Schauspieler von sich reden gemacht hatte, Sidney Greenstreet, der im Alter von 62 Jahren nach einer erfolgreichen Theaterkarriere das erste Mal vor der Kamera stand, und Walter Huston, Johns Vater. «Dad sagte einmal im Spaß, daß er in jedem Film, bei dem ich Regie führen sollte, gerne eine Rolle haben würde. So gab ich ihm den Part des Kapitäns Jacobi, der in Spades Büro stürzt, etwas von einem Vogel faselt und dann tot umfällt.»

Das buntgemischte Ensemble trug schon bald Früchte. Die Stimmung war glänzend. Bogie war in seinem Element. Sonst unüblich, pflegte die Kerntruppe Huston, Bogart, Lorre, Astor, Greenstreet auch private Kontakte. Unter diesem guten Stern schritten die Dreharbeiten schneller voran als geplant, und so konnte man sich ausgedehnte Mittagspausen im Lakeside Golf Club leisten. «Leute aus anderen Produktionen schauten uns mißtrauisch an, weil wir keine Sandwiches herunterschlangen, um so schnell als möglich wieder bei der Arbeit zu sein», erinnerte sich die Astor.

Die Freude aller Beteiligten merkt man auch heute noch dem Film an, der in Deutschland leider nur in einer verstümmelten Fassung zu sehen ist.

Harsche Kritik erntete Hustons Regiedebüt von Alain Silver und Elizabeth War, die in ihrem Werk «Film noir» die Eindimensionalität der Charaktere, die eher Karikaturen gleichkommen, beklagten. Für Bosley Crowther wie den Großteil der anderen Filmhistoriker ist *Die Spur des Falken* indes die Krönung eines neuen Genres, eine «Mischung aus Geist und Muskeln mit einem leichten Hauch von Pathos». Kritikerpäpstin Pauline Kael merkte euphorisch an, daß der Film so perfekt inszeniert sei, daß «er auch nach so vielen Jahren, in denen man ihn so oft gesehen hat, noch die gleiche spröde Explosionskraft und Spannung erzeugt wie beim erstenmal».

Aus heutiger Sicht ist kein anderer Schauspieler in der Rolle des Sam Spade denkbar. «Seine langsame, gedehnte Sprechweise und seine angespannte Art passen perfekt zur Rolle des Privatdetektivs», urteilte die *New York Herald Tribune*.

«Ich glaube, das Geheimnis des Erfolges besteht darin, daß John sich der gleichen lakonischen Sprache wie Hammett bediente», merkte Bogie einmal an.

Der Privatdetektiv Sam Spade beteiligt sich an der Suche nach dem Malteser Falken, einer schwarzen Statuette aus dem 16. Jahrhundert, die aus purem Gold bestehen soll, besetzt mit kostbaren Edelsteinen. Den Anstoß zur Suche gibt eine junge Frau (Mary Astor), die Spade und seinen Partner Miles Archer (Jerome Cowan) beauftragt, Floyd Thursby zu beschatten. Erst später gesteht sie, daß dies nur ein Vorwand war, doch da sind Thursby und auch Spades Partner, mit dem sich Sam sowohl das Büro als auch die Ehefrau (Gladys Cooper) teilte, bereits tot. Spade will den Tod seines Partners nicht auf sich beruhen lassen. Bei den Ermittlungen gerät er zwischen die Polizei, die ihn der Tat verdächtigt, und einer Gruppe zwielichtiger Gestalten, die hinter dem Falken her ist. Joel Cairo (Lorre) bietet ihm Geld, Wilmer Cook (Elisha Cook Jr.) versucht es mit Gewalt, und der schwergewichtige Kasper Gutman, der selbst schon 17 Jahre lang hinter der Statuette her ist und körperlich einem Vogel immer ähnlicher wurde, versucht es mit Überzeugungskraft. Brigid O'Shaughnessy (Astor) versucht, Spades Schwäche für schöne Frauen auszunutzen.

Weil niemand dem anderen traut, fällt es Spade leicht, sie gegeneinander auszuspielen. Als sich herausstellt, daß die Statuette eine Fälschung ist, machen sich Cairo, Wilmer und Gutman auf, ihre Suche nach dem echten Malteser Falken fortzusetzen.

Brigid bleibt bei Spade, der schon bald durchschaut, daß sie die Mörderin von Archer ist. Er küßt sie gierig, um ihr am Ende zu eröffnen, daß er sie ausliefern werde. «Es besteht eine Chance, daß du mit dem Leben davonkommen wirst. Das heißt, wenn du ein braves Mädchen bist, wirst du in zwanzig Jahren rauskommen. Ich werde auf dich warten. Wenn sie dich hängen, werde ich immer an dich denken … aber das hoffe ich nicht, Schätzchen, schon wegen deines süßen Nackens.» In Vorwegnahme ihrer zukünftigen Zelle wirft das Fahrstuhlgitter seinen Schatten auf Astors Gesicht, als sie abgeholt wird.

Im Sommer 1941 fertiggestellt, beliefen sich die endgültigen Produktionskosten auf weit weniger als die zugestandenen 300000 Dollar. Die Premiere am 30. September 1941 war zugleich der Auftakt zu einer neuen Filmgattung: dem Film noir. Eine Filmrichtung, die, laut Wim Wenders, für das Kino die gleiche Bedeutung einnimmt wie der Blues für die Musik: «Film noir ist das einzige, was zählt.»

Die Kritiker feierten den Film als bestes «privat eye drama», die Besucher drängten in die Kinos, und *Die Spur des Falken* avancierte nicht nur zum Topfilm der Warner Brothers, sondern zur erfolgreichsten Produktion der gesamten Filmindustrie. Mit diesem zweiten Erfolg innerhalb eines Jahres hatte Bogart seinen lang ersehnten Starstatus erreicht und gefestigt.

Der Part des Sam Spade lieferte Bogart ein Image, mit dem er leben konnte und das er hingebungsvoll kultivierte, wann immer er in der Öffentlichkeit auftrat. «Das Gesicht, das er der Welt präsentierte, unterschied sich ganz erheblich von dem, das er denen zeigte, die ihn wirklich sehr gut kannten. In Gesellschaft und auf Parties spielte er die Rolle des Störenfrieds und Quälgeistes. Dies hinterließ natürlich gemischte Gefühle. Man dachte, er sei ein Rowdy, ein Raufbold, ein Angeber und ein widerwärtiger Mensch. In Wahrheit war er jedoch ein sehr zugänglicher, bescheidener und aufrichtiger Mann, ehrlich gegenüber seiner Arbeit, seinen Freunden und letztlich auch seiner Familie», erklärte Huston.

Noch treffender formulierte es David Chasen: «Das Hauptproblem mit Bogie ist, daß er selber ab halb zwölf glaubt, Bogart zu sein.»

Fünf Wochen nach der Premiere kündete eine Anzeige der Warner Brothers an, das Team werde unter Hustons Regie erneut in *The further Adventures of the Maltese Falcon* vor der Kamera stehen. Doch erst im Film *In This Our Life (dt. Ich will mein Leben leben)* trafen Bogart, Huston, Lorre, Mary Astor, Elisha Cook Jr., Barton MacLane, Ward Bond und Greenstreet wieder zusammen, ein Vehikel für Bette Davis, in dem die Crew des *Falken* als Gag Statistenrollen übernahm.

Unmittelbar im Anschluß an die Dreharbeiten von *Die Spur des Falken* standen Bogie und Lorre gemeinsam in *All Through the Night (dt. Agenten der Nacht)* vor der Kamera. Regie führte Vincent Sherman, der offensichtliche Probleme hatte, den frühen Anti-Nazi-Film, eine Mischung aus Melodrama, Satire und Thriller, in den Griff zu bekommen.

Gloves Donahue (Bogie), ein großspuriger Glücksspieler, macht sich auf die Suche nach dem Mörder seines Lieblingsbäkkers. Hierbei gerät er an eine Nachtclubsängerin (Kaaren Verne) und ihren leicht reizbaren Klavierbegleiter (Peter Lorre). Durch sie kommt er einem Agentenring der Nazis in New York auf die Spur. Im letzten Moment läßt er die Bande platzen und verhindert einen Kamikazeangriff auf einen amerikanischen Zerstörer.

Aus Gefälligkeit war Bogart bereit, in *The Big Shoot (dt. Der große Gangster)* mitzuwirken. Wieder einmal hatte Raft den Part des Gangsters abgelehnt, obwohl die Produktion zwei Tage vor Drehbeginn stand. Um keine unnötigen Kosten zu verursachen, willigte Bogie aus alter Verbundenheit mit Lewis Seiler ein, den Gangster Duke Berne darzustellen.

Bereits dreimal stand Berne vor Gericht, eine vierte Verurteilung würde für ihn lebenslänglich bedeuten. Dennoch beteiligt er sich an der Planung eines Überfalls. Nach und nach erfährt er, daß der Staranwalt Martin Fleming (Stanley Ridges) der eigentliche Kopf der Bande ist, der überdies Dukes Exfreundin Lorna (Irene Manning) geheiratet hat. Mit Waffengewalt verhindert sie, daß Duke an dem Überfall teilnimmt. Zu Unrecht beschuldigt, wird Duke von George Anderson (Richard Travis) mit einem erfundenen Alibi entlastet. Als Fleming jedoch die Wahrheit über Duke und Lorna erfährt, überführt er George. Beide werden verurteilt. Duke bricht aus dem Zuchthaus aus. In den Bergen trifft er sich mit Lorna, und für kurze Zeit flammt ihre Liebe wieder auf. Als die beiden erfahren, daß Fleming fälschlicherweise George den Mord in die Schuhe schieben will, beschließt Duke sich zu stellen. Doch die Polizei ist ihnen bereits auf der Fährte. Bei der Verfolgungsjagd kommt Lorna ums Leben. Duke erschießt Fleming, wird aber selbst von dem sterbenden Anwalt tödlich verwundet.

Die Fans nahmen den Film mit gemischten Gefühlen auf. Terence Pettigrew wetterte: «Es handelt sich hierbei um ein abgeschmacktes Gefängnismelodrama, das aussieht wie eine Mischung aus übriggebliebenem Material von einem Dutzend früherer Bogart-Filme.»

Sieben

Am Morgen des 7. Dezember 1941 war Bogart zeitig aufgestanden und hatte den obligatorischen Orangensaft, Toast, Rührei und Schinken zu sich genommen, während Mayo in ihrem Zimmer noch friedlich vor sich hin dämmerte. Bogie zog sich in die Bibliothek zurück und studierte die Drehbücher. Hatte man ihm früher – wenn überhaupt – die Wahl zwischen drei Projekten gelassen, so mußte er sich nun durch einen Stapel von zwanzig Skripts durcharbeiten.

Bogart gefiel keines der Angebote. Lieber wollte er mit John Huston *Across the Pacific* drehen. Nach dem finanziellen Fehlschlag von *In This Our Life (dt. Ich will mein Leben leben)* wollte Huston auf Nummer Sicher gehen und einen Spionagethriller in Szene setzen. Bereits seit Anfang November arbeiteten Huston und Richard Macaulay am Drehbuch, an dessen Entstehung Bogart regen Anteil nahm. Bei diesem Projekt sollte auch das Ensemble des *Falkens* wieder vor der Kamera stehen. Bogart wollte Rick Leland spielen, der, unehrenhaft aus der Armee entlassen, sein militärisches Wissen dem meistbietenden Land zur Verfügung stellt. Greenstreet sollte als Dr. Lorenz auf Hawaii einen Angriff der Japaner auf Pearl Harbor vorbereiten. Die Figur des Lorenz porträtierte gnadenlos Flynns deutschen Freund Dr. H. F. Erben. Natürlich war es gefährlich, Erben offen als Nazi anzuklagen, zumal er sich der Freundschaft Flynns und der

Bekanntschaft mit Eleanore Roosevelt, Warner und anderen Hollywoodgrößen erfreute. Lorre sollte einen japanischen Kapitän darstellen und Mary Astor wieder einmal Bogarts Begierde wecken.

Gegen 12 Uhr machte sich Bogie auf den Weg in den Club. Huston und Macaulay warteten bereits auf ihn, um gemeinsam am Drehbuch zu arbeiten und das Ende des Films zu skizzieren. Rick Leland, so plotteten sie die Geschichte, überwältigt die Japaner, befreit seine Geliebte und übergibt Dr. Lorenz der Gerichtsbarkeit. Als Bogart, Huston und Macaulay gegen 17 Uhr ihre Arbeit beendeten und den gelungenen Plot bei einem gemeinsamen Abendessen feiern wollten, erfuhren sie, daß die Realität das Drehbuch inzwischen überholt hatte: 265 Flugzeuge, 19 Kriegsschiffe, 2403 Tote und 1178 Verwundete kostete der japanische Angriff auf Pearl Harbor die amerikanische Nation. Eine Katastrophe, die sich kein Drehbuchautor hätte ausmalen können.

Allen war klar, daß der japanische Angriff auf den US-Flottenstützpunkt Pearl Harbor den Eintritt Amerikas in den Krieg bedeutete. Am Montag, dem 8. Dezember 1941, holte sich Präsident Roosevelt die Zustimmung des Senats.

Am gleichen Tag reichten Murray Burnett, ein Collegeprofessor, und Joan Alison, eine theaterbesessene Muse und Laienautorin, ein Stück beim Studio ein, das sie innerhalb von sechs Wochen verfaßt hatten: «Everybody Comes to Rick's». Stephen Karnot, Lektor bei Warner, erkannte die Qualitäten des Stoffs und sparte nicht an Lob. «Ausgezeichnetes Melodrama. Farbiger, hochaktueller Hintergrund, dichte Atmosphäre, Spannung, psychologischer und handfester Konfliktstoff, straffe Handlung, sentimental, aber raffiniert. Hat das Zeug zum Kassenschlager – für Bogart, Cagney oder Raft in außergewöhnlichen Rollen und vielleicht Mary Astor», schrieb Karnot an Hal Wallis. Der Stoff für *Casablanca*.

Durch den japanischen Angriff auf den Flottenstützpunkt kam Pearl Harbor, das war Huston klar, als Ort der Handlung nicht mehr in Frage. Große Teile des Drehbuchs von *Across the Pacific (dt. Abenteuer in Panama)* mußten umgeschrieben und das Angriffsziel der Japaner kurzerhand nach Panama verlegt werden. Doch damit nicht genug. Washington bestand darauf, alle japanischen Darsteller von der Besetzungsliste zu streichen. Sie sollten interniert werden. Bogart, Astor, Greenstreet, Huston und Jerry Wald, der den Film produzierte, protestierten und erreichten, daß die Internierung aufgeschoben wurde. «Es war wirklich eine beschissene Situation», erinnerte sich Bogie. «Wir kannten die meisten Kerle schon seit Jahren. Am letzten Drehtag standen die Lkw bereit, und sobald eine Szene mit ihnen abgedreht war und man sie nicht mehr benötigte, wurden sie wie Vieh auf den Lastwagen getrieben. Am Ende wurden alle in das Lager gebracht. Der Film hatte es nur ein bißchen verzögert.»

Während der Aufnahmen bekam Huston einen Umschlag überreicht. Achtlos legte er ihn beiseite, nicht ahnend, daß es sich hierbei um seine Einberufung und seine ersten dienstlichen Anweisungen handelte. Acht Tage vor Drehende erreichte das Studio ein Anruf aus Washington.

«Lieutenant Huston, man erwartet, daß Sie sich in Washington melden.»

«Aber ich stecke mitten in Dreharbeiten», wandte Huston ein.

«Heißt das, Sie wollen von Ihrer Einberufung zurücktreten?»

«Mit Sicherheit nicht.»

«In diesem Fall melden Sie sich innerhalb von drei Tagen in Washington.»

Huston informierte Wald, der sofort Vincent Sherman als Ersatz abstellte. Da der Film chronologisch gedreht wurde, hinterließ John seinem Nachfolger ein kaum lösbares Problem: «Vincent und ich führten seit Jahren miteinander Krieg», erinnerte sich Huston. «Also ließ ich in der letzten Szene, die ich drehte und die er fortführen sollte, Bogie an einen Stuhl fesseln. Jede Menge Japaner bewachten ihn, dreimal so viele wie nötig. An jedem Fenster und jeder Tür standen Wachen mit Maschinengewehren, ich arrangierte wirklich alles so, daß es für Bogie keinen vernünftigen Weg auf Gottes weiter Erde gab, sich zu befreien.»

Huston rief Jack Warner an und erklärte ihm, er sei auf dem Weg nach Washington, Bogie kenne sich aus. Während der nächsten Tage herrschte Ratlosigkeit. Nachdrehen war unmöglich – Warner hatte das Zelluloid rationieren lassen –, und so ließ Sherman einen der Japaner Amok laufen. In der allgemeinen Verwirrung entkommt Bogart mit den Worten «I'm not easily trapped, you know».

Im Februar 1942 kündigte Hal B. Wallis seinen Besuch bei den Dreharbeiten an. Bogart spielte gerade die Szene, in der er sich mit einem japanischen Informanten in einem Kino trifft. Während das Publikum über die dargebotene Komödie lacht, wird der Informant ermordet. Bogart ist von japanischen Spionen umgeben und springt auf den freien Platz vor der Leinwand. Er unterbricht den Film im Film, gleich Hitchcocks *Saboteur* (1932), und reißt das Publikum aus der Illusion, in der es sich befunden hat.

Wallis applaudierte und lud Bogart zum Essen ein. Er erklärte ihm, daß er ihn für ein neues Projekt gewinnen wollte und überreichte ihm ein 22 Seiten umfassendes Exposé, das die Geschichte eines geschiedenen Rechtsanwalts erzählt, der in Casablanca eine Bar eröffnet und mit gefälschten Transitvisa handelt. Dort trifft er auf Lois Meredith, eine leichtlebige Amerikanerin, mit der er bereits in Paris eine leidenschaftliche außereheliche Affäre unterhielt. Bogie gefiel die Geschichte, wunderte sich aber über das Angebot, da er wußte, daß für *Casablanca* Ann Sheridan, Ronald Reagan und Dennis Morgan vorgesehen waren. Wallis winkte ab und erklärte, es wäre fraglich, wie lange Reagan und Morgan noch zur Verfügung stehen würden, da sie für ihr Vaterland kämpfen wollten. Bogie lachte zynisch und wollte wissen, wer seine Partnerin sein würde. Gewiß, Ann Sheridan kam immer noch an erster Stelle, aber Casey Robinson hatte Wallis vorgeschlagen, den Part mit einer Europäerin zu besetzen. Die Änderungen im Drehbuch seien zu verkraften, und so machte man auch von der russischen Tänzerin Tamara Toumanova Probeaufnahmen. Er selbst jedoch bevorzugte Hedy Lamarr, die bereits in *Algiers* erfolgreich besetzt worden war. «Das einzige Problem hier ist, daß L. B. Mayer sie als seinen Privatbesitz hütet und wir sie teuer bezahlen müssen.» Zudem müßte man noch die junge Ingrid Bergman testen, die Selznick dem Studio überlassen hatte.

Von allen zur Auswahl stehenden Schauspielerinnen bevorzugte Bogie Hedy Lamarr. Er hatte sie über Spencer Tracy kennengelernt. Und auch Mayo verstand sich gut mit ihr. Eine Zusammenarbeit mit der Bergman schien ihm jedoch undenkbar. Noch allzu lebhaft waren ihm Tracys Schilderungen in Erinnerung, wie mannstoll sich die Bergman bei den Dreharbeiten zu *Dr. Jekyll and Mister Hyde* gebärdet hatte. Auch die Geschichten, die Leslie Howard nach *Intermezzo* zum besten gab, klangen nicht vielversprechend. Bogart versprach, das Angebot mit seiner Agentin und seiner Ehefrau zu bereden.

Denn Bogart hatte sich vorgenommen, mehr Zeit seiner Frau zu widmen. Mayos Gesundheitszustand hatte sich nach einer weiteren Fehlgeburt dramatisch verschlechtert. Ursache war ein faustgroßes Geschwür im Unterleib. Nur eine Totaloperation konnte ihr Leben retten. Fortan bemühten sich die Bogarts um eine Adoption – ein aussichtsloses Unterfangen angesichts ihres Lebenswandels.

Den Tag eröffnete Mayo mit einer Flasche Wodka und blieb dabei. Wenn Bogie am Abend nach Hause kam, schnarchte sie friedlich in ihrem Bett oder erwartete ihn auf dem Balkon. «Es wurde erst dann gefährlich, wenn Mayo ‹Embraceable You› zu summen begann», gestand Bogart.

«Geschirr flog durch die Luft, Vasen gingen zu Bruch, Flaschen, mit und ohne Inhalt, zerschellten an den Wänden, und da Bogie in schönster Regelmäßigkeit Mayos Schlafzimmertür eintrat, hatte er gleich ein halbes Dutzend von ihnen unten in seinem Keller eingelagert», berichtete Mary Baker.

Daß Bogart während seiner Ehe mit Mayo zeitweise an Impotenz gelitten habe, wie Nathaniel Benchley behauptete, konnten Bogies Freunde nicht bestätigen. «Das ist blanker Unsinn», erinnerte sich der Regisseur Howard Hawks. «Wir wußten, daß sich die beiden stritten. Aber im Grunde war es nur eine Art sexuelles Vorspiel.»

Doch nach ihrer Operation hatte Mayos Persönlichkeit sich stark verändert. «Plötzlich nahmen die Kämpfe Ausmaße an, die nicht mehr im Rahmen des Erträglichen lagen», klagte Mary Baker. Mayo neigte immer deutlicher zu unkontrollierten Handlungen. Einmal setzte sie sogar das Wohnzimmer in Brand. In letzter Minute konnte Bogie Mayo und die Hunde retten. Die studioeigene Feuerwehr rückte aus, löschte, und das Studio verharmloste den Vorfall als «kleinen Unfall». Für die Presse würzte Bogie den Zwischenfall mit der Anekdote, er wolle die *New York Times* verklagen. «Ich las ihren langweiligen Leitartikel und bin mit meiner Zigarette in der Hand eingeschlafen. Eigentlich müßte der Verfasser dieses Mistes mir einen neuen Sessel und einen neuen Teppich bezahlen.»

Entspannung vom häuslichen Ungemach suchte Bogie zunehmend in den Finlandia Baths am Sunset Boulevard. Entgegen Mayos Vorstellung handelte es sich hierbei nicht um ein Bordell, sondern um eine Badeanstalt, die von zahlreichen Stars und Hollywoodleuten besucht wurde. Bogart unternahm drei bis fünf Saunagänge, bevor er sich bei Mineralwasser und einer Partie Schach erholte. Als er jedoch eines Nachts nach Hause kam, wartete Mayo in der Küche auf ihn. Es kam zu der obligatorischen Auseinandersetzung. Bogie stand auf und wollte gehen, als Mayo wortlos ein Küchenmesser nahm und es ihm in den Rücken rammte. Bogart sank zu Boden, verlor das Bewußtsein.

Mayo stürzte sich auf ihn und bedeckte sein Gesicht mit Küssen. Sie war davon überzeugt, ihn umgebracht zu haben. Verzweifelte Gebete schickte sie gen Himmel und glaubte ihr Flehen erhört, als Bogie plötzlich zu stöhnen begann. Sofort verständigte sie Mary Baker, die einen Arzt mitbrachte. Der entfernte für 50 Dollar das Messer und für weitere 2500 hielt er den Mund. Da Bogie aber nach der Verarztung nicht auf ihre Küsse und Worte reagierte – die Schmerzen waren einfach zu groß –, fing Mayo erneut Streit an. Sie gab den Mädchen der Finlandia die Schuld. Während Mary bei Bogie wachte, raste Mayo, bewaffnet mit einem Schürhaken, zum Sunset und nahm die gesamte Badeanstalt auseinander. Am nächsten Morgen entschuldigte sie sich artig, und Bogart kam für den Schaden auf.

Inzwischen konnte niemand mehr unterscheiden, was eine publicityträchtige Inszenierung der «Battling Bogarts» war und was ernst war. Bogart: «Wann immer ein Bericht über uns erschien, tröstete ich mich damit, daß sie wenigstens unsere Namen richtig geschrieben hatten.»

Ein hinzugezogener Therapeut hatte Bogart geraten, sich mehr um seine Frau zu kümmern. Grund genug für Bogie, zu zögern, die Rolle des Rick zu übernehmen.

Wallis jedoch wollte den neuen Kassenstar für sich gewinnen. 1941 war sein Vertrag bei Warner Brothers ausgelaufen. Wallis wollte bleiben, forderte aber von Jack Warner, eigene Filme drehen zu dürfen. Nach sechs Wochen erbitterter Verhandlungen stimmte Warner zu. Am 1. Dezember 1941 startete Wallis' erste Produktion *Now, Voyager* mit Bette Davis in der Hauptrolle. Der Film sollte ein unglaublicher Kassenerfolg werden, doch Wallis war unzufrieden. Er suchte etwas, das ihn unsterblich machte. *Casablanca* schien genau das richtige zu sein. Jetzt kam es nur darauf an, auch Bogie für das Projekt zu gewinnen.

Bogie schmollte. Einige Tage nach seinem Gespräch mit Wallis erfuhr er, daß Warner Bogart in der Rolle des Rick nicht sehen wollte. Kaum war bekannt, daß der «Colonel» Warner nicht mit Wallis' Wahl einverstanden war, begann ein Wettrennen, das nur vergleichbar war mit der Jagd nach Scarlett für *Gone With the Wind*. Im April bemühte sich George Raft um den Part des Rick, aber auch Errol Flynn, George Brent, James Cagney und Ronald Reagan machten sich für die Rolle stark. Wallis blieb stur, auch als Warner ausrief: «Ich weiß wirklich nicht, was du an diesem Bogart findest! Welche Frau zum Teufel will den schon küssen?»

Wallis jedoch blieb hart. Nicht umsonst hatte er die Rekordsumme von 20000 Dollar für ein noch nie aufgeführtes Stück bezahlt. «Ich wußte, es war die geeignete Rolle für Bogart. Kein anderer hätte den Rick besser spielen können.» In der Zwischenzeit hatte er Aeneas McKenzie und Wally Kline beauftragt, aus dem Bühnenstück ein Drehbuch zu schreiben.

«Wir hatten wirklich nicht viel zu tun», erinnerte sich Kline. Die frühe Drehbuchfassung erzählt die Geschichte des ehemaligen Anwalts Rick Blaine. Nach einer Affäre mit der rücksichtslosen, oberflächlichen Amerikanerin Lois Meredith in Paris verläßt er Frau und zwei Kinder und eröffnet in Casablanca eine Bar. Hier trifft er auch auf den amerikanischen Widerstandskämpfer Victor Laszlo, der versucht, in die USA zu entkommen. Zu Ricks Überraschung befindet sich Lois in seiner Begleitung. Gleich in der ersten Nacht steigt sie mit Rick ins Bett, um an zwei Transitvisa zu kommen. Der Schwarzmarkthändler Ugarte hatte die Visa Rick anvertraut, da er um sein Leben fürchtet. Ugarte wird ermordet, allerdings tarnt man es als Selbstmord. Schon bald werden Rick und seine Bar Mittelpunkt zahlreicher Intrigen. Denn nicht nur Laszlo und Lois sind an den Visa interessiert, sondern auch Polizeipräfekt Luis Rinaldi und der deutsche Offizier Strasser. Am Ende hält Rick Rinaldi mit einer Pistole in Schach, während der Widerstandskämpfer mit Lois die Maschine nach Lissabon besteigt. Nach dem Abflug verhaftet Strasser Rick.

Kline und McKenzie wußten, daß sie ihr Augenmerk auf die

Änderung des Charakters der Lois richten mußten. Sie entsprach nicht dem in Amerika allseits bekömmlichen Frauenbild. Auf Wunsch von Burnett bauten sie den Song «As Times Goes By» ein, der seit elf Jahren im Warner-Musikarchiv ruhte.

Am 23. Februar 1942 lieferten sie die Rohfassung des Drehbuchs von *Casablanca* ab. Am 25. Februar ging der Text zur Bearbeitung an Julius J. und Philip G. Epstein, die für geschliffene Dialoge und bissigen Witz sorgten. 66 Drehbuchseiten konnten sie am 16. März 1942 abliefern. Modifiziert hatten die Epsteins die Gestalt des Rinaldo, nun Louis Renault, dem sie zahlreiche Bonmots in den Mund legten. Auch wurde Ricks Pariser Vergangenheit eliminiert. «Ich halte für niemanden meinen Kopf hin», das war nun seine Weltanschauung. Und aus dem amerikanischen Widerständler wurde ein Ungar. Wallis war mit dem Drehbuch zufrieden, bestand aber auf einer entscheidenden Änderung: Die Gestalt der Lois sollte europäisiert werden. So mutierte sie zu Ilsa und nahm zensurgerechte Züge an.

Wallis wollte dem Wunsch Humphrey Bogarts entsprechen und Hedy Lamarr für den Part für teures Geld von Mayer ausleihen. «Habe mit Ben Thau von MGM gesprochen», schrieb Steve Trilling, der mit der Verhandlung beauftragt war. «Er ist sicher, daß er keine Arrangements betreffend Hedy Lamarr für *Casablanca* machen kann, da L. B. (Mayer) sie inzwischen überhaupt nicht mehr und an niemanden ausleiht.»

Jetzt kamen für die Rolle auch noch Michelle Morgan und Edwige Feuillière ins Gespräch. Ingrid Bergman hatte sich nicht besonders interessiert gezeigt; lieber wollte sie in der Hemingway-Verfilmung *For Whom the Bell Tolls* die Maria spielen. Ihre Haltung änderte sich jedoch über Nacht, nachdem Regisseur Sam Wood äußerte, sie wäre für den Part der jungen, unschuldigen Widerstandskämpferin einfach zu groß und zu kräftig. Da die Bergman keine andere Rolle in Aussicht hatte, umwarb Selznick plötzlich Wallis. Man traf sich, die Bergman zeigte sich von allem entzückt, und am 14. April lieh Selznick seinen Star für

25 000 Dollar an Warner aus. Im Gegenzug sollte ihm Olivia de Havilland zur Verfügung stehen. Victor Laszlo wurde mit Paul Henreid besetzt.

Am 1. April hatte Wallis zugestimmt, die Rolle des Victor Laszlo zu erweitern und Henreid als Darsteller anzukündigen. Conradt Veidt, ein engagierter Nazigegner, der ebenfalls für diesen Part in Frage kam, bestand auf den Part von Major Strasser. Sydney Greenstreet und Peter Lorre wurden auf Drängen Bogarts unter Vertrag genommen.

Die Wahl des Regisseurs traf Wallis im Handumdrehen. Sherman hielt er nicht für qualifiziert, also bot er im Februar William Wyler die Regie an. Wyler lehnte ab, ohne das Drehbuch gelesen zu haben. Nachdem auch Howard Hawks abwinkte, griff Wallis auf Michael Curtiz zurück, der Änderungen und Besetzung seit dem 8. März 1942 überwachte. Curtiz eroberte Wallis' Herz im Sturm. Wallis erklärte ihm, daß das Drehbuch noch in der Entstehungsphase sei, also etwas holprig und unstimmig. «Keine Sorge wegen der Unstimmigkeiten», entgegnete Curtiz. «Ich werde dafür sorgen, daß der Handlungsablauf so rasant ist, daß keiner etwas merken wird.»

Bogart dagegen ließ sich Zeit mit der Zusage. «Bogart beklagte sich erneut, daß der Hintergrund fehle und Rick keinerlei Rückgrat hätte», notierte Wallis in seinen Unterlagen. Deshalb verpflichtete er am 6. April 1942 Howard Koch als Drehbuchautor. Koch verlieh Ilsa deutlich weichere Züge, polsterte die Rolle von Laszlo und Strasser auf und machte aus Rick eine differenzierte Figur mit ausgeprägtem politischem Hintergrund. Ricks Frau und die zwei Kinder opferte Koch, als er das erste Drittel des Drehbuchs am 11. Mai 1942 ablieferte. Erst jetzt war auch Bogie bereit, den Vertrag zu unterzeichnen, der ihm diese Rolle endgültig garantierte.

Die letzten Änderungen, die vom Breen Office gefordert wurden, betrafen zwei Aspekte Ilsas: In der Szene des Films, in der sie mit Rick eine Affäre in Paris hat, soll sie glauben, daß ihr

Mann tot sei. Die Szene in Ricks Wohnung hingegen müsse so konzipiert sein, daß jede Andeutung, die beiden hätten Sex miteinander, vermieden wird. Gleichzeitig legte man nahe, unsympathische Figuren wie Ugarte nicht mit verbündeten oder neutralen Ländern in Verbindung zu bringen.

Koch berücksichtigte die Änderungswünsche und bemühte sich fieberhaft, das Skript bis zum Drehbeginn zu vollenden. Am 21. Mai wurde das letzte Drittel des Drehbuchs ausgeteilt. Vier Tage später fiel die erste Klappe. Bogart, Bergman und Wilson standen vor der Kamera und drehten die Pariser Rückblende. Immer noch war das Drehbuch kaum mehr als ein Rohentwurf. Weiteres Warten aber hätte Kosten von 30 000 Dollar pro Tag verursacht, und so begann man mit dem, was zur Verfügung stand.

Der erste Drehtag war ein Fiasko. Zischendes Dekorationslicht ruinierte die Tonaufzeichnungen, mit der Beleuchtung gab es Probleme, und Bogie nörgelte am Drehbuch herum. Fix änderte man «Here's good luck to you» in «Here's looking at you, kid» (in der deutschen Fassung: «Ich seh dir in die Augen, Kleines»).

Bogart befürchtete, die natürliche und talentierte Bergman würde ihn von der Leinwand fegen. Er überlegte, ob er zu seinen alten Zigarettentricks greifen sollte, doch die Bakers rieten ihm davon ab. «Bleib einfach stehen und warte immer, bis sie auf dich zukommt. Mike wird das vermutlich nicht mitkriegen, und wenn sie sich deswegen beklagt, sag ihr einfach, das Drehbuch schreibe dies vor. Du hast etwas, was sie will. Also muß sie auf dich zukommen, um es sich zu holen.»

Schon während der Vorbereitungen zu *Casablanca* hatte Ingrid Bergman versucht, Bogart näher kennenzulernen. Von seinen Freunden gewarnt, war Bogart der Bergman aus dem Weg gegangen. Statt ihn studierte sie seine Filme. Wieder und wieder ließ sie sich *Die Spur des Falken* und *Entscheidung in der Sierra* vorführen, und es dauerte nicht lange und sie hatte sich in das Leinwandimago verliebt. «Ingrid fühlte sich so einsam», erinnerte sich Irene Selznick. «Ihr Mann und ihre Tochter lebten in Rochester, und von ihren vorherigen Liebhabern stand niemand zur Verfügung, um ihre ausgeprägte sexuelle Libido zu befriedigen.»

Bereits am dritten Drehtag war allen Beteiligten klar, daß Bogie das nächste Opfer der Bergman werden sollte. Sie scheute sich nicht, ihm unverhohlen zwischen die Beine zu greifen, doch als sie splitterfasernackt auf ihn in seinem Garderobenwagen wartete, flehte Bogie seinen Regisseur an: «Verdammt, Mike, halt mir die Kleine vom Leib.» Um einen Skandal zu vermeiden, sprach Curtiz mit seiner Hauptdarstellerin, deren Appetit durch das Gespräch nur noch gesteigert wurde. «Ich hatte den Eindruck, ich sei für die Kleine eine Art Trophäe, die man nach den Dreharbeiten bei sich zu Hause an die Wand hängt.»

Die Situation spitzte sich zu, als Ingrid Bergman eines Abends bei den Bogarts zu Hause auftauchte. Mayo ahnte nichts Böses, doch als die Bergman begann, sich vor Bogies Füßen «wie ein kleines Kätzchen hinzukuscheln» und ihn anzuhimmeln, lief sie Amok. Sie warf die Siebenundzwanzigjährige hinaus und lieferte Bogie eine der heftigsten Auseinandersetzungen. Mayo zog einen Revolver und schoß. Bogie trug einen Streifschuß an der Schläfe und am linken Arm davon, die restlichen Kugeln landeten in der Decke und der Einrichtung. Die anrückende Polizei fand in einer verwüsteten Wohnung ein händchenhaltendes und sich küssendes Ehepaar vor.

Nun war Mayos Argwohn geweckt. Sie bombardierte das Studio mit Anrufen, um sicherzugehen, daß die beiden nicht mehr Zeit als nötig miteinander verbrachten. Wenn Bogie auch nur zehn Minuten später als gewöhnlich nach Hause kam, überschüttete sie ihn mit Vorwürfen. «Bogie hätte es schon gejuckt, sich mit der Bergman einzulassen», behauptete Bob Williams, der mit der Pressearbeit betraut war. «Aber seine Angst vor Mayo war größer.»

In seiner Not sprach Bogart wieder dem Alkohol zu. Waren die Auseinandersetzungen mit Mayo besonders heftig, übernachtete er kurzerhand in seiner Garderobe im Studio. «Ich glaube, Bogie war von den fünfzig Drehtagen nur an einem nüchtern», mutmaßte Williams. Als der Zustand seines Hauptdarstellers auch Warner auffiel, tobte er. Obwohl bereits zehn Drehtage vergangen waren, wollte er Bogart durch Joseph Cotten ersetzen. «Ich verstehe dich nicht, Bogie. Es geht nicht nur um dich. Viele Menschen hängen von dir ab, die in einem Monat weit weniger verdienen, als du in zwei Tagen für Schnaps ausgibst.» Bogie nahm die Schuld auf sich und gelobte Besserung. Als Mayo von dem Zwischenfall erfuhr, ließ sie sich einen Termin bei Warner geben und klärte ihn über die wahren Hintergründe auf. Entsetzt über das Verhalten der Bergman, beschworen Wallis und Warner ihre Aktrice, Bogie in Ruhe zu lassen. Mit dem Resultat, daß eine aufgelöste Bergman am Abend bei den Bogarts aufkreuzte und erklärte, sie hätte Tabletten genommen, um aus dem Leben zu scheiden. Bogie alarmierte Mary Baker, und gemeinsam fuhren sie zu Warner Brothers, wo der verständigte Studioarzt ihr den Magen auspumpte. Nach drei Stunden war die Bergman außer Gefahr. Mary und Bogart kehrten in sein Haus zurück und fanden dort Mayo im Badezimmer, die es der Bergman gleichgetan und sich die Pulsadern geöffnet hatte. Bogie informierte Colonel Guthrie und den Notarzt, der sie ins nächste Krankenhaus einlieferte. Nach vier Stunden weilte Mayo wieder unter den Lebenden. Bereits am nächsten Tag fand sie sich in der Klinik von Norwalk ein. Der Öffentlichkeit gegenüber strickte das Studio an der Legende, zwischen der Bergman und Bogart habe es nie geknistert. Auch Ingrid Bergman pflegte bis zu ihrem Tod diese Version: «Ich habe ihn zwar geküßt, aber nie richtig kennengelernt.»

Trotz der nächtlichen Probleme stand Bogart am kommenden Morgen vor der Kamera. «Da ich wußte, was Bogie durchgemacht hatte, drehte ich nur jene kurze Szene, in der Bogart auf den Stufen steht, die von seinem Büro zum Lokal führen», erinnerte sich Curtiz. Bogie wollte wissen, was das sollte, doch Curtiz sagte nur: «Frag nicht soviel. Stell dich einfach hin und nicke, und dann geh nach Hause.» Erst bei der Sichtung der Rohmuster sah Bogart, daß sein Nicken das Zeichen für das Orchester war, die Marseillaise zu spielen.

Bogies Stimmung besserte sich erst, als Peter Lorre Ende Mai für vier Drehtage zu der Truppe stieß. Innerhalb kürzester Zeit gelang es ihm, alle in noch größere Verwirrung zu stürzen. Die meisten Scherze von Bogart und Lorre gingen jedoch auf Kosten von Curtiz.

Der bienenfleißige Regisseur ungarischer Abstammung, der mehr als 100 Filme drehte, drängte zur Eile.

«So schnell können wir das nicht machen, Mike», sagte Bogie nach drei Wiederholungen. «Wir brauchen Zeit, um aufeinander zu reagieren, was wir sagen. Außerdem muß man auch mal nachdenken.»

«Meinetwegen du denken nach, aber ohne Pausen. Der Text muß avanti kommen.»

«Du meinst also, wir sollen unseren Text einfach so hinwerfen.»

«Nein, nein, nein», jammerte Curtiz. «Nix wegwerfen. Joack Varner und Hal Vallis zahlen dickes Geld für Drehbuch. Sprich einfach schnell.»

Bei ihren dreisten Bubenstücken scheuten Bogart und Lorre nicht davor zurück, Curtiz' Garderobenwagen zu verkabeln. Jeder wußte, daß Curtiz ein berüchtigter Schürzenjäger war. Da er aber glücklich verheiratet war, mußte er seinem Jagdfaible im Studio nachgehen. Eigens hierzu hatte er einen Garderobenwagen am Set installieren lassen, wo er ungestört seinem mittäglichen Vergnügen nachgehen konnte. Lorre versteckte nun ein Mikrophon in seinem Liebesnest, und die gesamte Crew versammelte sich zur Mittagszeit vor dem Lautsprecher und lauschte den Liebeskünsten ihres Regisseurs: «einer merkwürdigen Mischung von Stöhnen und Ächzen, durchbrochen von leidenschaftlichen ungarisch-englischen Ausrufen». Zu Curtiz' Erleichterung verließ Lorre am 2. Juni wieder das Set.

Noch immer hatte Curtiz kein fertiges Drehbuch vorliegen. Ab dem 5. Juni reklamierten Alleborns Produktionsnotizen ein abschließendes Skript. Die endgültige Fassung des Drehbuchs, die am 24. Juni verteilt wurde, ließ Warner am folgenden Tag wieder einsammeln, weil er mit dem Skript unzufrieden war.

Eine Lösung der Dreiecksgeschichte lag noch immer in weiter Ferne, als die Crew am 17. Juli 1942 wieder ins Atelier 1 einzog, um die Nachtaufnahme für das Finale zu drehen. Man war bereits viereinhalb Tage in Verzug. Warners neue Nebelmaschine arbeitete auf Hochtouren, die Requisite hatte noch einige Flaschen Vichywasser aufgetrieben, und die Kostümbildner hielten Bogies Trenchcoat und Hut bereit. Man spielte alle Möglichkeiten durch: Rick wird am Ende erschossen, doch das hätte einen Rückfall in Bogies altes Rollenklischee bedeutet. Rick fliegt mit Ilsa nach Lissabon. Ilsa bleibt mit Rick in Casablanca, Victor wird erschossen, und die beiden Liebenden fliehen. «Wir waren alle am Rande eines Nervenzusammenbruchs», erinnerte sich Bogart, der schließlich vorschlug, Rick sollte Victor seine Liebe gestehen und mit ihm fliehen, während Ilsa mit Strasser das Café übernimmt.

Während man noch so vor sich hin witzelte, präsentierten die Epsteins ein neues Ende, das auf einer Idee von Casey Robinson basierte: «Ilsa ist gezwungen, die Arbeit weiterzuführen, die in diesen Zeiten viel wichtiger ist als die Liebe zwischen zwei unbedeutenden Menschen.» Ein Ende, mit dem alle zufrieden sein konnten. Rick würde Ilsa wegschicken, weil er die Arbeit von Lazlo für wichtiger erachtet als ihre Liebe.

Doch was konnte mit Strasser, Rick und Renault geschehen? Schnell einigte man sich darauf, daß Strasser Rick bedrohen sollte. Seine Ermordung mußte eindeutig als Notwehr erkennbar sein. Für Koch war klar, daß Renault mit Rick, nachdem er dessen Tat deckte, in den Widerstand geht. Jetzt mußte nur noch ein Schlußsatz her. Da Bogies Gesicht nicht zu sehen war, wenn die beiden im Nebel verschwinden, vertagte Wallis das Problem. Am 23. Juli folgten Aufnahmen im Blauen Papagei, am 27. Juli kam die Szene von Ilsa und Rick in dessen Wohnung, am 30. Juli wurde auf dem Basar weitergedreht. Am letzten Drehtag von *Casablanca*, am 3. August, wurden noch einige Szenen von Ingrid und Henreid auf dem Basar nachgeholt.

Nach zehn Wochen und elf überzogenen Tagen endeten die Dreharbeiten mit jener Einstellung, die im Film als erstes zu sehen ist. Eine Gruppe von Flüchtlingen sieht verzweifelt dem Flugzeug nach, das nach Lissabon fliegt. Gesamtkosten: 950 000 Dollar.

Kaum war die Szene im Kasten, da knallten die Champagnerkorken. «Wallis veranstaltete eine Fete, als sei man soeben von den Toten auferstanden», schrieb Hedda Hopper. Neben dem *Casablanca*-Ensemble tummelten sich Stars wie Gary Cooper, Randolph Scott und Errol Flynn auf der Party. Auch Ann Sheridan war gekommen, in ihrem Schlepptau Verita Petersen, eine wohlhabende Erbin, die ihr Glück mit Perücken und Haarteilen machte, nachdem eine Karriere als Schauspielerin bei Republic Studios gescheitert war. Bogie kam an den Tisch, und Sheridan stellte ihm die Petersen vor. «Ich stellte voller Entzükken fest, daß er im Gegensatz zu anderen Hollywoodgrößen nicht nur über sein Leben und seine Filme sprechen wollte. Er war vor allem an mir interessiert und gab erst nach, als er meine Lebensgeschichte kannte.» So genossen sie gemeinsam den Abend und nahmen gleichsam das Ende von *Casablanca* vorweg. Es war der Beginn einer wunderbaren Freundschaft.

Doch trotz aller Feiern war ein befriedigender Schlußsatz noch immer nicht gefunden.

Wallis standen vier Varianten zur Wahl:

«Louis, ich begreife allmählich diesen plötzlichen Anfall von Patriotismus. – Du verteidigst dein Land und behältst gleichzeitig deine Investition.»

«Louis, ich hätte mir denken können, daß du deinen Patriotismus mit einem kleinen Diebstahl würzt.»

«Wenn du jemals den Heldentod stirbst, dann schütze der Himmel seine Engel vor dir.»

«Louis, ich glaube, das ist der Beginn einer wunderbaren Freundschaft.» Als Bogie am 21. August das Tonstudio betrat, hatte man sich für den «Beginn einer wunderbaren Freundschaft» entschieden.

Achtundvierzig Stunden später meldete Bogart sich bei der Columbia, um in *Sahara (dt. Sahara)* den bulligen Panzerkommandanten Joe Gunn darzustellen. Abgesprengt von seiner Panzereinheit durchquert er mit seinen Mannen die Libysche Wüste. Unterwegs greifen sie fünf Engländer, einen Franzosen, einen sudanesischen Korporal und einen italienischen Gefangenen auf. Verzweifelt machen sie sich auf die Suche nach einer Wasserstelle, finden ein versiegtes Wasserloch und verteidigen es verbissen gegen die Deutschen. Nur Gunn und einer der Briten überleben den Kampf, der natürlich mit der Kapitulation der Deutschen endet. Und wie der Zufall es will wird die Quelle durch eine deutsche Granate wieder zum Sprudeln gebracht. «Der Film war hochgradiger Schwachsinn – die Sache mit der Wasserstelle und so, aber genau das wollten die Leute damals sehen, und Columbia bezahlte mich gut», rechtfertigte Bogart seine Mitwirkung.

Wieder bei Warner Brothers, übernahm Bogie eine Gastrolle in *Thank Your Lucky Stars*. In diesem Warner-Vehikel, in dem zahlreiche Stars des Studios sich selbst darstellten, spielte er einen heruntergekommenen Penner, der in einem Theater bei Eddie Cantor vorstellig werden will. S. Z. Sakall weist den unrasierten Bogart zurück, man hätte für ihn in Cantors Show keine Verwendung. Wütend zieht Bogie ab und mault: «Gee, ich hoffe nur, daß keiner von meinen Filmfans Wind davon bekommt.»

Acht

Casablanca feierte seine Premiere am 26. November 1942 in New York. Nur wenige Wochen zuvor glückte die Gegenoffensive der Alliierten vom 7. und 8. November, so daß nach einem dreitägigen Kampf im real existierenden Casablanca die amerikanische Fahne wehte. Warner trieb seine Leute an und schickte der «siegreichen Truppe» eine Kopie des Films. Die beste Reklame, die es je gab. Mit einem Schlag war der Name Casablanca in aller Munde. Die Kritiken waren voll des Lobes, das Publikum begeistert. Innerhalb einer Woche sahen 31 000 Zuschauer den Film. Nach zehn Wochen hatte *Casablanca* allein in diesem Kino 255 000 Dollar eingespielt. Landesweit startete der Film am 23. Januar 1943 – zeitgleich mit dem Treffen, das Roosevelt und Churchill in Casablanca abhielten. Mehr Rückenwind konnte Wallis sich nicht wünschen.

Auf der Welle des Erfolgs bereitete sich Bogart darauf vor, die Hauptrolle in *Passage to Marseille (dt. Fahrkarte nach Marseille)* zu übernehmen. Wallis hatte eigens für Bogart die Filmrechte an dem Roman «Men Without Country» von James Norman und Charles Nordhoff gekauft. Die Regie wollte Michael Curtiz übernehmen. Bogarts Partner sollten Mary Astor, Claude Rains, Sydney Greenstreet und Peter Lorre sein. Warner jedoch schlug Wallis vor, Helmut Dantine für die Hauptrolle zu testen und bat, ihm Bogie für einen anderen Film zu überlassen.

Action in the North Atlantic (dt. Einsatz im Nordatlantik) wirbt zwar mit Bogarts Namen an erster Stelle, doch war Raymond Massey der eigentliche Star dieses Propagandastreifens. Captain Steve Jarvis (Massey) übernimmt das Kommando auf der Sea Witch und fährt mit einem Konvoi nach Murmansk. Jarvis verpflichtet den leichtlebigen Seemann Joe Rossi (Bogie) als Batterieoffizier. Während eines Angriffs wird die Sea Witch von den anderen Schiffen getrennt. Jarvis wird bei einem Flugzeugangriff verwundet, Rossi übernimmt das Kommando. Verfolgt von einem feindlichen U-Boot, gelingt es Rossi mit einem Trick, das U-Boot zum Auftauchen zu bringen und zu versenken.

Die Vorbereitungen von *Fahrkarte nach Marseille* waren immer noch nicht abgeschlossen, und Warner benötigte Bogart als Hauptdarsteller für *Conflict (dt. Tatort Springfield/Konflikt)*.

Böse Zungen behaupteten, Robert Siodmak und Alfred Neumann hätten ihre Geschichte stark an das wahre Leben der «Battling Bogarts» angelehnt. Im Film nennt man sie dezent Richard und Kathryn Mason. Am Abend ihres fünften Hochzeitstages gesteht Richard seiner Frau (Rose Hobart), daß er eigentlich deren jüngere Schwester (Alexis Smith) liebt. Kathryn weigert sich, ihn freizugeben. Bei einem Autounfall verletzt, mimt er den Invaliden. Als seine Frau zur Erholung in die Berge fährt, tötet er sie und läßt ihren Wagen über die Klippen stürzen, so daß es wie ein Autounfall aussieht. Doch eine Serie von merkwürdigen Begebenheiten lassen in Richard Zweifel aufkommen, ob seine Frau wirklich tot ist. Er riecht ihr Parfüm, findet einen Briefumschlag mit ihrer Handschrift und entdeckt ihre Juwelen, die sie trug, als sie starb. Als er glaubt, seine Frau auf der Straße gesehen zu haben, kehrt er an den Ort des Verbrechens zurück. Dort warten bereits die Polizei und der Psychiater Dr. Hamilton (Greenstreet), der das Ganze inszenierte.

Bogart verabscheute das Drehbuch. Als er am 6. Mai 1943 nicht zu den Dreharbeiten erschien, zitierte Warner ihn in sein Büro.

Doch Bogie weigerte sich beharrlich: «Nichts, was Sie mir sagen, kann mich davon überzeugen, daß es ein guter Film ist oder daß er etwas taugt, oder daß er meiner Karriere guttun wird.»

Warner ließ sich nicht beirren. Er erklärte Bogart, er habe den Film eigens für ihn entwickeln lassen, weil er «sich stark von dem unterscheiden wird, was Sie und ich bisher gemacht haben».

Bogie wandte jedes erdenkliche Wenn und Aber ein.

Warner beendete die Diskussion: «Bitte, verstehen Sie es richtig, ich will Ihnen nicht drohen. Aber ich habe ähnliche Einwände schon von zwanzig anderen Leuten gehört. Ich weiß sicher, daß einer von diesen Leuten inzwischen krampfhaft versucht, überhaupt noch Arbeit als Statist zu finden.»

Ernüchtert verließ Bogie das Büro und unterzeichnete den Vertrag.

Unmittelbar nach Abschluß der Dreharbeiten zu *Konflikt* im August 1943 begannen die Dreharbeiten zu *Fahrkarte nach Marseille*. Mary Astor wurde durch Michelle Morgan ersetzt, die Bogart als «einen stillen, in sich gekehrten Mann» kennenlernte, «der es inzwischen auch aufgegeben hatte, seine Partner zu nerven und zu veralbern».

An Bogarts Zähmung hatte nicht nur Warner Anteil. Mayos dramatische Stimmungsschwankungen bedrückten ihn und verlangten ihm Behutsamkeit ab.

Diesmal unbegründet, befürchtete Mayo, Bogie habe mit Michelle Morgan eine Affäre. Ein hinzugezogener Psychiater diagnostizierte Alkoholismus in fortgeschrittenem Stadium, Wahnvorstellungen und den Verdacht einer Schizophrenie. Mayo weigerte sich, eine Klinik aufzusuchen und öffnete sich die Pulsadern. Doch diesmal fügte sie sich nur geringe Verletzungen zu, so daß Bogie und Mary Baker sie verarzten konnten. Die Presseabteilung schickte Jack Rosenstein zum Bogartschen Anwesen, weil man wußte, daß er sich besonders gut mit Mayo verstand.

«Ich weiß wirklich nicht, wie das weitergehen soll», heulte Mayo. Rosenstein machte ihr klar, in welchem Dilemma sich auch Bogart befand. «Dein Mann wollte immer ein romantischer Held sein. Man gab ihm nie eine Chance dazu. Sie sagten ihm, er sei zu häßlich und nicht fotogen genug. Alle Rollen, auf die er hoffen konnte, waren die harter Kerle. Und plötzlich ist er ein Leinwandidol. Der Held von Millionen. Aber zu Hause ist er noch immer der letzte Arsch.»

Mayo trocknete ihre Tränen und versprach sich zu bessern. Rosenstein fuhr zurück ins Studio und sprach mit Bogie über seine Unterredung mit Mayo.

«Wenn Mayo dich nervt, dann laß es einfach an dir abprallen. Zum einen Ohr hinein, zum anderen Ohr hinaus.»

«Das funktioniert in einer Million Jahre nicht», murrte Bogart.

«Aber du mußt es versuchen, sonst gehen Mayo und du kaputt.»

Bogie schminkte sich weiter. Plötzlich hielt er inne und schaute Rosenstein an. «Ich glaube, ich muß dir einiges erklären, was du anscheinend nicht verstanden hast. Meine Frau ist eine Schauspielerin. Sie ist eine clevere Schauspielerin. Zur Zeit hat sie nur leider keine Arbeit. Aber selbst dann, wenn Schauspielerinnen keine Arbeit haben, brauchen sie Szenen, die sie ausleben müssen. Und in ihrem Fall bin ich derjenige, der ihr die Stichworte liefert. Ich liebe Mayo. Aber ich bin inzwischen selbst an dem Punkt angekommen, an dem ich nicht mehr weiterkann.»

Nicht mit Michelle Morgan – wie Mayo glaubte – hatte Bogart eine Affäre, sondern mit Verita Peterson. Und das war in Hollywood bereits ein offenes Geheimnis. Jack Warner war über diese Liaison bereits von dem erzürnten Ehemann der Peterson unterrichtet worden, der, bevor er sich freiwillig meldete, die Scheidung eingereicht hatte.

Vaterländische Gefühle entdeckte auch Bogart noch während der Dreharbeiten zu *Fahrkarte nach Marseille* und beschloß, gemeinsam mit Mayo der Bitte von Abe Lastfogel, Vorstand der William-Morris-Agentur und Präsident der neugegründeten United Service Organizations (USO) nachzukommen. Obwohl er seit Jahren nicht mehr auf der Bühne gestanden hatte, wollten sie auf eine Tour gehen und im European Theater of Operations auftreten. «Wir sollten keine Gage erhalten, selbst für unsere Unkosten aufkommen und eine eigene Truppe zusammenstellen. Da war es egal, ob wir überhaupt wiederkommen würden», scherzte Bogart.

Wallis und Warner waren entsetzt über Bogarts Entscheidung, zumal ihr Star für *Destination Tokio* und *Objective Burma* vorgesehen war. Als sich aber auch noch Präsident Roosevelt für die zu erwartende Unterstützung bedankte, konnte Warner die Reise schwerlich verhindern.

Louis Brooks traf die Bogarts kurz vor ihrer Reise in New York. «Ich war schockiert, als ich sah, wie schrecklich Bogies Gesicht gealtert war. Die Folgen seines Krieges waren inzwischen deutlich zu sehen. Mayo sah aus, als sei sie gerade mit ihren Kleidern aus dem Bett aufgestanden. Ihr Kostüm war verknittert, ihre Haare waren zerzaust und ihr Gesicht nicht hergerichtet. Sie saßen an einem Tisch, weit hinten in einem Eck, so, als wollten sie allein und in Ruhe gelassen werden. Sie sahen sich nicht an und sprachen auch nicht miteinander. Das sollte sich erst ändern, als ihre Drinks gebracht wurden. Plötzlich begann Mayo, heftig auf ihn einzureden. Er aber starrte weiterhin ins Leere.»

Sechs Tage warteten Bogie und Mayo in New York. «Sie spritzten uns irgendwelches Zeug gegen alle möglichen Krankheiten.» Als der Clipper endlich um ein Uhr nachts von dem Marine Terminal in La Guardia abhob, litt Bogie unter schrecklicher Flugangst und war überaus beunruhigt. Wenige Wochen zuvor war ein Flugzeug der USO in der Nähe von Lissabon abgeschossen worden. In Neufundland machten sie einen Zwischenstopp und traten vor der Royal Canadian Air Force auf. Kurz nach dem Start jedoch mußte die Maschine wegen starker Sturmböen umkehren.

Sechs weitere Shows waren fällig. Eröffnet wurde die Veranstaltung mit einem Zitat aus dem *Versteinerten Wald*. Danach gab Bogie einige dreckige Limericks zum besten, erzählte von seinen Dreharbeiten und hauchte einigen seiner Leinwandschurken neues Leben ein. Mayo betrat mit Don Cummings und seinem Akkordeon die Bühne. Sie sang einige Lieder und ging dann auf die Wünsche der GI ein: «Embraceable You», «You'll Never Know» und «I'll walk Alone».

Endlich in England, flogen die Bogarts von Bristol nach London. Bogie war entsetzt über die Kriegsschäden. «Wir hatten Bilder und Filme gesehen, jetzt aber die Stadt zu erleben war ganz etwas anderes. Ein ausgebrannter Häuserblock neben dem anderen. Die Stadt in Schutt und Asche. Das war wirklich deprimierend.»

Allein das Claridge, in dem man die Bogarts unterbrachte, war noch unversehrt. «Was sich aber bald ändern sollte, denn Mayo und ich fochten hier unsere erste Schlacht aus.» Bill Dover betreute die Bogarts während ihres Aufenthaltes. «Neben Bob Hope waren sie wirklich die toughesten Stars», räumte er respektvoll ein. «Die GI liebten sie. Vor allem Mayo mit ihren bissigen Sprüchen eroberte die Herzen im Sturm.»

Bogie und Mayo trafen in England auch auf Clark Gable, den sie seit der Beerdigung von Carole Lombard nicht mehr gesehen hatten. Gable erzählte ihnen von seinen Einsätzen. «Er hatte vollkommen vergessen, daß er ein Filmstar gewesen war. Während Clark so sprach, kam uns das, was wir leisteten, absolut lächerlich vor», gestand Bogart.

Von Prestwick, Schottland, aus flogen die Bogarts weiter nach Nordafrika, wo sie am 11. Dezember 1943 eintrafen. «London war schon erschütternd gewesen, aber in Algier stand alles noch in Flammen, als wir landeten. Kurz vor uns hatten die Deutschen der Stadt einen Besuch abgestattet.»

Auch in dieser Nacht wurde Algier Opfer schwerer Angriffe, und die Bogarts mußten sich in einen Bunker flüchten.

In Tunis wurden sie von General Doolittle empfangen. Hier richteten sie für die nächsten sechs Wochen ihr Hauptquartier ein, von hier aus starteten sie ihre Truppenbesuche – auch nach Casablanca, das Bogies Erwartungen mehr als enttäuschte.

Im Januar 1944 ging es dann nach Sizilien und drei Tage später nach Palermo. In Neapel trafen sie John Huston. Das Wiedersehen feierten sie im Hotel bis tief in die Nacht. Als sich einer der Generäle um zwei Uhr morgens wegen des Lärms beschwerte, erwiderte Bogie: «Go, fuck yourself.» Am nächsten Morgen verfrachtete man die Bogarts kurzerhand nach Caserta. Huston folgte ihnen, unter dem Vorwand, einen Film über ihren Aufenthalt drehen zu müssen. Auch in Caserta sorgte Bogie für Aufregung. Nach der Show mischten sich Huston und die Bogarts unter die GI und tranken mit ihnen. «Plötzlich stand ein riesiger Neger vor Bogie und drückte ihm sein Maschinengewehr in die Hand», erinnerte sich Huston.

«Okay, tough guy, zeig uns mal, wie du damit umgehst.»

«Kein Problem», zischte Bogie und drückte den Abzug. Eine Salve durchlöcherte die gegenüberliegende Wand. Um Haaresbreite entgingen Mayo und Huston dieser Attacke. Bogie fing sich als erster wieder. Er verzog seinen Mund und feuerte zwei weitere Salven in die Luft. Mayo war noch immer wie gelähmt, als sie nach Hause fuhren. «Darling, ich wußte wirklich nicht, daß sie geladen war», versuchte Bogie sie zu trösten. «Mit Sicherheit hätte ich dann besser gezielt.»

Nach fünfwöchigem Aufenthalt in Italien ging es wieder nach London, von dort weiter nach Island und über den Atlantik.

Freudestrahlend empfing Warner seinen Star Bogart und Mayo, als sie in Hollywood eintrafen. Trotz mancher Zwischenfälle hatte ihre Tour ein lobendes Echo in der Presse gefunden, was auch dem Studio gelegen kam, hoffte doch Warner, daß sich Bogarts Fronteinsatz auch bei der Oscar-Verleihung auszahlen würde. *Casablanca* erhielt acht Nominierungen: bester Film, bester Hauptdarsteller, bester Nebendarsteller, bester Regisseur, bestes Drehbuch, beste Kameraführung, beste Filmmusik und bester Schnitt. Bogie war überzeugt, daß Paul Lukas den Oscar für *Watch on Rhine* erhalten würde und stimmte öffentlich für ihn. Nur widerwillig nahm Bogart an der Oscar-Verleihung am 2. März 1944 in Graumans Chinese Theatre teil. «Irgendwie kam es mir absurd vor, daß ich, der einen Anti-Oscar erfunden hatte, der an Tierdarsteller verliehen wurde, jetzt hier saß.»

Bei dieser ersten öffentlichen Oscar-Verleihung, die im Rundfunk live übertragen wurde, ging der Oscar für das beste Drehbuch an die Epsteins, der Preis der Jury für die beste Regie ging an Michael Curtiz – *Casablanca*. Gerührt erhob sich Curtiz und ergriff das Wort: «So viele Male habe ich schon immer eine Rede vorbereitet … aber nicht heute. Immer war ich die Brautjungfer, niemals eine Mutter. Nun ich gewinne … und ich habe keine Rede.»

Rains und Bogart gingen leer aus. Tapfer schüttelte er Lukas die Hand. Für Überraschung aber sorgte, daß *Casablanca* zum besten Film ernannt wurde. Obwohl die Ehre Hal B. Wallis gebührte, rannte Jack Warner auf die Bühne und nahm den Oscar entgegen. Wallis grämte sich, tröstete sich dann aber mit dem Irving G. Thalberg Memorial Award. Obwohl Wallis noch in der Oscar-Nacht beteuerte, es gäbe zwischen ihm und Warner keine Rivalität, verließ er das Studio einen Monat später und wechselte zur Paramount.

Report from the Front, ein Drei-Minuten-Streifen über Bogarts Truppenbetreuung, kam noch vor der Oscar-Nacht in die Kinos. Bogie hatte ihn bereits an seinem ersten Tag in den Studios zusammengestellt. Der Film, der den Kinos anläßlich der Motion Picture Theaters Red Cross Week (vom 23. bis 29. März 1944) zur Verfügung gestellt wurde, zeigte Ausschnitte aus seiner Show, verbunden mit einem Spendenaufruf für das Rote Kreuz.

Humphrey Bogart in *Tokio-Joe*, 1950

Humphreys Vater Dr. Belmont DeForest Bogart

Humphreys Mutter Maude

Humphrey Bogarts erste Rolle: das Mellins-Baby

Rechts
Humphrey Bogart, 194

Bogarts Frauen:

Helen Menken

Mary Philips

Mayo Methot

Betty alias Lauren Bacall

Zähe Krähe» und «alter Säufer»: Katharine Hepburn
nd Humphrey Bogart an Bord der «African Queen»

inks: Auf Kommando glücklich: Bogie und Betty an Bord
er «Santana»

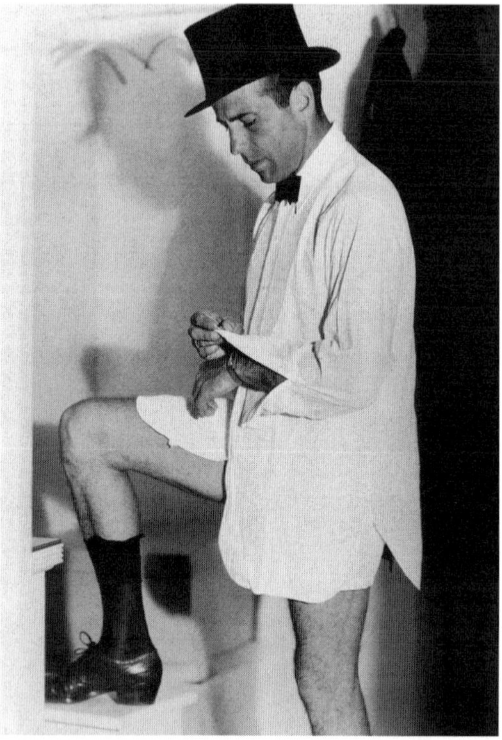

Mr. Dodds geht nach Hollywood, 1937

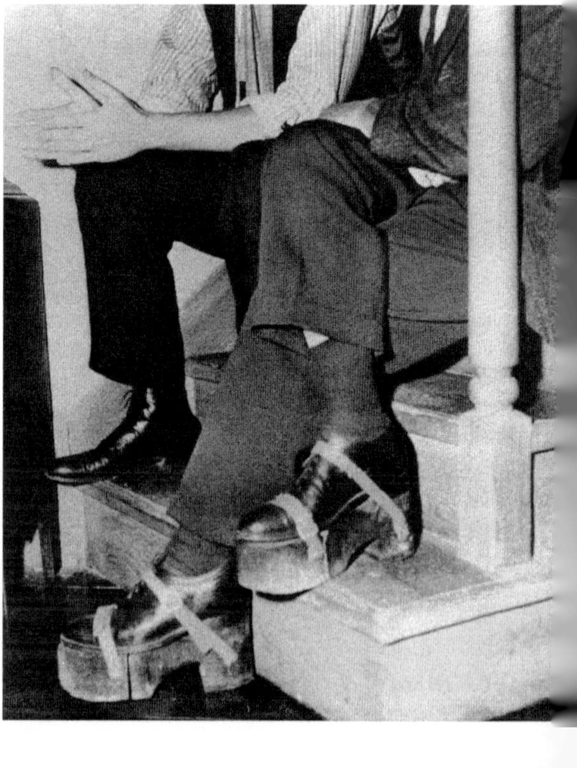

Während der Dreharbeiten zu *Das Doppelleben des Dr. Clitterhouse*, 1938

ie Maske runter, 1952

Humphrey Bogart, 1951

Humphrey Bogart, Edward G. Robinson
und Paul Guilfoyle in *Orchid, der Gangsterbruder*, 1940

Humphrey Bogart, Leslie Howard und Bette Davis in
Der versteinerte Wald, 1940

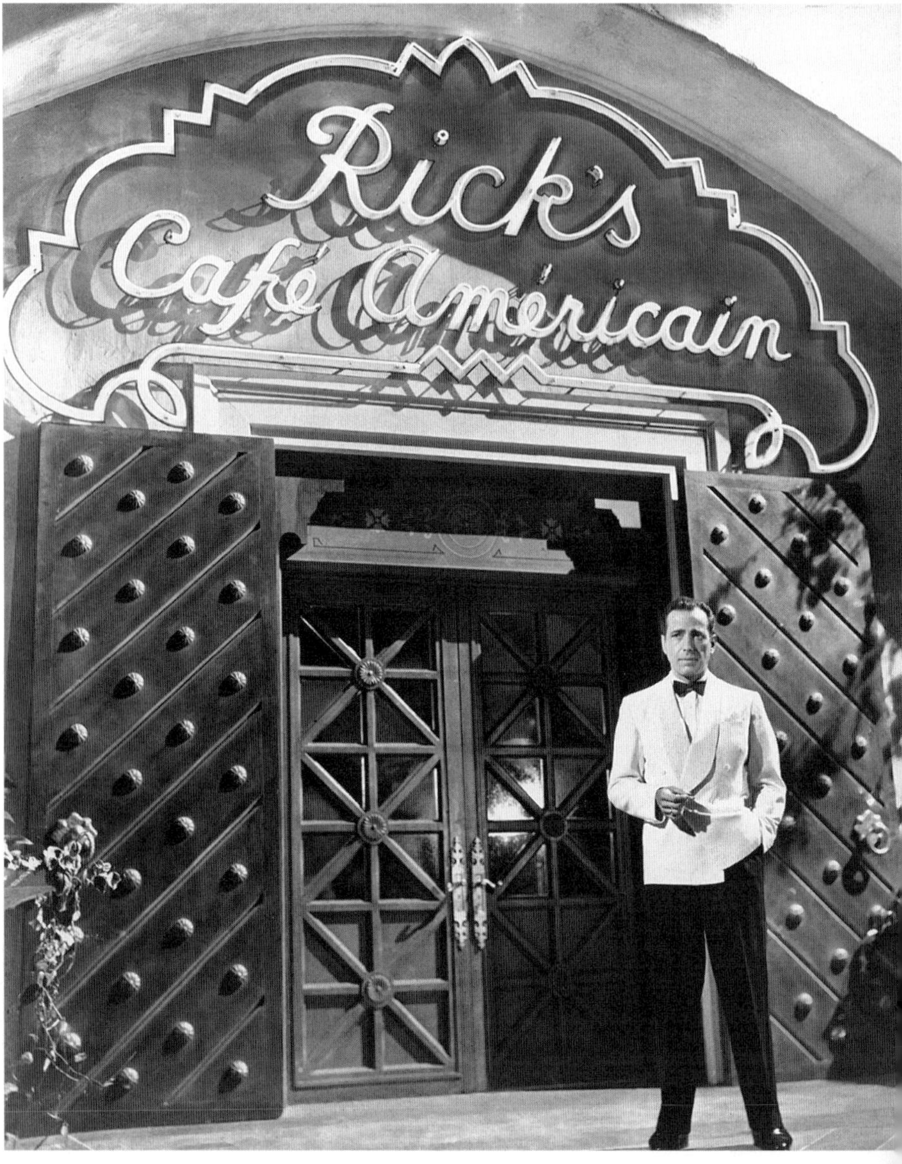

Casablanca, 194

Bogarts Männer:

Spencer Tracy

Peter Lorre

Jack L. Warner

John Huston

Humphrey Bogart in *High Sierra*, 1941

Bogies Babies

Eins

Es hatte Jahre gedauert, bis Regisseur Howard Hawks seine gepflegten Ressentiments gegenüber Bogart über Bord geworfen hatte. Nun kämpfte er mit zwei Problemen.

Kurze Zeit nachdem Hemingway seinen Roman «To Have and Have Not» veröffentlichte, wettete er mit Hawks, der blind die Filmrechte erworben hatte, daß der Roman nicht verfilmbar wäre.

Das zweite Problem war ein kleines, attraktives Mädchen, das Hawks durch einen Zufall kennengelernt hatte. Auf der Suche nach einer geeigneten weiblichen Hauptdarstellerin zeigte ihm seine Frau Slim eine Ausgabe von *Harper's Bazaar*. Ein junges Modell, von dem niemand etwas gehört hatte, zierte die Titelseite: Betty Joan Perske. Hawks erkannte, daß sie das gewisse Etwas besaß, aber sie war für den Film noch zu jung. «Sie war ein Kind. Ich schätzte sie auf 13/14 Jahre, wenn man den üblichen fotografischen Schnickschnack und die Schminke abzog.» Dennoch wies er seine Sekretärin an, Nachforschungen anzustellen. «Aus heiterem Himmel tauchte nun dieses Kind im Sommer 1943 in meinem Büro auf. Sie trug einen Gabardinerock und eine Strickjacke. Offiziell war sie bereits 19 Jahre alt, und auch ihre Mutter war mit einem eventuellen Vertrag einverstanden. Ich hatte meine Zweifel. Sie war sehr dünn und sprach mit einer hohen, nasalen Stimme. Aber sie war so fest entschlossen und eifrig, daß ich es nicht übers Herz brachte, sie wieder nach Hause zu schicken.»

Darf man den Erinnerungen von Betty Perske alias Lauren Bacall und den Studiounterlagen trauen, so emigrierten ihre Großeltern mütterlicherseits um die Jahrhundertwende nach Amerika. «Auf Ellis Island gaben sie ihren Namen an: Weinstein-Bacal. Aber offenbar reichten die Fremdsprachenkenntnisse des Einwanderungsbeamten nur für den ersten Teil, und so wurden Max und Sophie Weinstein registriert, zusammen mit ihren Töchtern Renée und Natalie sowie dem Sohn Albert.» Sie wohnten in einer muffigen Wohnung in New York, und Großvater Weinstein verdiente seinen Lebensunterhalt mit dem Verkauf von Haushaltsartikeln. Später eröffnete er einen Süßwarenladen.

Tochter Natalie heiratete den Polen William Perske. Am 16. September 1924 (offizielle Studioangabe) wurde Betty Perske geboren. Die Ehe verlief nicht allzu glücklich. Natalie trennte sich von ihrem Mann. «Ich war gerade acht, als mein Vater seine unregelmäßigen Besuche bei uns einstellte», erinnerte sich die Bacall. Da ihre Mutter arbeiten mußte, war Betty meistens bei Freunden, Verwandten, oder sie blieb sich selbst überlassen. «Ich verbrachte die meiste Zeit im Kino. Bette Davis war mein großes Vorbild. Gewiß, ich sah Bogie in dem einen oder anderen Streifen, aber bewußt wahrgenommen habe ich ihn damals noch nicht.»

Natalie hatte große Pläne mit ihrer Tochter. Bereits mit vier Jahren ließ sie sie Ballett- und Sprechunterricht nehmen. Mit sechs wirkte die kleine Betty Bacal (das zweite «l» in ihrem Namen sollte ihr erst Hawks verordnen) bereits in Kindermodenschauen mit. Das Problem war, daß Betty älter wirkte. So kam sie 1942 zu *Harper's Bazaar*, wo sie nach einer leidenschaftlichen Affäre mit dem Chefredakteur 1943 auf dem Cover landete.

In den nächsten Wochen modellierten die Hawks' «das Kind»

pygmaliongleich um. Slim lehrte sie zu gehen, sich zu schminken und zu kleiden, während Howard ihr beibrachte, tiefer zu sprechen. Howard Hawks taufte sie in Lauren Bacall um und versuchte, sie bei einem Studio unterzubringen. Er führte Betty zum Essen aus, und zahlreiche Klatschkolumnisten vermuteten, sie würde in kürzester Zeit die Nachfolge von Slim antreten, zumal man wüßte, wie sehr Hawks auf «junges Gemüse» stand.

Obwohl Hawks die Werbetrommel für sein Produkt «Lauren Bacall» kräftig rührte, blieb das Interesse verhalten. Die meisten Studios hatten sie nach einer Probeaufnahme abgelehnt. «Gute Figur, streng aussehendes Gesicht. Hauptproblem ist jedoch die Stimme und das Alter. Könnte Probleme mit Breen Office geben», heißt es in den Unterlagen von MGM. Auch Warner Brothers diente Hawks seine Entdeckung an. Und weil er Bogart für *To Have and Have Not (dt. Haben und Nichthaben)* gewinnen wollte, schaute er mit Betty rasch noch bei den Dreharbeiten von *Fahrkarte nach Marseille* vorbei.

«Es schlug kein Blitz ein, kein Donner krachte, es erfolgte lediglich eine freundliche Begrüßung, als Howard mich mit Bogie bekannt machte», erinnerte sich die Bacall.

Bogie zwinkerte sie an, und sie starrte gelangweilt durch die Gegend.

Einige Tage später teilte Warner Hawks mit, er sehe leider keine Möglichkeit, Lauren Bacall zu beschäftigen. Nach dieser Abfuhr war Hawks so verärgert, daß er selbst Betty unter Vertrag nahm und sie für den Part der Marie einplante. Betty jedoch war alles andere als begeistert. «Ich hielt Bogie für einen Proleten, der seinen eigenen Namen nicht buchstabieren konnte.» Viel lieber wollte sie Cary Grant als Partner, aber Bogart hatte inzwischen den Vertrag unterzeichnet.

Nachdem Hawks die ersten Hürden überwunden hatte, beauftragte er Jules Furthman und William Faulkner, von Hemingways Roman ein Drehbuch zu erstellen. Gemeinsam entschieden sie, 90 Prozent des Romanstoffes über Bord zu werfen und den Film auf die Vorgeschichte der Ehe von Harry und Marie Morgan zu konzentrieren. Nach viermonatiger Vorbereitungszeit konnten Furthman und Faulkner am ersten Drehtag Anfang März gerade vier fertige Drehbuchseiten und ein Grobexposé vorweisen.

Um Problemen mit der Zensur auszuweichen, wurde aus Kuba kurzerhand Martinique. Harry Morgan mutierte zu einem kernigen Individualisten, der zwischen die Fronten der Vichy-Regierung und der französischen Befreiungsbewegung gerät. Da er Geld braucht, um für Marie ein Flugticket nach Amerika zu kaufen, schmuggelt er einen französischen Widerstandskämpfer und dessen Frau auf sein Boot, gerät in Bedrängnis und schippert nach bestandenem Abenteuer mit Marie der Glückseligkeit entgegen.

Die Arbeitsweise, die sich aus den Problemen mit dem Drehbuch ergab, schien Bogart zu genießen. «Jeden Morgen versammelte Howard die Schauspieler im Kreis, und das Skriptgirl gab uns unsere Texte. Wir lasen die Szenen, und fast immer fügte Howard noch zusätzliche Dialoge ein, in denen es zwischen mir und Betty um Sex ging. Danach tappten wir in der Kulisse herum, um ein Feeling für die Szene zu bekommen. Dann erst wurde gedreht. Ich mußte also nie meinen Text im voraus kennen», berichtete Bogart. William Faulkner war von dieser Arbeitsweise begeistert. «Die besten Filmtexte entstanden dadurch, daß die Schauspieler und Autoren das Drehbuch wegwarfen und die Szene bei der Probe neu erfanden.»

Daß niemand sich über die chaotische Arbeit beschwerte, dafür hatte Howard Hawks eine einfache Erklärung: «Wenn zwei Leute sich frisch ineinander verliebt haben, hat man es nicht schwer, mit ihnen umzugehen. Ich sagte Bogie, er soll der Kleinen helfen, und Bogie half ihr.»

Bogies Hilfe aber wurde von Betty deutlich mißverstanden. Sie sah seinen Wagen, sein Haus, sah, wie er Mayo mit Geschenken überschüttete, und entschied, daß hier die Antwort all ihrer

Sehnsüchte lag. Gleich der Bergman verliebte sie sich in der dritten Drehwoche in Bogart. Bogie war amüsiert, aber nicht wirklich interessiert. Er war kollegial, nahm sie väterlich in den Arm und zwinkerte ihr zu – wie auch schon anderen Partnerinnen zuvor. Spencer Tracy wollte es von seinem alten Freund genauer wissen, doch Bogie winkte nur ab: «Mein Gott, Spence, sie ist noch ein wirkliches Kind.»

Das «Kind» aber setzte alles daran, Bogies ungeteilte Aufmerksamkeit zu erheischen. Sie lud ihn zum Mittagessen ein, schrieb ihm heiße Liebesbriefe und besuchte ihn rein zufällig nachts in San Pedro, wenn er gerade mit der «Sluggy» zur nächtlichen Küstenpatrouille aufbrechen wollte. «Betty war schon damals eine opportunistische Profitjägerin», urteilte Lillian Ross. Wenig schmeichelhafte Worte fand auch Ezra Goodman: «Ich lernte Lauren Bacall kennen, als sie gerade bei Warner anfing. Nachts bellte sie den Mond an, um eine tiefere Stimme zu kriegen, und tagsüber war sie hinter Bogie her. Sie war ein mageres, aufgeschossenes, aggressives Mädchen, ein Niemand, das in Schwab's Drugstore herumhing und mit den Studioleuten plauderte, in der Hoffnung, etwas zu erreichen. Das gelang ihr, durch Bogie.»

Für Bogie war die Episode mit Beendigung der Dreharbeiten vorüber. Betty dagegen jammerte Hawks die Ohren voll, Bogie habe sie nur mißbraucht und mit ihr gespielt. Sie flehte Hawks an, ihr die Rolle der Vivian Rutledge in der Verfilmung von Raymond Chandlers Krimi «The Big Sleep» zu geben. Hawks, der natürlich von der knisternden Erotik, die das ungleiche Paar auf der Leinwand erzeugen konnte, profitieren wollte, ließ die Bacall einige Wochen zappeln. Zunächst machte er ihr weis, Cary Grant, den sie sich immer gewünscht hatte, würde den Part übernehmen, zumal dies auch den Vorstellungen Chandlers entsprach. Dann schob er vor, Bettys Part mit Mary Astor zu besetzen, da das Studio erst ihre Wirkung auf das Publikum abwarten wollte. Dann aber willigte er gnädigerweise ein, obwohl die Bacall bereits von Anfang an für die Rolle vorgesehen war.

Was Faulkner und die Drehbuchautorin Leigh Brackett – «das Mädchen mit dem frechen Gesicht, das aber wie ein Mann schreibt» (Faulkner) – ablieferten, ließ Hawks die ganze Drehzeit hinweg im dunkeln tappen, um was es eigentlich ging. «Leigh und Faulkner waren innerhalb einer Woche mit der Arbeit am Skript fertig», erinnerte er sich. «Sie sagten, sie wollten nur Dinge ändern, die Probleme mit der Zensur schaffen könnten. Ansonsten sei der Stoff zu gut. Chandlers Stärke seien einfach seine witzigen Dialoge. Es habe keinen Sinn, Logik hineinzubringen. Also ließen wir es bleiben.»

The Big Sleep (dt. Tote schlafen fest) basiert auf Raymond Chandlers Erfolgskrimi, der 1939 erschienen war. Philip Marlowe, ein harter, zynischer Einzelgänger, der unter seiner rauhen Schale ein weiches Herz verbirgt, wird von General Sternwood beauftragt, den Erpresser seiner Tochter Carmen dingfest zu machen. Carmen ist Nymphomanin und nur allzugern bereit, auch für Nacktfotos zu posieren. Doch noch bevor Marlowe handeln kann, wird der Erpresser von Sternwoods Chauffeur ermordet.

Auf der Suche nach den Fotos trifft Marlow auf Joe Brody, der versucht, die Bilder an Carmens Schwester Vivian zu verkaufen. Brody wird ermordet, doch Marlowe gelingt es, den Mörder zu stellen und der Polizei zu übergeben. Bei seinen Recherchen stößt Marlowe auf Eddie Mars. Obwohl Vivian will, daß er den Fall ruhenläßt, gibt Marlowe nicht auf. Nach und nach findet er heraus, daß Mars der eigentliche Drahtzieher der Erpressung ist.

«Wenn Sie sich einmal *Tote schlafen fest* ansehen, werden Sie sehen, was ein Regisseur mit Sinn für Atmosphäre und einem Gefühl für unterschwelligen Sadismus aus so einer Geschichte machen kann», schrieb Raymond Chandler an Hamish Hamilton. «Bogart braucht keinen Revolver, um Härte zu zeigen.

Obendrein verfügt er über jene Art von Humor, der den bekannten Unterton beißender Verachtung enthält.» Die Bacall bezeichnete Chandler als «Kind und Teufel in einem».

Bogie schien Gefallen an Hawks' Arbeitsstil zu finden. Er improvisierte hemmungslos und ließ sich von spontanen Stimmungen treiben, selbst wenn sie allen bisherigen Rollencharakterisierungen widersprachen. Mit Hornbrille und hochgeschlagener Hutkrempe wirkte er derart tuntig, daß Warner seine schlimmsten Befürchtungen bestätigt sah.

Doch das Bild einer unbeschwerten, entspannten Drehzeit war trügerisch. Bogie stand vor der schweren Entscheidung, sich endgültig von Mayo zu trennen. Aufgedunsen, plump und behäbig geworden, überschüttete sie ihn mit Vorwürfen, daß er sich nicht für ihr Comeback stark machte.

Bogie floh zu Verita Peterson oder ins Studio. Und schließlich fand er auch in Betty eine willkommene Ablenkung. Verständnisvoll hörte sie ihm zu und schaffte es, ihn wieder etwas aufzuheitern. Innerhalb kürzester Zeit bekamen auch die Klatschreporter Wind davon, ließen aber, da Jack Warner sofort intervenierte, zunächst nur Andeutungen fallen.

Nachdem Bogart seine Trennungsabsicht ausgesprochen hatte, stürzte Mayo sich in Alkoholexzesse und mußte wiederholt mit akuter Alkoholvergiftung ins Krankenhaus eingeliefert werden. Während eines dieser Aufenthalte brachte ihre liebe Freundin Bette Davis ihr eine Ausgabe des Klatschmagazins *Confidental* vorbei, in der die Beziehung Bacall–Bogart detailreich geschildert und mit Fotos dokumentiert wurde. Wie von Furien gehetzt verließ Mayo das Krankenhaus und raste mit einem Taxi zu den Studios. Wütend stürmte Mayo in Halle 8, wo *Tote schlafen fest* seit dem 10. Oktober 1944 gedreht wurde, und attackierte die Bacall derart mit den Fäusten, daß Betty zwei Tage nicht drehen konnte. «Hör zu, du jüdische Schlampe, was denkst du dir eigentlich, wer soll seine Socken waschen? Du etwa? Willst du für ihn sorgen?» schrie Mayo.

Nur mühsam konnten die herbeigeeilten Wachmänner die beiden Frauen voneinander trennen. Jack Warner erteilte Mayo Studioverbot.

Bogart war hin und her gerissen. Das Geplänkel und auch der Sex mit der Kleinen hatten ihm gefallen, doch inzwischen nahm das Ganze Ausmaße an, die er nicht mehr überblicken konnte. Eine gemeinsam verbrachte Nacht auf der «Sluggy» hatte zur Folge, daß der Vorstand des Yachtclubs Bogarts Ausschluß erwog. Bei anderer Gelegenheit informierte ein Mitglied des Clubs Mayo, Mister Bogart und sein kleines Flittchen seien an Bord. «Mayo schnappte sich ein Gewehr und raste los», erinnerte sich Peter Lorre. «Unterwegs trank sie sich Mut an und hoffte so, wegen verminderter Zurechnungsfähigkeit freizukommen. Ähnlich wie im Connie-Bennett-Fall wollte sie einfach der Kleinen das Licht auspusten. Die Stopps an den Likörläden sollten Betty das Leben retten. Kurz bevor Mayo eintraf, hatte Betty sich auf den Heimweg gemacht. Dennoch ballerte Mayo einige Ladungen Schrot durch die Gegend. Gott sei Dank wurde aber niemand verletzt.» Dieser und anderer Zwischenfälle überdrüssig, quartierte Bogie sich im Garden of Allah ein.

Im Dezember 1944 erklärte Bogie in einem Gespräch mit der Reporterin Louella Parson: «Mayo und ich haben uns getrennt. Ich glaube, das ist im Augenblick das Beste, was wir tun können.» Louella Parsons notierte sich, daß Bogie Tränen in den Augen standen, verwendete diese Beobachtung aber nicht in ihrem Artikel. «Ich habe Mayo gesagt, ich werde nicht nach Hause kommen. Sie kann haben, was immer sie will, wenn sie mich nur gehen läßt.»

Als der Artikel kurz vor Weihnachten erschien, raste Warner. Er und seine Frau Ann mochten Mayo und fühlten sich irgendwie für sie verantwortlich. «Bogie, du wirst doch nicht dieser kleinen Freibeuterin auf den Leim gehen?» warnte er seinen Star, der nach einem Gespräch unter vier Augen gelobte, seinen Zufluchtsort wieder gegen die häusliche Idylle einzutauschen.

«Mein Gott, es ist Weihnachten!» sagte Warner. «Das Fest der Liebe. Was sollen die Menschen nur von uns denken.»

Auch Hawks zitierte er zu sich und befahl ihm, die «Bacall-Situation» ins reine zu bringen. Den Produktionsnotizen vom 19. und 20. Dezember 1944 ist zu entnehmen, daß es zu einer «dreißigminutigen Verzögerung kam».

«Jetzt reicht es mir endgültig», schrie Hawks die kleine Betty an. «Ich will keinen Vertrag mit jemandem, der sich weigert, auf mich zu hören. Bogart liebt das Leben, das er führt, er trinkt gern, und seine Frau gefällt ihm. Und du setzt deine Karriere aufs Spiel für ein Hirngespinst. Du bist wirklich eine dumme Gans – ich kündige deinen Vertrag. Wenn ich gewußt hätte, daß du mir so etwas antust, hätte ich dich nie genommen.»

Betty heulte ein wenig, aber nach dieser Standpauke war sie wild entschlossen, Mrs. Bogart zu werden. Als am 13. Januar 1945 *Tote schlafen fest* nach 76 Drehtagen (ursprünglich waren 34 Tage geplant) abgeschlossen wurde, verkündeten die Zeitungen, Bogie und Mayo hätten sich wieder versöhnt.

In ihrer Verzweiflung griff Betty zum letzten Mittel, um zu verhindern, daß Bogie ihr entglitt, und setzte das Gerücht in Umlauf, sie sei von ihm schwanger. Bettys Plan trug Früchte. Bogie suchte Mayo auf, und gemeinsam diskutierten sie die mißliche Situation, in der er sich befand. Da sie wußte, daß sie ihn früher oder später verlieren würde, sie ihn aber immer noch liebte, willigte Mayo in eine Scheidung ein. Sie, die seine Karriere entscheidend mit aufgebaut hatte, wollte nun auch noch das letzte Opfer bringen und einen vernichtenden Skandal vermeiden. Sie fuhr nach Reno, um eine «schnelle Scheidung» durchzuziehen. Für ihr Entgegenkommen übertrug ihr Bogie das Haus, eine größere Geldsumme sowie die beiden Safeway-Läden, die er als Investition gekauft hatte. Aurilio Salazar, der Gärtner, und May Smith, die Köchin, sollten bei Bogie bleiben.

Am 10. Mai 1945 rief Mayo aus Reno an und teilte Bogart mit, daß die Scheidung durch war. Wie es der Zufall wollte, lief er an diesem Abend seiner Exfrau Mary Philips über den Weg. Auch Mary hatte nach einigen stürmischen Jahren wieder geheiratet und lebte mit ihrem Mann Kenneth MacKenna in Hollywood. «Er war so verzweifelt, daß er mir schrecklich leid tat. Bogie weinte wie ein kleines Kind.»

Aber der Devise folgend, daß die Show weitergehen muß, arrangierte Bogie seine vierte Hochzeit und bat seinen Freund Louis Bromfield, alles Nötige vorzubereiten.

Auch das Studio zeigte sich hilfreich – bis zu jenem Augenblick, als die Rechtsabteilung Warner darüber informierte, daß man sich mit dem Geburtsdatum der Bacall getäuscht hatte. Warner, der vermutete, sie habe sich ein oder zwei Jahre jünger gemacht, erbleichte, als er erfuhr, daß genau das Gegenteil der Fall gewesen war: Bettys wahres Geburtsjahr lautete 1928.

Die Bacall und ihre Mutter leugneten, doch ihr Vater William Perske bestätigte die schlimmsten Befürchtungen des Studiochefs. Schnell arrangierte man einen Termin in Bettys Geburtsstadt und löste dank einiger helfender, wenn auch nehmender Hände dieses Problem. Um alle Fäden auch weiterhin in der Hand zu halten und einen Skandal vermeiden zu können, kaufte Warner schließlich den Vertrag der Bacall von Hawks ab.

Am 21. Mai 1945 heirateten Humphrey Bogart und Lauren Bacall auf Louis Bromfields Farm in Ohio. Hedda Hopper und Louella Parsons durften über die Hochzeit exklusiv berichten, mußten dafür aber über die prekäre Lage der Braut schweigen.

Warner hatte verlangt, daß die Dreharbeiten zu *The Two Mrs. Carrolls (dt. Die zweite Mrs. Carroll)* nicht unter den Hochzeitsfeierlichkeiten litten. In der Rolle des begabten Malers Geoffrey Carroll, der, nachdem er seine erste Ehefrau getötet hat, nun auch seine zweite Frau umbringen will, fühlte Bogie sich unwohl. Kein Filmstoff hätte in diesem Augenblick unpassender sein können.

Noch hoffte Warner, mit diesem Film an den Erfolg von Stanwycks Klassiker *Double Idemnity* anknüpfen zu können, doch als er das fertige Werk sah, legte er es enttäuscht auf Eis. *Die zweite Mrs. Carroll* kam erst am 4. März 1947 in die Kinos.

Betty und Bogart bestiegen bereits am 18. Mai den Zug in Pasadena. Als Louis und Mary Bromfield das Paar abholten, war bereits durchgesickert, daß Bogart wieder heiraten wollte. Die Ortschaft und die Farm wurden von Reportern belagert. Die Freunde Spencer Tracy und James Cagney hielten sich diskret im Hintergrund und verweigerten jede Stellungnahme. Doch Bettys Vater plauderte ungeniert: «Meiner Meinung nach ist Lauren einfach zu jung, einen Mann zu heiraten, der gut dreimal so alt ist wie sie. [In späteren Zitaten auf Warners Drängen geändert in ‹zweimal›.] Ich halte Bogart eher geeignet, Mitglied in einem Altersheim zu werden, als mit meiner Tochter auf Hochzeitsreise zu gehen. Aber sie ist ein Dickschädel, und was sie sich in ihren Kopf gesetzt hat, das erreicht sie auch. Und wenn sie dabei über Leichen geht. Ich bin damit nicht einverstanden. Aber ihr Studio hat mir gesagt, ich solle meine Klappe halten, und hat sich das auch was kosten lassen.» Howard Hawks merkte nur an: «Das Tragische an der Ehe der beiden war, daß Bogie sich in die Rolle der Bacall verliebte.»

Die Trauung war für Sonntag, den 21. Mai, um 12 Uhr angesetzt. Friedensrichter Settler war bereit, der Hochzeitsmarsch setzte ein, doch es fehlte jede Spur von Betty. Also schickte man George Hawkins, die Braut zu holen.

«Wo ist sie?» wollte Bogie wissen, als Hawkins lachend zurückkam.

«Sie hockt noch immer auf dem Klo», erklärte er kichernd, und man wartete weitere dreißig Minuten, bevor die Bacall in ihrem blaßrosa Hochzeitskleid erschien.

Schließlich konnte man die Presse nicht länger zurückhalten. Mrs. Bromfield trug den dreistöckigen Hochzeitskuchen herein. Die Reporter überschlugen sich und gaben ihrerseits Regieanweisungen. Bacall schien es zu genießen, während Bogie gereizt reagierte. «Wollt ihr uns auch noch fotografieren, wie wir in der Hochzeitsnacht ficken?» Nach drei Stunden wurde man glücklicherweise die Meute wieder los.

Betty war überglücklich. Doch Bogie vertraute Mark Hellinger an: «Ich fühle mich wie eine Maus, die eben von einer Tigerin zerrissen wurde.»

Mayo, die ebenfalls von Reportern gejagt wurde, erklärte bissig: «Ich wünsche Miss Bacall alles erdenkliche Glück auf Erden. Mein Mann hat ja bekommen, was er verdient, und so soll es bleiben. Bis daß der Tod sie scheidet.»

ZWEI

Trotz aller Ressentiments gegenüber der vierten Mrs. Bogart wollte auch Warner von der Hochzeit profitieren. Die Medien waren verrückt nach dem Paar, und das Bild, das Betty und Bogart bei ihrer Ankunft in Pasadena zeigte, hatte die Auflagen in die Höhe getrieben.

Nach Abschluß der Dreharbeiten von *Die zweite Mrs. Carroll* plante man, daß Bogart und Bacall gemeinsam in *The Devil was a Lady* auf die Leinwand zurückkehren sollten. Raoul Walsh sollte Regie führen. Als daraus nichts wurde, hieß es, Bogie würde in *The Dealer's Name is George* die Hauptrolle spielen. Ursprünglich für George Raft gekauft, weigerte sich Bogie, den Part zu spielen und nörgelte, «er sei es leid, in sein altes Genre zurückzufallen». Diese Gefahr bestand bei *The Jack Benny Story* nicht. Das Drehbuch verfaßte William Morrow, und Jerry Wald übernahm die Produktion. Bogie sollte darin alte Benny-Sketche wiederholen, doch am zweiten Drehtag merkte er, daß er damit hoffnungslos überfordert war.

Für *Never Say Goodbye* lieh er Errol Flynn seine Stimme, damit der eine perfekte Bogart-Imitation abliefern konnte, und in *Always Together* verkörperte er als «perfekter Schmierenkomödiant einen heulenden Pfarrer».

Variety verkündete, Bogie würde die Titelrolle in *Mr. Broadway* übernehmen, der Lebensgeschichte von Sime Silverman, dem Herausgeber von *Variety*. Statt dessen entschied Warner, Bogart und Bacall sollten in *Stallion Road* an der Seite von Ronald Reagan mitwirken. Im Gegensatz zu den Bogarts war Reagan von dem faden Drama auf einer Pferdefarm begeistert. «Die Möglichkeit, mit Bogie und Betty zusammenzutreffen, ließ mich Gutes hoffen. Bogie war ein wahrer Meister, von dem man viel lernen konnte.» Gleiches konnte Bogart über Reagans Schauspielkunst nicht sagen und lehnte das Projekt ab. Warner war derart erbost, daß er Bogie und die Bacall für acht Wochen suspendierte.

Dennoch zögerte er nicht, Bogart einen 15-Jahres-Vertrag anzubieten, der ihn verpflichtete, einen Film pro Jahr zu drehen, für den er garantiert 200000 Dollar erhalten sollte. Weiterhin konnte er zwei von drei Drehbüchern ablehnen und entscheiden, mit welchem Regisseur er zusammenarbeiten wollte. Lediglich die Zusammenarbeit mit Billy Wilder, John Huston, William Wyler, John Ford und Edward Dmytryk entzog sich seinem Vetorecht.

Verita Petersen wurde als offizielle Sekretärin und Betreuerin von Bogart geführt. Außerdem legte der Vertrag fest, daß Bogart wöchentlich bis zu 1000 Dollar Spesen abrechnen konnte, wenn außerhalb Hollywoods gedreht wurde. Publicitystunts und Fotos bedurften Bogarts persönlicher Absegnung.

Bogie unterzeichnete am 3. Januar 1946. Es war üblich, daß auf Fotos derartiger Vertragsabschlüsse der Studiochef, sein Vertreter, der Star, der Agent und die Investmentberater des Stars zu sehen waren, doch die Bacall quengelte so lange, bis man auch sie mit aufs Bild nahm. Bogart sah nach der geplatzten Vaterschaft und den wachsenden Ansprüchen seiner neuen Frau sichtlich genervt aus.

Seinem Freund Spencer Tracy vertraute Bogart bereits im August 1945 an, daß er die Entscheidung, das Baby zu heiraten, bereute. «Es war unüberlegt. Ich bin da in etwas hineingeraten und muß mir jetzt etwas einfallen lassen, wie ich da wieder rauskomme. Diesmal habe ich es wirklich fein hingekriegt. Wir haben nicht das geringste gemeinsam, sie ist so jung, daß sie meine Tochter sein könnte, noch dazu ist sie eine ehrgeizige Schauspielerin.»

Bettys Ehrgeiz richtete sich aber nicht nur auf ihre Karriere. Zunächst lebte sie mit Bogie in einer Bungalowanlage am Sunset Strip. Doch als der neue Vertrag mit Warner verhandelt wurde, bestand Betty auf ein eigenes Haus. Schnell hatte sie ein Anwesen gefunden, das ihren Ansprüchen entsprach: Hedgerow Farms, das ehemalige Anwesen von Hedy Lamarr, mit 14 Zimmern, Tennisplatz und Swimmingpool. Bogie rollte nur mit den Augen, als er den Preis hörte, doch Betty hatte bereits zugesagt.

Immer wieder forderte Betty Geschenke. «Wenn sie nicht jeden Tag etwas von Bogie überreicht bekam, jaulte sie wie ein getretenes Hündchen», mokierte sich Peter Lorre.

Ein geeignetes Drehbuch für den ersten Film des neuen Vertrages war schnell gefunden: *Dark Passage (dt. Die schwarze Natter; Das unbekannte Gesicht)* nach dem Roman von David Goodis. Nach der Flucht aus St. Quentin findet der wegen Mordes an seiner Frau unschuldig verurteilte Vincent Parry Unterschlupf bei Irene Jansen. Nach einer Gesichtsoperation stellt er den wahren Mörder. Es handelt sich um eine Freundin seiner Frau. Doch als sich diese aus dem Fenster stürzt, sieht sich Vincent jeder Möglichkeit beraubt, seine Unschuld zu beweisen. Gemeinsam mit Irene flieht er nach Südamerika, wo sie ein neues Leben beginnen.

Nur allzugern wollte Bogart einmal mit der kleinen Taylor drehen. Warner telefonierte also mit Benny Thau und bat MGM, die Taylor auszuleihen. Als Gegenleistung bot er Bogie für eine MGM-Produktion und 5000 Dollar wöchentlich für die Taylor. Thau zögerte, versprach aber, die Angelegenheit mit Elizabeth und ihrer Mutter zu besprechen. Schließlich verabredete man sich zu einem gemeinsamen Abendessen. Geschickt arrangierte es Bogie, daß die Bacall zu Hause blieb, und glücklicherweise war auch Mrs. Taylor verhindert. Doch Elizabeth zeigte sich von Bogart wenig begeistert. Sie kicherte ständig über sein Toupet, und als er versuchte sie zu küssen, quietschte sie: «Ich kann nicht ... ich kann es einfach nicht tun. Sie entsprechen überhaupt nicht meinem Ideal.»

«Da spürte ich schon ihre Hand zwischen meinen Beinen», vertraute Bogie später seinem Kumpel Spencer Tracy an. «Doch es sollte anders kommen, als du denkst, denn plötzlich schlägt sie mir mit voller Wucht in die Eier und hüpft aus dem Wagen.»

Bevor die Dreharbeiten zur *Schwarzen Natter* beginnen konnten, mußte Bogart im Juni 1946 noch einen zugesagten Film bei der Columbia drehen.

Als Partnerin für Bogart hatte Cohn «the threat» Lizabeth Scott von der Paramount gewinnen können. Glücklich über dieses «tolle Gespann», überließ Cohn die Wahl des Regisseurs Bogart. Gelangweilt überflog er selbstgefällig die Liste, bis er plötzlich auf einen Namen stieß, der ihm vertraut war. John Cromwell. Cohn staunte, denn Cromwell war unbeliebt. Doch Bogart erklärte ihm, er habe mit Cromwell bereits in den zwanziger Jahren in New York herumgelungert. Bogie wollte die alten *Swifty*-Zeiten noch einmal aufleben lassen, was auch Cromwell sehr gelegen kam. «Nur hatten wir ein riesiges Problem. Wir hatten zwar einen Titel – *Dead Reckoning (dt. Späte Sühne)* – ... aber uns fehlte ein Drehbuch. Schließlich fanden wir dieses üble Machwerk von Allen Rivkin, das gnadenlos den *Falken* imitiert.»

Bogie verkörperte den Fallschirmspringer Rip Murdock, der den Tod seines Kriegskameraden aufklären will und dabei an eine Bande von Mördern gerät. Erst spät findet er heraus, daß Carol Chandler, die ihm bei seinen Nachforschungen unterstützt, hinter den Morden steckt.

«Um neun kam er völlig unvorbereitet ins Studio», berichtete Lizabeth Scott über die Zusammenarbeit mit Bogie. «Vor dem

Martini und dem Mittagessen lernte er den Text. Dann arbeitete er bis fünf und ging, ganz gleich, ob die Szene abgedreht war oder nicht. Das waren seine Regeln.»

Im November 1946 konnte Bogie die Verfilmung von *Die schwarze Natter* in Angriff nehmen. Bogart fühlte sich angeschlagen und lebte zurückgezogen. Von Bromfield hatte er erfahren, wie bedrohlich Mayos Gesundheitszustand inzwischen war und daß man mit dem Schlimmsten rechnen mußte. Wann immer das Telefon läutete, schreckte er zusammen. Das gesellschaftliche Leben der Bogarts sank auf den Nullpunkt. Sie gingen nur noch selten aus und verbrachten die Abende zu Hause, gelegentlich in Gesellschaft einiger noch verbliebener Freunde. Häufig zog Bogart sich auf seine Yacht «Santana» zurück, die er für 55 000 Dollar gekauft hatte.

Im Januar 1947 kehrte Bogart ein letztes Mal auf die Bühne zurück und übernahm die Rolle des Erzählers in *A Flag Is Born* von Louis Bromfield. Die Produktion von Ben Hechts Drama mit Paul Muni in der Titelrolle unterstützte die Stiftung American League for a Free Palestine, die es heimatlosen europäischen Juden ermöglichte, in Israel zu siedeln.

Im März 1947 brach Bogie nach Tampico, Mexiko, auf, um mit den Dreharbeiten zu *The Treasure of the Sierra Madre (dt. Der Schatz der Sierra Madre)* zu beginnen. Bereits vor dem Krieg war es John Huston gelungen, die Studioleitung zu überzeugen, sich die Filmrechte an B. Travens Roman «Der Schatz der Sierra Madre» zu sichern. Warner griff zu, und Huston machte sich kurz vor Ausbruch des Zweiten Weltkriegs daran, den ungewöhnlichen Dialog- und Sprachstil des Autors in ein Drehbuch umzusetzen. Ende 1946 konnte Huston erklären, er wäre endlich soweit.

Bogart hatte geahnt, daß es kein Zuckerschlecken werden würde, den Film vor Ort zu drehen. Doch gleich nach der Ankunft erklärte Huston dem Team, er hätte nun den idealen Drehort gefunden und verlegte die Produktion nach San José du Purua,

230 Kilometer entfernt von Mexico City und jenseits jeder Zivilisation. «Irgendwie war es die Generalprobe für das, was noch kommen sollte», erinnerte sich Bogart. «Ein Drehort war erst dann recht, wenn wir ein paar Flüsse durchquert und durch schlangenverseuchtes Terrain bei glühender Sonnenhitze marschiert waren.»

Bogies Aufmerksamkeit weckte ein kleiner, schmalschultriger Mann mit grauen Haaren, den Huston als H. Croves vorstellte. Croves sollte auf Wunsch von B. Traven als technischer Berater bei den Dreharbeiten zur Verfügung stehen. «Croves kannte den Roman in- und auswendig. Also stellten wir ihm eine Falle.» Bogie erklärte, er würde den Autor sehr gut kennen. Dies war natürlich ein Ding der Unmöglichkeit, da Traven seine wahre Identität verschleierte. Er gab keine Interviews, lebte mit seiner Frau zurückgezogen in Mexiko und ließ sich nicht fotografieren. Niemand wußte, wer er wirklich war. «Croves lächelte nur und erklärte, da hege er starke Zweifel.»

Huston hatte mit Traven während des Krieges korrespondiert. Der Gedanke, daß Huston sein Buch verfilmen wollte, gefiel Traven so gut, daß er ihm gleich Vorschläge hinsichtlich Dekoration, Kostümen, Beleuchtung und Kameraführung zukommen ließ. Traven war es auch, der Bogart für die Rolle vorschlug. Als Huston um ein Treffen bat, lehnte Traven jedoch ab. Gleichzeitig kündigte er an, es würde sich H. Croves, ein Übersetzer seiner Werke aus Acapulco, bei Huston melden. Obwohl nun jeder wußte, daß Croves und der Autor identisch waren, machte man das Spiel mit. Traven blieb bis zum Abschluß der Dreharbeiten.

Im heimischen Hollywood haderte Jack Warner mit sich selbst. «Ich verstehe nicht, wie ich Huston drei Millionen Dollar zugestehen konnte.» Erschreckt mußte Warner mitansehen, wie Bogart in dem Film als verwahrloster, unrasierter Lump herumstolzierte. «Kann Bogart sich nicht wenigstens rasieren?» fragte Warner in einem Memo an, das Huston nicht einmal beantwortete. Warners Meinung änderte sich erst, als Huston ihm Ende Juli die Rohfassung des Werks zukommen ließ.

In einem Brief vom 1. August schrieb Warner: «Gestern abend habe ich die ganzen 3800 Meter von *Der Schatz der Sierra Madre* gesehen. Sie und alle Mitglieder der Crew sollen wissen, daß es der größte Film ist, den wir je gedreht haben ...»

Die Geschichte dreier Amerikaner, die in den zwanziger Jahren zur Goldsuche nach Mexiko aufbrechen und einen hohen Preis für ihre Gier bezahlen, stellte Warner Brothers vor ein großes Problem. Wie sollte man diesen Film dem Publikum nahebringen? Literaturverfilmungen zahlten sich nicht aus, also verkaufte man Hustons Werk als Western. Bogie reiste durchs Land und rührte die Werbetrommel. Vergeblich.

DREI

Der Kalte Krieg und die allgegenwärtige Kommunistenhatz hatten auch das Leben in Hollywood tiefgreifend verändert. Die Umtriebe des Joseph P. McCarthy und des HUAC (House Unamerican Activities Committee) rissen tiefe Gräben in die Gemeinde der Filmschaffenden.

Anfangs hielt die Hollywoodgemeinschaft das ferne politische Grollen für Theaterdonner. Doch als die rechtsgerichtete Motion Picture Alliance für die Bewahrung der amerikanischen Ideale, der auch Kolumnisten wie Hedda Hopper, Jimmy Farantino und Westbrock Pegler angehörten, Senator J. Parnell Thomas um seine Mithilfe anging, wich der Hohn dem Schrecken. Nur zu gern folgte Thomas der Einladung und machte sich im Mai 1947 daran, aufzudecken, welche Schauspieler, Regisseure, Drehbuchautoren und Studiobosse durch ihre Arbeit eine kommunistische Revolution anzetteln wollten.

Vierzehn kooperative Zeugen wurden befragt – darunter Jack Warner, L. B. Mayer, Robert Taylor, Gary Cooper, Ronald Reagan, Adolphe Menjou und John Wayne.

Warners Aussage dauerte drei Stunden und zwanzig Minuten. Jeder wußte, daß Warner es genoß, der Regierung hilfreich zur Seite zu stehen. Warner erklärte, er wäre davon überzeugt, daß Drehbuchautoren unterschwellig kommunistische Elemente in seine Filme geschmuggelt hätten. «Jeder, von dem ich hörte, er sei Kommunist oder dessen Name ich in dieser Verbindung in der Zeitung las, wurde sofort aus seinem Vertrag mit mir entlassen.» Der ehemalige FBI-Mann Robert E. Stripling, nun «Chief Investigator», fragte, wie viele seiner Angestellten von der kommunistischen Infizierung betroffen wären, worauf Warner erklärte, er wüßte es von sechs Personen definitiv. Dies hinderte ihn aber nicht daran, weitere zehn zu diffamieren, darunter Howard Koch sowie Julius und Philip Epstein (die Drehbuchautoren von *Casablanca*).

Empört über den Angriff auf ihre Meinungsfreiheit, riefen einige liberale Geister unter der Leitung von John Huston, William Wyler und Philip Dunne das Committee for the First Amendement (CFA) ins Leben. Katharine Hepburn, Billy Wilder, John Ford, Lionel Barrymore, Gregory Peck, Burt Lancaster, Judy Garland, E. G. Robinson und David O. Selznick traten dem Komitee bei.

Am 24. Oktober 1947 erschien ein Artikel des Komitees in der *New York Herald Tribune*:

«Wir, die Unterzeichneten, sind als amerikanische Staatsbürger, die fest auf dem Boden der freiheitlich demokratischen Grundordnung stehen, entsetzt und empört über die wiederholten Versuche des HUAC, die Filmindustrie in Verruf zu bringen, und halten die Verhöre für moralisch nicht akzeptabel, denn

- die Überprüfung der politischen Überzeugung des einzelnen steht im Widerspruch zu den Grundprinzipien unserer Demokratie und
- Übergriffe auf das Recht der freien Meinungsäußerung sowie das Aufstellen willkürlicher Maßstäbe, was als amerikanisch zu gelten hat und was nicht, sind nicht mit der amerikanischen Verfassung zu vereinbaren.»

Unabhängig davon erklärte Bogart in einem Interview: «Unser Protest hat nichts mit Kommunismus zu tun. Es geht mich nichts an, ob jemand Kommunist ist oder nicht. In Washington gibt es nämlich eine hervorragende und kompetente Organisation namens FBI, die sich mit solchen Sachen beschäftigt. Ich fliege nach Washington, weil ich als amerikanischer Staatsbürger aufgebracht und wütend darüber bin, daß man unsere verfassungsmäßig garantierte Freiheit beschneidet und die menschlichen Grundrechte mit Füßen tritt. Ich finde, niemand in diesem Land hat das Recht, die amerikanische Verfassung zu verdrehen, auch nicht die HUAC.»

Die Anhörungen begannen am 20. Oktober 1947 in Washington, D. C. Eigens hierzu hatte man den «Caucus Room» im zweiten Stockwerk des Old House Office Building hergerichtet. Die Zuschauer drängten sich dicht an dicht mit den Fotografen. J. Parnell Thomas, Präsident der HUAC, thronte hinter der Rednerbühne, während unter ihm die Mitglieder seines Komitees saßen, auch Richard M. Nixon, Richard B. Vail und John McDowell. Stripling saß am Ende des Tisches.

Jack Warner liebte öffentliche Auftritte und hatte darum gebeten, als Eröffnungszeuge dienen zu dürfen.

«Ideologische Termiten haben sich in verschiedene Zweige der amerikanischen Industrie eingeschlichen», erklärte er vor dem Komitee. «Ich aber sage Ihnen, wo auch immer sie sein mögen, laßt sie uns ausgraben und uns von ihnen befreien. Meine Brüder und ich würden nur zu gern eine Stiftung gründen, um diese Pest auszurotten. Wir würden es uns gern zur Aufgabe machen, die Personen, die unser amerikanisches Rechts- und Regierungssystem nicht ausstehen können und es vorziehen, lieber in einem kommunistischen System zu leben, persönlich nach Rußland zu transportieren.»

Die öffentlichen Aussagen von Walt Disney und L. B. Mayer folgten noch am selben Tag. Menjou, Taylor, Reagan, Murphy und Montgomery sagten später aus.

Erst jetzt konnten Alvah Bessie, Herbert Bibberman, Lester Cole, Edward Dmytryk, Ring Lardner, John Howard Lawson, Albert Maltz, Samuel Ornitz, Adrian Scott, Dalton Trumbo, Robert Rossen, Larry Parks, Lewis Milestone, Irving Pichel,

Gordon Kahn, Richard Collins, Howard Koch, Waldo Salt und Bertolt Brecht zu den Vorwürfen Stellung beziehen. Brecht leugnete die Mitgliedschaft in der kommunistischen Partei und verließ am nächsten Morgen die Staaten.

Viele von ihnen waren wortgewandte Autoren. «Himmel, es waren Schreiber, Herren der Wörter, und hier verstummten sie», erinnerte sich Bogart.

Das unselige Schauspiel in Washington wies den Studioleitungen neue Wege, Mitarbeiter zu disziplinieren. Sie sahen sich ermuntert, Position gegen alle «subversiven und illoyalen Elemente in Hollywood» zu beziehen. Da die Betonung jedoch auf dem Begriff «illoyal» lag, hatten die Bosse in den nächsten sieben Jahren ein Machtmittel in der Hand, unbequeme oder erfolglose Schauspieler, Autoren, Regisseure, Produzenten und Mitarbeiter über Nacht loszuwerden. «Es kursierten sogenannte schwarze Listen. Wenn sich dein Name auf ihr befand, war es für dich nur noch möglich, in Hollywood zu verhungern», erinnerte sich Bogie.

Frustriert kehrten die Bogarts wieder nach Hollywood zurück. «Im Grunde seines Herzens dachte Bogie, daß sein Eintreten keine negativen Konsequenzen für ihn haben würde», erinnerte sich die Bacall. Doch kurze Zeit nach ihrer Heimkehr teilte ihnen die Columbia mit, die geplante Verfilmung von Robert Penn Warrens politischem Roman «All The King's Men», der mit dem Pulitzerpreis ausgezeichnet worden war, sei auf unbestimmte Zeit verschoben. Ebenso stieg die 20th Century Fox aus drei Verträgen aus, die im Sommer 1947 mit Bogart abgeschlossen worden waren und ihm die Hauptrollen in *All About Eve*, *Twelve O'Clock High* und *Come to the Stable* garantierten. Erleichtert war Bogie nur, daß Warner ihm nicht auch noch die Hauptrolle in *Key Largo (dt. Hafen des Lasters*; *Gangster in Key Largo)* entzog.

Huston aber schwor, innerhalb des Systems weiterzuarbeiten. «Sie hatten uns unberechtigt vorgeworfen, wir würden mit unseren Filmen politische Agitation betreiben, also zeigte ich ihnen mit meinem Projekt, wie politische Agitation aussehen konnte.» Der Film *Gangster in Key Largo* war Huston von Jerry Wald aufgedrängt worden. Anfangs hatte Huston sich geweigert, das seichte Theaterstück von Maxwell Anderson zu verfilmen, doch nun sah er eine Chance, eine Allegorie auf den wiederkehrenden Faschismus zu schaffen. Geschickt wandelte er Frank Cloud (Bogart) vom Saulus zum Paulus. «Ich kämpfe für niemanden, nur für mich», läßt er den Veteranen des Zweiten Weltkriegs erklären, der voll Bitterkeit erfahren muß, daß all das Böse, gegen das er gekämpft hatte, inzwischen in der Heimat zur Tagesordnung geworden ist.

Das Böse wird durch den Gangsterboss Johnny Rocco personifiziert, der mit vier Handlangern in Key Largo die Pension von James Temple (Lionel Barrymore) und seiner verwitweten Schwiegertochter Nora (Bacall) übernommen hat. Das Hotel als Mikrokosmos spiegelt die Probleme Amerikas. «Sie haben ziemlich verstaubte Ansichten und Ideale», kontert Rocco, als Temple ihn ein Stück Dreck nennt. «Sie leben noch immer in einem Jahrzehnt, in dem Amerika glaubte, ohne die Roccos auskommen zu können – willkommen zu Hause, Mister Rocco. Wir haben uns schrecklich geirrt. Amerika bedauert zutiefst, was es Ihnen angetan hat.»

Zunächst hält sich McCloud, ein Freund des gefallenen Temple, aus allem raus. Doch dann fordern die Machenschaften Roccos seinen Widerspruch heraus, und er erkennt, daß das Übel mit allen Mitteln bekämpft werden muß. Auf offener See schaltet er Roccos Männer aus und erschießt den Gangsterboss.

Vor allem dieses Ende brachte das Breen Office wieder ins Spiel. «Wir konnten sie aber beschwichtigen, indem wir ihnen weismachten, es handele sich um ein Remake von *Der versteinerte Wald*», erinnerte sich Richard Brooks, den Huston am 4. August 1947 unter Vertrag genommen hatte, um das Drehbuch zu überarbeiten.

Wald war glücklich, als Bogie erklärte, er würde die Titelrolle übernehmen. Spencer Tracy bekam die Rolle des Rocco angeboten. Tracy fühlte sich geschmeichelt und sagte zu. Bedenken kamen erst auf, als er erfuhr, daß sich E. G. Robinson um den Part bemüht hatte. Wilde Gerüchte, Robinson hätte sich als russischer Spion verdingt und wäre Mitglied der kommunistischen Partei, hatten ihn in Warners Augen zur Persona non grata werden lassen. Tracy lehnte daraufhin die Rolle ab, und Huston bestand auf Robinson. In einer schwachen Minute willigte Wald ein. Huston dankte ihm diesen mutigen Schritt kurze Zeit später damit, daß er ihn von den Dreharbeiten ausschloß.

Obwohl Bogart und Robinson nie eine enge Freundschaft miteinander verbunden hatte, erwies sich Bogie gerade in dieser schwierigen Zeit als sehr feinfühlig. «Bogie war ausgesprochen respektvoll. Jeden Morgen rief er E. G. mit einem sanften Klopfen an dessen Garderobentür zur Arbeit. Außerdem verzichtete er auf seinen Starstatus und befürwortete es, daß Robinson im Vorspann und auf den Plakaten vor ihm genannt wurde», erzählte Huston.

Als die Anwärter für die Oscars veröffentlicht wurden, fand sich Bogart als bester Hauptdarsteller für *Sierra Madre* nominiert. Bogie war begeistert, zumal er davon überzeugt war, daß dieser Preis ihm gebührte. Indes betrachteten die meisten Amerikaner ihn inzwischen als «Roten». Mehr als deutlich hatte er dies von Ed Sullivan in dessen Show zu hören bekommen. Bogie machte sich Sorgen. Wenig hilfreich erwies sich auch ein Gespräch mit Jack Warner. Seit dem Zwischenfall in Washington waren Warner und Bogart sich aus dem Weg gegangen. In aller Öffentlichkeit bezeichnete Bogie ihn als «einen der Schlimmsten jener aufgeblasenen Nullen, die die Stadt kontrollieren».

«Warners Verhalten war für Bogie ein schwerer Schock», erinnerte sich Richard Gehman. «Seit seiner Zeit beim Studio hatte er ihn immer als Ersatzvater betrachtet. Über die Jahre hinweg hatte er eine Beziehung zu Jack aufgebaut, die er mit seinem leiblichen Vater nie gehabt hatte. Wann immer er Sorgen oder Probleme hatte, wandte er sich an ihn.» Seit dem Debakel in Washington und dem nachfolgenden Zerwürfnis war dies jedoch nicht mehr möglich. Warner mied ihn und schob einen vollen Terminkalender vor, wenn Bogart ihn zu sprechen verlangte.

«Wäre Bogart zum damaligen Zeitpunkt noch Vertragsschauspieler bei mir gewesen, ich hätte ihn entlassen müssen», sagte Warner. «Es kostete mich viel Überwindung und Kraft, ihm, als es um das Rennen um den Oscar ging, einige Wahrheiten zu sagen.»

Warner bestellte Bogart zu sich ins Büro. Er wußte, wie sehr Bogie einen Oscar herbeisehnte. In knappen Worten umriß er, daß Bogie im Verdacht stehe, Kommunist zu sein. Warner erachtete die Vorwürfe als lächerlich, gleichzeitig hielt er es aber für seine Pflicht, Entscheidungen zu treffen, die Bogies Karriere und dem Studio förderlich waren. «Es ist wichtig, daß Sie sich in aller Entschiedenheit von Ihren Äußerungen und Taten distanzieren», verlangte Warner. «Andernfalls haben Sie keine Chance, diese Auszeichnung jemals zu erhalten.»

Bogie lachte Warner und Einfeld aus und erschien am Abend des 24. März siegessicher bei der Oscar-Verleihung im Academy Theatre. Huston erhielt den Oscar fürs Drehbuch zu *Sierra Madre* von Deborah Kerr. Seine Dankesrede bestand darin, daß er ihn in die Höhe hielt und lächelte. Loretta Young verlieh den Oscar für den besten Hauptdarsteller an Laurence Olivier.

Erst jetzt wurde Bogart klar, welche verheerenden Konsequenzen sich aus seinem politischen Zwischenspiel ergaben. Desillusioniert reiste er noch einmal nach Washington, um sich dort mit Vertretern der Hearst-Presse zu treffen und ihnen seine Motive zu erläutern.

Man machte ihm rasch klar, daß sich an seinem beruflichen Tief erst etwas ändern würde, wenn er Abbitte leistete. Bogie zögerte, willigte dann aber ein, seinen Namen unter einen Artikel zu setzen.

«Nach dem Gespräch war er furchtbar wütend, daß er sich zu einer derartigen Aktion hatte hinreißen lassen», wußte die Bacall zu berichten.

«I'm no Communist» erschien Ende März 1948 in *Photoplay*. «Wie jeder anständige Amerikaner lehne ich den Kommunismus ab. Mein Name wird weder bei einer kommunistischen Organisation noch in anderem Zusammenhang mit Kommunisten gefunden werden. Ich gebe zu, die Reise war unklug, ja sogar töricht. Ich bin Amerikaner, und sehr wahrscheinlich wie alle anderen auch manchmal ein törichter und hitzköpfiger.»

Hollywood nahm den geläuterten Bogart mit offenen Armen wieder auf. Hedda Hopper, die ihn scharf in ihren Sendungen angegriffen hatte, war so beeindruckt, daß sie seine Läuterung in höchsten Tönen lobte.

VIER

Das üble Nachspiel, das sein politisches Engagement hatte, beflügelte Bogart, einen Schritt in die Unabhängigkeit zu wagen. Vorgemacht hatte es ihm sein alter Freund und Trinkkumpan Mark Hellinger. Der ehemalige Broadwaykolumnist, der mit Bogie befreundet war, seit er die Originalstory für *Die goldenen Zwanziger* geliefert hatte, verspürte nach zehn Studiojahren keine Lust mehr, sich sagen lassen zu müssen, welche Projekte er zu realisieren hätte und welche nicht. Unter abenteuerlichen Umständen gründete er eine eigene, unabhängige Produktionsfirma und nahm Kameramann William Daniels und Burt Lancaster unter Vertrag. Bereits im Sommer 1947 machte er Bogart den Vorschlag, bei ihm einzusteigen. Bogie war skeptisch. Da Hellinger dies geahnt hatte, erwarb er die Filmrechte an Willard Motleys Roman «Knock on Any Door». Hellinger wußte, daß Bogart den Roman schätzte und er gern den Rechtsanwalt spielen würde. Mit diesem As im Ärmel führte Hellinger im September 1947 ein weiteres Gespräch mit Bogart, und Bogie erwarb für 250 000 Dollar 45 Prozent an Hellingers Firma. Auch David O. Selznick wollte sich an dem Projekt mit 200 000 Dollar und dem Nutzungsrecht von Selznicks Studios beteiligen. Gleichzeitig stellte er Bogart als Partner John Derek für *Knock on Any Door (dt. Vor verschlossenen Türen)* zur Verfügung.

Hellinger verfügte zudem über die Filmrechte an vier Kurzgeschichten von Ernest Hemingway, die er im Anschluß an *Vor verschlossenen Türen* verfilmen wollte. Beginnen wollte er mit *The Snow of Kilimanjaro*.

Hellinger hatte trotz mehrerer Herzattacken seinen Alkoholkonsum nur widerwillig von fünf Flaschen auf zwei reduziert. Am 20. Dezember 1947 verursachte er einen schweren Autounfall. Die Obduktion ergab, daß er an den Folgen eines Herzinfarkts gestorben war und die Gewalt über den Wagen verloren hatte. Er war 44 Jahre alt.

Bogie war verzweifelt. Die offizielle Einweihungsfeier der Büroräume der neugegründeten Produktionsfirma war für den 22. Dezember geplant gewesen. Selznick hielt es für angebracht, das Vorhaben einzustellen. Sie verkauften die Hemingway-Rechte gewinnbringend an die Fox, während die Filmrechte an Motleys Roman an Bogart gingen.

Bogie suchte lange nach einem geeigneten Partner. Schließlich entschied er sich für Robert Lord, einen ehemaligen Warner-Produzenten und Drehbuchautor. Am 7. April 1948 gründeten Bogart, Lord und Maree die Santana Pictures, benannt nach Bogies Boot.

Natürlich bemühte sich Jack Warner um eine Vereinbarung mit Santana hinsichtlich des Verleihs, doch Bogart schloß mit Columbia ab. Santana behielt die Produktionskontrolle, während die Columbia sich um die Finanzierung und den Verleih kümmerte. Warner schäumte vor Wut, denn die unabhängigen Firmen waren für sein Studio eine ernst zu nehmende Konkurrenz. Und Bogart war nicht der erste, der diesen Schritt gewagt hatte. Zahlreiche andere Stars, unter ihnen John Garfield, Burt Lancaster, Gary Cooper und James Cagney, machten mit ihren Produktionsfirmen den Studios das Leben schwer. Dennoch beglückwünschte Warner Bogie zu diesem Schritt, wohlwissend, daß dieser noch immer mit wenigstens einem Film pro Jahr an ihn gebunden war.

«Bogie war ein sehr informierter Geschäftsmann», erinnerte

sich Maree. «Bei allen Operationen und Absprachen wurde er hinzugezogen. Er trug alle wichtigen Entscheidungen mit. Seine besondere Stärke lag darin, Leute für ein Projekt zusammenzustellen. Danach ließ er sie in Ruhe, damit sie ungestört ihr Bestes geben konnten.»

Um seine politische Glaubwürdigkeit wiederzuerlangen, entschied sich Bogart, gemeinsam mit der Bacall die Werbetrommel für Präsident Truman zu rühren. In diesen Tagen wurde ihm jedoch klar, daß der Altersunterschied zwischen ihnen einfach zu groß war. Betty genoß das abwechslungsreiche Leben auf den Konventions in vollen Zügen, während Bogart seine Ruhe suchte. Er verbrachte eine Woche auf seiner Yacht und faßte den Entschluß, sich von Betty zu trennen. Dann teilte er «Pete», wie er inzwischen Verita Peterson nannte, seine Entscheidung mit und fuhr nach Hause. Dort erwartete ihn eine freudestrahlende Bacall, die ihn mit der Nachricht überraschte, daß er Vater würde. Um berechtigte Zweifel zu zerstreuen, legte sie ein ärztliches Untersuchungsergebnis auf den Tisch. «Ich hatte gemeint, daß Bogie vor Freude in Ohnmacht fallen würde», erinnerte sich die Bacall. «Aber er reagierte ganz anders. Nachdem ich ihm die große Neuigkeit eröffnet hatte, waren wir plötzlich in den schlimmsten Streit unserer bisherigen Ehe verwickelt. Wie konnte dieser Augenblick, den ich so herbeigesehnt hatte, in einem solchen Desaster enden?»

Gemeinsam mit Tracy zog Bogart in dieser Nacht den Sunset Strip entlang, bevor sie von einer nächtlichen Streife wegen Ruhestörung und Alkohol am Steuer inhaftiert wurden. «Bogie stand vor der wohl schlimmsten Entscheidung seines Lebens», notierte sich Tracy. «Sollte er der werdenden Mutter mitteilen, er habe sich geirrt und wolle seinen Fehler rückgängig machen? Oder sollte er selbst das Wunder der Vaterschaft erleben, auf das er so lange gehofft hatte?»

Während die Bacall ihre Schwangerschaft genoß und dem Magazin *Life* stolz ihre selbstentworfene Kollektion Umstandskleider vorführte, drehte Bogie *Vor verschlossenen Türen*. Wie geplant spielte Bogie Andrew Morton, der es vom Slumkind zum Staranwalt geschafft hat. Er verteidigt den jungen Kriminellen Nick Romano (John Derek), der es versteht, Morton von seiner Unschuld zu überzeugen. Erst als Staatsanwalt Kerman (George MacReady) wissen will, was der Grund für den Freitod von Nicks Frau war, bricht er zusammen und gesteht den Mord an dem Polizisten. In einem brillanten Plädoyer zeigt Morton die wahren Täter auf und erklärt, er könne hinter jeder Tür in den Slums, an die er klopfe, einen ähnlichen Fall finden.

Aus Sicht der Studios erwies sich Bogie bei der Wahl seiner Mitarbeiter als sehr mutig. Die Regie übertrug er dem jungen, unerfahrenen Nicholas Ray und holte sich jenen Partner, den ihm Selznick empfohlen hatte: John Derek. Derek sah für damalige Verhältnisse sehr gut aus, aber bald schon merkte Bogie, daß die Schauspielkunst nicht zu seinen Talenten gehörte. Ohne müde zu werden, setzte er sich mit Derek hin und studierte den Part mit ihm ein.

Bewußt trat Bogie, wenn er mit Derek zusammen spielte, in den Hintergrund.

Vor verschlossenen Türen kam am 21. Februar 1949 in die Kinos und erzielte Rekordeinspielungen. Bogie fühlte sich in seiner Entscheidung bestätigt und plante drei weitere Projekte.

Betty nutzte indes ihre freie Zeit, um ein passendes Anwesen für sich, Bogie und das Baby zu finden. Auf den bevorstehenden Umzug stimmte sie Bogie auf ihre Art ein.

Als erstes wünschte sie sich einen neuen Herd. Bogart gab nach, und Betty suchte eine Kochgelegenheit aus Edelstahl aus, die sich für die alte Küche dann leider als zu groß erwies. Schritt für Schritt kaufte sie weiter ein. Teppichen folgten blau-weiß gemusterte Vorhänge. «Nach und nach nahm ich mir das ganze alte Haus vor. Ich ließ Sachen herumstehen, vor allem in der Küche, und wenn Bogie wissen wollte, wieso nicht aufgeräumt sei, begann ich ihm vorzujammern, daß wir zuwenig Stauraum hätten. Für neue Schränke war aber kein Platz. Bogie litt sichtlich. Er liebte Ordnung und Sauberkeit, und das zunehmende Chaos störte ihn sehr.»

Heimlich begab sich die Bacall auf Häusersuche und besichtigte mehrere Anwesen. Doch die meisten überstiegen ihre finanziellen Mittel. Anfang Februar entdeckte sie ein Haus am Mapelton Drive in Holmby Hills, einem luxuriösen Vorort von Los Angeles. «Es war einfach wunderschön. Im französischen Kolonialstil – weißverputzter Backstein, vierzehn Zimmer, Balkone, eine Garage, die vier Autos Platz bot, Bäume, ein Tennisplatz und genügend Platz, den fehlenden Swimmingpool noch bauen zu lassen.

Im zweiten Stock sollten unsere Schlafzimmer und die Kinderzimmer eingerichtet werden. Im Erdgeschoß gab es eine herrliche Küche, einen riesigen Raum mit weißem Marmorboden und eine holzgetäfelte Bibliothek mit einer Bar. Sid Luft und seine Frau Judy Garland gehörten ebenso zu unserer Nachbarschaft wie Sammy Cahn und Lana Turner. Ich wollte das Haus unter allen Umständen.»

Betty zögerte kurz, als sie den Kaufpreis erfuhr: 170 000 Dollar. Da sie ahnte, daß weder Bogart noch Maree zustimmen würden, beschloß sie einen Alleingang. Sie bat Jack Warner um einen Vorschuß und zahlte mit dem Geld das Haus an. Danach besuchte Betty in schönster Regelmäßigkeit ihre Bekannten in Holmby Hills und versäumte keine Gelegenheit, die Gegend zu loben. Bogart dagegen machte nur böse Witze. «Die Gegend ist nur was für Lackaffen. Eher geht ein Kamel durchs Nadelöhr, als daß ich hier ein Haus kaufe», maulte er nach einem Abend bei Judy Garland. «Er war ausgesprochen schlecht gelaunt, weil er sich die ganze Zeit Judys Platten hatte anhören müssen. Also konnte ich nichts mehr verlieren. Ich fuhr zu unserem Haus, verschwieg aber, daß ich es bereits angezahlt hatte.»

Bogart fand den «Kasten zu pompös», und als er den Kaufpreis erfuhr, wußte er, daß er sich dieses Haus nicht leisten konnte. Betty dagegen argumentierte, daß es alles in allem nicht zu teuer war. «Ich rechnete ihm vor, daß ich all die Dinge, die ich inzwischen angeschafft hatte, hier gut verwenden konnte und sich so die weiteren Kosten niedrig halten würden. Außerdem versprach ich, mir bei den noch fehlenden Dingen Zeit zu lassen.»

Bogart knurrte nur und schickte sie zu Maree, der davon abriet, das Haus zu kaufen. Erst als er erfuhr, daß Betty bereits eine Anzahlung geleistet hatte, versprach er durchzurechnen, wie Bogart sich den Kauf des Hauses leisten konnte.

Kaum war das Haus Ende 1948 gekauft, stürzte sich Betty in die Innenausstattung. Zähneknirschend unterzeichnete Bogie einen Scheck nach dem anderen.

Geld war notwendig, und Geld floß. Seit Oktober 1948 war Bogart mit einer festen Sprechrolle in Barbara Stanwycks Radio-Show «The Prudential Family Hour of Stars» vertreten. Die Hörspielserie war so erfolgreich, daß man ihm und Betty 4000 Dollar wöchentlich für ein weiteres Serial bot: «Bold Venture».

Ein voller Erfolg sollte aber auch eine ganz andere «Bogart-Produktion» werden: Am 6. Januar 1949 um 23 Uhr 22 kam Stephen «Steve» Humphrey Bogart zur Welt. Bogart hatte mit Harry Truman gewettet, daß es ein Mädchen würde, jetzt schickte er ihm einen Scheck über 20 Dollar.

«Lieber Mister Bogart», antwortete der Präsident einige Tage später. «Anbei sende ich Ihnen den Scheck unterschrieben zurück, mit dem Vermerk, daß er für Bogart Junior bestimmt ist. Ich hoffe, Sie legen ihn als Grundstock für seine spätere Ausbildung gut an – mit den besten Wünschen, Harry S. Truman.

PS: Nur selten begegne ich einem Menschen, der an seine Verpflichtungen denkt und sie bis ins Detail erfüllt.»

Wenigstens an höchster Stelle war Bogarts politischer Ruf wiederhergestellt. An Bogies bisherigem Lebensstil und Tagesablauf sollte sein Baby aber nichts ändern. Einen Anspruch, den auch Betty erhob. Kaum war die junge Mutter wieder zu Hause, machte sie sich daran, ihre Karriere zu planen. Bogie traute seinen Ohren nicht, als Betty ihm erklärte, sie wolle in einem Monat wieder filmen.

Bogie steckte inzwischen in den Vorbereitungen zu *Tokyo Joe (dt. Tokio-Joe)*. Zu Recht bemängelten die Kritiker, der Film unternehme den verzweifelten Versuch, den Glanz *Casablancas* abzukupfern. Joe Barrett, ein ehemaliger Nachtclubbesitzer und Kampfflieger, kehrt nach dem Zweiten Weltkrieg nach Tokio zurück, um sein Glück zu machen. Dort trifft er auf seine geschiedene Frau Trina (Florence Marley), die für den japanischen Geheimdienst gearbeitet hatte. Um ihr zu helfen, läßt Joe sich auf ein Abenteuer mit tödlichem Ausgang ein. «Eine der abgeschmacktesten, sentimentalsten und klischeehaftesten Produktionen des Jahres», urteilte Terence Pettigrew in einer der schmeichelhafteren Kritiken.

Das vernichtende Presseecho hielt Bogart davon ab, in der nächsten Santana-Produktion *And Baby Makes Three* mitzuwirken. Nach und nach mußte Bogie erkennen, daß seine Unabhängigkeit auch Nachteile mit sich brachte. Die Bankkonten der großen Studios waren größer, und so kam es wiederholt vor, daß er Filmstoffe, an denen er interessiert war, nicht realisieren konnte.

So kehrte Bogart vorerst zu Warner Brothers zurück, um den obligatorischen Jahresfilm zu absolvieren. Innerhalb von 60 Tagen war *Chain Lightning (dt. Des Teufels Pilot)* abgedreht. Matt Brennan (Bogart), ein Bomberpilot, trifft nach dem Weltkrieg seine alte Flamme Jo Holloway (Eleanore Parker) auf der Party des skrupellosen Flugzeugherstellers Leland Willis (Raymond Massey) wieder. Brennan ist arbeitslos, doch dank der Fürsprache Jos erhält er bei Willis einen Job. Nach den üblichen Komplikationen landet Jo dann doch noch in seinen Armen.

Trotz einiger von der Luftwaffe freigegebener Spezialaufnahmen war das Werk noch langweiliger als sein Vorgänger *Tokio-Joe.*

Am 16. Juli 1949 konnte Bogart wieder in einer Santana-Produktion, es war die vierte des Jahres, für den Film *In a Lonely Place (dt. Ein einsamer Ort)* vor die Kamera treten. Regie führte Nicholas Ray. Nach mühevollen Umgarnungen hatte sich Dorothy B. Hughes bereit erklärt, Bogie die Rechte an ihrem gleichnamigen Roman zu überlassen, obwohl Warner ihr die dreifache Summe geboten hatte.

Der Drehbuchautor Dixon Steel (Bogart) soll einen billigen Reißer in ein Drehbuch umsetzen. Statt ihn selbst zu lesen, läßt er sich den Inhalt des Romans von dem Garderobenmädchen Mildred (Martha Stewart) erzählen. Wenig später wird Mildred ermordet aufgefunden. Dix gerät unter Verdacht, wird aber von seiner Nachbarin Laurel Gray (Gloria Graham) entlastet. Dix beginnt mit dem Drehbuch. Laurel umsorgt ihn und schirmt ihn gleichzeitig hermetisch von der Umwelt ab. Alle sind begeistert von Dix' geleisteter Arbeit. Doch ein alter Kriegskamerad stört den Frieden, als er Laurel von Dix' unkontrollierten Gewaltausbrüchen erzählt. Laurel glaubt ihm nicht, bis sie selbst Zeugin eines solchen Ausbruchs wird. Als sie nach einer Party der Wagen eines Jugendlichen rammt, schlägt ihn Dix bewußtlos. Laurel ist verunsichert, zumal Dix um ihre Hand angehalten hat. Bei einer Aussprache erfährt Dix, daß Laurel verreisen will. Außer sich vor Wut beginnt er sie zu würgen. In letzter Sekunde kommt er durch das Läuten des Telefons wieder zur Besinnung: Die Polizei teilt mit, daß Mildred von ihrem Freund ermordet wurde. Laurel aber trennt sich endgültig von Dix, der erklärt: «Ich wurde geboren, als sie mich küßte. Ich starb, als sie mich verließ. Ich habe ein paar Wochen lang gelebt, als sie mich liebte.»

Zug um Zug enthüllte Ray die Bösartigkeit und Gefährlichkeit Dixon Steeles. Zunächst ist seine Gewalttätigkeit nur unterschwellig, wenn Bogie zum Beispiel seine Schuhe von den Füßen schleudert, doch dann wird sie mehr und mehr offenbar, etwa wenn er die Zigarette auf dem Klavierdeckel ausdrückt, und eskaliert schließlich in offenen Gewaltausbrüchen.

«Für mich ist Dix Steele eine der Figuren, die meinem wahren Ich am nächsten kam», gestand Bogart kurz vor seinem Tod. «Erinnern Sie sich an die Stelle, als der alte Kriegskamerad von ihm sagt, es sei schwer zu sagen, ob Dix überhaupt etwas empfinde. Nun, damals war ich stumpf, ich fühlte nichts mehr. Nichts mehr, außer grenzenlosem Haß, Verzweiflung und eiskalter Wut. Und das verleiht dieser Rolle diese besondere Aura. Und wie in meinem wirklichen Leben hat Dix immer einen Begleiter. Welche Ironie, daß ausgerechnet mein alter Freund Robert Warwick den Part annahm. Da lebten Playhouse-Erinnerungen auf.»

Wie Dix im Film konnte Bogart zum damaligen Zeitpunkt seine Aggressionen nicht mehr kontrollieren. Die meisten Berichte von Schlägereien mit Taxifahrern, Auseinandersetzungen auf Parties und Hausverboten stammten aus jener Zeit, wenngleich sie stets zu harmlosen Anekdoten verniedlicht wurden. Im Laufe der Zeit nahmen diese Ausbrüche an Intensität zu. «Wir stritten uns damals oft wegen meiner Karriere», gestand die Bacall. «Ich wußte nicht, wann es klick in seinem Gehirn machte, aber plötzlich fing er Streit mit mir an. Ich bekam immer mehr Angst. Er schlug mit den Fäusten auf den Tisch und schrie: ‹Ihr gottverfluchten Schauspielerinnen seid alle gleich!› Je mehr ich versuchte, ihn zu besänftigen und friedlich zu stimmen, desto schlimmer wurde es ... Ich hatte noch nie solche Wut gesehen – sinnlos entfesselt. Es war entsetzlich.»

Zu der wohl gewalttätigsten Auseinandersetzung kam es am Abend des 29. September 1949. Gemeinsam mit Bill Seelman betrank Bogie sich an diesem Abend bis zur Besinnungslosigkeit. «Sie lallten, als sie gegen Mitternacht im El Morocco eintrafen», erinnerte sich der Türsteher. In ihrem Schlepptau befanden sich zwei riesige Stoffpandabären. Seelman und Bogart setzten die

Pandas zu sich an den Tisch. Als Bekannte Seelmans eintrafen, schlossen er und Bogie sich ihnen an. Gegen drei Uhr morgens entführte das ebenfalls nicht mehr ganz nüchterne Modell Robin Roberts einen von Bogies Pandas und tanzte mit ihm. Als Bogie dies sah, brüllte er sie aus Leibeskräften an. Die verschreckte Roberts begann zu weinen, was Bogarts Wut nur noch mehr steigerte. Als sie den Panda nicht loslassen wollte, holte Bogie aus und streckte sie mit einem Faustschlag ins Gesicht nieder. Mit gebrochener, blutender Nase ging die junge Frau bewußtlos zu Boden, während Bogie über sie stolperte und ebenfalls stürzte. Seelman und seine Freunde waren durch den Schock nüchtern. Sofort erkannten sie das Ausmaß der Katastrophe, sollte die Geschichte in die Schlagzeilen oder vor Gericht kommen. Gemeinsam beschlossen die noch verbliebenen Anwesenden, zu Bogies Gunsten auszusagen.

Wie befürchtet, nahm sich die Roberts am nächsten Morgen einen Anwalt, der Bogart wegen Körperverletzung verklagte. Einhellig sagten die Zeugen aus, Bogie wäre nur mit der jungen Dame gestolpert. Weitere Handgreiflichkeiten hätte niemand bemerkt. Robin Roberts hatte also schlechte Karten, zumal der verhandelnde Richter ein Golfpartner des Filmagenten Irving Lazar war. Der Richter entschied, das Verfahren einzustellen, zumal «Mister Bogart nur, wie jeder andere anständige Amerikaner auch, seinen Privatbesitz verteidigt hatte». Als Bogie das Gericht in New York verließ, wurde er von seinen wartenden Fans begeistert gefeiert. «Ich verfüge über Höflichkeit und Manieren», erklärte Bogie der anwesenden Presse. «So bin ich erzogen worden. In diesem Goldfischbecken namens Leben ist es manchmal schwer, Manieren zu haben ... Ich habe gute Schulen besucht. Mein Vater und meine Mutter waren feine Leute. Ich wurde gut erzogen. Der Umstand, daß in einem Nachtclub jemand ankommt, etwas sagt und ich etwas nach ihm werfe, hat damit nichts zu tun. Ein Nachtclub ist kein Ort, um gute Manieren zu demonstrieren.»

Doch wie die Filmfigur Dix schickte Bogie am nächsten Tag der Roberts eine stattliche Summe Schmerzensgeld. Er selbst unterzog sich einer eingehenden psychologischen Beratung. Der Arzt deutete Bogarts Aggressionen als Folgeerscheinungen seines Kindheitstraumas und des exzessiven Alkoholkonsums. In den folgenden acht Monaten machte Bogart eine Entziehungskur und unterzog sich einer Psychotherapie.

Gemeinsam mit Betty feierte er im Mai 1950 sein Comeback. Zusammen traten sie in einer Radioversion des *Malteser Falken* auf. Im Sommer erfüllte Bogie seine Warner-Verpflichtung und drehte *The Enforcer (dt. Der Tiger)*. Obwohl Bretaigne Windust offiziell als Regisseur verantwortlich zeichnete, konnte man dem Stil deutlich entnehmen, daß Raoul Walsh für die Führung Bogies verantwortlich war.

Nach Jahren gelingt es dem Staatsanwalt Martin Ferguson (Bogart) endlich, Anklage gegen den Gangsterboss Albert Mendoza (Everett Sloane) zu erheben. Mendozas rechte Hand will aussagen, doch als er erfährt, daß Mendoza sich im selben Gefängnis befindet, unternimmt er einen Fluchtversuch, bei dem er zu Tode stürzt. Verzweifelt durchwühlt Ferguson die Akten und rekapituliert die Geschehnisse. Nach und nach lernt er die Bandenmitglieder kennen, aber auch deren Opfer. Er verfolgt eine heiße Spur und treibt eine Augenzeugin auf. Noch rechtzeitig kann er sie vor dem Anschlag eines bezahlten Killers retten.

Wie auch bei Bogies vorangegangenem Film setzte Walsh bewußt auf die Zurschaustellung abartiger Gewalttätigkeit. Die Dichte der Handlung mag an manchen Stellen an die Werke Hitchcocks erinnern, es ist aber vor allem Bogart, der als zynischer, schikanöser und sadistischer Staatsanwalt die Zuschauer fesselt.

FÜNF

«Während der Dreharbeiten von *The Red Badge of Courage* sprachen Sam Spiegel und ich oft darüber, welches Projekt wir als nächstes für Horizon in Angriff nehmen wollten. Ich schlug ihm vor, sich um die Rechte an ‹The African Queen› zu bemühen.»

C. S. Foresters Roman war bereits 1935 erschienen. Zunächst blieb er von Hollywood unbeachtet, doch dann bat Charles Laughton die Columbia, die Rechte an dem Stoff zu erwerben. Columbia folgte seinem Rat, und man plante die Verfilmung mit Laughton und dessen Frau, Elsa Lanchaster. «Charles war davon überzeugt, daß der Film nur dann ein Erfolg werden würde, wenn die Außenaufnahmen wirklich in Afrika gedreht werden würden», erinnerte sich Elsa Lanchaster. «Das Studio hatte uns dies auch zugesagt, doch plötzlich erfuhren wir, daß alles nur im Studio gedreht werden sollte.» Verärgert stiegen die Laughtons wieder aus dem Projekt aus. Jahre später erwarb Jack Warner die Rechte für seinen damaligen Star und «Dorn im Arsch» Bette Davis. Die Davis war wie versessen auf den Stoff. «Ich wußte, daß der Film mir einen Oscar einbringen würde, und so setzte ich alles daran, die Rolle zu bekommen», gestand sie Jahre später. Als Partner schlug Warner ihr Bogart vor, sie jedoch bestand auf James Mason. «Sie konnte Bogie nicht ausstehen. Sein böses Mundwerk, seine zynische Ader drohten ihr den Rang abzulaufen», meinte Huston. «Als Warner von ihr verlangte, Bogies Ablehnung zu begründen, meinte sie, er sei für die Rolle zu ‹kultiviert›.»

Die Geschichten über die Kämpfe zwischen der Davis, Warner und Mason sind Legion, und so bestand Bette Davis zuletzt darauf, daß Mason durch David Niven ersetzt werden sollte. Warner warf das Handtuch, doch als die Queen auch mit Niven zu sinken drohte, entschied man, das Projekt und Bette Davis vorerst auf Eis zu legen.

Warner war dafür bekannt, über seine Filmrechte wie ein Höllenhund zu wachen. «Sam glaubte, daß er wenig Glück mit Warner haben würde, doch zu unserer Überraschung willigte Jack ein, die Rechte an uns für 50000 Dollar abzutreten. Wir feierten ein rauschendes Fest, um am nächsten Morgen festzustellen, daß weder Sam noch ich die nötigen finanziellen Mittel für den Deal besaßen», erzählte John Huston.

Spiegel jedoch ließ sich nicht entmutigen und setzte seine Überredungsmaschinerie in Gang, die so erfolgreich war, daß man die Menschen, die mit ihm zusammenarbeiteten, als «Gespiegelte» bezeichnete. 1927 war der ehemalige österreichische Tuchhändler nach Hollywood gekommen. Er war ein talentierter Produzent und das Lieblingsobjekt der Karikaturisten und Klatschkolumnisten. «Sam kaute Zigarren, nannte, mit Ausnahme von Kleinkindern, alle Leute ‹Baby› und sprach außer Deutsch noch acht andere Sprachen mit heftigem österreichischem Akzent. Zudem befand er sich immer auf der Flucht vor seinen Gläubigern, betrogenen Geschäftspartnern, Exehefrauen und ehemaligen Geliebten», charakterisierte Huston seinen Freund.

Spiegel, der sich damals S. P. Eagle nannte, besaß eine Liste all jener, die sich gern mit Hollywood schmücken wollten. Angefangen von einem Abfallbeseitigungsunternehmer bis hin zu einem Zoohändler, waren hier alle Berufe und Kontostände vertreten, die sich an einem neuen Projekt für 500 Dollar aufwärts beteiligen konnten. Die großen Studios winkten nur gelangweilt ab, als er ihnen erklärte, er habe «zwei Topstars, John Huston und ein Drehbuch, das ihn und die Crew nach Afrika führen würde». Der größte Coup gelang ihm, als er Sound Services, Inc. überredete, ihm die technische Ausrüstung gegen eine Gewinnbeteiligung zur Verfügung zu stellen. Hierbei erwähnte er das erste Mal, daß Bogart die Hauptrolle übernehmen würde.

Der aber ahnte noch nichts von dieser Ehre. Erst im März 1950 erreichte ihn ein Anruf von John Huston. «Junge, ich habe hier eine tolle Geschichte. Der Held ist ein harter Kerl, und du bist der härteste Bursche in der ganzen Stadt. Keiner ist für die Rolle so gut geeignet wie du.»

Das erste Treffen im Romanoff's verlief phantastisch. Bogart kannte das Drehbuch, und man kam überein, daß er die Rolle des Charlie Allnut spielte. «Ich war sogar so belämmert, in den Film Geld zu investieren und noch dazu bereit, zugunsten einer dreißigprozentigen Gewinnbeteiligung auf eine Gage zu verzichten.»

Als die Sprache darauf kam, wer den Part der Rosie übernehmen sollte, schlug Bogart Katharine Hepburn vor. Spiegel winkte ab, zumal er erst vor kurzem Bette Davis überredet hatte, auch in den Film zu investieren. Seit ihrem Rausschmiß bei Warner war die Karriere der Davis ins Schlingern geraten. Huston hatte bereits mit ihr zusammengearbeitet und verstand sich blendend mit ihr. Bogart dagegen konnte sie auf den Tod nicht ausstehen. Dennoch willigte er ein, an einem gemeinsamen Arbeitsessen teilzunehmen. «An diesem Tag verhielt Bette sich widerlich und unausstehlich», erinnerte sich Huston. «Sie rauchte eine Zigarette nach der anderen, wobei sie uns den Rauch ins Gesicht und ins Essen blies. Bogie blieb zunächst gelassen, und man konnte wirklich sehen, wie Bettes Gehirn arbeitete, um ihn aus der Reserve zu locken. Scheinheilig erkundigte sie sich nach Betty, bevor sie von ihrer ‹besten Freundin Mayo Methot› zu erzählen begann. Sie lobte sie über den grünen Klee und schilderte uns, daß irgendein alternder Ziegenbock sie wegen einem minderjährigen Flittchen hätte sitzenlassen. Bogie beobachtete sie ruhig. Plötzlich schlug Bette mit gespieltem Entsetzen ihre Hand vor den Mund und rief: ‹Oh, Bogie, ich vergaß, das warst ja du.› Es herrschte Stille. Bogie legte seine Gabel zur Seite, stand auf und verließ wortlos das Restaurant. Ich folgte ihm auf den Parkplatz und versuchte, ihn zu beruhigen. Mir war klar, daß ich soeben meinen Hauptdarsteller verloren hatte. Während ich vor mich hin redete, winkte er nur ab und meinte: ‹Es wäre schön gewesen.› Dann fuhr er nach Hause.»

Am nächsten Tag rief Spiegel an und erklärte ihm, er habe sich von der Davis getrennt. Gefragt, wen er als Partnerin wünschte, erklärte Bogart, er wolle unter allen Umständen Katharine Hepburn für den Part.

«Wir kannten alle Stories über sie», sagte Huston. «Wie sie mit ihrem Yankeegetue den Produzenten das Leben schwermachte. Daß sie Hollywood nur als notwendiges Übel betrachtete, ihre wahren Interessen bei der Bühne und bei ihrem Haus in Connecticut lagen. Daß sie sich weigerte, Autogramme zu geben und die Öffentlichkeit haßte. Wir wußten aber auch, daß sie aus verschiedenen Stücken gefeuert wurde, weil sie versuchte, selbst Regie zu führen und darauf bestand, die Aufnahmen und den Schnitt ihrer Filme selbst zu überwachen.

Wenn sie wollte, konnte sie verdammt schwierig sein.

Und dann kannten wir auch diese verrückte Seite an ihr, die die Berichte über ihre Scheu und Schüchternheit Lügen strafte. Wir wußten Bescheid über die fünf Bäder, die sie täglich nahm, angeblich, um besser denken zu können, und über die Story, daß sie immer am Boden saß, wobei sie ihre Knie bis auf Kopfhöhe hochzog. Sie sagte ‹yah› statt ‹yes›, ‹rally› statt ‹really›, süßte ihren Tee mit Erdbeermarmelade und brachte ihr sommersprossiges Gesicht durch Alkohol zum Glänzen.»

Hustons Einladung zum Essen lehnte die Hepburn ab, sie würde nie in aller Öffentlichkeit zu speisen pflegen, doch ob

Huston und Bogart nicht Lust hätten, auf einen Teller Suppe und eine Schüssel Salat bei ihr vorbeizukommen. «Wir rasten also den Hügel hinauf, und in mehreren tausend Worten pro Minute überzeugte sie uns, daß unser Entschluß, ihr die Rolle anzubieten, der einzig richtige war.»

«Sie hielt uns für zwei widerliche alte Männer, die dringend ihrer Führung bedurften», witzelte Bogart Jahre später.

Die Hepburn erklärte, daß ihr der Gedanke, den Film zu machen, vor allen deswegen gefiel, da sie plante, ihre Autobiographie zu schreiben. Sie war davon überzeugt, daß «dieser Film ein farbenprächtiges Kapitel abgeben würde». Huston und Bogart blickten sich kurz an, bevor Huston erklärte: «Ah, das Buch soll wohl nach Ihrem Tod veröffentlicht werden und Ihnen fehlt noch Stoff, damit die Sache nicht zu langweilig und dürftig wird.»

Huston erntete nur einen tödlichen Blick.

Nachdem die Verträge unterzeichnet waren, machte sich Huston in Afrika auf die Suche nach geeigneten Drehorten. Die Hepburn ging auf Theatertournee, und Bogart stand wieder vor der Kamera.

Im April 1950 kehrte Huston nach Hollywood zurück, weil sein Vater gestorben war. Bogart und Tracy nahmen an der Trauerfeier teil. Zumindest hinsichtlich *African Queen* war man zuversichtlich. Von Spiegels finanziellen Schwierigkeiten und Balanceakten ahnte keiner der drei etwas.

Bogart schlug sich zu dieser Zeit mit anderen Problemen herum. Maree hatte eine Vereinbarung mit der Columbia getroffen, daß eine weitere Produktion der Santana-Gesellschaft von dem Studio verliehen werden sollte. Bogart liebäugelte mit einem gewagten Vorhaben. Er hatte 1949 «Death of a Salesman» am Broadway gesehen und war beeindruckt von dem Part des Handlungsreisenden Willy Loman. «Was Bogie vor allem faszinierte, war Lomans Erkenntnis, daß er fünfunddreißig Jahre den falschen Werten nachgelaufen war. Millers Stück war ein Schlag ins Gesicht des amerikanischen Traums, und ich bin noch heute der Überzeugung, daß Bogie diesen Schlag exzellent hätte ausführen können», erinnerte sich Laszlo Benedikt. Als Bogart sich nach den Filmrechten erkundigte, erfuhr er, daß wenige Stunden zuvor Stanley Kramer die Rechte erworben hatte. «Ich dachte zunächst an Spencer Tracy», erinnerte sich Kramer. «Doch dann schlug die Columbia mir Fredric March vor, der die Rolle dann auch spielte.»

Bogart war über diesen Schachzug der Columbia wütend. Mehr als deutlich hatte er erklärt, daß er die Rolle spielen wollte. «Die Studioleitung linkte Bogie», erinnerte sich ein ehemaliger Angestellter der Columbia. «Sie wußten, daß sich die Miller-Verfilmung von allein verkaufen würde. Dagegen hatten wir so viele zweitklassige Drehbücher auf Lager, die unbedingt einen Star von Bogarts Kaliber benötigten, um überhaupt jemanden ins Kino zu locken.» Zu diesen «zweitklassigen Drehbüchern» zählten unter anderem das Remake von *M*, William Bowers *The Mob*, das Kriegsdrama *A Yank in Korea, Storm Over Tibet* und *Sirocco (dt. Sirocco – Zwischen Kairo und Damaskus)*. Bogart entschied sich für *Sirocco*.

Der Film, der auf dem gleichnamigen Roman von Joseph Kessel basiert, spielt 1925 in Damaskus. Bogart verkörpert Harry Smith, der durch seinen Waffenhandel und eine Affäre mit der Geliebten des Leiters der französischen Abwehr zwischen die syrischen Rebellen und die französische Mandatsmacht gerät. «Die Geschichte folgt dem seit *Casablanca* vertrauten Muster. Die Entwicklung der Handlung aber ist langsam und genausowenig überzeugend wie die Atmosphäre von Damaskus. Bogart selber, der in einem Regenmantel durch die Katakomben läuft, liefert eine Darstellung, die die Vermutung nahelegt, er parodiere seine eigene Technik», urteilte das *Monthly Film Bulletin* über den Film.

Nach Beendigung der Dreharbeiten von *Sirocco – Zwischen Kairo und Damaskus* wollte Bogart in der nächsten Santana-

Produktion einen modernen Abenteurer spielen. Der Film sollte auf dem Roman «Canela» von Vincent Evans beruhen, mit dem Bogart seit *Des Teufels Pilot* befreundet war. Lauren Bacall wurde als seine Partnerin angekündigt, doch auf Grund von Streitigkeiten mit Evans wurde das Projekt zunächst verschoben, bevor es ganz abgesagt wurde.

Bogart bemühte sich, die Rechte an Herman Wouks neuestem Roman «The Caine Mutiny» für Santana zu erwerben, doch wieder kam ihm Kramer zuvor. Diesmal verhandelte Bogart jedoch direkt mit Kramer, der ihm ohne zu zögern die ersehnte Titelrolle des Captain Queeg anbot. Nach und nach warfen Kramer und Bogart ihre gegenseitigen Bedenken über Bord, und es stellte sich heraus, daß Cohn mit Kramer nie über die Möglichkeit gesprochen hatte, die Rolle des Vertreters in der Miller-Verfilmung mit Bogart zu besetzen. Es dauerte einige Jahre, bevor Bogart mit Cohn wieder ein Wort wechselte.

Nachdem Robert Lord die Santana verlassen hatte, zweifelte Bogart, ob die fragliche Freiheit einer eigenen Produktionsgesellschaft all die Mühen und Sorgen rechtfertigte. Nach zähen Verhandlungen verkaufte Bogart seine Gesellschaft an die Columbia für eine Million Dollar.

Zufällig war auch Sol Siegel im Romanoff's, als Bogart den erfolgreichen Geschäftsabschluß feierte. Er rief Siegel an seinen Tisch, zeigte ihm den Scheck und meinte lächelnd zu dem Mann, der einst Bogarts Angebot ausgeschlagen hatte, sein Partner bei Santana Productions zu werden: «Schau dir genau an, was du verpaßt hast.»

Nun konnte Bogart sich in das *African Queen*-Abenteuer stürzen. Anfang April 1951 sollten die Dreharbeiten beginnen. Zu Hause lag die Bacall Bogart in den Ohren, sie doch mitzunehmen. «Betty davon abzubringen wäre gleichbedeutend gewesen, sie erschießen zu müssen», spottete Bogart.

Anfang März 1951 brachen die Bogarts zu ihrem Afrikaabenteuer auf. Die Tatsache, daß das Kindermädchen von Steve am Tag der Abreise auf dem Flughafen tot zusammenbrach, konnte Betty von ihrem Vorhaben ebensowenig abbringen wie Bogarts Bitten, bei ihrem Sohn zu bleiben oder Jack Warners Angebot, ihr eine Nebenrolle in *A Streetcar Named Desiree* zu geben.

In London trafen sich die Bogarts mit Spiegel, der Hepburn und John Huston. Offenherzig gab Sam zu, daß die Finanzierung des Filmes keineswegs gesichert war. Den vereinbarten Gagenvorschuß konnte er nicht leisten, nicht einmal zusichern, die Hotelrechnung zu begleichen. Er könnte das Projekt nur realisieren, sagte Spiegel, wenn Bogart, Huston und Hepburn zunächst auf ihre Gagen verzichteten. Die drei berieten sich und teilten Sam am Abend mit, sie würden sich auf das Risiko einlassen. Allein Kate bestand darauf, daß er ihre Hotelrechnung im voraus beglich.

Am Montag, dem 15. April 1951, stellte man sich gemeinsam der Presse. Gefragt, wovon der Film handelte, meinte Bogart: «Zunächst ist Katie eine Missionarin, doch nachdem sie den Fluß mit hinuntergefahren ist, endet sie als Frau.» Die Reporter lachten schallend, und die errötende Hepburn erklärte bestimmt: «Ich würde eher sagen, ich beginne als Frau und ende als Missionarin.»

Gern hätte die Hepburn es etwas genauer gewußt und verlangte nun, endlich ein Drehbuch von Huston zu sehen. Zwar existierte eine Fassung von John Collier, doch diese war filmisch nicht realisierbar. James Agee hatte während der Überarbeitung einen Herzinfarkt erlitten. Peter Viertel sollte nun die einzelnen Teile zu einem Ganzen zusammenfügen. Huston verheimlichte diese Drehbuchmisere vor Kate und bat Bogart, sie zu beruhigen.

«John fühlte sich von der Hepburn genervt», erklärte Bogart. «Gleich zu Beginn erklärte sie ihm, was er bei *Asphalt Jungle* alles falsch gemacht hätte, und deshalb antwortete John, wann immer die Hepburn etwas zu ihm sagte: ‹Oh, interessant. Ist das so, Darling?›»

Via Italien erreichten die Bogarts mit Katie im Schlepptau Léopoldville und reisten am nächsten Morgen nach Stanleyville weiter. Huston war bereits geflohen, denn es war «noch keine einzige Drehbuchzeile geschrieben. John war besessen von dem Gedanken, sich als Großwildjäger zu betätigen. Daß er auch noch einen Film zu drehen hatte, tangierte ihn nur sekundär», erinnerte sich Viertel. Drei Tage später brach das Team auf. Nach einer achtstündigen Zugfahrt durch den Dschungel erreichte man erschöpft Ponthierville. Von hier aus ging es noch einmal 40 Meilen durch den Dschungel. «John hatte sich wirklich die allergrößte Mühe mit dem Lager gegeben», berichtete Bogart. «Wir würdigten auch seine Arbeit, aber Katie verlangte sofort, das fertige Drehbuch zu sehen. John erstarrte zur Salzsäule.» Der negative Eindruck, den die Hepburn in den ersten Tagen erweckte, sollte sich noch verstärken.

«Sie verzapfte ganz schön viel Unsinn in den ersten Tagen. Sie sprang wie ein junges Mädchen umher, bestaunte jede Pflanze und fand alles ‹göttlich›. Schließlich fragten wir uns, wie affektiert man noch im afrikanischen Dschungel sein konnte.» Dabei hatte das Team in dieser unwirtlichen Umgebung mit den größten Schwierigkeiten zu kämpfen. Die Luftfeuchtigkeit setzte allen arg zu, sogar Bogarts Toupet schimmelte und auch die Kostüme. Dann sank die African Queen. Das Lager wurde von schwarzen Mambas und Ameisen heimgesucht, Regengüsse ließen die Ausrüstung im Morast versinken.

Bogart und Huston begannen, Afrika zu verfluchen, doch die Hepburn war in Hochstimmung. «Sie war immer so verdammt fröhlich. Egal, ob ihre Schuhe schimmelten oder ihr Ameisen in den Arsch bissen, immer lächelte sie ... Es schien, als wolle sie selbst Livingstone noch übertreffen», erzählte Bogart.

Weniger Sorgen schien er sich indes über seine Rolle zu machen. Er glaubte, er hätte ein leichtes Spiel. «Doch plötzlich faszinierte mich die Geschichte. Ich war wie gefesselt davon, wie gut die Hepburn spielte. Und gleichzeitig packte mich die Angst, daß sie mich von der Leinwand herunterpusten würde», gestand Bogart.

Nachdem die Dreharbeiten am Ruiki beendet waren, zog die Crew nach Ponthierville, wo einige Schlußszenen gedreht werden sollten. Huston widmete sich vor allem der Jagd. Die Hepburn begleitete ihn einige Male, Bogart zog es vor, im Hotel zu bleiben.

Als das Team die Murchison-Fälle erreichte, erhielt Betty von ihrer Mutter die telegrafische Nachricht, daß Mayo Methot in einem Motel an einer Alkoholvergiftung gestorben war. Da sie ihr Zimmer im voraus bezahlt hatte und ungestört sein wollte, wurde man erst durch den «eigenartigen Geruch» aufmerksam. Auf Grund der fortgeschrittenen Verwesung vermutete der Leichenbeschauer, daß der Tod bereits vor 14 Tagen eingetreten war. Als Todestag wurde aber der Tag ihrer Entdeckung, der 9. Juni 1951 eingetragen.

Betty erzählte später, Bogart habe nur gemeint: «Wie traurig, was für ein vergeudetes Leben.» Doch Huston erinnerte sich, daß Bogart «tagelang verzweifelt war. Er machte sich heftige Vorwürfe, daß er Mayo verlassen hatte. Er gab sich die Schuld an ihrem Tod. Er verkroch sich einige Tage, doch dann riß er sich wieder zusammen.»

Am 17. Juli, mit nur zweitägiger Verspätung, konnten die Dreharbeiten von *African Queen* abgeschlossen werden.

Bereits einen Tag nach den Bogarts traf auch Sohn Steve in London ein. Die nächsten sechs Wochen mußten vormittags noch Nachaufnahmen gedreht werden, doch die übrige Zeit widmeten die Bogarts ihren Freunden. Sie trafen sich oft mit Laurence Olivier und Vivien Leigh, verkehrten aber auch mit Richard und Sybil Burton, T. S. Eliot und Margot Fonteyn.

Die Bacall entsann sich: «An dem Nachmittag, als wir aus

London abflogen, arbeitete Bogie noch bis zwei Uhr. Steve und ich kamen zum Mittagessen ins Studio, um uns von der Crew zu verabschieden. Ich hatte eine Rohfassung der *African Queen* gesehen und war daraufhin mit mir und meiner Karriere ausgesprochen unzufrieden. Bogie war etabliert, und seine Leistung war ausgezeichnet. Ich jedoch war immer mehr zu seinem Anhängsel verkommen. Bogie selbst war meine Karriere egal. Während des Überflugs stand für mich fest, daß ich mich von nun an intensiv um meine Karriere kümmern mußte. Als ich das Bogie klarzumachen versuchte, schnaubte er nur verächtlich.»

Betty machte sich also auf die Suche nach einem geeigneten Drehbuch. Bogart dagegen wußte, welche Filme er als nächste machen würde: *Deadline U.S.A. (dt. Die Maske runter)* bei der 20th Century Fox, einen MGM-Film und einen kurzen Werbefilm, der amerikanische Sparbriefe vorstellte und der Wochenschau-Ausgabe vom 25./26. Juli beigefügt wurde.

Regie bei *Die Maske runter* führte Richard Brooks, der auch das Drehbuch verfaßte. Bogart kannte ihn bereits seit den Dreharbeiten von *Gangster in Key Largo* und sollte ihn schon bald zu seinen Männerfreundschaften zählen. Brooks machte keinen Hehl aus seiner Verehrung Bogarts. «Ich war für jeden Tip dankbar, den Bogart mir gab. Er war überaus professionell und kannte das Geschäft besser als jeder andere.»

Bogart spielte den Herausgeber und den Chefredakteur Ed Hutchinson. Als er erfährt, daß seine Zeitung an die Konkurrenz verkauft wird und nur noch zwei Tage erscheinen soll, setzt er alles daran, daß in der letzten Ausgabe noch die Machenschaften eines Gangsterbosses, zwei Morde und die damit verbundene politische Korruption aufgedeckt werden.

«Ich wollte einen engagierten Film machen, der seinen Zuschauern klarmacht, wie wichtig eine freie Presse für ein Land ist. McCarthy war noch immer gegenwärtig, und wir befanden uns in einem Stadium, in dem die Rechte der Presse von seiten der Regierung grob verletzt wurden», erklärte Brooks. «Wie weit der Arm Washingtons reichte, zeigte uns der Umstand, daß die 20th Century Fox darauf bestand, siebzig Minuten aus dem fertigen Film zu entfernen.» Die Studioleitung befürchtete, der Inhalt sei zu kontrovers und ersetzte problematische Szenen durch Aufnahmen, die zeigten, wie eine Zeitung gedruckt wird.

In der Zwischenzeit hatte Huston fieberhaft an dem Schnitt von *African Queen* gearbeitet. «Ich wußte, daß der Film uns einen Oscar-Regen bescheren würde, die Frage war nur, ob er noch rechtzeitig in einem Kino in Los Angeles gezeigt werden konnte, um sich für das Rennen zu qualifizieren», erinnerte er sich. Kaum war Huston fertig, als Spiegel ihm die Filmrolle entriß und auf das letztmögliche Schiff nach Amerika stürmte. «Er hatte keine Kabine gebucht und war eigentlich ein blinder Passagier. Nachdem er dem Kapitän seine Lage und die Bedeutung des Films geschildert hatte, brachte man ihn im Quartier des Schiffsarztes unter.»

Noch rechtzeitig konnte der Film in Los Angeles aufgeführt werden und erntete verhaltenen Beifall seitens der Kritiker. Die Zuschauer jedoch waren begeistert. Bogart leistete Schützenhilfe so gut er konnte. Er engagierte einen Presseagenten, der in Telefonaten den Mitgliedern der Academy in Erinnerung brachte, daß Bogie bereits seit 20 Jahren Filme machte, ohne daß er je geehrt worden war. Sam Jaffe riet Bogart, an einer Pressetour teilzunehmen. Erst murrte Bogart, machte sich dann aber doch auf diese Rundreise, bei der ihn Pete begleitete, während Betty zu Hause schmollte und eifrig versuchte, sich selbst bei den Produzenten in Erinnerung zu rufen. In der Öffentlichkeit entsprach Bogart den Erwartungen. Gefragt, was er von der Academy halte, erklärte er: «Eigentlich besteht die ehrlichste Art und Weise, den besten Schauspieler zu finden, nur darin, daß alle Anwärter auf der Bühne den Hamlet spielen müßten. Ich bin mir sicher, daß wir diesmal sehr viel zu lachen hätten.»

Kurz vor seiner Abreise aus Texas erreichte Bogie ein Telefonat von Betty. Unter Tränen teilte sie ihm mit, sie habe soeben erfahren, daß sie wieder schwanger war. Sie wüßte nicht, ob sie das Kind behalten wollte. Warner wollte sie gerade für *Roman Holiday* an William Wyler und die Paramount ausleihen. Natürlich wollte Betty in dem Film an der Seite von Gregory Peck und Eddie Albert spielen.

Bogart war entsetzt. Verzweifelt versuchte er, seine Schwester zu erreichen, doch Pat war unauffindbar. Er telefonierte mit Warner und beschwor ihn, Betty nicht freizugeben. Warner erklärte Bogart, daß die Hauptrolle sowieso schon mit Audrey Hepburn besetzt wäre, Betty lediglich eine kleinere Nebenrolle haben sollte. Bogart beharrte und erläuterte Warner, er fürchte um das Leben seines Kindes. «Ich gab ihm den Rat, daß der beste Schutz vor einer unüberlegten Handlung Bettys der Schritt in die Öffentlichkeit sei. Gemeinsam überlegten wir eine Presseerklärung, in der die Geburt von Bogarts zweitem Kind angekündigt wurde.»

Von Salt Lake City aus setzte Bogart sich sofort mit Pat in Verbindung, die kurze Zeit später bei Betty auftauchte. Betty hatte inzwischen von Warner erfahren, daß er sie nicht freigeben würde. Als sie erfuhr, daß sie die Hauptrolle sowieso nicht erhalten hätte, bekam sie einen ihrer «schrecklichsten Tobsuchtsanfälle».

All die Mühen und Strapazen der Tour hatten sich gelohnt. Bogart erhielt zwar nicht den Preis der New Yorker Filmkritiker, wurde aber neben Marlon Brando, Montgomery Clift, Arthur Kennedy und Fredric March für den Oscar nominiert. Über Brando bemerkte er nur, er halte «nicht besonders viel von der Schauspielkunst der zerrissenen T-Shirts». Was ihn sehr schmerzte, war Marchs Nominierung für die Rolle, die er für sich ersehnt hatte.

Hollywood war fest davon überzeugt, daß der Preis in diesem Jahr an Brando gehen würde. Und auch Bogart teilte diese Ansicht. Er war einer der ersten Gäste, die am 20. März 1952 das RKO Pantage Theatre zur Preisverleihung betraten. Die Szene wurde beherrscht von dem «unmöglichen Verhalten der Jungen, die sich ungeniert an allen erdenklichen Stellen kratzten» (Sheila Graham), ferngebliebenen Preisträgern und betrunkenen Nominierten. Den Oscar für den besten männlichen Hauptdarsteller verlieh Greer Garson: «Es ist kaum die Zeit dafür, nun besonders redefreudig zu sein, aber wenn irgend jemand an meinen Worten interessiert ist, kann ich ihm versichern, ich habe noch ungefähr zwanzig Minuten von einer anderen emotionalen Rede übrig, die ich an dieser Stelle vor einigen Jahren das letzte Mal halten durfte.» Danach öffnete sie den Umschlag und erklärte Humphrey Bogart zum Gewinner des heutigen Abends. «Meine Frau stieß einen Schrei aus und sprang beinahe vier Meter in die Luft. Das hätte fast eine Fehlgeburt ausgelöst, aber in diesem Augenblick schien mir die Sache nur gerecht», erzählte Bogie.

Bogart betrat die Bühne, nickte Greer Garson kurz zu und erklärte: «Es war ein weiter Weg von Belgisch-Kongo zur Bühne hier. Aber hier ist es schöner. Ich danke Ihnen sehr.» Während der enthusiastische Applaus langsam nachließ, ehrte Bogart Huston, Sam, Kate Hepburn und die Crew. «Niemand schafft es allein. Wie beim Tennis braucht man einen guten Gegner oder Partner, um das Beste aus sich herausholen zu können. John und Katie haben mir geholfen, dorthin zu kommen, wo ich jetzt bin. Hier!»

Bogart vertraute Sheila Graham in dieser Nacht an, daß er «den Preis eigentlich in der Horizontalen hätte entgegennehmen müssen. Ich glaube, die Hälfte meiner Karriere habe ich damit verbracht, tot auf dem Boden herumzuliegen. Der Preis ist mir unheimlich wichtig. Er ist die Anerkennung von einem Haufen Profis, die ihre Arbeit ernst nehmen und die zu dem Schluß kamen, es sei Zeit, daß ich auch einmal eines von den Dingern bekomme.»

Bogart genoß auch noch in den nächsten Wochen seinen Sieg

sichtlich. Er bedauerte, daß Kate gegen Vivien Leigh verloren hatte und zeigte, im Gegensatz zu manch anderem Sieger, eine große Portion Lebensweisheit, als er eine Woche später in einem Interview mit Hyams sagte: «Man kann einen Oscar nur dann überleben, wenn man nie versucht, einen zweiten zu gewinnen. Sie wissen ja, was mit manchen Oscar-Preisträgern geschah. Sie lehnten für den Rest ihres Lebens Drehbücher ab und suchten die große Rolle, die ihnen den nächsten Oscar einbringen sollte. Wie wichtig der Preis in Wirklichkeit ist, zeigte mir mein Sohn, als er am nächsten Morgen mit dem Ding Nüsse knackte und es dann nach mir warf. Für beide Sachen ist er ausgesprochen gut geeignet.»

Bogart suchte mit die große Rolle des Lebens und spielte den Part des frustrierten Chirurgen Jed Webbe in *Battle Circus (dt. Arzt im Zwielicht)*. Da Warner noch immer Drehbuchprobleme mit *The System* hatte, einem Spielerdrama, das eigentlich als Bogarts nächster Film angekündigt worden war, stellte er ihn für die MGM frei. Bogart schlug vor, daß Richard Brooks die Regie übernehmen sollte, Berman willigte ein. Als Partnerin wünschte sich Bogart Grace Kelly, bekam statt dessen aber June Allyson.

Arzt im Zwielicht spielt im Koreakrieg in einem Feldlazarett. Bogart verkörpert einen Chirurgen, der vor seinen Problemen mit Frauen und dem Alkohol in den Krieg geflohen ist. Im Lazarett trifft er auf eine übereifrige Krankenschwester (Allyson), die am Ende seine Probleme noch vergrößert, indem sie ihn vor den Traualtar führt.

«Die Intention von *Arzt im Zwielicht* wurde verwässert durch die Liebesgeschichte, die uns Dore Shary aufdrängte», erzählte Brooks. «Uns schwebte die Charakterstudie eines Mannes vor, der sich nach zwei Weltkriegen im normalen Alltag nicht mehr zurechtfand und den Krieg dazu brauchte, seine eigenen Probleme zu verringern. Die Liebesgeschichte, die mehr und mehr in den Mittelpunkt rückte, vereitelte diese Absicht mit Bravour.»

Bogart rechtfertigte sich für diesen Film, es wäre eben ein typischer «meat-and-potatoes-part» gewesen. «Ich brauchte dringend Geld. John hatte mir während der Dreharbeiten zu *African Queen* ein Buch in die Hand gedrückt, dem ich einfach nicht widerstehen konnte.» Der Autor hieß Claude Cockburn, hatte aber seinen Roman unter dem Pseudonym James Helvick veröffentlicht. Niemand hatte dem Buch Beachtung geschenkt, und auch Huston war nur durch Zufall darauf aufmerksam geworden. «Vor unserem Afrikaabenteuer hielt ich mich in Irland bei Lady Oonagh Oranmore auf. Sie veranstaltete einen Jagdball und lud mich anschließend nach County Wicklow ein. Dort hatte sie alle Gästezimmer mit dem Roman von Helvick bestückt. Ich fragte Oonagh, ob sie den Autor des Buches kenne, und sie lachte. Erst jetzt erfuhr ich, daß mein alter Freund Claude dahintersteckte. Da ich wußte, daß er dringend Geld brauchte, versprach ich, Bogie den Roman zu zeigen. Vielleicht würde er ihn kaufen.»

Bogart tat, was von ihm erwartet wurde und erwarb die Rechte für 10000 Dollar. Morgan Maree riet zwar davon ab, tätigte aber dann doch das Geschäft. Nun, fast zwei Jahre später, brachte er sich bei Hustons in Erinnerung. Er rief bei ihm in Europa an und fragte, wann das Filmprojekt in Angriff genommen werden konnte.

«Nun, daran habe ich noch keinen Gedanken verschwendet», antwortete Huston lachend.

Maree war entsetzt: «John, du hast Bogie dazu gebracht, die Sache zu kaufen. Du kannst ihn jetzt nicht hängenlassen.» – «Gut, ich werde sehen, was ich machen kann», versprach Huston. Am gleichen Nachmittag drückte er den Roman Peter Viertel in die Hand, er sollte doch einmal sehen, ob sich daraus etwas für Bogart machen ließe.

Da Bogart 1952 nur *Arzt im Zwielicht* und *The System* auf seinem Drehplan stehen hatte, schlug Maree vor, Werbekampagnen und Radioauftritte «mitzunehmen». Eine Anzeigenserie für Chesterfield und drei Hörspiele boten sich an. Am 10. Februar 1952 verkörperte Bogart in «The Traitor» für NBC's Theatre Guild on the Air einen Arzt, der es mit russischen Spionen aufnimmt. Am 3. Mai folgte für CBS's Stars in the Air der Thriller «The House on 92nd Street», und am 15. Dezember konnte man ihn zusammen mit Greer Garson in der Radiofassung von *African Queen* hören.

«Jeder Pfennig, den Bogie mühsam hereinbrachte, wurde von Betty in Windeseile wieder unter die Leute gebracht. Als ich sie bat, etwas langsamer zu treten, lachte sie nur und sagte, Geld müsse zirkulieren. Schließlich blieb Bogie nichts anderes übrig, als in den sauren Apfel zu beißen und seine Ersparnisse anzugreifen», erinnerte sich Maree.

Im Mai 1952 bezogen die Bogarts ihr neues Heim und führten ein offenes Haus. Hatte früher Bogarts Geselligkeit sich darauf beschränkt, daß er im Romanoff's residierte, so begann er nun, Freunde und Bekannte zu einem Nachmittagsdrink einzuladen. «Wir waren öfters bei Katie Hepburn zu Gast gewesen. Mir gefiel es, daß eine Handvoll Menschen zusammensaß, etwas knabberte und trank und man sich unterhielt.»

Zunächst bestand Bogarts Kreis aus Peter Lorre, John Huston, Katharine Hepburn und Spencer Tracy. Doch nach und nach kamen auch David Niven und seine Frau, Sid Luft und dessen Frau Judy Garland, James Cagney, Cary Grant und Betsy Drake sowie einige auserwählte Reporter hinzu.

Diese «Schnorrertreffen», die bald jeden Abend stattfanden, wurden auch beibehalten, nachdem Betty am 23. August 1952 nach zweistündigen Wehen ihre Tochter zur Welt brachte. «Bogie und ich hatten beschlossen, sie Leslie nach Leslie Howard zu nennen, seinem ersten Mentor und meiner ersten Phantasieliebe», erklärte die Bacall. «Bogie reagierte ganz anders auf sie als auf Steve. Er war immer sehr sanft, aber irgendwie schien er immer Angst zu haben, sie zu berühren. Im Grunde hatte er ja nie gedacht, daß er je selbst Kinder haben würde. Doch jetzt spornten ihn die Kinder an: Er wollte ihnen so viel zeigen und beibringen. Ich hatte recht behalten: Er war nicht zu alt, um Vater zu sein.»

Gleichzeitig räumte die Bacall ein, daß sie noch zu jung war für die Mutterrolle. Also mußte ein Kindermädchen her. «Ich war gern und viel mit ihnen zusammen, aber vierundzwanzig Stunden nichts anderes tun? Nein, das konnte und wollte ich nicht. Ich war damals noch zu sehr mit mir und meiner Karriere beschäftigt. Es gab so vieles, was ich noch nicht ausprobiert hatte.»

Im September 1952 vertraute Bogart seinem Freund Spencer an: «Wie Betty sich aufführt, glaube ich nicht, daß ich noch ein drittes Kind haben möchte.»

Zu dieser Zeit widmete sich die Bacall hingebungsvoll der Unterstützung des Politikers Adlai Stevenson. Über die Hepburn hatte die Bacall eine Einladung zu einer Party zu Ehren von Adlai Stevenson erhalten, die von Dore Shary, Don Hartman und Bill Goetz veranstaltet wurde. «Stevenson wußte, wie wichtig es war, auch prominente Namen in seiner Truppe vorweisen zu können», plauderte einer seiner damaligen Wahlkampfmanager. Doch die meisten Hollywoodianer standen geschlossen hinter Dwight D. Eisenhower. Zudem war es für Schauspieler noch immer gefährlich, sich offen als Demokraten zu bekennen.

Als Betty an diesem Abend nach Hause kam, hatte sie sich «frisch verliebt. Ich wußte, daß es für mich nun niemand anderen mehr als Adlai geben würde».

Bogart dagegen ließ sich nicht bezaubern. Es war das erste Mal, daß er auch in der Öffentlichkeit eine andere Position bezog als Betty. Während sie an einer Wahlkampfveranstaltung in San Francisco teilnahm, reiste er gemeinsam mit Pete, Susan Hayward und Darryl F. Zanuck zu Eisenhower nach Denver.

Doch parallel zur Wahl gingen auch die Diskussionen im Hause Bogart in die heiße Phase. «Betty war so von Adlai überzeugt, daß sie jeden haßte, der nicht für ihn war», erinnerte sich

Bogart. «Wir stritten uns fast täglich, und als es mir zu dumm wurde, telegrafierte ich Darryl, daß ich an keiner Wahlveranstaltung für Ike mehr teilnehmen werde. Ich versprach Betty, sie zu begleiten, machte ihr aber auch klar, daß ich persönlich nicht für Stevenson stimmen würde.»

«Bei unserem ersten Treffen erklärte Bogart mir, er habe die Idee zu einem idealen Werbefilm», erinnerte sich Stevenson. «Man würde ihn mit den Kindern vor der Eingangstür sehen und seinen Sohn fragen hören: ‹Daddy, wo ist eigentlich Mami?› Worauf er antworten würde: ‹Die ist bei Adlai.› Ich fand es erstaunlich und ungeheuer ehrlich, daß er mir seine wahre politische Stellung so deutlich gemacht hatte.»

In den nächsten Wochen reisten die Bogarts quer durchs Land. Tapfer schüttelte Bogart Hände, während Betty feurige Reden hielt. «Ich war richtig besessen. Stevenson mußte einfach gewählt werden. Manchmal hatte ich das Gefühl, ich würde selbst kandidieren.»

Bettys Engagement zeitigte bei den Wählern keine Früchte. Stevenson unterlag. Stevensons Schwester führte die Niederlage ihres Bruders und das Engagement Bogarts auf das Gerücht zurück, Adlai und Betty verbände mehr als nur gemeinsame politische Interessen, zumal Betty auch nach der Wahl jede freie Minute in der Nähe von Stevenson verbrachte. «Der größte Gefallen, den die beiden meinem Bruder hätten erweisen können, wäre gewesen, wenn sie sich aus der Sache rausgehalten hätten», vertraute sie 1954 Hedda Hopper an, die dies am nächsten Tag in ihrer Kolumne in die Welt hinausposaunte. Betty und Bogart zeigten sich beleidigt, während Stevenson jeden Kontakt zu den beiden vorübergehend einstellte.

George Cukor wußte, wie es um die Karriere der Bacall bestellt war, und schlug ihr vor, sich um eine Rolle in Zanuks neuester Produktion *The Greeks Had a Word for It* (später *How to Marry a Millionaire*) zu bewerben. Jean Negulesco wollte Bogart für den Part des reichen J. D. Hanley, doch er winkte nur müde ab, als er las, daß er Schatze (Betty) am Ende an einen jüngeren Mann verlieren würde. «Wahrscheinlich kam dies einer realen Angst Bogies zu nahe», meinte Zanuck. Die Rolle übernahm William Powell.

Betty dagegen war begeistert. Das Problem bestand nur darin, daß Betty noch immer bei Warner unter Vertrag stand, der Film aber bei 20th Century Fox gedreht werden sollte. Also nervte sie Bogart so lange, bis er einen Termin bei Warner vereinbarte. In kurzen Worten schilderte er sein Problem, worauf Warner ihn über den geleisteten Vorschuß informierte. Im Falle einer Vertragslösung würde dies bedeuten, daß Betty die geleistete Zahlung wieder rückerstatten mußte. Bogart beriet sich mit Maree, der von diesem Schritt abriet. «Die Kosten des letzten Jahres hatten Bogies Finanzen arg mitgenommen. Eine Rückzahlung in dieser Höhe stellte eine ungeheure Mehrbelastung dar.» Doch Betty drängte, und Bogart gab nach. Die Bacall trennte sich von Warner Brothers, unterzeichnete einen neuen Vertrag mit der Fox, der ihr einen Film pro Jahr für das Studio abforderte. Ansonsten konnte sie drehen, was sie und für wen sie wollte.

Maree machte Bogart klar, daß er unbedingt die Dreharbeiten von *Beat the Devil (dt. Schach dem Teufel)* vorantreiben mußte. Da sich keine Produktionsfirma für das Projekt fand, ließ Bogart die Santana wieder aufleben und bezahlte Huston eine Gage von 175 000 Dollar. Im Januar 1953 flogen Bogart und Pete nach London, um zusammen mit Peter Viertel, John Huston und Tony Veiller am Drehbuch zu feilen. Betty begleitete ihn nach New York. Nach seiner Abreise nahm sie an einem Dinner für Stevenson teil, der in den nächsten Wochen «sich mir sehr intensiv widmete». Nebenbei drehte sie auch den Film für Negulesco, dessen Titel inzwischen *How to Marry a Millionaire* lautete.

Die Tage in London verliefen nicht zu Bogarts Zufriedenheit. Er fand das Drehbuch scheußlich. Am liebsten hätte er die Sache abgeblasen, doch inzwischen war er vertraglich gebunden, den

Film zu realisieren. Maree rechnete ihm am Telefon vor, wie teuer ein Vertragsbruch käme. Mit dem Gefühl, nichts mehr verlieren zu können, reiste er weiter nach Rom, wo bereits John Huston, Jennifer Jones, Robert Morley und Italiens neuester Liebling, Gina Lollobrigida, auf ihn warteten.

In Rom erfuhr Bogart von Huston, daß Peter Lorre in einer tiefen Krise steckte und sich nur mühsam mit kleinen Fernsehauftritten über Wasser hielt. Er hatte gut 50 Kilo zugenommen, seine Haare waren weiß, und er wirkte noch mürrischer als zuvor. Kurz: er war für einen Film schwer zu besetzen. Bogart rief Lorre an, und innerhalb weniger Tage gesellte er sich auf Bogarts Kosten zu ihnen.

Mit dem Drehbuch ging es immer noch nicht voran, also begab sich die Gesellschaft auf eine Italienrundreise, um wenigstens einen geeigneten Drehort zu finden. Die Villa in Ravello, die der Garbo und Stokovsky als Zufluchtsort gedient hatte, wurde begutachtet und für geeignet befunden. In Rom stellte Bogart fest, daß die Arbeit am Drehbuch noch immer keine Fortschritte gemacht hatte. Nun versprach Huston, die Sache selbst in die Hand zu nehmen.

Bogart blätterte in einer Ausgabe der *Daily Variety*. «Ich dachte, ich traute meinen Augen nicht. Die ersten vier Seiten berichteten ausschließlich darüber, daß Schwarzweißfilme im üblichen Format passé waren. 3-D und knallige Farben waren in. Wir erstarrten, denn wir wollten einen Film in einem Verfahren machen, das gerade von *Variety* für out erklärt worden war. Also machten wir uns auf die Suche nach jemandem, der uns 3-D-Linsen leihen würde. Wir hatten kein Glück.»

Zuvor hatte David O. Selznick, Jennifer Jones Ehemann, Huston mit seitenlangen Memos bombardiert. Zwar hatte er keinen Pfennig investiert, wollte aber wegen der Beteiligung seiner Frau dem Projekt dienlich sein. Huston haßte seine Schreiben, doch das Telegramm, das ihn am nächsten Tag erreichte, erschien ihm wie ein Geschenk des Himmels. Selznick empfahl,

Truman Capote hinzuzuziehen, der erst kurze Zeit zuvor Selznick aus der Patsche geholfen hatte. Capote hielt sich gerade in Rom auf, und man arrangierte ein Treffen.

«Niemand war auf den Auftritt dieser unglaublichen Figur vorbereitet», erinnerte sich Hustons Assistent John Berry Ryan. «Capote traf mit knöchellangem Mantel und lavendelfarbenem Schal in Bogarts Hotel ein und hielt stundenlange Monologe, was er alles ändern würde.»

«Zuerst hält man es nicht für möglich, daß es jemanden gibt, der so seltsam ist. Aber dann möchte man ihn die ganze Zeit mit sich herumtragen», resümierte Bogie.

Gemeinsam ging es am 7. Februar 1953 Richtung Ravello. Auf der Fahrt erlitt Bogart einen Autounfall. Während er auf dem Rücksitz eingeschlafen war, verlor der italienische Chauffeur die Beherrschung über das Fahrzeug und prallte gegen eine Mauer. Huston und der Fahrer erlitten nur einige Schürfwunden, Bogart aber wurde gegen den Vordersitz geschleudert, zog sich einen Riß der Zungenspitze zu und verlor eine Brücke mit zwei Zähnen. In Neapel trafen sie auf George Sanders, der Bogart zu einem deutschen Arzt brachte. Bogarts Zunge, die, so Huston, «wie eine Klapptür hin und her schwang», mußte genäht werden.

Capote schrieb inzwischen heftig am Drehbuch, war aber den Dreharbeiten nie mehr als ein, zwei Tage voraus. Seine Hauptleistung bestand darin, «daß er mehr Witze einfügte und die Dialoge umschrieb, mit dem Ergebnis, daß der Ton leicht manieristisch und grotesk wirkt und die Machosprüche wegfallen, bei denen sich Bogart wohler gefühlt hätte», erzählte Jonathan Coe.

Billy Dannreuther (Bogart) sitzt mit seiner italienischen Ehefrau (Gina Lollobrigida) und vier «Freunden» in einem kleinen italienischen Hafen fest. Sie geben vor, Staubsauger zu verkaufen, in Wahrheit wollen sie in Kenia Land mit reichen Uranvorkommen kaufen. Sie lernen ein Ehepaar kennen (Jones/Underdown), das ihnen in puncto Ehrlichkeit und Rechtschaffenheit in nichts nachsteht. Am Ende sind die Betrüger die Betrogenen.

Ähnlich fühlte sich Bogart dann auch, als *Schach dem Teufel* in die Kinos kam. Öffentlich warnte er seine Fans, daß nur «Idioten das Ding witzig finden könnten». Vorbei war das Hochgefühl der Zeit in Ravello, die Huston als «ein zehnwöchiges Fest» beschrieb.

«Es geschahen Dinge, die nur bei einem John-Huston-Film, der im Winter in einem italienischen Nest gedreht wird, geschehen konnten», erinnerte sich Ryan. «Es gab keine Heizung, manchmal keinen Strom und nichts zu essen und zu trinken. Jeden Abend aber traf man sich zu einer großen Pokerrunde mit Huston und Bogart. Jennifer wurde von einer großen italienischen Lesbierin verfolgt, die ihrerseits von einer kleinen, drallen italienischen Lesbierin verfolgt wurde. Und Truman heizte das sagenhafte Tohuwabohu noch an. Hätten wir daraus einen Film gemacht, er wäre ein riesiger Erfolg geworden.»

Die gute Stimmung sprach sich so schnell herum, daß zahlreiche Gäste eintrafen. Auch David O. Selznick, Orson Welles und Carmen Snow gaben sich in Ravello ein Stelldichein und eine Freundin Capotes, mit der Bogart eine heiße Woche verbrachte, bis sie sich dann eines Besseren besann.

Die Beziehung zwischen Bogart und Truman Capote war zunächst gespannt. So witzelte Bogart immer, daß Huston und Capote ein Verhältnis hätten. Er nannte Capote «Ugly Double» oder «Caposy». Das ging so lange gut, bis Capote auch begann auszuteilen, körperlich, Bogart beim Armdrücken besiegte und ihm zu allem Überfluß auch noch den Arm brach. So entstehen Freundschaften und Drehpausen.

Im April zog das Team nach London, um in den Shepperton Studios zu drehen. Da David Niven ebenfalls in England drehte – *The Love Lottery* –, nutzte Bogart die Gelegenheit zu einem stummen Gastauftritt, für den er aber weder im Vor- noch im Nachspann genannt wurde.

Sosehr Bogart Huston und Capote auch schätzte, das fertige Produkt bereitete ihm Magenschmerzen. Nachdem er die Rohfassung gesehen hatte, reiste Bogart vorzeitig in die Staaten zurück. Für die notwendige Nachsynchronisation mußte Huston noch einen jungen Schauspieler namens Peter Sellers engagieren.

«Bogie war fair genug, das Geschäftliche vom Privaten zu trennen», erinnerte sich Maree. «Zwar verkehrte er mit Huston noch freundschaftlich, doch hatte er sich geschworen, nie wieder einen Film mit ihm zu machen.»

Auch Huston plagten Zweifel, ob der Film das geworden war, was er erhofft hatte. Entgegen seiner Art erklärte er noch vor der Premiere: «Es ist ein kleiner, bescheidener Film in unserer Ära großer Produktionen.»

Jack Warner witzelte über *Schach dem Teufel*: «Den müssen sie mit Flaschenglas anstelle von Objektiven gedreht haben.»

Der Film war ein Flop und verschwand in der Versenkung. Es sollte mehr als 20 Jahre dauern, bis er wieder entdeckt wurde. Erst jetzt schien man den Witz zu verstehen und bejubelte ihn. Heute ist *Schach dem Teufel* ein Kultfilm, über den Charles Champlin, ein Kritiker der *New York Times*, urteilte: «So grotesk und absurd die Umstände seiner Entstehung auch sein mögen, erweist sich *Schach dem Teufel* nach wie vor als temporeiche und disziplinierte Komödie mit einem Erfindungsreichtum, den ich auch jetzt, nachdem ich ihn fünfzehn- oder zwanzigmal gesehen habe, erstaunlich finde.»

Da *Schach dem Teufel* den ursprünglichen Drehplan um 50 Tage überzogen hatte, mußte Bogart sofort nach seiner Rückkehr weiter nach Hawaii reisen, wo innerhalb von drei Wochen die Außenaufnahmen von *The Caine Mutiny (dt. Die Caine war ihr Schicksal)* gedreht wurden.

Bogart freute sich auf die Zusammenarbeit mit Edward Dmytryk. Bogart hatte gegenüber Kramer auf seinem Engagement bestanden. Kramer wandte ein, daß Dmytryk eben erst eine einjährige Gefängnisstrafe verbüßt hatte, da er sich vor der HUAC als «unfreundlicher Zeuge» erwiesen hatte. Bogart jedoch war dies egal. «Um so wichtiger ist es, daß er wieder arbeitet und sieht, daß nicht alle Leute in Hollywood Schlappschwänze und feige Memmen sind», konterte er und drohte, die Rolle niederzulegen, wenn Dmytryk nicht engagiert werden würde. In der Öffentlichkeit erklärte er: «Mir ist es verdammt egal, welcher politischen Schattierung er angehört. Er hat seine Strafe verbüßt, und wenn er jetzt für die Regierung in Ordnung ist, ist er es für mich schon lange.»

Bogart mochte Betty nicht allein lassen und nahm sie mit nach Hawaii, denn Presseberichte über die Bacall und Adlai Stevenson hatten einigen Wirbel verursacht. Als sie im Royal Hawaiin Hotel eincheckten, gab er sich ausgesprochen mürrisch und blieb auch in den nächsten Tagen launisch und unausstehlich. Van Johnson, sein Partner, plauderte aus: «Er sprach fast kein Wort mit mir und der restlichen Crew. Bald glich er seiner Rolle so sehr, daß wir ihn im Spiel wie auch privat zu hassen begannen.»

Die gestraffte Filmfassung des Romans von Herman Wouk, der mit dem Pulitzerpreis ausgezeichnet wurde, schildert den psychischen Zusammenbruch von Philip Francis Queeg, Kapitän eines Minenräumbootes, der von zwei Offizieren seines Kommandos enthoben wird. Zunächst als vorbildlicher Kommandeur eingestuft, lassen schon bald seltsame Zwischenfälle, falsche Entscheidungen, hysterische Ausbrüche und die kleinliche Einhaltung von Vorschriften den Verdacht aufkommen, daß Queeg seiner Aufgabe nicht gewachsen ist. Als einige Erdbeeren abhanden gekommen sind, befiehlt Queeg die Durchsuchung nach einem zweiten Schlüssel für den Eisschrank, obwohl der Schiffsjunge gestand, die Beeren gegessen zu haben. Während eines Taifuns meutern die Offiziere Maryk (Van Johnson) und Keith (Robert Francis), angestachelt durch die Bemerkungen von Lieutenant Tom Keefer (Fred MacMurray), und ersetzen den Kapitän durch den leitenden Offizier. Eine Entscheidung, für die sie sich vor dem Kriegsgericht verantworten müssen. In einem großen Rededuell zwischen Verteidiger Greenwald (José Ferrer) und Queeg (Bogart) werden die psychologischen Konflikte des Kapitäns und die moralischen Dimensionen ausgelotet.

Im Vorfeld hatte Kramer große Schwierigkeiten mit der Navy, die sich zunächst bereit erklärte, die Schiffe für die Dreharbeiten zur Verfügung zu stellen, nach Prüfung des Drehbuchs jedoch eine Zusammenarbeit verweigerte. Selbst der Titel des Films fand nicht die Zustimmung der Navy, die «Zwischenfall auf der Caine» für angemessener hielt. Doch Wouk beharrte auf den Titel seines Romans und Bühnenstücks. Kramer suchte die Wogen zu glätten und versprach, den Film der Marine zu widmen. Man zeigte sich geschmeichelt, bestand aber auf einer Erklärung im Vorspann, daß sich solche Ereignisse im realen Leben in dieser Form bei der U.S. Navy nicht ereigneten. Außerdem verlangte man, daß Commander Shaw den Dreharbeiten als Beobachter beiwohnen sollte.

Es dauerte nicht lange, und Commander Shaw wurde Zielobjekt für Bogarts beißenden Spott. Shaw revanchierte sich, indem er Bogarts Spiel kritisierte. Dieser Kleinkrieg erreichte seinen Höhepunkt, als Bogart jene Szene drehte, in der ihm Van Johnson mitteilt, daß Erdbeeren fehlen. Um Queegs nervöse Geschäftigkeit darzustellen, begann Bogart hektisch die Scheibe Toast zu buttern. Shaw unterbrach die Aufnahme und erklärte, ein Mitglied der Navy würde einen Toast nicht als ganzen buttern. Bogart war anderer Ansicht, und so wurden die Arbeiten so lange niedergelegt, bis Kramer ins Studio kam und ein Kompromiß gefunden wurde. Bogart sollte ein Stück vom Toast abschneiden, bevor er ihn mit Butter bestrich.

Unter erhabenem Getue tat Bogart, wie ihm geheißen. Die Szene wurde wiederholt, Bogart teilte den Toast und wollte ihn gerade bestreichen, als Shaw erneut dazwischenfunkte und erklärte: «Ein Mitglied der Marine würde niemals ein derartig großes Toaststück schneiden.»

Es herrschte Stille, und Bogart fixierte seinen Gegner. Bei der nächsten Wiederholung schnitt Bogart ein daumennagelgroßes Toaststück ab, spielte mit ihm herum und schnippte es in die Luft. «So in Ordnung, Commander, Sir?» bellte er. Von nun an blieb Shaw den Dreharbeiten fern.

Während die Navy Bogarts Darstellung des Queeg für überzogen hielt, war die Leitung der Columbia nach einer Probevorführung der Meinung, er hätte Queeg nicht «verrückt genug dargestellt». Dmytryk erinnerte sich, daß Bogart Cohn gegenüber in die Luft ging.

«Das ist nicht die Art, wie ich Queeg sehe und wie ich ihn jemals spielen werde», schrie er die Studiogewaltigen an. «Queeg war nicht verrückt, er war krank. – Ich weiß nicht, ob er schizophren, manisch depressiv oder paranoid sein soll, aber ich kann nachvollziehen, was in einem Menschen vor sich geht, der Übermenschliches leisten soll. Tatsächlich leistet er Überdurchschnittliches, bis er unter Druck gerät. Erst dann dreht er durch. Ich kenne genug solcher Menschen und kann euch in jedem Studio einige von ihnen zeigen.»

Was Bogart aber verschwieg und nur Spencer Tracy anvertraute: Er gestaltete die Rolle des Queeg nach den Vorbildern seines Vaters und seiner Mutter. «Er durchlebte einfach noch einmal die Stadien vor ihren jeweiligen Zusammenbrüchen. Vor allem dadurch wurde die Rolle so realistisch», erinnerte sich Bogarts Schwester Pat. «Als ich den Film sah, brach ich in Tränen aus. Es war, als würde meine Kindheit vor mir auf der Leinwand wiederauferstehen.»

Dennoch war Bogart mit dem Film nicht zufrieden. Das Studio bestand darauf, daß zusätzlich eine Liebesgeschichte in den Film hineingeschrieben werden sollte. Bogart machte in den Interviews keinen Hehl daraus, daß der Film «durch diese überflüssige Liebesgeschichte verpfuscht worden war».

Eine Ansicht, die auch Edward Dmytryk teilt. «Ich bin immer noch der Meinung, der Film hätte ein Klassiker werden können, wenn er in der ursprünglichen dreistündigen Fassung belassen worden wäre. Doch Cohn gab dem Drängen der Kinobesitzer nach, die argumentierten, sie können einen derart langen Film nur dreimal am Tag zeigen, was einen Einnahmeausfall von einer Vorstellung pro Tag bedeutet hätte. Kramer und ich mußten das Werk schließlich auf zwei Stunden kürzen. Sie finden noch heute geschnittene Szenen, und ich bin gespannt, wann es soweit ist, daß der Directors Cut in die Kinos kommt. Ich glaube, jetzt wäre die beste Zeit dazu.»

Während die Kritiker Kramer und Dmytryk heftige Vorwürfe machten und den Film *Die Caine war ihr Schicksal* als «eher ehrwürdigen als denkwürdigen Film» bezeichneten, waren die Zuschauer und die Filmbesprechungen gleichermaßen von Bogarts Darstellung fasziniert und begeistert.

Capote erklärte einmal, «Bogart ist ein wahrer Künstler, und zwar ein sehr kritischer. Ihm gelang es, die Gestik und die Mimik auf ein Minimum zu reduzieren.» Mögen sich heute zwar einige Filmkritiker an den knalligen Farben stoßen, der Faszination der Gerichtsszene kann sich keiner entziehen. Es ist das Spiel mit den Augen, das nervöse Herumhantieren mit den silbernen Kugeln und dann die Pause vor «mathematisch genau», die Jonathan Coe erklären ließ: «Es ist eine vollkommen ausgewogene Darstellung – ausdrucksvoll, aber nicht theatralisch, dicht, aber nicht übertrieben –, die Bogart einen Platz unter den allerbesten Filmschauspielern eingetragen hat.» Niemand wunderte sich, als er für seine Verkörperung des Kapitän Queeg für einen Oscar vorgeschlagen wurde.

Bogart selbst erklärte Joe Hyams seinen Erfolg folgendermaßen: «Ich spiele Queeg anfangs als vorbildlichen Kommandeur. Wenn sich die Dinge zuspitzen, zeige ich dem Publikum, wie er die Kontrolle verliert. Ich habe das sehr genossen, und schließlich darf man ja auch nicht vergessen, daß ich selbst ein wenig irre bin.»

Alles in allem hatte Bogart das Abenteuer mit Huston 500 000 Dollar gekostet. Er brauchte unbedingt Arbeit, und so fragte er Jack Warner, welchen Filmstoff man inzwischen für ihn ausgesucht hätte. Warner wand sich, bevor er Bogart gestehen mußte, daß er noch immer nicht die geeignete Vorlage für ein Drehbuch gefunden hatte. Zu den Filmen, die zur Debatte standen, gehörten *Duffy of San Quentin, Duel in the Jungle, The Sea Chase* mit Lana Turner und *Illegal*. Bogart prüfte die Drehbücher und bat Warner um eine Unterredung.

«Jack wärmte noch einmal alte Erinnerungen auf», erzählte Bogie. «Wie wir uns kennenlernten, wie ich meinen ersten Film bei ihm machte. Oh, er war wirklich ein Meister darin, einem ein schlechtes Gewissen zu bereiten. Ich aber blieb bei meiner Entscheidung. Ich war bereit, die nötige Aufhebungssumme zu zahlen. Dafür aber wäre ich dann endgültig frei.»

«Ich spürte, daß es ihm nicht gutging. Er roch stark nach Alkohol, und als er zu sprechen begann, merkte ich, daß er noch immer schwer angetrunken war», erinnerte sich Warner. «Jack, ich habe drei Ehen hinter mir», begann Bogart. «Ich weiß also, wenn eine Sache vorüber ist.»

Warner pflichtete ihm bei und schenkte ihm Scotch nach.

«Ich bin seit einundzwanzig Jahren bei Ihnen. Und ich glaube, die Tatsache, daß Sie für mich kein Drehbuch finden, ist ein Wink von ganz oben. Ich glaube, unsere Ehe ist vorüber, also trennen wir uns. Ich werde freier Schauspieler, und wir können noch mal zusammen etwas machen, aber offiziell reichen wir die Scheidung ein.»

Warner blickte Bogart stumm an. «Ich wußte wirklich nicht, was ich sagen sollte. Aber Bogie wirkte so entschlossen, daß mir keine andere Wahl blieb.»

Am 22. August 1953 teilten Bogart und Warner der Presse mit, daß man sich «in freundschaftlichem Einverständnis voneinander» getrennt hatte.

Sechs

Als Bogart am 11. September 1953 das Studiogelände der Paramount betrat, war er von einem unbeschreiblichen Triumphgefühl erfüllt. «Die Paramount waren für mich schon immer ein Studio mit Klasse gewesen», erklärte er den wartenden Reportern am ersten Drehtag. Er verehrte Adolph Zukor, Gründer und Beherrscher des Studios. Zudem waren einige der größten und bekanntesten Namen Hollywoods hier zu Hause: Marlene Dietrich, Gary Cooper, John Wayne, Bob Hope, Bing Crosby, William Holden und Audrey Hepburn.

Gleichwohl befand sich auch diesmal Pete in Bogarts Schlepptau. «Ich war überzeugt, daß sie, wenn es Probleme geben würde, mir diese schon wieder vom Hals schaffen und alles zu meiner Bequemlichkeit einrichten konnte.»

Bogart wußte nur zu gut, daß er mit Schwierigkeiten rechnen mußte. Nachdem ihm die Paramount die Titelrolle in Billy Wilders neuester Komödie *Sabrina (dt. Sabrina)* angeboten hatte, hörte sich Bogart in Hollywood um. Er wollte mehr über seinen neuen Regisseur wissen. So erfuhr er auch, daß ursprünglich Cary Grant für die Rolle des Linus Larrabee vorgesehen war. «Ich lud Cary und seine Frau zum Abendessen ein. Nach dem Essen besprachen wir bei einem Drink, warum er die Rolle, die er zuvor als ‹superb› gelobt hatte, dann doch ablehnte. Zunächst schob er andere Verpflichtungen vor, die es ihm angeblich nicht gestatteten, das Projekt zu realisieren. Doch dann rückte er mit der Wahrheit heraus: Er konnte Wilder und seinen Arbeitsstil nicht ausstehen. Gut, dachte ich, mit dem Preußen werde ich es allemal aufnehmen können.»

Seine Freunde in Hollywood staunten nicht schlecht, als Bogart ihnen erklärte, er sei an einer Zusammenarbeit mit Wilder interessiert.

Spencer Tracy warnte ihn vor Wilder.

John Huston warnte ihn vor Wilder.

Michael Curtiz warnte ihn vor Wilder.

Clifton Webb warnte ihn vor Wilder.

Peter Lorre warnte ihn vor Wilder.

Fast jeder aus Bogarts Freundeskreis warnte ihn vor Wilders Ego und seinem Arbeitsstil. «Und genau das war es, was die Rolle für mich so interessant machte.»

Die ersten Gespräche mit der Paramount und Wilder verliefen besser als befürchtet. Man ging auf Bogarts Änderungswünsche ein und stellte ihm sogar in Aussicht, daß die weibliche Hauptrolle eventuell mit Betty besetzt werden würde. Bogart horchte auf. Zwar hatte er sich geschworen, nie wieder gemeinsam mit seiner Frau vor die Kamera zu treten, doch da ihre Karriere am Tiefpunkt angekommen war, würde allein die Aussicht auf die Rolle Betty bei Laune halten können. Auch schien Wilder kein allzu großes Problem darzustellen, zumal er sich gegenüber Bogart recht devot verhielt.

Da das Drehbuch noch nicht fertig war, drückte man Bogart das Stück «Sabrina Fair» von Samuel Taylor in die Hand.

Sabrina, die Tochter des Chauffeurs der wohlhabenden Familie Larrabee, hat sich in David, den jüngsten Sproß der Familie, verliebt, wird von ihm aber nicht beachtet. Nach einem Selbstmordversuch, der durch Davids ältesten Bruder Linus vereitelt wird, reist sie nach Paris, um die hohe Kunst des Kochens zu erlernen. Nach zwei Jahren kehrt Sabrina, gekleidet wie eine französische Dame, zurück, fest entschlossen, sich nun David zu angeln, der sich aber in der Zwischenzeit mit der Tochter eines Zuckerrohrfabrikanten verlobt hat. Eine Verbindung, die vor allem dem Larrabee-Unternehmen von Nutzen ist. Die Familie ist entschlossen, jedem entgegenzutreten, der diese Heirat gefährden könnte. So macht sich Linus daran, Sabrina von David abzulenken, mit überraschendem Ergebnis.

«Ich hatte Gangster, Helden, Piloten, Mörder, Vampire und Cowboys gespielt. Die Rolle des Linus fiel ganz aus dem heraus, was ich ansonsten tat. Schon deshalb reizte sie mich.» Die Vorverhandlungen erwiesen sich als einfach. Paramount rollte für Bogart den roten Teppich aus. Man gab seiner Gagenforderung nach und bekräftigte die Absicht, Lauren Bacall als Sabrina zu besetzen. Erst Wochen später erfuhr Bogart, daß man die Rolle Betty Hutton geben wollte. Als diese abwinkte, standen Elizabeth Taylor und Grace Kelly zur Debatte. In letzter Minute entschied sich Wilder jedoch für Paramounts Neuerwerb Audrey Hepburn.

Als Bogart über die Wahl seiner Partnerin informiert wurde, zeigte er sich von dieser Entwicklung wenig begeistert. Er hielt die Hepburn für eine «blutige Anfängerin». Erst als man ihm signalisierte, sie sei in ihren Romanzen nicht besonders wählerisch und habe schon immer eine Vorliebe für ihre derzeitigen Film- und Theaterpartner an den Tag gelegt, hob sich Bogies Stimmung ein wenig.

Kaum hatte sich seine Gemütslage ein wenig gebessert, erfuhr er, daß Paramount William Holden als seinen jüngeren Bruder unter Vertrag genommen hatte. Bogart, dem zwar eine «beratende Funktion» bei der Wahl der Darsteller zugesichert war, verfügte dennoch nicht über das notwendige Mitspracherecht. Seine Streitigkeiten mit Holden hatte er noch nicht vergessen, auch wenn sie inzwischen einen Waffenstillstand geschlossen hatten. Heftige Diskussionen mit Wilder hatten zum Ergebnis, daß der Regisseur seinen zukünftigen Star schnitt und jeglichen Kontakt zu Bogart einstellte.

Unter diesen negativen Vorzeichen begann der erste Drehtag. Niemand war gekommen, um Bogart vom Studiotor abzuholen. Also machten sich Bogart und Pete selbst auf den Weg. Sie schlenderten über das Studiogelände, wurden von allen Seiten gegrüßt, und wieder blieb Bogart stehen, um sich mit den Toningenieuren, Bühnenarbeitern, Beleuchtungstechnikern und Statisten zu unterhalten, die er noch von seiner Zeit bei Warner Brothers kannte. «Er liebte solche Studiokameradschaften», erinnerte sich Pete. «Er vergaß niemanden, mit dem er einmal zusammengearbeitet hatte.»

Als sie schließlich die Halle erreichten, in der gedreht werden sollte, überzeugten sie sich, daß die rote Lampe über dem Eingang nicht brannte. «Es war eine Todsünde, die Tür eines Filmateliers zu öffnen, wenn das rote Licht brannte, weil so Tageslicht und Geräusche eindringen und die Aufnahme ruinieren konnten.»

Vom hellen Tageslicht trat man in absolute Finsternis. Die Wände des kleinen Ganges, der zu der eigentlichen Atelierhalle führte, waren schwarz gestrichen, um das einfallende Licht zu absorbieren.

«Verdammt, ich kann nicht das geringste sehen», fluchte Bogart. Das Licht in der Halle selbst war gelöscht worden, da Charles Lang, der Kameramann, gerade die Ausleuchtung checkte. Bogart schickte Pete vor und hielt sich an ihrer rechten Schulter fest. Während die beiden so durch das Studio stolperten, maulte er: «Das könnte verheerend ausgehen. Daß der Blinde dem Blinden folgt, ist eine Sache, aber zu verlangen, daß der Blinde dem Betrunkenen folgt, ist jenseits dessen, was die Pflicht verlangt.»

Als die zwei schließlich über eine Kabeltrommel stürzten und dabei einen unglaublichen Lärm verursachten, flackerten plötzlich die Spotlichter auf. Joe Conners, Bogarts langjähriges Double, und die anderen Mitglieder des Sets kamen herbeigeeilt, um ihnen zu helfen.

Bogart blickte nach oben, holte tief Luft und schwieg einen Moment. «Das tat er jedesmal, wenn er einen Film neu begann», erinnerte sich Pete. «Obwohl er schon so viele Filme gemacht hatte, war er noch immer von der immensen Ausdehnung eines Ateliers beeindruckt, wenn er es das erste Mal betrat. Wenn man so ein Atelier noch nie gesehen hat, ist es schwer, sich die Größe vorzustellen. Es ist wie ein fensterloses, völlig geräusch- und lichtundurchlässiges hallenartiges Gebäude, in das leicht ein dreistöckiges Haus hineinpaßt. Darüber befindet sich ein Labyrinth aus hölzernen Laufstegen, von dem Hunderte von Scheinwerfern herunterhängen. Der Boden ist übersät mit kilometerlangen elektrischen Kabeln, die meistens den Durchmesser eines Besenstiels haben. Zudem gibt es überall Hindernisse wie Kabelrollen, Kulissenteile, Tischlersägeböcke und Schalttafeln.»

Bogart ließ seinen Blick schweifen, konnte jedoch nirgendwo Wilder entdecken. Eigentlich hatte er erwartet, daß Wilder ihn wenigstens auf dem Set begrüßen würde. Mürrisch zog er sich in seine Garderobe zurück. Gerade als er die Tür öffnen wollte, erstarrte Bogart. «Ist irgend etwas nicht in Ordnung?» fragte der Aufnahmeleiter.

«Ist irgend etwas nicht in Ordnung?» äffte ihn Bogart nach. «Sie haben verdammt recht, daß etwas nicht in Ordnung ist! Wo zum Teufel ist das *Mister* an meiner Tür? Ist das aller Respekt, den man mir hier in diesem verdammten Rattenloch erweist? Bei Warners hieß es immer *Mister Humphrey Bogart.* Und das in sauber geschriebenen Buchstaben, größer als dort an der Tür. Wer zum Teufel hat den Namen dorthin geschmiert? Irgendein Trottel mit einem Wachsstift?»

«Der Stern fehlt auch», meinte Pete.

«Verdammt! Du hast recht. Ein Stern ist auch nicht an der Tür. Bei Warner Brothers hatte ich schon damals einen von diesen riesigen Teilen mit diesem besonderen Glitzerzeug darauf.»

Der Aufnahmeleiter war sichtlich verzweifelt. «Mein Gott, Mister Bogart, wenn ich das geahnt hätte...»

«Wenn, wenn, wenn», blaffte Bogart zurück. «Wenn ein Frosch Flügel hätte, würde er nicht andauernd auf seinem Arsch landen. Was nützt also dem Frosch ein verdammtes ‹Wenn›.»

«Ich werde es sofort ändern lassen.»

«Dazu ist es leider zu spät. Ich habe den Vertrag zwar unterschrieben, aber sagen Sie Wilder lieber, er soll den Drehbeginn um einige Tage verschieben. Die werde ich brauchen, um mich wieder in Stimmung zu bringen, hier zu arbeiten. Ja, um mein verletztes Ego wiederaufzubauen.»

«Der Aufnahmeleiter war am Boden zerstört», erinnerte sich Pete. «Er hatte noch nie mit Bogie zusammengearbeitet und konnte nicht ahnen, daß dieser ihn durch den Kakao zog.»

«Das Geschäft kann schnell todlangweilig werden, wenn man es zu ernst nimmt», meinte Bogart schließlich, lachte und schlug dem Verdutzten jovial auf die Schulter. Dann verschwand er in seiner Garderobe, um sich für die erste Szene vorzubereiten.

Nachdem er eine weitere halbe Stunde vergebens auf Wilder gewartet hatte, beschloß er, die Sache selbst in die Hand zu nehmen. «Wenn der Prophet den Weg zum Berg nicht findet, muß eben der Berg zum Propheten kommen», schnauzte Bogart und machte sich auf die Suche. Wilder prüfte gerade die Beleuchtung und checkte den geplanten Ablauf der ersten Szene.

«Okay, Genius, hier bin ich», begrüßte ihn Bogart. «Wo zum Teufel sind die anderen Stümper?»

«Schon da», rief William Holden, der gerade von der entgegengesetzten Seite kam. Zuerst schüttelte er Pete und dann Bogart die Hand.

«Und wo bleibt die Puppe?» knurrte Bogart.

«Die wird noch etwas ausgepolstert», meinte Wilder.

«Gut», maulte Bogart. «Dann besteht also keine Gefahr mehr, daß sie mich mit ihren Knochen entzweischneidet, wenn ich sie an mich drücke. Wie ist das mit dir, Lover Boy?» stichelte Bogart.

«Ich kann mich nicht beklagen», lachte Holden und akzeptierte ohne Murren, daß Bogart ihn weiterhin mit dem Spitznamen anredete, den er verachtete.

Als Audrey Hepburn endlich mit zweistündiger Verspätung im Studio eintraf, drehten sie eine Szene, die im fertigen Film gerade drei Minuten dauert. Wilder jedoch verwendete hierzu 13 Wiederholungen. Es wurde Mittag, bevor sie endlich im Kasten war. Bogart wurde zusehends nervöser, da er seinen Text in allen ihm erdenklichen Nuancen gegeben hatte. Als Pete sah, wie sehr die Dreharbeiten ihn angestrengt hatten, faßte sie einen Entschluß.

Nachdem die dreizehnte Wiederholung der Szene durch Wilders knappes «Schnitt» beendet worden war, trat ein langes Schweigen ein.

Voll Erwartung starrten ihn alle Beteiligten an und warteten auf sein Urteil. Er jedoch saß nur da, das Kinn in die Hände gestützt, tief in Gedanken versunken, und fixierte Bogart.

«Es war großartig. Warum nehmen Sie nicht die letzte Einstellung, Billy?» unterbrach Pete mutig die Stille. «Ich bin sicher, daß keiner es besser machen kann.»

Wilder blickte auf und schnaubte.

«Sie fanden es also gut, ja?»

«Ja», sagte sie. «Ich selbst hätte es mit C. B. DeMilles Hilfe nicht besser hingekriegt.»

«Wo zum Teufel haben Sie denn die gefunden?» wandte sich Wilder an Bogart.

«Unter einem Felsen in Arizona», meinte der. «Klein, aber oho und rotzfrech.»

Die erst Drehwoche verlief ohne Probleme. Bogart verstand es, die tägliche Routine durch seine Sticheleien aufzulockern. Niemand war vor seinen Scherzen sicher. «Wir erhielten Besuch von der Königin und dem König von Griechenland», erinnerte sich Audrey Hepburn. «Billy holte dazu eigens einen Thron, der in Bob Hopes Film *Monsieur Beaucaire* verwendet worden war. Zudem organisierte er einen roten Teppich und stellte den

Thronsessel an das Ende einer Treppe in der Dekoration. Der König und die Königin lachten verlegen über dieses absurde Arrangement. Wir standen alle in einer Reihe und sollten die Treppe hinaufgehen, knicksen und den beiden vorgestellt werden. Gerade als ich den Thronsessel erreichte, rief Bogie von hinten: ‹He, Königin, wo warst du gestern abend, als ich dich beim Poker für eine volle Straße gebraucht hätte?› Wir alle brachen in schallendes Gelächter aus.»

Die Stimmung am Set wurde erst spannungsgeladen, als Audrey Hepburn in einem Interview erklärte, Bogart habe «als romantischer Liebhaber gewisse Anlaufschwierigkeiten. Er braucht eben ein wenig länger, um in Stimmung zu kommen.» Was Wunder, daß der Satz in der Klatschpresse Hollywoods süffisant kommentiert wurde. Bogarts Annäherungsversuche gegenüber der kleinen Hepburn blieben erfolglos. Vom ersten Augenblick an «machte ich ihm klar, daß ich keinerlei Interesse an einem Techtelmechtel mit ihm hatte. Das verletzte ihn in seinem Stolz und seiner Mannesehre».

Ausgeschlossen blieb Bogart auch von den allabendlichen Zusammenkünften in Holdens Garderobe. «Ich hörte sie in Holdens Garderobe lachen und trinken. Als ich dann an die Tür klopfte, wurde es plötzlich sehr still. Sie taten so, als sei niemand mehr da. Well, fuck 'em, dachte ich zunächst.»

Während Wilder heute behauptet, Bogart hätte kein Interesse an einem geselligen Beisammensein nach den Dreharbeiten gehabt, meinte seine Frau Audrey: «Wir wollten Bogie einfach nicht bei unseren regelmäßigen Feierabenddrinks dabeihaben, weil uns seine Gesellschaft einfach unangenehm war. Er war so proletarisch, so ungebildet, er paßte einfach nicht zu uns.»

Daß Bogart sich im Abseits fand, betrübte ihn. Einem Vernichtungsschlag kam es jedoch gleich, als er zum erstenmal das Rohmaterial ansah. Anders als sonst hatte Bogart die täglichen Positivabdrücke nicht begutachtet. Pete hatte diese Aufgabe für ihn übernommen. «Die ersten Muster waren miserabel», erinnerte sie sich. «Bogie sah aus wie Audreys Vater. Ich sprach Wilder darauf an, und er versprach, Bogie besser auszuleuchten. Doch es wurde nur noch schlimmer. Schließlich schaltete ich Bogies Anwalt Phil Gersh ein, der mit der Leitung der Paramount ein ernstes Wort sprach.»

Bogart erfuhr zunächst nichts davon. Doch als Holden ihn wegen seines Aussehens hänselte, schaute er sich das gedrehte Material an – und war entsetzt.

Natürlich wußte er, daß sein Lebenswandel Spuren hinterlassen hatte, aber bisher war er durch die sorgfältigen Aufnahmen von Regisseuren wie Huston immer auf «der Leinwand gut weggekommen».

Bogart glaubte, daß man ein Komplott gegen ihn schmiedete.

«Mister Bogart begegnete mir von Anfang an mit heftiger Abneigung», rechtfertigte sich Wilder. «Nach all den hartgesottenen Kerlen sollte er nun einen Typen in gestreiften Hosen, mit einem Homburger und einem Regenschirm spielen, der ein kleines, kitschig-verträumtes Mädchen reinlegen und ihr dabei verfallen soll. Das war in seinen Augen Schmus und schmeckte ihm nicht.»

Als Bogart auch noch dahinterkam, daß in puncto Romanze diesmal William Holden das Rennen bei Audrey Hepburn gemacht hatte, sah er vollends rot. Er war wie besessen von dem Gedanken, daß am Ende des Films Sabrina doch noch in Davids Armen landen und er als totaler Trottel dastehen würde. Wilder versuchte, ihn zu beruhigen. «Du kriegst das Mädchen und Holden einen schönen neuen Sportwagen.»

Aus Bogarts Zweifeln schmiedete Wilder eine Waffe. Er sorgte dafür, daß die Presse von Bogarts Bedenken Wind bekam, um sie dann öffentlich zu zerstreuen, indem er in einem Interview zum besten gab: «Natürlich bekommt Bogart das Mädchen. Dies hängt allein schon mit der Tatsache zusammen, daß er für seine Rolle 300000 Dollar bekommen hat, während man Bill Holden nur 150000 Dollar zahlt.»

Nachdem Wilder die Presse mit ins Spiel gebracht hatte, hielt auch Bogart sich nicht mehr zurück. In seinen Interviews machte er von nun an offenherzige Bemerkungen, wobei er verkündete, daß er die Hepburn für eine blutige Anfängerin und Holden für ein langweiliges Arschloch hielt. «Ich kann euch Jungs gar nicht sagen, wie unwichtig es mir war, daß ich in dieser Aschenputtelgeschichte am Ende doch noch das Mädchen kriegte. Ich hätte sie lieber nicht genommen. Mir ist die Unabhängigkeit viel wichtiger.» Und über Wilder sagte Bogart: «Ich kann diesen peitschenschwingenden preußischen Hunnen auf den Tod nicht ausstehen.»

«Meine Beziehung zu Bogart wurde auch dadurch belastet, daß ich manchmal nicht über genügend Text verfügte», erinnerte sich Wilder. «Ich merkte zum Beispiel an einem Freitag, daß der Dialog, den wir geschrieben hatten, nicht bis fünf Uhr nachmittags ausreichen würde, ich also vor Bogart mit leeren Händen dastehen würde. So habe ich Audrey am Morgen beiseite genommen und ihr mein Problem geschildert. Sie sagte, sie würde das schon hinkriegen, ich sollte mir mal keine Sorgen machen. Und am Nachmittag hat sie dann bei der letzten Szene so oft den Text geschmissen, also so getan, als könnte sie ihren Text nicht, bis die Drehzeit herum war. Was Marilyn Monroe unfreiwillig tat, leistete sie freiwillig. Sie blamierte sich, um mich zu retten.»

Audrey Hepburn jedoch wußte von derartigem Edelmut nichts mehr. Ihre Textprobleme, die sich nicht nur auf einen Tag beschränkten, führte sie auf die «enormen Spannungen zurück, die am Set bestanden. Bill blieb oft stecken, was mich verunsicherte. Dies hatte zur Folge, daß ich mit meinem eigenen Text ins Stolpern kam.»

Inzwischen hatte sie entdeckt, daß Holden keineswegs der ideale Partner für sie war. Seine nikotingefärbten Finger, sein alkoholvernebelter Atem und seine ausgeprägte Hypochondrie fand die Hepburn doch nicht so anziehend.

Schon bald entwickelte sich das Atelier zu einer Kampfarena

und Bogart zu einem gefürchteten Wadenbeißer. Er verspottete Ernest Lehman, Koautor des Drehbuchs, als er erfuhr, daß dieser «nur» das City College of New York besucht hatte. Vor allem aber konzentrierte sich seine Aggression auf Francis X. Bushman, der den Vater der Larrabee-Brüder spielte.

Was Wunder, daß Bogart alsbald gegen den Rest der Welt kämpfte, gegen Wilder, Holden, Hepburn und das gesamte Team. Natürlich konnte Bogart das nicht durchhalten, und so konzentrierte er seine Attacken kräfteschonend auf Wilder. Immer wieder machte er sich über Wilders Akzent lustig.

«Giff me here, blease, a liddle more fasder», bat Wilder. Und Bogart entgegnete: «Hey, Wilhelm, vould you mind dransladin dad into English? I don't schpeag so good the Cherman, jawoll!» Doch Wilder sollte sich noch nicht geschlagen geben. «Noch so eine Bemerkung, mein Herr, und ich hole ihnen Dick Brooks als Regisseur», konterte er.

«Er umgibt sich gerne mit Schwächlingen wie Nicholas Ray und Brooks, jungen Regisseuren, die sich ihm vollkommen unterworfen haben. Er verspottet sie, und sie ertragen es nur, weil es ein Teil des Geschäftes ist», wetterte Wilder gegenüber dem Reporter Ezra Goodman. «Aber Regisseure wie ich, Huston und Mankiewicz lassen sich das nicht gefallen.»

Bogart indes erwähnte gegenüber Wilder, John Huston habe über bedeutende Regisseure gesprochen und eine Liste der fünfzehn Besten aufgestellt. «Und wissen Sie was, Billy? Sie waren ... nicht dabei. Huston hat Sie nicht einmal erwähnt!»

Fehlte ihm eine geeignete Erwiderung auf eine von Wilders Erniedrigungen, schrie Bogart: «Im Grunde seines Herzens ist er noch immer einer von jenen verdammten Nazis.» – «Manchmal nannte ich ihn auch einen verdammten deutschen Kraut-Bastard. Das wirkte bei Billy immer», erinnerte er sich hämisch.

So ging es Tag ein, Tag aus, und es grenzt an ein Wunder, daß bei all diesen Streitereien und Spannungen der Film *Sabrina* so geistreich, sprühend, witzig, ungezwungen und leicht wirkt.

Mitte Oktober schien sich die Lage etwas beruhigt zu haben, doch als Bogart entdeckte, daß Wilder und Lehman mit ihrem Drehbuch immer nur ein paar Stunden dem eigentlichen Drehplan voraus waren, bekam er wieder Oberwasser.

Eines Morgens erschien Lehman mit zwei Kopien einer Szene, die er gerade geschrieben hatte und die nun gedreht werden sollte. Eine Kopie gab er Wilder, die andere Holden.

«Wo ist mein Skript?» wollte Bogart wissen.

«Ich habe keine Kopie mehr», gab Lehman kleinlaut zu.

«In diesem Moment wurde Bogart zum Berserker», erinnerte sich Lehman. «Er rollte mit den Augen, wurde rot und schrie. Dabei spuckte er. ‹Schafft mir diesen Kerl aus den Augen. Schickt ihn zurück zu Monogram Pictures, wo er hingehört.› Billy verschränkte seine Arme und unterbrach seine Wuttiraden. ‹Die Dreharbeiten werden erst fortgesetzt, wenn Mister Bogart sich bei Mister Lehman entschuldigt hat›, erklärte er kategorisch.»

Niemand sagte ein Wort. Schweigend verließ Bogart das Set. Auch am nächsten Morgen erschien er nicht zur Arbeit. Sein Agent teilte der Leitung der Paramount mit, daß Bogart auf Grund persönlicher und künstlerischer Differenzen mit Mister Wilder seinen vertraglichen Verpflichtungen leider nicht nachkommen könne. Wilder mußte in den sauren Apfel beißen. Gemeinsam mit Lehman suchte er Bogart zu Hause auf.

«Auch Lauren Bacall saß im Wohnzimmer. Sie sagte kein Wort. Sie strickte. Bogart warf uns vor, Wilder würde Audrey bevorzugen und ihr zu viele Nahaufnahmen geben. Außerdem beschwerte er sich darüber, daß Holden zuviel Aufmerksamkeit erhielt. Wilder versuchte, ihn mit aller Diplomatie, die er noch aufbringen konnte, zu beruhigen. Man trennte sich freundschaftlich, doch bereits am nächsten Morgen warf man sich wieder gegenseitig Beleidigungen an den Kopf», erzählte Lehman.

Als der Film im November 1953 endlich beendet wurde, waren alle Beteiligten zufrieden und erleichtert. Bogart war schließlich sogar bereit, Frieden zu schließen. Er veranstaltete eine Abschiedsparty, zu der er alle einlud. «Doch Billy blieb dieser Party fern, auch einer anderen Party, die ich vor meiner Abreise nach Rom gab. Wilder ist leider doch einer von jenen preußischen Deutschen mit einer Reitpeitsche. Er ist einer der Regisseure, mit denen ich nicht zusammenarbeiten kann. 1946 war er noch auf meiner Liste jener, unter deren Regie ich drehen wollte. Das streichen wir wohl besser. Er arbeitet weniger mit den Schauspielern zusammen als mit den Drehbuchautoren. Das irritierte mich. Ansonsten kann und will ich nichts Schlechtes mehr über ihn sagen», erklärte Bogart in einem Interview im Januar 1954. Und über Audrey Hepburn sagte er: «Sie ist okay, wenn man nichts dagegen hat, eine Einstellung sechsunddreißigmal zu wiederholen.»

Seit Bogart seinen Vertrag mit Warner Brothers aufgehoben hatte, suchte Jack Warner einen geeigneten Filmstoff, der den «verlorenen Sohn», wie er Bogart gelegentlich bezeichnete, wieder zurückbringen sollte. Warner bemühte sich um Bogart aus alter Verbundenheit, aber auch weil er fest daran glaubte, daß Bogart ihm und dem Studio dabei hilfreich sein konnte, den alten Konkurrenten und Erzfeind – L. B. Mayers MGM – zu überrunden. Gewiß, Mayer war inzwischen zwangspensioniert und durch Dore Shary ersetzt worden, während Warner sein Studio immer noch wie «ein Gefängnis führte», was für «mich wenigstens eine kleine Genugtuung war». Aber noch immer heimste das Studio mit den Löwen die meisten Preise, Ehrungen und Auszeichnungen ein und spielte die besten Ergebnisse ein.

Als Warner erfuhr, daß David O. Selznick, der nach *Gone With the Wind* keinen Erfolg mehr gehabt hatte, seine Rechte an alten Hollywoodklassikern verscherbeln mußte, schien seine Stunde gekommen. Sofort machte er Selznick ein Angebot für die Rechte an *What Price Hollywood* (1932). «Ich war überzeugt davon, daß die Geschichte von Norman Maine und Vicki Lester für Bogie und Betty ideal war», erinnerte sich Warner.

Der Film erzählt die Geschichte der Schauspielerin Esther Blodgett, die versucht, in Hollywood Karriere zu machen. Da sie jedoch von keinem Studio unter Vertrag genommen wird, muß sie ihren Lebensunterhalt als Bedienung verdienen. Auf einer Party lernt sie den alkoholabhängigen Star Norman Maine kennen. Er verliebt sich in sie, heiratet sie, verschafft ihr einen Filmvertrag und einen neuen Namen: Vicki Lester. Während seine Frau zum Star wird, gerät der trunksüchtige Maine in Vergessenheit und begeht Selbstmord.

Warners Angebot wurde von Edward L. Alperson überboten. Alperson wollte nur die Rechte verwerten, an einem Remake war er nicht interessiert. Warner erfuhr davon erst später, als Sid Luft für seine Frau Judy Garland die Rechte an einer Neuverfilmung des Stoffes von Alperson erworben hatte und an die Warner Brothers mit dem Angebot herantrat, den Verleih des fertigen Films zu übernehmen.

Warner sagte zu, forderte aber ein Mitspracherecht bei der Besetzung. «Ich wußte, daß Luft die Rolle der Vicki mit Judy besetzen wollte. Gut, dachte ich, die Zeit wird für mich arbeiten. Ich wußte, daß sie nicht belastbar war und hoffte, daß sie in letzter Minute ausfallen würde. Dann stünde einer Besetzung der Rolle mit Betty nichts mehr im Wege.»

Luft verhandelte über die Besetzung der männlichen Hauptrolle mit James Stewart, Cary Grant, Tyrone Power, Laurence Olivier, Richard Burton, Glenn Ford, Stewart Granger, Ray Milland, Gregory Peck, Robert Taylor, Marlon Brando und Montgomery Clift. Doch für Warner stand fest, daß allein Bogart den Part spielen sollte.

Bogart gefiel der Gedanke, wieder für Warner zu arbeiten. Doch bei dem Gedanken, wieder einen Film mit Betty zu drehen, schauderte ihm. «Wir haben oft genug zusammen gedreht. Vielleicht schon zu oft. Ich glaube, es langweilt das Publikum, wenn wir noch mehr Filme zusammen machen.»

Dennoch versprach er, das Drehbuch zu lesen. Die Charaktere

stießen auf Bogarts heftigste Ablehnung. «Die Rolle des Norman kam zu sehr an sein eigenes Ich heran. Zudem brachte sie all jene Ängste zum Ausdruck, die er seit seiner Ehe mit Betty hatte», erinnerte sich Spencer Tracy. Auf der anderen Seite aber erkannte Bogart das Potential, das in der Rolle steckte. Eine Oscar-Nominierung würde ihm sicher sein. Aber es bestand die Gefahr, von der Garland an die Wand gespielt zu werden. Bogart war hin und her gerissen. Betty war gegen die Rolle, seine Freunde rieten ihm zu.

Im Frühjahr 1953 führte Bogart ein langes Gespräch mit Jack Warner, der dessen Zweifel zerstreute und ihm eine Gage von 100 000 Dollar bot. «Dann setzen Sie schon einmal den Vertrag auf», sagte Bogart. Auf dem Weg zu Romanoff's, wo er seinen Erfolg feiern wollte, erfuhr er aus den Branchenblättern, daß Cary Grant von Luft unter Vertrag genommen worden war – und das für 300 000 Dollar plus zehn Prozent Gewinnbeteiligung.

Auch Warner raste vor Wut. Ohne Wissen des Partners hatte jeder seine eigenen Fäden gezogen, immer in der Hoffnung, der andere würde schon zustimmen, wenn man ihn vor vollendete Tatsachen stellte.

Als Grant und Bogart sich einige Tage später trafen, begrüßten sie sich lachend. «Wie geht es, Norman?» fragte Grand. «Danke, ausgezeichnet, Mister Maine», antwortete Bogart.

Warner bemühte sich, den «verlorenen Sohn» nicht allzusehr zu verärgern und versprach, daß Bogart die Rolle erhalten würde, wenn Grant diese niederlegen sollte. Eigentlich glaubte niemand daran, doch nach den ersten Proben mit George Cukor, der die Regie führte, beschloß Grant, daß er aus seinem Vertrag aussteigen wollte.

Luft tobte, Judy Garland heulte, Warner strahlte. Endlich würde sein Plan aufgehen. Bogart jedoch bat sich etwas Bedenkzeit aus. Luft blieb nicht untätig und erklärte in Interviews, daß eine Besetzung des Norman Maine mit Bogart einen nicht wiedergutzumachenden Schaden anrichten würde. Nachdem Bogie drei Wochen nichts von sich hatte hören lassen, rief er Warner eines Morgens an.

«Es ist nichts Persönliches, Jack», meinte er, «aber Sie werden verstehen, daß ich die Rolle jetzt leider nicht mehr übernehmen kann.»

Bogart wirkte dann aber doch noch bei dem Film mit. Während der Dreharbeiten besuchte er Judy Garland. Sie arbeiteten gerade an der Nachtclubszene, und Judy Garland bat Bogart, den Betrunkenen zu spielen, der von ihr verlangt, sie solle «Melancholy Baby» singen. In der Endfassung ist Bogart nicht zu erkennen, aber seine Stimme zu hören.

Noch heute existieren in Hollywood Gerüchte, daß Warner sich für Bogarts Absage an ihn rächen wollte. Daß es sich hierbei jedoch um eine typische Hollywoodlegende handelt, beweisen die privaten Studiounterlagen des Studiobosses. Auch in den nächsten Jahren versuchte Warner, Bogart wieder in die «Warner-Familie» zurückzuholen. Zu den Filmen, die er ihm in den nächsten Jahren anbot, gehörten *His Majesty O'Keefe, Mister Roberts* (der ihn mit Spencer Tracy und James Cagney hätte zusammenbringen sollen) und *Top Secret Affaire*. Doch Bogart lehnte ab. Warner war sogar einer der wenigen, der dem Sterbenden noch Angebote und Drehbücher zukommen ließ. «Jacks Verhalten verlängerte Bogies Leben um einige Monate. Jack gab ihm das Gefühl, daß er noch gebraucht wurde», sagte Betty Bacall im Rückblick. «Das half meinem Mann ungeheuer.»

Obwohl Betty ihm versprochen hatte, Stevenson nicht mehr zu treffen, nahm sie regelmäßig Wochenendeinladungen an, bei denen «rein zufällig» auch Stevenson als Gast erwartet wurde. Bogart tobte und schäumte, doch Betty lachte nur und ließ ihren Ehemann zu Hause. Enttäuscht und tief verletzt suchte Bogie Zuflucht im Alkohol. «Er kehrte zu seinen übelsten Trinkgewohnheiten zurück.» Die Premiere von *How to Marry a Millio-*

naire am 4. November ließ er im Suff über sich ergehen, wobei er Betty jedoch eins auszuwischen versuchte, indem er maßlos mit Marilyn Monroe flirtete, die ebenfalls nicht mehr ganz nüchtern war.

Wenigstens war dieser Abend für Bogart ein kleiner Akt der Genugtuung, denn seine Frau raste, als am nächsten Tag Bilder erschienen, die sie, Bogart und die Monroe zeigten, wobei sich Bogies Blick in den Ausschnitt von Marilyn verirrt hatte.

«Dennoch versuchte Bogie, sich zusammenzunehmen und die letzten Drehwochen von *Sabrina* trocken zu überstehen», erinnerte sich Pete. Betty reiste in dieser Zeit quer durch Amerika, um für ihren Film die Werbetrommel zu rühren. Sie hatten sich vorgenommen, das Wochenende nach Drehende gemeinsam auf der Santana zu verbringen und auch in ihrer Ehe wieder klar Schiff zu machen. Doch am Donnerstag erreichte Betty eine Einladung von Dutch und Ellen Smith nach Lake Forest, Illinois, mit dem Hinweis, daß auch Adlai anwesend sein werde.

«Ich nahm natürlich sofort an, doch Bogie tobte, als er davon erfuhr. Er bestand darauf, daß ich nach Hause kam. Ich weigerte mich, und er legte wütend auf. Er hatte Angst vor meinen Gefühlen für Adlai. Meistens beherrschte er sich, aber wenn es für ihn zuviel wurde, verlor er die Beherrschung. Ich fuhr aber trotzdem zu den Smiths.»

Betty merkte an diesem Wochenende, daß sie für Stevenson und seine Freunde immer eine Außenseiterin bleiben würde. «Adlai machte ihr an diesem Wochenende klar, daß er sie niemals heiraten konnte. Eine Ehe mit ihr käme einem politischen Selbstmord gleich. Als Betty drohte, Schluß zu machen, zuckte er nur mit den Schultern», erinnerte sich eine Freundin Stevensons, die seinen Wahlkampf mitfinanzierte.

Als die Bacall am Montag in Los Angeles eintraf, erfuhr sie, daß Bogart im Krankenhaus auf der Intensivstation lag. Wieder hatte er zuviel getrunken und war schon einige Stunden ohne Bewußtsein gewesen, als Pete ihn fand. Betty wollte ihn sofort besuchen, Bogart wollte sie aber nicht sehen. Es dauerte 14 Tage, bis sie fähig waren, ihre gemeinsame Zukunft zu diskutieren. Betty zeigte sich reumütig, und Bogart sagte, die Sache sei vergeben und vergessen. Auf Anraten Tracys unterzog er sich einer vierwöchigen Entziehungskur, die Bogart selbst als «meinen Gang durch die Hölle» bezeichnete, um die vertraglichen Vereinbarungen mit Mankiewicz einhalten zu können.

Bereits im September 1953 hatte er einen Vertrag unterzeichnet, der ihm eine Rolle in dem Film *The Barefoot Contessa (dt. Die barfüßige Gräfin)* zusicherte.

Der Film *Die barfüßige Gräfin*, dessen Geschichte dem Leben von Rita Hayworth nachgebildet ist, erzählt den Aufstieg und Fall der spanischen Nachtclubsängerin Maria Vargas. Bogart übernahm den Part des heruntergekommenen Regisseurs Harry Dawes. Er, der zynische Alkoholiker, versucht in Europa sein Comeback. Dank Maria, die er berühmt macht, gelingt ihm dies auch.

Bogart nahm die Rolle vor allem auf Bettys Drängen hin an. Als Partnerin wurde Joan Collins ebenso gehandelt wie Elizabeth Taylor und Marilyn Monroe. Schließlich ging die Rolle an Ava Gardner, für die Joseph Mankiewicz an die MGM eine Ausleihgebühr von 200000 Dollar plus zehn Prozent vom Einspielergebnis, insgesamt mehr als eine Million Dollar entrichten mußte. Bogart erhielt gerade 100000 Dollar Gage plus Spesen und ein wöchentliches «Taschengeld» von 1000 Dollar. «Da der Dollar damals unheimlich viel wert war, hatte Bogie immer einen Packen Lire dabei, mit dem man ohne weiteres ein Nilpferd hätte ersticken können», sagte Ava Gardner.

Der Drehbeginn war auf Anfang Januar 1954 festgesetzt worden. Bogart hatte diesen Termin favorisiert, damit Betty ihn zu den Dreharbeiten nach Europa begleiten konnte. Inzwischen belasteten neben ihrer Affäre mit Stevenson auch noch ihre beruflichen Schwierigkeiten die Ehe schwerer denn je. Verbissen war sie auf der Suche nach einer Rolle, die ihr den endgültigen Durchbruch bescheren würde. Und es schien auch vernünftige Rollenangebote für sie zu geben. *Three Coins in a Fontain, The Bridge of Tokio-Ri, I'll Cry Tomorrow* und *Woman's World* standen zur Auswahl. Sie entschied sich für letzteres Angebot.

«Die gesamte Hollywoodklatschpresse ahnte, daß Betty ihren Mann bald wie einen alten, abgewetzten Mantel in den Schrank hängen und sich wieder nach etwas Neuem umsehen würde», erinnerte sich Sheila Graham. So kamen ihr die drei Monate, die Bogie in Europa sein würde, gerade recht.

«Unsinn», konterte Goodman. «Betty wollte sich in aller Ruhe auf ihre Rolle vorbereiten.»

So oder so, Bogart hielt nichts von den Bestrebungen seiner Frau. Wiederholt war es in der Vergangenheit zu heftigen Auseinandersetzungen gekommen. «Eine Frau mit zwei Kindern sollte sich in erster Linie um diese kümmern», war Bogarts Standardsatz, den Betty nur mit einer verächtlichen Grimasse abtat. Sie war fest entschlossen, ihr Leben in ihre eigenen Hände zu nehmen und in vollen Zügen zu genießen.

Nachdem Bogart mit einigen befreundeten Journalisten gesprochen hatte, entschied er sich für ein offizielles Statement, in dem er Bettys Entschluß, in den Staaten zu bleiben, damit erklärte, sie wolle und könne die Kinder nicht so lange allein lassen.

Verbittert über Bettys Haltung, packte Bogart vorzeitig die Koffer und reiste mit Pete nach New York und von dort zunächst nach Paris. «Ich merkte, daß irgend etwas an ihm nagte. Er war zwar fröhlich, aber irgendwie wirkte sein Verhalten aufgesetzt. Während des Überfluges verkroch er sich in seinen Sitz und widmete sich ausschließlich seinem Schachspiel», erzählte Pete. Für Bogart war Schach zwar nur ein Hobby, «aber eines, das er verdammt ernst nahm».

«Am meisten reizt mich an diesem Spiel, daß es nicht nur auf Glück ankommt. Die wichtigsten Faktoren, um zu gewinnen, sind Konzentration und Können. Außerdem hilft es mir dabei, wieder einen klaren Gedanken zu fassen, wenn ich Probleme habe», erklärte Bogart kurze Zeit später in einem Interview.

Zu Bogarts Lehrern gehörten die Schachgroßmeister Mike Romanoff und Herman Steiner. Während Bogie von Romanoff meistens geschlagen wurde, gelang es ihm gelegentlich, Steiner die Stirn zu bieten. «Ich hatte viele Schüler unter den Hollywoodstars, aber Mister Bogart war mein bester Lehrling», berichtete Steiner.

Unter den Fluggästen war auch ein französischer Schachgroßmeister, der fasziniert Bogarts Spiel verfolgte. Er konnte es sich nicht verkneifen, Züge zu kommentieren und zu tadeln. «Bogie konnte es nicht ertragen, wenn jemand ihm bei seinem Spiel zusah», erinnerte sich Pete. «Noch weniger jedoch verkraftete er es, wenn einer der Kiebitze dann auch noch sein Maul aufmachte und klug daherredete.» Nachdem er den Franzosen drei Stunden ertragen hatte, verlor Bogart die Geduld. «Als der Großmeister ihm wieder einen Zug beredete, überzog ein teuflisches Grinsen Bogies Gesicht, und ich wußte, daß es gleich Ärger geben würde. Er schlug dem Franzosen vor, ein Spiel mit ihm zu wagen. Sollte er gewinnen, würde Bogie ihm die Flug- und Reisekosten erstatten. Sollte dagegen Bogie der Gewinner sein, erwarte er nur eine Flasche französischen Champagner. Der Franzose überlegte. Man konnte sehen, wie er Bogart abschätzte. Nach kurzer Bedenkzeit nahm der Franzose die Herausforderung an. Man vereinbarte, das Duell gleich im Anschluß an den Flug in der VIP-Lounge von Orly auszutragen.»

Während der Franzose sich schlafen legte, trank und spielte Bogart weiter. Als Pete ihn fragte, ob die Entscheidung denn klug gewesen sei, meinte er: «Du lieber Himmel, ich habe ja nicht gedacht, daß dieser Fatzke mich gleich an den Tisch zerren wird, kaum daß ich aus dem Flugzeug bin. Aber ich glaube, er wollte mich festnageln, damit wir keine Chance haben, die Stadt zu verlassen, bevor wir die Partie gespielt haben.»

Paris erwachte gerade, als die Maschine auf dem Flughafen von Orly landete. Vor seiner Abreise hatte Bogart kurz mit Art Buchwald telefoniert, der zu dieser Zeit Amerikakorrespondent in Frankreich war. «Bogie wollte zwar, daß seine Ankunft geheimgehalten wurde, aber ich wußte, daß er genau das Gegenteil erwartete. Also trommelte ich alle Kollegen zusammen, und wir bereiteten ihm einen großen Bahnhof. Dementsprechend verhielt sich dann auch das Flughafenpersonal, und ich konnte sehen, wie ein zufriedenes Grinsen Bogies Gesicht überzog. Er wirkte müde und durch übermäßigen Scotchkonsum etwas angeschlagen. Um so überraschter waren wir, daß er noch eine Partie Schach spielen wollte. Die VIP-Lounge war in kürzester Zeit überfüllt. Auf einem kleinen Tisch stand bereits ein Schachspiel. Dahinter saß dieser französische Großmeister und wartete auf Bogie, der erst noch einen großen Scotch mit Soda orderte, bevor er zu seinem Platz schwankte. Sein Gegner schien siegessicherer als je zuvor.»

«Etwa in der Mitte des Spiels bestellte Bogie ein neues Scotchglas, und der Franzose geriet ins Schwitzen. Ehrlich gesagt, ich gönnte es ihm, denn er hatte sich derart herablassend, überheblich und blasiert gegenüber Bogie verhalten, daß ich eine Mordswut im Bauch hatte», sagte Pete. «Doch im Verlauf des Spieles wurde Bogie immer ruhiger, sein Gegenüber immer nervöser. Die anwesenden Presseleute staunten nicht schlecht. Da machte der Franzose einen Zug, verharrte dann aber kerzengerade und erstarrte über dem Brett. Bogie dachte nur kurz über den Zug seines Gegners nach, machte seinen Gegenzug und lehnte sich total entspannt zurück. Der Franzose schien entsetzt. Minutenlang starrte er auf das Brett, bis er endlich einsah, daß seine Situation aussichtslos war. Er stand auf, verbeugte sich kurz und verließ ohne ein Wort den Raum. Gegen einen Schauspieler verlieren zu müssen war schon ein berechtigter Grund zur Verzweiflung. Dann aber auch noch gegen einen Betrunkenen – das war zuviel.»

Bogart orderte Champagner. «Wie finde ich denn das?» maulte er. «Er wollte nicht einmal hierbleiben, um seine Wettschuld zu begleichen und mit mir ein Glas zu trinken. Pete, besorge einige Magnumflaschen und laß uns auf das Wohl meiner Lehrer trinken: Mike Romanoff und Herman Steiner.»

In der anschließenden Pressekonferenz genoß Bogart es, daß sich die Fragen um ihn als Privatmann und nicht um seine schauspielerische Karriere drehten. Bereitwillig plauderte er, und als Pete merkte, daß er keinen klaren Gedanken mehr fassen konnte, verschob man die Interviews auf den Nachmittag.

«Ich hatte die Telefonate in mein Zimmer legen lassen und war überrascht, wie beliebt Bogie in Frankreich war. Gelegentlich waren in der Fanpost auch Briefe aus Europa gewesen, aber jetzt schien es, als wolle jeder in Paris mit Bogie sprechen. Wissen Sie, das ist ein Phänomen, das mir auch heute noch zu denken gibt. Es gibt bei uns auch heute noch viele Leute, die Bogies Gesicht und seinen Namen kennen, aber in Europa ist der Kult um seine Person größer. Hier sind Sie froh, wenn jemand noch *Casablanca* kennt, aber in Europa können Ihnen die Leute seine Filmtitel nur so herunterrasseln und kennen oft auch noch den Inhalt.»

Nach der nachmittäglichen Pressekonferenz führte Buchwald Bogart und Verita ins Tour d'Argent. «Ich habe den Abend noch in schrecklicher Erinnerung», erklärte Buchwald Jahre später. «Wir nahmen eines der typischen französischen Menüs zu uns, bei dem es zu jeder Vorspeise einen anderen Wein zu trinken gab. Da Bogie keine angebrochene Flasche ungeleert zurückgehen lassen wollte, hatten er und Pete schon bald einen phänomenalen Schwips. Als ich ihnen erklärte, daß jede Ente, die in diesem Lokal seit 1890 zubereitet und serviert wurde, numeriert sei, waren die beiden nicht mehr zu halten. Sie stürmten zur Entenpresse und versahen alle erreichbaren Enten mit Stempeln. Es bedurfte all meiner Beziehungen, daß wir nicht aus dem Lokal entfernt wurden.»

Um so erleichterter war Buchwald, als Bogart und Pete sein Angebot ablehnten, ihnen Paris zu zeigen, und sich auf eigene Faust in das Nachtleben stürzten.

Erst um sechs Uhr morgens kehrten sie ins Ritz zurück. Zwei Stunden später erfuhr Pete, daß der Flug nach Rom vorverlegt worden war. In Windeseile packten sie die Koffer, als ein Telegramm von Betty eintraf. Sie schrieb, sie hoffe, daß er sich gut amüsiere. «Schreib irgend etwas Nettes in meinem Stil zurück», sagte Bogie zu Pete. Er war zu müde, um sich über Bettys Telegramm zu wundern.

Was dahintersteckte, erfuhr Bogart erst an Bord der Maschine. Einer der mitreisenden Reporter erzählte ihnen, daß Betty sich bereits einen Tag nach Bogarts Abreise auf den Weg nach New York gemacht hatte, jedoch ohne die geliebten Kinder – was das Bild der liebenden Mutter, das die Klatschkolumnisten so hingebungsvoll gemalt hatten, etwas ins Wanken brachte. Statt dessen sah man sie nun an der Seite von Frank Sinatra. Obwohl die meisten glaubten, die Ehe zwischen Frank und seiner damaligen Frau Ava Gardner sei intakt, standen die beiden kurz vor der Scheidung. «Ich war es endgültig leid abzuwarten, mit wem Frank mich als nächstes betrügen würde», sagte Ava Gardner kurz vor ihrem Tod. So reiste Sinatra nach einem Streit wutentbrannt aus Rom ab und traf in New York am selben Tag ein, an dem Bogart nach Europa aufbrach. Ein Anruf genügte, und Betty eilte nach New York zu ihrem «Star».

Als die Reporter nun fragten, wie Bogart zu der Sache zwischen seiner Frau und Sinatra stehe, witzelte er: «Nun, dann muß ich mich eben mit Ava trösten.»

Kurz vor der Landung weckte ihn Pete. Er streckte sich und sah aus dem Fenster, als die Maschine über dem Ciampino einschwebte. Es war bereits spät und zudem regnete es schrecklich. «Nun, wenigstens werden uns die Pressefritzen dann in Ruhe lassen.» Bogart stieg als letzter aus und war um so überraschter, als er die riesige Reportermeute sah, die auf ihn wartete. Ein Blick in die Gesichter jedoch genügte, um ihn eines Besseren zu belehren. Nachdem die üblichen Zollformalitäten erledigt waren, setzte sich Bogart mit Pete zu David Hanna und Jim Herd, die mit der Pressearbeit beauftragt worden waren.

Bogart zündete sich eine Zigarette an und sagte: «Eines möchte ich von Anfang an klarstellen. Ich erwarte ab sofort, daß ihr nicht versucht, einen alten Hasen wie mich zu verarschen.»

Hanna und Herd taten erstaunt.

«Die Leute, die ihr versammelt habt, sind die Gesichter, die ich aus Hollywood kenne. Mir ist klar, daß kein Reporter bei diesem Sauwetter sein Haus verläßt, um mich zu sehen.»

«Bogart hatte uns sofort durchschaut. Da ich niemanden begeistern konnte, über seine Ankunft zu berichten, griff ich auf einen alten Pressetrick zurück. Ich schnappte mir all unsere Studiofotografen, einige Statisten und sogar einige Leute aus dem Labor und ließ diese als hungrige Paparazzi agieren, um unseren Klienten zu beeindrucken», gestand Hanna Jahre später.

«Ich liebe Publicity, aber auf die Pressefuzzis bin ich nicht sonderlich erpicht», fuhr Bogart fort. «Also, laßt uns einige Dinge machen, die meinen Namen in die Zeitungen bringen, und sorgt vor allem dafür, daß ich nie ohne meine Matte fotografiert werde.»

Herd und Hanna lieferten ihre «wertvolle Fracht» im Excelsior ab. Von dort telegrafierte Pete an Betty: «Treib es nicht zu toll. Vermisse dich. Liebe dich. Vermisse dich. Liebe dich.»

Bogart wurde am ersten Drehtag noch nicht gebraucht, und so machte er sich auf, die Stadt zu entdecken. Edmund O'Brien war einer der ersten, mit denen Bogart sich traf. Die Zusammenarbeit mit Wilder hatte ihn in hohem Maße verunsichert, und so nahm er seinen alten Freund beiseite und fragte, wie Mankiewicz' Arbeitsstil sei.

«Er liebt es, lange Szenen ohne Unterbrechungen zu drehen», meinte O'Brien.

«Scheiße», war Bogarts Antwort.

Am zweiten Abend veranstaltete Mankiewicz ein großes Festessen zu Ehren seines Hauptdarstellers. Unter den zahlreichen amerikanischen, europäischen und italienischen Berühmtheiten befand sich auch Angelo Rizzoli, der Herausgeber des Magazins *Europa*. Er entlockte Bogart die Zusage, bei einem Bildbericht über seine Zeit in Rom mitzuwirken.

Bogart suchte an diesem Abend ersten Kontakt mit Mankiewicz zu gewinnen. «Die beiden umkreisten sich wie zwei bissige Hunde. Es war offensichtlich, daß Joe Mankiewicz seinen Hauptdarsteller ebensowenig leiden konnte, wie dieser ihn», meinte Ava Gardner. Nach einiger Zeit und einigen Gläsern Scotch nahm Bogart allen Mut zusammen und ging auf Mankiewicz zu.

«Ich höre, Sie ziehen es vor, lange Szenen an einem Stück zu filmen?» fragte Bogart. Mankiewicz bejahte. «Nun, ich habe über hundert Filme gemacht und habe in meinem ganzen Leben nie das ganze Drehbuch beherrscht. Ich bereite mich immer gewissenhaft auf die Szene vor, die wir am nächsten Tag drehen. Doch das sind meistens nur vier oder fünf Seiten. Sie verstehen, was ich sagen will?»

«Dieses eine Mal werden Sie Ihre Rolle intensiv studieren müssen, Bogie», gab Joe Mankiewicz ruhig und bestimmt zur Antwort.

Es wurde plötzlich sehr ruhig im Saal. Die beiden Männer fixierten sich. Jeder befürchtete, Bogart würde eine solche Antwort nicht einfach schlucken. Doch dann brach Bogart das Schweigen und sagte: «Allright!»

«Bogie legte es immer darauf an, daß man ein bißchen Angst vor ihm hatte. Er wollte, daß man ihn für einen unberechenbaren Kerl hielt», erinnerte sich Mankiewicz. «Billy Wilder hatte mich gewarnt, und so spielte ich mein eigenes kleines Spiel mit ihm. Ich ließ keine Chance ungenutzt, um ihn aus dem Gleichgewicht zu bringen.»

Edmund O'Brien und Marius Goring, der im Film den Alberto Bravano darstellte, erinnern sich, daß Mankiewicz sich während der Dreharbeiten ausgesprochen «ungeduldig, unhöflich und intolerant» verhielt. In dieses Schema paßte dann auch Mankiewicz' Anordnung, daß Bogart bei seiner Ankunft in den Cinecittà-Studios nicht eigens begrüßt werden sollte. So wanderte er herum, bis er durch Zufall die Künstlergarderobe fand.

Nachdem er die Arbeit des Maskenbildners über sich hatte ergehen lassen, wollte er vor Drehbeginn noch bei Ava Gardner vorbeischauen. «Ich mochte Ava wirklich. Sie ist eine tolle Frau. Auf den ersten Blick ist sie ausgesprochen schön, nett, ruhig und zurückhaltend. Um so beeindruckender war ihre Schlagfertigkeit. Ich habe oft versucht, sie hochzunehmen. Doch nicht einmal trug ich den Sieg über sie davon. Sie setzte meinen Sticheleien immer noch eines obendrauf», erklärte Bogart anerkennend.

Als er nun an diesem Morgen ihre Garderobe betrat, begrüßte ihn Ava: «Mein Gott, du siehst genauso fit und adrett aus wie Frankie, wenn er sich von irgendeiner Schlampe oder einer Sauftour heimschleppt.» Dann warf sie ihm eine amerikanische Zeitung zu, die die Affäre zwischen Frankie und Betty in großen Lettern in die Welt hinausschrie.

Bogart las den Artikel, schüttelte den Kopf und sagte: «Wie kommt es eigentlich, daß dein Hurensohn nicht hier ist? Ich werde euch Frauen nie begreifen. Die Hälfte der weiblichen Weltbevölkerung wirft sich Frank für einen Fick zu Füßen – und dazu gehört auch meine Frau –, und du treibst dich hier mit Kerlen in kleine Ballerinaslippern und Capes herum?»

Ava, die die Anspielung auf ihren jüngsten Geliebten, den spanischen Stierkämpfer Luis Miguel, sehr wohl verstand, zog nur eine Augenbraue nach oben und fragte ruhig: «Bist du nicht ein bißchen zu neugierig?»

Gemeinsam gingen sie ins Studio, wo die Handwerker und Tischler noch eifrig an der Dekoration der ersten Szene arbeiteten, einen billigen Nachtclub in Casablanca, wo der heruntergekommene Regisseur das erste Mal auf Maria trifft. Bereits beim ersten Take wurde es offensichtlich, wieviel Mühe und Anstrengung die Gardner in die Vorbereitung der Flamencoszene investiert hatte. Bogart war fasziniert. «Außer ihr kenne ich nur eine andere Hollywoodlegende, der es gelingt, innerhalb kürzester Zeit allen Sauerstoff in einem Raum aufzubrauchen», sagte Bogart später zu Errol Flynn, wobei er auf Elizabeth Taylor anspielte.

Auf Errol Flynn und Bruce Cabot war Bogart am Abend in der Hotelhalle gestoßen. Bei dem obligatorischen Drink in der Kellerbar des Excelsior erfuhr Bogart, daß Cabot und Flynn eine Produktionsgesellschaft gegründet hatten und gerade dabei waren, Geldgeber für eine «Wilhelm Tell»-Verfilmung zu finden. «Es wäre einfacher, wenn wir jemanden wie dich auf der Besetzungsliste vorweisen könnten», erklärte Flynn, worauf Bogie lachend erwiderte, er sei für die Rolle des Jungen, der mit dem Apfel auf dem Kopf herumrennt, schon etwas zu alt. Als er jedoch erfuhr, daß Burt Lancaster den Part des Tell übernehmen wollte, erklärte er sich bereit, dessen Widersacher, den Reichsvogt Geßler, zu spielen.

Mankiewicz nörgelte ständig an Bogarts Aussprache herum, ließ ihn lange auf die zu drehenden Szenen warten, änderte kurzfristig Bogarts Text und ließ keine Chance ungenutzt, gegen ihn zu stänkern.

«Bogie erklärte mir, er habe, im Gegensatz zu einigen anderen Hollywoodgrößen, keine Schokoladenseite. Das einzige Problem sei seine feuchte Aussprache», erinnerte sich Kameramann Jack Cardiff. «Also paßte ich auf, daß es bei der Aufnahme nicht so aussah, als würden sich aus seinem Mund Wasserfontänen ergießen.»

Größere Probleme bereitete Bogarts chronischer Hustenreiz, made by Chesterfield. Viele Szenen mußten deswegen mehrmals wiederholt werden. Neben dem Zigarettenkonsum stieg auch sein Bedarf an Scotch. Zwar hielt er an dem alten Ritual fest, sich sein erstes Glas erst nach 18 Uhr zu genehmigen, doch blieb es nicht bei diesem einen Glas.

Das Unvermeidliche trat ein: In der dritten Woche war Bogarts Zustand besorgniserregend. Pete versuchte, einige freie Tage zu erbetteln, doch Mankiewicz bestand unerbittlich darauf, daß Bogart zu den Dreharbeiten erschien. Wenige Tage später bot Bogart ein Bild des Elends. Es war nun unausweichlich, um Bogart «herumzufilmen». In einer eiligst einberufenen Krisensitzung appellierte Ava Gardner an die Crew, gemeinsam mit ihr die Arbeit niederzulegen, sollte sich Mankiewicz weigern, Bogart einige Tage freizugeben. Da sie bei der Crew beliebt war, folgte man ihrem Vorschlag und erkämpfte von Mankiewicz einige Tage Urlaub für Bogart. Nach vier Tagen war Bogart wieder einigermaßen «trockengelegt» und nutzte die verbleibende Zeit, sich mit Freunden zu treffen, auch mit Gina Lollobrigida, der Bogie wegen ihrer üppigen Oberweite den Spitznamen Gina Low Bridge verpaßt hatte. Als Lollobrigida ihn fragte, ob er bereits eine Audienz beim Papst gehabt habe, meinte Bogart: «Nein, ich gehöre nicht zu diesen elenden Handküssern.»

«In diesem Augenblick kam mir ein teuflischer Gedanke», gestand Pete. «Ich wollte Bogies blödes Gesicht sehen, wenn ich ihm mitteilte, daß er eine Audienz beim Papst hatte. Ich setzte mich also mit Pater McCarthy in Verbindung, einem Priester, der sich mit Bogie wahre Redeschlachten anläßlich des Dinners bei Mankiewcz geliefert hatte, und eine Stunde später hatten wir einen Termin beim Vatikan.»

Bogart war zunächst sauer, doch dann gefiel ihm der Gedanke. Probleme gab nur die Kleiderordnung auf. «Der Anzug ist okay, nur die Krawatte paßt nicht», meinte Pete. «Schau mal nach, ob du eine Krawatte auftreiben kannst, auf der kleine rote Teufel sind», entgegnete Bogie. Dieser Gedanke gefiel ihm schließlich derart, daß er tatsächlich den Hotelboy damit beauftragte, ihm ein solches Stück zu besorgen. «Das Unmögliche wurde möglich, und Bogie trug das Teil dann auch.»

Im Vatikan wurden sie von McCarthy empfangen, der Bogarts Krawatte gebührend bewunderte. Gefragt, ob er den Ring des Papstes küssen müßte, meinte McCarthy, dies würden nur die Katholiken tun. «Nun», meinte Bogart gutgelaunt, «dann mache ich eben nur einen Knicks.»

«Wir wurden mit einem Haufen anderer Leute empfangen. Papst Pius XII. segnete die Gedenkmünzen, die Bogie gekauft hatte, unterhielt sich kurz mit ihm und bewunderte seine Krawatte. Gott sei Dank kann ich sagen, daß Bogie sich außer dem Teufelsbinder keinen Jux mehr bei seiner Papstaudienz erlaubte», erzählte Pete.

John Huston erfuhr von Bogarts schlechtem Zustand und beschloß, gemeinsam mit Peter Lorre den «alten Jungen etwas aufzuheitern». «Wir reisten eigens nach Rom, um ihn zu sehen, ließen ihn aber in dem Glauben, daß wir uns nur auf der Durchreise befänden. Er sah wirklich erschreckend aus. Doch kaum waren wir zusammen, schien er wieder aufzublühen. Wir zogen also durch die Stadt und landeten schließlich in einem stinkfeinen Lokal. Während Bogie und Lorre die ganze Zeit quatschten, entdeckte ich eine attraktive Lady an einem der Nachbartische. Sie hatte eine unglaubliche Aura, und ich verliebte mich sofort in sie. Als Bogie und Peter bemerkten, daß ich meine Aufmerksamkeit nicht mehr ihnen widmete, sondern dieser Dame, schenkten sie ihr auch erhöhtes Interesse. Bogie vermutete, es handele sich um eine italienische Aristokratin. ‹Unsinn›, rief Peter, ‹das ist eine *cabiria*, eine Hure.› Sie diskutierten heftig und schlossen schließlich eine Wette über zehn Dollar ab. Ein enormer Betrag, wenn Sie an Bogies Geiz denken. Peter bat die Dame an unseren Tisch und bat sie, die Debatte und die Wette zu beenden. Zähneknirschend zahlte Bogie dem triumphierenden Lorre seine verlorenen Dollars, und ich verdanke der Diskussion eine meiner schönsten Liebesnächte.»

Die wenigen Tage Erholung wirkten bei Bogart Wunder. Er lernte gewissenhaft seinen Text und versuchte, sehr diszipliniert zu trinken. «Ich kannte und kenne niemanden, der einen Scotch derart erbarmungslos verwässerte, wie Bogie das nach seinem Zusammenbruch tat», berichtete Hanna. «Zudem trank er ausgesprochen langsam, und es beschämte mich, wenn ich einen zweiten Drink bestellte, während er noch immer an seinem ersten Glas nippte.»

Huston hatte ein ernstes Wort mit Betty gesprochen und ihr klargemacht, daß allein ihr Verhalten an Bogies Zustand schuld sei. «Wenn bekannt wird, wie sehr du ihn verletzt hast, wirst du froh sein, wenn man dich in Hollywood nicht teert und federt», erklärte er ihr erbost. «Dein Platz ist an seiner Seite. Jede Ausflucht ist vergebens. Man erwartet, daß du nach Italien reist.»

Davon wollte Bacall nichts wissen. Erst als Jack Warner ihr klarmachte, er sehe bei ihren Allüren für sie keine Zukunft bei Warner Brothers, eilte sie nach Italien, um ihren geliebten Gatten zu überraschen.

Der weilte in Portofino und gönnte sich eine weitere Woche Erholung, da er für die Außenaufnahmen in San Remo nicht gebraucht wurde. Einen Tag vor der Crew traf auch Betty dort ein. In ihrem Gepäck führte sie Schallplatten, Geschenke und Blumen mit sich, die Frank Sinatra seiner Ava zukommen lassen wollte, auch eine Kokosnußtorte.

«Bogie holte mich in Rom vom Flughafen ab. Da der Wagen, den er mitgebracht hatte, für all das Gepäck zu klein war, orderte er einen Cadillac. Zwei Tage später beschloß ich, Ava Gardner die Torte zu bringen, bevor sie völlig verrottete. Ich nahm also das verdammte Teil, schleppte es auf das Set und klopfte an ihrer Garderobentür. Da stand ich jetzt mit der verdammten Schachtel und erzählte ihr vor all den anderen Leuten, wie Frank mir die Torte schickte usw. Sie runzelt aber nur die Stirn und deutet mit dem Kamm auf einen kleinen Tisch. Kein Dankeschön, nichts.»

«Ich glaubte, ich sehe nicht richtig», erinnerte sich die Gardner. «Da kommt sie mit Geschenken von meinem Mann, der sie nur kurze Zeit vorher durchgefickt hat, und erwartet, daß ich ihr voll Begeisterung um den Hals falle.»

Betty raste wütend aus der Garderobe zu Bogart. Als sie ihm den Vorfall berichtet hatte, fragte er nur: «Glaubst du, sie mag sie nicht?»

Zusammen mit Pete machte er sich auf den Weg zu Ava. Betty glaubte, ihr Mann eile zu ihrer Ehrenrettung, entdeckte Minuten später jedoch den wahren Grund: Bogart und Pete machten sich genüßlich über die Torte her.

Nach einigen Wochen vertrieb das schlechte Wetter das Produktionsteam aus Portofino, und man kehrte in die Cinecittà-Studios nach Rom zurück. Die Produktion stand kurz vor ihrem Ende, doch in letzter Minute erwog Mankiewicz, O'Brien zu ersetzen. O'Brien litt an Alzheimer, versuchte seine Depressionen mit Alkohol zu bekämpfen und hatte große Probleme, sich seinen Text zu merken. Als er eines Abends wieder vollkommen verzweifelt war, nahm ihn Bogart zur Seite.

«Vergiß doch deinen Scheißtext. Hör auf, dir ewig Sorgen zu machen. Darauf kommt es Joe doch gar nicht an. Er will dieses große, fette Gesicht, den Schweiß, die Erregung, die ein brillanter Schauspieler wie du erzeugen kannst. Darauf kommt es ihm an. Die Welt ist voll von Schauspielern, die ihren Text beherrschen. Aber können sie auch so spielen, wie nur du es kannst?»

Gestärkt durch Bogarts Vertrauen in ihn und mit einigen Gläsern Scotch konnte O'Brien am nächsten Morgen die lange, schwierige Telefonszene durchstehen, die ihm sogar den Oscar einbringen sollte.

«Bogie war so sensibel zu erkennen, wann andere Menschen Ermutigung brauchten», sagte Hanna. «Vielleicht hing das damit zusammen, daß er selbst so oft Zuspruch nötig hatte.»

Gegen Ende der Dreharbeiten schien Bettys Anwesenheit

eine unglaubliche Belastung für Bogart zu werden. «Als meine Frau mir erzählte, sie käme nach Italien, wußte ich, daß sie dies nicht tat, weil sie eifersüchtig auf Ava Gardner war, obwohl sie das steif und fest behauptete. In Wirklichkeit wollte sie nur mein Geld ausgeben. Während ich im Studio wie ein Sklave schuftete, führte sie das Leben der Herrin vom Nil.» Bogart litt unter ihrer Kaufsucht. Da sein Manager das Geld verwaltete, mußte er ihn jeden Tag um neues Geld bitten, damit Betty am nächsten Tag einkaufen gehen konnte. Er haßte es, mitansehen zu müssen, wie sie sein Geld für Kleider und Schmuck hinauswarf. «Schau, Baby», sagte er wiederholt, «gib nicht alles Geld aus.»

«Aber hier sind die Sachen so unglaublich billig», schnurrte Betty.

«Na klar», sagte Bogart. «Warum nimmst du nicht alles doppelt und dreifach mit und eröffnest in Hollywood einen Laden!» Den Höhepunkt ihres Kaufrausches erlebte Betty jedoch in Frankreich. Hier machten die Bogarts nach Beendigung der Dreharbeiten erneut Station, zumal Bogart noch sein Versprechen einlösen und General Alfred M. Gunther besuchen wollte. Die Bogarts trafen am Samstag nachmittag ein und wollten am Montag morgen weiterreisen. Betty jammerte so lange, bis Bogart schließlich Art Buchwald anrief, der es arrangierte, daß Dior, Chanel und St. Laurent ihre Boutiquen eigens für Mrs. Bogart öffneten. An diesem Nachmittag setzte Betty 80 Prozent der Gage ihres Mannes in Kleider um. Als man am Montag dann nach Orly aufbrach, fanden Pete und Betty es schrecklich, Paris im Frühling verlassen zu müssen. Bogart dagegen war «der glücklichste Mann des ganzen Universums».

Wieder in Hollywood, genossen Bogie und Betty das gesellschaftliche Leben. Auf einer Party bei Lee und Ira Gershwin trat Leonard Bernstein wieder in Bettys Leben. Sie hatte ihn kennengelernt, als Bogie in Italien «wie ein Pferd schuftete». Bogart hielt ihn für ein Genie und war völlig arglos, zumal er von Truman Capote wußte, daß Bernstein in sexueller Hinsicht keine allzu große Gefahr darstellte. Für Betty aber war Lenny ein Gott, der «Mann ihrer Träume», dem sie alle Zuwendung gab. Und es dauerte nicht lange, da wurde Lenny ein allabendlicher Gast der Bogarts.

«Ich verliebte mich immer mehr in ihn», erinnerte sich die Bacall. «In meinen kindischen Träumen malte ich mir aus, wie es sein würde, wenn er und ich einfach davonlaufen und alles hinter uns lassen würden.»

Betty war von Bernstein so sehr eingenommen, sie sprach von nichts anderem mehr, daß Bogart sich schließlich entnervt auf sein Boot zurückzog, wenn Lenny sich in der Stadt aufhielt und von Betty verwöhnen ließ. Lieber widmete Bogart sich der intensiven Suche nach einer Romanvorlage für ein neues Filmprojekt.

Den Sommer über würde er mit *We're No Angels (dt. Wir sind keine Engel)* beschäftigt sein, doch was danach folgen sollte, stand noch in den Sternen. MGM bot ihm die Hauptrolle in *Love Me or Leave Me* und *The Cobweb* an, United Artists den Part des Lucas Marsh in *Not As a Stranger*. Jack Warner hatte eigens für Bogart die Rechte an *The Court Martial of Billy Mitchell* erworben. Bogart dagegen hoffte, die Rolle des Captain in der Verfilmung von Thomas Heggens Roman «Mister Roberts» angeboten zu bekommen. Über Umwege ließ er Jack Warner wissen, daß er jederzeit für die Rolle zur Verfügung stünde. So glaubte Bogart auch, es ginge um «Mister Roberts», als er einen Anruf aus Warners Büro erhielt und man ihn einlud vorbeizuschauen.

«Ich war ziemlich nervös an diesem Morgen. Da Jack Warner noch zu tun hatte, wartete ich in seinem Vorzimmer. Plötzlich kam ein junger Typ in Unterhemd, Jeansjacke, verdreckten Jeans und Turnschuhen hereinspaziert, schmiß sich auf einen Stuhl und legte die Füße auf den Tisch von Warners Sekretärin.

Ich wunderte mich, daß sie ihn nicht rauswarf. Wir sahen uns schweigend an. Dann stand er plötzlich auf, verließ das Zimmer, um wenige Minuten später mit einer Cola zurückzukommen. Wieder schmiß er sich auf den Stuhl und legte die Füße auf den Schreibtisch. Dabei sah er mich die ganze Zeit über provozierend über seine Brille hinweg an. Er irritierte mich. Am liebsten hätte ich ihn an seinen Haaren gepackt und hinausgeworfen. Als wir da nun so sitzen, beginnt er auf einmal, sich genüßlich an seinen Eiern zu kratzen. Doch damit nicht genug. Nachdem er seine Flasche mit einem lauten Rülpser gelehrt hat, fängt er an, die Flaschenöffnung und den Flaschenhals mit seiner Zunge zu bearbeiten. Nachdem ich ihn einige Zeit dabei betrachtet habe, wird es mir zu bunt. ‹Junge, du scheinst darin wirklich mächtig viel Erfahrung zu haben›, sage ich. ‹Wieso beziehst du nicht wieder deinen Posten unten in Ost-Hollywood?› Doch der Flegel grinst mich nur frech an.»

Bevor es zu einer handfesten Auseinandersetzung kommen konnte, bat Warner Bogart zu sich herein und erzählte ihm von seinem Plan, das 1946 erschienene Buch von Dr. Robert Lindner über einen jugendlichen Psychopathen zu verfilmen. Das Skript lag zwar schon seit einigen Jahren in Warners Schublade, hatte aber durch die gestiegene Jugendkriminalität eher an Brisanz gewonnen. Regie sollte Nicholas Ray führen. Warner schilderte den Inhalt und blickte Bogart erwartungsvoll an.

«Nun, Jack», meinte er nach einem kurzen Räuspern, «ich glaube, ich bin für die Rolle des jugendlichen Delinquenten doch ein bißchen zu alt.»

Warner lachte. «Ich dachte, du würdest gern den Vater verkörpern. Wir bauen die Rolle eigens für dich aus und schneidern sie dir zurecht. Deinen Partner hast du schon kennengelernt, als du hereinkamst: James Dean. Er dreht gerade mit Kazan.»

Bogarts Augen weiteten sich.

«Ich weiß nicht mehr, was er genau sagte, aber in diesem Moment hielt er meinen Vorschlag mit Sicherheit für einen schlechten Scherz», erinnerte sich Warner. «Wenigstens versprach er, sich mein Angebot durch den Kopf gehen zu lassen.»

Bogart beauftragte Pete, alles greifbare Material über Dean zusammenzutragen. Pete hörte sich um und berichtete Bogart, daß Dean beim Regisseur Roger Brackett eingezogen war, der zugleich sein Liebhaber sein sollte. Dean machte aus seiner Sexualität kein Geheimnis. Als Hedda Hopper von ihm wissen wollte, wie er sich vor der Armee gedrückt hätte, erklärte er ihr: «Ich habe den Stabsarzt geküßt.» Gefragt, ob er Männer Frauen vorziehe, raunte er: «Nun, ich gehe bestimmt nicht mit auf den Rücken gefesselten Händen durchs Leben.» Als Warner davon erfuhr, ordnete er an, daß Dean sich gelegentlich mit weiblicher Begleitung in der Öffentlichkeit sehen lassen sollte. Brav folgte Dean dieser Aufforderung, doch am wohlsten fühlte er sich im «Club», einer S/M-Kneipe im Osten Hollywoods. Deren Stammgäste hatten ihn wegen einer seiner Vorlieben den «menschlichen Aschenbecher» getauft.

Bogart sah sich die Muster von *East of Eden* an und war von Deans charismatischer Präsenz tief beeindruckt. Auf der anderen Seite schreckten ihn aber die Schilderungen Raymond Masseys von Deans Verhalten bei den Dreharbeiten ab. Eine Woche nach ihrem Treffen teilte Bogart Warner mit, er würde liebend gern auf das Angebot verzichten. Er sei Schauspieler, nicht Kindergärtner. Warner akzeptierte Bogarts Entscheidung, doch als Dean davon erfuhr, rannte er in die Halle der Warner Brothers und bespuckte Bogarts Porträt. Eine Woche lang bezog er jeden Abend vor Bogarts Villa Posten, verschreckte aber nur Betty und Bernstein. Der herbeigerufenen Polizei erklärte er, er stehe hier aus Protest und als Mahnmal gegen speichelleckerische, arschkriechende Altchargen, zu denen auch Humphrey Bogart zu zählen sei. Erst als Bogart drohte zu klagen und Warner seinen Vertrag mit ihm lösen wollte, gab James Dean diese Art von Protest auf.

«Irgendwie belastete mich die gespannte Beziehung zwischen

Bogie und Jimmy», erinnerte sich Joe Hyams, der mit beiden gut befreundet war. «Die beiden waren dazu bestimmt, einen Film zusammen zu machen. Sie waren beide extrem unsicher und ausgesprochen verletzlich. Bogie konnte seine Unsicherheit hervorragend vertuschen, doch Jimmys Selbstzweifel drückten sich in jeder Geste, in jedem Wort aus. Es dauerte lange und erforderte unglaublich viel Überredung, aber letztendlich war Bogie doch noch bereit, Jimmy einmal bei sich zu empfangen. Dabei bestritt Bogie den größten Teil der Unterhaltung, während Jimmy brav zu seinen Füßen saß und allem zustimmte, was Bogie von sich gab. Es war überraschend für mich zu erleben, daß Dean sich Bogart gegenüber wie jeder andere Fan benahm.»

Zu einem gemeinsamen Film kam es jedoch nicht.

Nachdem die Rolle des Captains in *Mister Roberts* mit James Cagney besetzt worden war, richteten sich Bogarts Ambitionen auf einen Thriller, der im Frühjahr 1954 erschienen war.

«Ich wünschte mir damals nichts sehnlicher, als endlich einmal mit meinem alten Kumpel Spencer Tracy zusammenzuarbeiten. Und hier bot sich nun eine reale Chance.»

«Bogie war wirklich einer jener wenigen Schauspieler, die ein gutes Gespür für eine Filmvorlage und Rollen haben», erinnerte sich Mary Baker. «Wenn er eine Rolle spielen wollte, war es ihm egal, ob sie groß oder klein, gut oder schlecht war. Im April 1954 rief er mich an und sagte: ‹Kauf für mich ‚The Desperate Hours'. Ich will die Filmrechte unter allen Umständen haben.›»

Zuvor hatte er Spencer Tracy den Roman von Joseph Hayes geschickt. Als Bogart drei Tage später bei ihm vorbeischaute, lehnte Tracy sich in seinem Sessel zurück und schenkte ihm sein breitestes Grinsen. Die Geschichte einer Familie der amerikanischen Mittelschicht, deren heile Welt durch drei entflohene Sträflinge zerstört wird, gefiel Tracy. Zudem erklärte sich Katharine Hepburn bereit, die Nebenrolle der Mutter zu spielen. Bogart war überglücklich.

Doch Mary Baker warnte ihn, sich keine allzu großen Hoffnungen auf die Rechte zu machen. Joseph Hayes arbeitete gerade seinen Roman zu einem Theaterstück um. Die Premiere am Broadway war für das nächste Jahr angesetzt. «Ich sagte Bogie, daß die Rechte wahrscheinlich sehr teuer werden würden. Ihm aber war das egal.»

Bogart gestand ihr zu, bis zu 250000 Dollar zu bieten. In einem erbitterten Zweikampf mit der Paramount erhöhte Bogart sein Angebot auf 350000 Dollar, doch in letzter Minute überbot ihn das Studio um 50000 Dollar. Bogart erkundigte sich sofort, für wen das Studio den Stoff gekauft hatte. Man erklärte ihm, William Wyler habe gedrängt, die Rechte zu erwerben. «Bogie rief mich an und sagte, er habe soeben die Rechte von ‹The Desperate Hours› an mich verloren», erinnerte sich Wyler. «Ich nahm an, er sei an der Rolle des Vaters interessiert, und so sagte ich: ‹Komm doch zum Mittagessen vorbei.›»

Wyler glaubte, daß Bogart den Part des Familienoberhauptes haben wollte. Eine für Bogart ungewöhnliche Rolle, dafür aber vielleicht um so interessanter. «Um Gottes willen, ich soll die langweilige Rolle spielen?» lachte Bogart. «Nein, die will Spencer. Ich spiele den Gangster.»

«Aber der Gangster soll fast noch ein Kind sein. Joseph Hayes hat die Rolle so angelegt, daß der jugendliche Adonis ein Symbol für das Böse ist. Der Killer als Stellvertreter für alle Jugendlichen, die ihre Väter hassen», gab Wyler zu bedenken.

«Muß das wirklich so sein?» fragte Bogie enttäuscht.

«Ich glaube nicht.»

Bogart bekam die Rolle des Glenn Griffin.

Spencer Tracy und Katharine Hepburn waren überglücklich. Die Vertragsunterzeichnung feierte man groß bei Romanoff's und stieß auf das Gelingen des Films an. Da die Paramount wußte, daß die Theaterfassung im Frühjahr am Broadway herauskommen sollte, legte man den Drehbeginn auf Oktober 1954 fest, damit der Film zeitgleich in die Kinos kommen konnte. Zuvor drehte Hepburn mit David Lean *Summertime* in Venedig und London. So blieb Bogie nun noch genug Zeit, sich auf seine Rolle in *Wir sind keine Engel* vorzubereiten.

Regie bei *Wir sind keine Engel* führte wieder Michael Curtiz. Dem Film liegt das französische Theaterstück «La Cuisine des Anges» von Albert Husson zugrunde.

Das Stück, das seit einigen Jahren erfolgreich am Broadway lief, handelt von einem Fälscher, einem Mörder und einem Tresorknacker, die an Heiligabend von der Teufelsinsel fliehen. Um sich unauffälligere Kleidung zu besorgen, brechen sie in einen Gemischtwarenladen ein, werden aber von dem Besitzer, seiner Frau und deren Tochter überrascht. In einer Anwandlung weihnachtlicher Gefühle beschließen die drei Gangster, die Familie nicht umzubringen, denn «ihnen die Kehlen durchzuschneiden könnte ihnen ihr Weihnachtsfest verderben». Statt dessen schützen sie die Familie gegen deren habgierige Verwandtschaft, wobei das Haustier des Gangsters Albert, eine giftige Schlange namens Adolf, die gerechte Bestrafung übernimmt.

Die Paramount erwog, Cary Grant die Rolle des Gangsters Joseph anzubieten. Curtiz dagegen hielt den Gedanken für reizvoll, Bogart diesen Part zu geben. «Zum zweitenmal nach *Fahrkarten nach Marseille* würde er dann einen von der Teufelsinsel entflohenen Sträfling spielen, nur daß es sich diesmal um eine französische Komödie handelte», sagte Curtiz. «Ich sah Bogart schon immer als hervorragenden Komödianten an, und es tat mir weh, daß er bisher noch keine Chance bekommen hatte, sein Talent unter Beweis zu stellen.»

Doch Bogart zögerte, als er im Sommer 1953 das Drehbuch las. Als Truman Capote ihn aber drängte, die Rolle zu spielen, sagte er zu. Nach Bogart und Ustinov nahm man Aldo Ray, Joan Bennett, Leo G. Carroll und Basil Rathbone unter Vertrag.

Die Dreharbeiten begannen im Mai 1954 im Studio der Paramount. Curtiz behandelte seinen «Boogi» mit gebührendem Respekt und Hochachtung, und so verliefen die Dreharbeiten in schöner Harmonie. Zu schaffen machte Bogart aber sein chronischer Husten. An manchen Tagen konnte er keinen Ton mehr herausbringen.

«Ich stellte hinter seinem Ohr eine wunde Stelle fest», erinnerte sich Pete. «Als ich ihn daraufhin ansprach, knurrte er nur. ‹Verdammt, dann mußt du mit deinem Kamm eben besser aufpassen. Eines Tages reißt du mir noch das ganze Ohr ab.› Als die Wunde nicht besser wurde, räumte Bogie ein, es könne sich um Hautkrebs handeln. Zunächst versuchte ich ihm das auszureden, doch eine Untersuchung bestätigte den Verdacht. In aller Heimlichkeit unterzog er sich an einem Samstag einer Operation, um am Montag wieder vor der Kamera stehen zu können. Unter keinen Umständen wollte er, daß die Öffentlichkeit oder Betty davon erfuhr.»

Die Studioleitung der Paramount hatte inzwischen mitbekommen, wieviel Geld man durch sogenannte Studiotouren zusätzlich einnehmen konnte. So öffnete Paramount Besuchern die Tore. Das Interesse, Dreharbeiten zu einem Bogart-Film zu beobachten, war unglaublich groß. «Ständig trampelten Leute im Studio herum. Nirgends war man vor ihnen sicher», maulte Bogart.

«Die Sache mit den Besuchern war schon ziemlich entnervend», erklärte Joan Bennett. «Wir hatten eine kleine Szene. Bogie kommt herein, nimmt meine Hand... aber Mike gefiel die Ausleuchtung nicht. Nach endlosen Stellproben mit unseren Lichtdoubles fiel die Beleuchtung endlich zu seiner Zufriedenheit aus. In diesem Moment kamen die Zuschauer. Curtiz schrie etwas, die Ordner brachten die Menge zum Schweigen, und wir konnten beginnen. Bogie kommt herein, kniet sich an der Markierung hin, grinst plötzlich und sagt: ‹Darling, wir drei dürfen uns wirklich nicht weiter so treffen.› Stille, Curtiz schaut zum Skriptgirl, das nur verzweifelt mit den Schultern zuckt. Curtiz schaut zu

Bogart, der nur breit grinst, und dann entdeckt Curtiz endlich, daß eine Besucherin direkt hinter mir und Bogie in der Dekoration herumstand. Mike stürmt mit nicht gerade salonfähigem transsilvanischem Vokabular und wütendem Blick auf sie los und droht, alle Besucher zu ‹verwandeln in Würste›.»

Peter Ustinov hatte der Film mit Bogart «außerordentlichen Spaß» gemacht. Sie schlossen Freundschaft, und Ustinov konnte wie kaum ein anderer Bogarts Wesen ergründen: «Er beherrschte seine Arbeit vollkommen. Doch man spürte, daß seine wahre Seele an einem anderen Ort wohnte. Ein geheimnisvolles Suchinstrument, das an Türen klopfte, die ihm selbst unbekannt waren. In der Natur und vor allem auf See war Bogie ein ganz anderer Mensch. Gewiß, er zog uns auch da noch durch den Kakao, aber nicht mit derselben Hartnäckigkeit, die ihm ansonsten zu eigen ist. In geschlossenen Räumen schien er mir immer unglücklich zu sein, wie ein Tier im Käfig. Aus dieser nervösen Ruhelosigkeit heraus entsprang auch sein Drang, ständig zu sticheln. Er wollte, daß man es mit ihm aufnahm. Sein Blick war sowohl in der Rolle, die er gerade spielte, als auch im Privatleben amüsiert und streitsüchtig zugleich. Er fixierte einen mit einem Blick, vergleichbar mit dem eines erfahrenen Stierkämpfers, der den wutschnaubenden Stier zu einer unüberlegten Reaktion hinreißt. Die Dreharbeiten aber schien er diesmal außerordentlich zu genießen.»

Seine gute Stimmung verdankte Bogart aber auch den allabendlichen Treffen mit Spencer Tracy. Die beiden waren «wie kleine Jungen. Sie setzten sich zusammen, schmiedeten Pläne, studierten das Drehbuch und versicherten sich gegenseitig ihrer Hochachtung und Wertschätzung», erinnerte sich Katharine Hepburn.

Bogart schätzte Tracy als eine nie versiegende Quelle von Klatsch und Tratsch. Zu vorgerückter Stunde drehte sich das Gespräch auch schon mal um das damals brisante Tabuthema Schwule.

Homosexualität hatte es in Hollywood schon immer gegeben,

und sei es nur in der stummen Bewunderung der muskulösen Körper der Männer, die in den Häusern der Stars und Regisseure die Pools reinigten oder den Garten in Ordnung hielten. Diejenigen der «Twilightpeople», die offen, aber diskret dazu standen, daß sie Männer den Frauen vorzogen, trafen sich auf dem Pershing Square in Downtown L. A. oder an den Stränden von Malibu und Santa Monica, bevor man sich in dem nicht minder bekannten YMCA im Stadtzentrum von Los Angeles einmietete. «Verstecke zum Überleben gab es in der Filmindustrie überall, aber man mußte mit größter Vorsicht durch die Tulpenbeete der Glitzerstadt schleichen», beschrieb Kenneth Anger die Situation. Auch Tracy kannte einige der «Twilightpeople», pflegte mit manchen von ihnen sogar freundschaftlichen Umgang.

Anfang der fünfziger Jahre machten einige der sogenannten «Stars der nächsten Generation» keinen Hehl mehr daraus, daß sie sich lieber von Männern als von Frauen «bedienen» ließen. Marlon Brando stand damals zu seinen sexuellen Präferenzen ebenso wie James Dean und Montgomery Clift. Gewiß, jeder von ihnen ließ sich mit einem jungen Starlet sehen oder heiratete sogar, wenn er es aus der Sicht der Studioleitung zu arg getrieben hatte, doch durch die neugewonnene Freizügigkeit schossen Schwulenbars und Saunen wie Pilze aus dem Boden.

Im Gegensatz zu Tracy hatte Bogart zum «Twilightpeople» nur wenig Kontakt. Dennoch interessierte es Bogart brennend, was zwei Männer wohl miteinander im Bett anstellen konnten. Er wußte, daß Capote schwul war, wollte ihn aber unter keinen Umständen fragen. Spencer dagegen schilderte ihm einige Varianten so beredt, daß Bogart seine Ausführungen nur mit ungläubigem Schweigen quittierte.

«Ich kann mir das wirklich nicht vorstellen», wiederholte Bogart. «Ich glaube, du hast mir nur einen Bären aufgebunden.» Um den Vorwurf der Lüge zu entkräften, schlug Tracy vor, sich mal etwas umzuschauen.

«Gut», meinte Bogart, «ich war noch nie in einer Schwulenbar. Bin mal gespannt, was dort eigentlich abgeht.»

Allerdings mußte er Tracy zuvor schwören, daß niemand von ihrem Abenteuer etwas erfahren würde, am allerwenigsten Kate oder Betty. Nach einigen weiteren Stärkungsdrinks machten sich die beiden auf nach Ost-Hollywood. Hier hatte Roy, der innerhalb der Szene wegen seines hervorstechenden Körperteils als Mister Big oder Mister Oscar bekannt und geschätzt war, vor kurzem eine Bar eröffnet. Tagsüber riskierte er als Stuntman für Hollywoods Traummänner seinen Hals. An die zwei Meter groß, braungebrannt, muskulös, blond mit strahlendblauen Augen, entsprach er so gar nicht der Vorstellung eines Schwulen, die Bogart eigentlich hatte.

Bogart wunderte sich über die Dunkelheit und die vielen Spiegel an den Wänden. Nur wenige Männer saßen in der Bar. Bogart holte tief Luft, eilte zum Tresen und bestellte einen Scotch. «Hey, sind Sie nicht Humphrey Bogart?» wollte der Barkeeper wissen. Bogart wurde rot und murmelte:

«Nein, ich sehe dem Kerl nur verdammt ähnlich! Wir sind die Doubles von Tracy und Bogart.»

Dann winkte er Tracy zu sich, und nach zwei weiteren Drinks setzten sich die beiden in eine Ecke, warteten und beobachteten.

Nach einer Stunde raunte Bogart: «Ist das alles, was man hier tut? Sie trinken und reden nur.»

«Was hast du denn gedacht, was die hier tun würden?» entgegnete Tracy. «Ficken?»

Sobald Roy sie unter seinen Gästen entdeckt hatte, kam er zu ihnen und zog sie auf, wie sie sich wohl hierher verirrt hätten.

«Ich erzählte ihm, daß wir ihn als Sachverständigen benötigen würden, und Bogie stellte seine Fragen, die Roy ihm detailliert beantwortete», erinnerte sich Tracy.

Spencer Tracy aber hatte konkrete Informationsbedürfnisse. Von Joan Crawford hatte er erfahren, daß Roy Erinnerungsstücke an seine Affären sammelte, und die wollte er sehen. «Auf der linken Seite waren signierte Bilder und Erinnerungsstücke von denjenigen zu sehen, die sich von ihm hatten bedienen lassen. Dagegen waren die Schaustücke auf der rechten Seite von Personen, die ihn beglücken durften.» Gewissenhaft studierte Tracy die umfangreiche Sammlung und besaß von nun an genug Munition, einigen seiner Filmpartner, Studiobosse und Regisseure das Fürchten zu lehren.

Bogart konnte sich der Faszination, die Roy auf ihn ausübte, nicht entziehen. «Es war ähnlich wie mit Truman Capote. Mich fesselte das Charisma derart, daß es mir egal war, was er mit wem im Bett trieb», gestand Bogart. Roy gehörte von nun an zu Bogarts Zirkel. Kenneth Anger, Andy Warhol und William Higgins, Regisseur zahlreicher Gay-Pornos, strickten daraus die «Saga vom schwulen Bogart».

Während Kate bereits in Venedig drehte, fanden die ersten Probeaufnahmen und Kostümproben von *The Desperate Hours (dt. An einem Tag wie jeder andere)* statt. Der offizielle Drehbeginn war auf Oktober 1954 festgesetzt worden. Doch je länger die Hepburn in Europa weilte, um so mürrischer wurde Tracy. Für ihn war es inzwischen zur absoluten Gewißheit geworden, daß es für ihn neben Louise nur noch Kate geben sollte, er ließ sie aber darüber bewußt im unklaren. Statt dessen zeigte sich der «alte Fuchs» des öfteren mit Grace Kelly in der Öffentlichkeit. Kate, die um Graces Vorliebe für ältere Männer wußte, versuchte sich in stundenlangen Überseegesprächen mit Tracy und Bogart Klarheit über das Gerücht zu verschaffen, Spencer sei das «jüngste Kelly-Opfer». Beide beteuerten, daß es sich um eine rein geschäftliche Beziehung handelte, zumal die Kelly in Tracys nächsten beiden Filmen – *Tribute to a Bad Man* und *The Left Hand of God* – die weibliche Hauptrolle spielen sollte. Doch um Kates Bedenken aus der Welt zu schaffen, versprach Tracy, einige Wochen nach Venedig zu kommen. Bogart nahm die Strapaze auf sich und begleitete ihn an einem Wochenende nach New York. Von dort aus wollte er sich mit dem Schiff auf den Weg nach Europa machen. Spencer hatte das Drehbuch für sich und Kate dabei und war voller Zuversicht, daß man das leidige Problem, wer von ihnen an erster Stelle im Vorspann genannt werden sollte, auch noch lösen würde.

Zwei Tage nachdem Bogie *Wir sind keine Engel* abgedreht hatte, erreichte ihn ein Telegramm von Tracy, in dem er in kurzen Worten mitteilte, daß weder er noch Kate länger für *An einem Tag wie jeder andere* zur Verfügung stünden. Verzweifelt versuchte Bogart, Tracy in Venedig zu erreichen. Von Kate erfuhr er, daß es zwischen ihr und Tracy zu einer heftigen Auseinandersetzung gekommen und Spencer über Nacht abgereist sei. Wo er sich zur Zeit aufhielte, könne nicht einmal sie mit Bestimmtheit sagen. Selbst Louise, Spencers Frau, wußte nur, daß er sich irgendwo in Florenz aufhielt, wo er eine Villa kaufen und sich zur Ruhe setzen wollte.

Während Bogart enttäuscht und verletzt war, stand Wyler am Rande eines Nervenzusammenbruchs. Der Drehbeginn stand kurz bevor und konnte nicht mehr verschoben werden, zumal die Werbemaschinerie bereits auf Hochtouren lief und den Film fürs Frühjahr ankündigte. Als Ersatz für Kate wurde Martha Scott gefunden, doch die Rolle des biederen Familienvaters war in der kurzen Zeit schwer zu besetzen. Nachdem James Stewart, James Cagney und John Wayne absagten, schlug Wyler Fredric March vor, mit dem er bereits erfolgreich in *The Best Years of Our Lives* zusammengearbeitet hatte. March hatte sich nach den Vorwürfen, er und seine Frau Florence Eldridge seien Kommunisten, mehr und mehr von der Bühne und der Leinwand zurückgezogen. «Wir ziehen es vor, uns die Welt anzusehen, statt uns haltlosen Vorwürfen in Hollywood stellen zu müssen.» So verwunderte es niemanden, daß March die Rolle zunächst ablehnte. Erst auf Wylers eindringliche Bitten erklärte er sich schließlich doch bereit, die Rolle zu übernehmen.

Bogart konnte zu Fredric March, der ein ernster Schauspieler war und auf seine Sticheleien nicht einging, kein rechtes Verhältnis gewinnen. Bogarts Witze perlten an March einfach ab.

Auch die Zusammenarbeit mit Wyler gestaltete sich schwierig. Bogart hatte im Vorfeld des Films viel Zeit ins Drehbuch investiert. Keinen von Bogarts Vorschlägen griff Wyler auf. Enttäuscht ließ Bogart sich zu dem Statement hinreißen: «Der Beruf des Regisseurs ist ein weitüberschätzter Job. Ohne Überheblichkeit kann ich sagen, daß den jeder von uns erledigen könnte.» Hollywood schlug zurück. Voll Ironie pries Charles Vidor Bogarts Weisheit und fuhr fort: «In der Tat schulde auch ich Mister Bogart Dank. Er lehnte Jimmy Cagneys Rolle als Moe the Gimp in meinem Film *Love Me or Leave Me* ab. Dafür bin ich ihm zu Dank verpflichtet. Bogart war klug genug, zu erkennen, daß diese Rolle jenseits seiner Fähigkeiten lag. Hätte er sie gespielt, hätten wir nur Bogart, nicht aber Moe the Gimp gesehen.»

Kam es Bogart darauf an, *Ein Tag wie jeder andere* mit einem «brutalen Realismus» zu gestalten, so suchte Wyler jegliche Verherrlichung von Gewalt zu vermeiden, um der Jugendrevolte keine Verhaltensmuster zu liefern. Nach Sichtung der ersten Aufnahmen erklärte sich die Studioleitung bereit, einen Vertreter des Hayes Office den Dreharbeiten beiwohnen zu lassen.

«Eines Morgens erschien eine kleine, zerbrechliche, alte Lady mit schwarzer Handtasche, weißen Spitzenhandschuhen, schwarzem Kleid, weißen Haaren und Haarknoten», erinnerte sich Pete. «Sie stand in der Kulisse herum und schien auf jemanden zu warten. Als Bogie sie entdeckte, ging er freundlich auf sie zu und fragte: ‹Na, Muttchen, willst du auch zum Film?› Sie lächelte und entgegnete: ‹Ich bin dazu da, daß Sie, Mister Bogart, kein allzu großer böser Bube werden.› Bogie erschrak, doch dann schloß er sie schnell in sein Herz, zumal sie seine Scherze gut ertrug.» Estelle Erskine war die Gesandte der Zensurbehörde.

Gelassen reagierte sie auf Bogarts Sprüche und Attacken und

stieg in Bogies Achtung, als sich herausstellte, daß sie eine standfeste Trinkerin war. Obwohl sie sich mochten, insistierte Estelle Erskine auf einigen Änderungen im Drehbuch. In der Szene, in der Bogart March mit dem Knauf des Revolvers niederschlägt, mußte ein zweiter Schlag gestrichen werden. «Hierbei handelt es sich um Gewaltverherrlichung», reklamierte Erskine. «March liegt bereits am Boden. Ein zweiter Schlag ist überflüssig. In den dreißiger Jahren wäre er sowieso gleich erschossen worden, oder er hätte noch einmal getreten werden dürfen. Heute jedoch ist das nicht akzeptabel.»

Selbst Bogarts Todesszene, in der er von Polizeikugeln durchsiebt auf dem Rasen der Familie stirbt, wurde eigens aus einem niedrigen Winkel aufgenommen. Kein Vergleich zu den extravaganten Todesszenen der dreißiger Jahre.

Als die Dreharbeiten Ende Januar 1955 endlich beendet wurden, schenkte Miss Erskine Bogart ein Stinktier. «Das Tierchen war ziemlich possierlich, verbreitete aber einen derartigen Gestank, daß ich es auf dem Heimweg sofort wieder aussetzte.» Daß er es heimlich in Marchs Küche setzte, vergaß Bogart zu erwähnen.

1954 entschied *Time*, die Zeit sei reif für eine Titelgeschichte über Bogart. In bewährter Art äußerte sich Bogart über Geld («Der einzige Grund, Geld zu scheffeln, ist, daß man so jeden SOB in die Hölle schicken kann»), Frauen («Irgendwann kriegen sie uns Männer. Eigentlich dürfte man sie nicht frei rumlaufen lassen»), Manieren («Ich verfüge schon über Manieren. Aber wenn man so öffentlich lebt, wie ich es tue, hat man nur selten Gelegenheit, seine Manieren unter Beweis zu stellen») und Vaterschaft («Ich wurde ein wenig spät in meinem Leben Vater. Ich verstehe die Kinder nicht, und ich denke, manchmal verstehen sie mich auch nicht, und so bin ich froh, daß ich meine Frau noch habe»).

Im September eröffnete Edward R. Murrow die Vierundfünfziger-TV-Saison seiner Show *Person to Person* mit einer Live-übertragung aus dem Wohnsitz der Bogarts. Obwohl Bogart geschworen hatte, nie im Fernsehen mitzuwirken, war er bereits zu Gast bei Ed Sullivan und Jack Benny gewesen. Murrow selbst war bereits zu der TV-Legende avanciert, die er auch heute noch ist, und Bogart schenkte ihm absolutes Vertrauen. Kopfzerbrechen bereitete ihm nur, daß Murrow auch die Kinder in die Show miteinbeziehen wollte. Steve hatte es sich angewöhnt, Gäste mit Kosenamen wie «Hosenscheißer» oder «Quatschbirne» zu bedenken. Da die Show live gesendet werden sollte, befürchtete Bogart, es könne zu ähnlichen Entgleisungen kommen. Doch es war Leslie, die für einigen Wirbel sorgte. Da Bogart zu Hause kein Toupet trug, starrte seine Tochter fasziniert auf seinen Kopf und verkündete der Nation, daß «Daddy heute einen Haarhut» trägt. Im übrigen führten die Bogarts Marrow artig durch ihr Haus, sprachen über Truman, über Bogarts frühe Karriere als Mellins-Baby und sein geplantes Projekt mit John Huston. Im Vorfeld hatte Murrow einen Katalog mit Themen erhalten, die während der Show nicht angesprochen werden sollten: Bettys wahres Alter, Bogies frühere Ehen, sein Alkoholproblem und Frank Sinatra.

Sinatra war im Sommer 1954 wieder in das Leben der Bogarts getreten. Nachdem Frank sich mit einigen Starlets und Stars über Ava hinwegzutrösten versucht hatte, lebte er nun am Wilshire Boulevard in einem der Appartements, die Loretta Youngs Mutter, Gladys Belzer, gehörten. Zu seinen Nachbarn gehörte Irving «Swifty» Lazar, zum damaligen Zeitpunkt ebenfalls solo. «Swifty war damals noch weit entfernt von dem Superagenten und Medienzar, der er heute ist», erzählte Peter Lawford. «Aber bereits damals hatte er sich als Kuppler einen guten Namen gemacht. Mit zu seinen Hauptkunden zählte Frank, und ‹Swifty› kam durch dessen abgelegte Frauen auch noch auf seine Kosten.»

Die beiden veranstalteten rauschende Feste, zu denen auch die

Bogarts regelmäßig eingeladen wurden. «Ich hasse das eigentlich», meinte Bogart. «Für mich bedeutet ein gemütlicher Abend, daß ich auf meiner alten Couch sitze, die Füße auf den Tisch lege und Fernsehen schaue. Wenn ich etwas erleben möchte, gehe ich auf mein Boot, und wenn ich gesellschaftlichen Umgang pflege, gehe ich zum Lunch oder zu einem Schachspiel zu Mike Romanoff. Betty dagegen ist vollkommen anders. Sie braucht Menschenmassen, Lärm, Trubel und Leben. Das glaubt sie auf Hollywoodparties zu finden, und so kommt es, daß man uns derart häufig auf derartigen Clownveranstaltungen antrifft.»

Bogart fühlte sich nicht wohl in seiner Haut, als er bemerkte, daß seine Frau wieder für Sinatra entbrannte. Zwar mochte er «den Kerl schon auf eine gewisse Weise. Franks Vorstellung vom Paradies ist ein Ort, wo ihm massenhaft Frauen gefügig sind und es weit und breit keinen Polizisten und Reporter gibt. Er weiß es zwar nicht, aber ich glaube, er wäre besser dran, wenn es umgekehrt wäre.»

Frank wiederum «vergötterte Bogie und Spencer. Er sah zu ihnen auf wie zu Göttern», wußte Peter. «Humphrey Bogart war, was Frank gern gewesen wäre», analysierte Kitty Kelly, Sinatras Biographin, «gebildet, welterfahren, geachtet und bei der Presse ausgesprochen beliebt. Auf der Leinwand war er die Verkörperung des hartgesottenen Mannes. Privat wirkte Bogart, als sei er ein Mensch mit einem unerschütterlichen Selbstwertgefühl. Dies hinderte Frank aber nicht daran, Bogart mit dessen Frau zu betrügen.»

Ohne zu zögern räumt die Bacall heute ein, daß sie sich damals Hals über Kopf in Sinatra verliebte. «Zunächst sahen wir uns nur auf Parties oder zum Essen, doch bald schon wurde Frank zu einem allabendlichen Gast.»

Die Entwicklung der Beziehung Bacall–Sinatra verlief diesmal etwas diskreter. «Nachdem der Mafiaboss Sam Giancana erfuhr, daß Frank erneut seine Fühler nach Betty Bacall ausstreckte, führte er ein langes Telefonat mit Sinatra und erinnerte ihn an mögliche Konsequenzen, sollte Bogart sein Gesicht nicht wahren können. Frank beteuerte seine Unschuld und schwor beim Leben seiner Mutter, daß nicht er, sondern die Bacall hinter ihm her sei», berichtete Phyllis McGuire, Giancanas damalige Geliebte. Doch auch andere Freunde Bogarts machten sich Sorgen. Eines Abends nahm Spencer Tracy die Bacall zur Seite und fragte, ob «sie es nicht ein wenig übertreibe. ‹Aber Spence›, flötete sie mit unschuldigem Augenaufschlag, ‹Frank ist noch immer wegen des Verlustes von Ava verzweifelt. Ich helfe ihm nur, wieder zu sich selbst zu finden.›»

Um einigermaßen den Schein zu wahren, vereinbarten die beiden – die Bacall und Sinatra – ein Signal: brannte das Eingangslicht, war für Frank die Luft rein und er war willkommen.

Bogie sah die Situation nüchtern. Im Herbst 1954 stellte er Betty eines Abends zur Rede.

«Oh, Bogie», zwitscherte sie, «Frank kommt doch nur, um dich zu sehen.»

Bogart schwieg einen Augenblick, sah seine Frau an, die «unschuldig wie Lukrezia Borgia aussah», und meinte: «Das glaubst du ja selbst nicht, daß er nur kommt, um mich zu sehen. Gut, wenn ihr es schon in meinem Haus miteinander treiben müßt, dann wechsle wenigstens hinterher selbst die Laken und die Bettwäsche aus.»

Glaubt man einem engen Freund Bogarts, so stand er Weihnachten 1954 kurz davor, endgültig die Scheidung von Betty in die Wege zu leiten.

Wie gewohnt jedoch feierte man das Weihnachtsfest. Traditionell versammelten sich die engsten Freunde der Bogarts: Sid Luft und Judy Garland, Spencer Tracy und Katharine Hepburn, David Niven und seine Frau, «Swifty» Lazar, Peter Lorre, John Huston, wenn er im Lande war, sowie Noël Coward und Truman Capote. Auch Frank Sinatra gehörte in diesem Jahr zu den Gästen.

In all dem Trubel fragte Bogart Pete, ob sie in der nächsten Woche einmal Zeit für ein Gespräch unter vier Augen haben würde. «Ich hatte damals bereits all meine Hoffnungen aufgegeben, daß Bogie mich noch heiraten würde. Für mich schien das auch wegen der Kinder utopisch zu sein. Nun, ich witzelte, wir könnten das doch gleich erledigen, zumal ich in der nächsten Woche eine weiße Weihnacht in New York erleben wollte. Wir gingen gerade zu Bogies Arbeitszimmer, als das Telefon läutete. Es war Walter.»

Pete hatte den Produzenten Walter Thompson bereits 1950 kennengelernt. Über die Jahre hinweg waren die beiden freundschaftlich miteinander verbunden. Da der polyglotte Thompson nur wenige Wochen im Jahr in Amerika verbrachte, war es «eine Beziehung über weite Entfernungen und voller Unterbrechungen».

Thompson bat Pete, bereits am nächsten Tag nach New York zu kommen.

«Ich habe eine Überraschung für dich, die nicht länger warten kann», begründete er sein Drängen, ohne näher darauf einzugehen. Danach verlangte er Bogart zu sprechen. «Ich versuchte herauszufinden, um was es sich handelte, doch Bogies Antwort war ausgesprochen vorsichtig. Sein Gesicht versteinerte, und als ich wissen wollte, was Walter gesagt hatte, meinte er nur kurz: ‹Er hat uns ein frohes Weihnachtsfest gewünscht.›»

Pete verließ die Party zeitig. Bogart begleitete sie zum Wagen, umarmte sie und gab ihr einen Kuß.

«Dieser Walter ist ein verdammt feiner Kerl», sagte er, während er ihr in den Wagen half. «Wirklich, er ist etwas ganz Besonderes. Diese Weihnachtsüberraschung, die er für dich hat, ist das, was du wirklich brauchst.»

«Was ist es denn?» fragte sie neugierig. Bogarts Augen blitzten.

«Na, was schon? Ein neues Gesicht natürlich! Glaubst du, ich stehle Walter die Schau?»

«Du bist ein wirkliches Miststück», nörgelte Pete.

«Das war ich schon immer, Schatz.»

«Und was ist mit unserem Vier-Augen-Gespräch?»

«Das führen wir, wenn du wieder einmal hier bist.»

Walter Thompson, der gewußt hatte, was Bogart Pete bedeutete, hatte bei Bogart gewissermaßen um ihre Hand angehalten. «Da es für Bogie okay war, war es auch für Walter okay, mich erneut zu fragen, ob ich seine Frau werden wollte. Bisher hatte ich abgelehnt, weil ich Walter nicht als ‹zweite Wahl› heiraten wollte. Sie wissen schon, wenn ich Bogie nicht kriege, dann nehme ich wenigstens ... Doch jetzt endlich konnte ich Walter lieben und tat es auch. Er war nun keine zweite Wahl mehr, sondern eben nur eine andere Wahl. Ich liebte ihn von ganzem Herzen», erzählte Pete.

Obwohl Bogart unlängst erklärt hatte, er «werde niemals wieder einen Film machen, der nicht in Amerika gedreht werden kann», unterzeichnete er im Februar 1955 einen Vertrag mit der Hecht-Lancaster-Produktionsgesellschaft, der ihm die Hauptrolle in *Elephantville* garantierte. Die Dreharbeiten sollten im Sommer 1955 in Ceylon und Burma statt finden. Dies paßte hervorragend zu Bogarts Absicht, sich im Frühjahr 1955 zu erholen. Pete befand sich auf Hochzeitsreise, und Betty drehte in New York mit John Wayne *Blood Alley*.

Seit den Dreharbeiten von *An einem Tag wie jeder andere* fühlte er sich «vollkommen abgeschlafft und ohne jeglichen Mumm»; zudem stellten sich die Hustenanfälle mit beständiger Regelmäßigkeit ein. Bogart plante, einige Tage auf der Santana zu verbringen, bevor er sich heimlich einer medizinischen «Inspektion» unterziehen wollte.

Er hatte alles schon gepackt und befand sich im Aufbruch, als ihn ein Anruf von Howard Strickling erreichte. Strickling, Vizepräsident der Abteilung für Öffentlichkeitsarbeit von MGM, und Whitey Hendry, ehemaliger Polizeichef von Culver City und nun Chef der Sicherheitsabteilung, fungierten als «Metros Feuerwehrmänner». Sobald ein MGM-Star in Schwierigkeiten war, eilten sie und ihre Truppe zur Schadensbegrenzung herbei.

Strickling war informiert worden, daß Tracy sich in einem kleinen Nest hinter Pasadena in einem Hotel eingemietet hatte. Dies war vor einer Woche gewesen. Seither hatte er das Zimmer nicht verlassen, nichts gegessen, nur täglich eine Kiste Scotch geordert. «Wir wußten, er war also wieder auf einer seiner Touren, bei denen er sich bis zur Besinnungslosigkeit betrank, die Zimmereinrichtung demolierte und schließlich in irgendeiner Ausnüchterungszelle landete», erinnerte sich einer von Hendrys Männern. Gewöhnlich schloß sich derartigen Exzessen eine sechswöchige Entziehungskur an, doch Tracy sollte in zwei Wochen bereits mit den Dreharbeiten zu *The Left Hand of God* beginnen, für den ihn die MGM an die 20th Century Fox ausgeliehen hatte.

Strickling bat Bogart, sie zu begleiten und Tracy, der sehr gewalttätig werden konnte, zu beruhigen. Ohne zu zögern willigte Bogart ein, und wenige Minuten später fuhr ein grüner Lieferwagen mit Hendry und einigen Männern vor.

«Als wir das Hotel betraten, hörten wir bereits aus dem ersten Stock Schreie und das Geräusch von zersplitternden Möbeln. Wir rannten nach oben. Bogie sah ziemlich verzweifelt aus, wirkte aber erstaunlich ruhig. Chief Hendry versuchte, auf Tracy beruhigend einzureden, doch Tracy öffnete die Tür erst, als er Bogarts Stimme hörte. Tracy bestand darauf, allein mit Bogart zu reden, und schloß die Tür hinter sich wieder ab. Bogie machte den Versuch, ihn zu besänftigen, doch irgendwann kam es erneut zu einem Tumult, und Hendry befahl, die Tür aufzubrechen. Bogart saß auf dem Bett, hielt sich ein Taschentuch gegen eine Platzwunde auf der Stirn, während Tracy zusammengesunken in einer Ecke kauerte. Weil es in solchen Situationen das beste war, legten wir Tracy eine Zwangsjacke an», berichtete Hendry.

«Ich war verzweifelt», erinnerte sich Produzent Buddy Adler. «Erst war Grace Kelly aus dem Film ausgestiegen, und nun würde auch noch Tracy ausfallen. Ich besuchte Spence, und er schlug mir vor, ich solle doch Bogart fragen, ob er nicht für ihn einspringen wollte. Gut, ich versuchte Bogie zu erreichen, konnte ihn aber nirgendwo erwischen. Zufällig traf ich ihn wenige Tage später bei Romanoff's, wo er gerade Schach mit Mike spielte. Ich erzählte ihm die Story, er sah mich lange an und sagte: ‹Und Sie glauben wirklich, daß das Erfolg haben soll?› Ich war am Boden zerstört.»

Um so überraschter war Adler, als Bogart am nächsten Tag anrief und nun doch für Tracy einspringen wollte.

The Left Hand of God (dt. Die linke Hand Gottes) beruhte auf dem gleichnamigen Roman von William E. Barrett. Held des Romans und des Films ist der amerikanische Flieger Jim Carmody (Bogart), der während des Zweiten Weltkriegs über China abgeschossen wird. Er wird gefunden, flieht in der Kutte eines ermordeten Priesters und übernimmt dessen Aufgaben in einem kleinen, entlegenen Dorf. Im weiteren Verlauf kämpft Bogart gegen «drei Feinde: China, die Versuchung des Fleisches und nahezu alle Klischees, die jemals in Filmen über Missionare benutzt worden sind», wie die *Daily Mail* in ihrer Kritik schrieb. Als der Mieh Yang das Dorf belagert, um Carmody wieder zu sich zu holen, schlägt dieser vor, um seine Dienste zu spielen. Falls er gewinnt, müsse der Mieh Yang das Dorf in Ruhe lassen. Als er tatsächlich gewinnt, ist der Weg frei, für seine Maskerade Abbitte beim Bischof zu leisten und die verwitwete Krankenschwester Anne Scott zu heiraten.

Ursprünglich sollte Grace Kelly die Rolle der Krankenschwester übernehmen. Als sie aber aus dem Vertrag ausstieg, ersetzte man sie mit Gene Tierney. Bogart mochte die Tierney, war aber entsetzt, als er sie nun sah. «Ich war damals schwer krank», erinnerte sich Gene Tierney kurz vor ihrem Tod. «Ich hatte kurz vor Beginn der Dreharbeiten einen Nervenzusammenbruch hinter mir. Da ich aber das Studio nicht enttäuschen wollte, machte ich den Film, obwohl es besser gewesen wäre, mich in ärztliche Behandlung zu begeben.»

«Mit Bogies Gesundheit stand es nicht zum besten», berichtete Edward Dmytryk, der die Regie übernommen hatte. «Ich höre noch heute seinen ständigen trockenen Husten. Aber er kümmerte sich mit unglaublicher Geduld und Fürsorge um Gene.»

Bogart fühlte sich, als würden ihn die Schatten seiner Vergangenheit einholen. Als Buddy Adler vorschlug, die Tierney zu ersetzen, drohte er damit, seine Rolle niederzulegen, «ein Entschluß, den er schon wenige Tage später bereuen sollte», glaubte Buddy Adler.

Bogart forderte, daß man in den nächsten Tagen alle Szenen mit ihr abdrehen sollte, so daß sie den Film beendet hätte, bevor sie eine Therapie begann. Bogart telefonierte mit ihrer Mutter, die bei Genes behindertem Kind in Connecticut geblieben war, und fragte sie, ob sie einverstanden sei, daß er mit ihrer Tochter einen Spezialisten aufsuchte.

«Bogie fuhr mich zu einem befreundeten Arzt. Aber ich wollte nicht mit ihm reden. Ich konnte ihm meine Ängste einfach nicht anvertrauen. Statt dessen verlangte ich Geritol, nicht ahnend, was ich wirklich gebraucht hätte.» Der Arzt verschrieb ihr ein Medikament gegen Depressionen und erklärte Bogart, er gebe ihr höchstens noch vier Tage, bevor es zu einem weiteren Zusammenbruch käme.

Nachdem Bogie sie nach Hause gebracht hatte, fuhr er zurück ins Studio und versammelte die Crew um sich, die am Nachmittag um sie «herumgefilmt» hatte. «Er hielt eine glühende Ansprache, appellierte an die Loyalität der Beteiligten und forderte, daß jeder sein Bestes gebe, damit der Film mit Gene beendet werden könnte», berichtete Agnes Moorehead. «Wir waren alle schwer beeindruckt, denn es war uns klar, daß es Bogie selbst alles andere als phantastisch ging.»

Dank des gemeinsamen Einsatzes konnten alle Szenen mit Gene Tierney in zwei Tagen beendet werden. Trotz Bogarts Krankheit, die in den nächsten Monaten deutlich fortschritt, erkundigte er sich immer wieder, wie ihre Therapie verlief.

Die linke Hand Gottes wurde in Rekordzeit fertiggestellt. Als der Film vor *An einem Tag wie jeder andere* in die Kinos kam und man Bogart fragte, was er von ihm halte, meinte er offen: «Nun, es ist mein erster Cinemascopefilm. Nichts Aufregendes oder Sensationelles, sondern nur ein netter kleiner Film. Aber mehr ist da nicht, und mehr soll da auch gar nicht sein.» Das war dann auch die Ansicht der meisten Kritiker. «Haben Sie es in Ihren wildesten Träumen jemals für möglich gehalten, Humphrey Bogart im Gewand eines katholischen Priesters zu sehen und ihn in einwandfreiem Chinesisch predigen zu hören?» fragte die *Tribune* ihre Leser.

Gleich im Anschluß an die Dreharbeiten fuhren Bogart und Steve mit dem Zug nach New York, um Betty bei den Dreharbeiten mit John Wayne zu besuchen.

Betty überraschte Bogart mit der Nachricht, sie habe soeben einen Vertrag mit NBC unterzeichnet. Fred Coe hatte angefragt, ob sie und Bogart bei der erfolgreichen zweistündigen Fernsehsendung «Producer's Showcase» mitwirken würden. Betty stimmte begeistert zu, als sie hörte, Bogart solle seinen alten Part in *The Petrified Forest* wiederholen, sie selbst, Betty, die alte Rolle von Bette Davis und Henry Fonda die von Leslie Howard. Bogart fluchte. Gewiß, einige Fernsehauftritte hatte er schon hinter sich gebracht, aber zwei Stunden und in einer Sendung, die live gesendet werden sollte! «Ich glaube, es gibt tausend andere Möglichkeiten, sich zu blamieren», schimpfte er. Betty argumentierte, es sei in Wirklichkeit nichts anderes als ein Theaterstück. Verzweifelt versuchte Bogie seiner Frau klarzumachen, daß bei einer solchen Sache «mindestens drei Millionen Menschen mitkriegen, wenn ein Fehler unterläuft, und nicht nur die vier-, fünfhundert Zuschauer, die in ein Theater kommen». Angst machte ihm der Gedanke, daß er während der Sendung einen seiner Hustenanfälle erleiden könnte. Betty blieb hart, und so unterzog sich Bogart einer Vitamintherapie. Mit Coe handelte er ein Zeichen aus, das diesem signalisierte, auf Werbung überzublenden, sobald Bogart fühlte, daß ein Anfall nahte. Am 30. Mai 1955 wurde *The Petrified Forest* gesendet.

Beim Verlassen des NBC-Studios in Los Angeles erklärte Bogart der wartenden Presse: «Ich machte die Sache nur aus reiner Nostalgie. Zudem ist es eine einfache Rolle. Ich mußte nur in der Ecke sitzen und tough auszusehen. Außerdem reizte es mich, die Rolle, die ich im Theater, im Film und im Radio gespielt hatte, nun auch in diesem neuen Medium zu erproben.»

Freunden gegenüber gestand er jedoch, daß er alles andere als zufrieden mit sich war. «Mir fehlte die nötige Spannung, die Gefährlichkeit. Ich sah aus wie ein alter, zahnloser Kater, der langsam hinter dem Ofen hervorgekrochen kommt.»

Bogart war matt und müde geworden, deshalb vereinbarte er im August einen Termin mit Burt Lancaster und Harold Hecht. «Bogie erklärte uns, daß er es wahrscheinlich etwas übertrieben hätte und er dringend Ruhe benötigte», erinnerte sich Lancaster. «Das aus seinem Mund zu hören war für uns ungewöhnlich. Er schlug uns als Ersatzmann Cary Grant vor, der sich bereit erklärt hatte, seine Rolle in *Elephantville* zu übernehmen, aber wir wollten Bogie. Außerdem hatten wir einige Produktionsschwierigkeiten, und so vereinbarten wir, daß die Dreharbeiten in den Sommer 1956 verlegt werden sollten.»

Den Sommer verbrachte Bogart zum größten Teil auf seinem Boot, zusammen mit Bettys Stiefvater Lee und den Kindern, während Betty, ihre Mutter und Sinatra zu Hause blieben. Bogart erholte sich allmählich und fühlte sich stark genug, den Film in Angriff zu nehmen, für den er seine Beteiligung bereits vor einem Jahr zugesagt hatte: *The Harder They Fall (dt. Schmutziger Lorbeer).*

SIEBEN

Das Hollywood der fünfziger Jahre litt an seiner eigenen glorreichen Vergangenheit. Die Zeit hatte die meisten Stars von einst eingeholt. Den Studios gelang es nicht, neue Stars an sich zu binden, mit denen sie große neue Themen realisieren konnten. Die *New York Times* brachte das Problem auf den Punkt: «Es besteht ein deutliches Gefälle zwischen dem Alter des Publikums, das sich zwischen 15 und 25 Jahren bewegt, und dem der Stars, die jetzt in den Vierzigern oder Fünfzigern sind.»

Gewiß, es gab vielversprechende Talente, sogenannte «promising personalities». Marlon Brando gehörte zu ihnen ebenso wie Natalie Wood, Robert Wagner, James Dean, Rod Steiger, Pier Angeli, Mitzi Gaynor, Fernando Lamas, Leslie Caron, Debbie Reynolds, Piper Laurie, Carlos Thompson, Richard Burton, Marilyn Monroe, Zsa Zsa Gabor, Tab Hunter, Aldo Ray, Anne Francis, Julia Adams, Jeffrey Hunter, Jack Lemmon, Kim Novak und Robert Francis. Die meisten von ihnen jedoch waren wenig geneigt, sich den Regeln des alten Studio- und Vertragssystems zu unterwerfen.

Das gesellschaftliche Leben in Hollywood verlief nach festgesetzten Normen. Den Sonntag verbrachte man auf den Tennisplätzen von Jack Warner oder von Arthur Lyons, einem geachteten Agenten. Man wohnte den Cricketspielen oder einem Polomatch bei, ließ sich bei einem der drei Derbies sehen – das Beverly Brown Derby, das Hollywood Brown Derby und das Downtown Brown Derby standen zur Auswahl – und riskierte eine kleine Wette. Oder man zog sich in einen der elitären Clubs wie Hillcrest, Lakeside oder den Los Angeles Country Club zurück.

Man amüsierte sich im Trocadero, tanzte und spielte im Circo's, aß im Voison, Perino's, La Rue's, Romanoff's, Ma Maison, Morton's und Chasen's Restaurant.

Hollywoods Nachwuchs dagegen bevorzugte die Milch- und Sodabars und die kleinen Cafés und Eisbuden entlang des Sunset Boulevards. Während Marlon Brando in Lederkluft auf seiner schweren Maschine den Sunset hinunterdonnerte, machte James Dean ihn mit seinem Sportwagen unsicher. Oberstes Gebot schien es zu sein, die «Mumien» und «Tattergreise», wie Brando die Stars von gestern taufte, zu verachten und nach Möglichkeit nur Rollen in Filmen zu übernehmen, in denen die Altvorderen nicht mitwirkten.

«Diesem Hosenscheißer werde ich zeigen, zu was die Mumien noch fähig sind», polterte Bogart im Vorfeld des Kampfs um den Oscar. Es sollte anders kommen.

Sam Spiegel erzählte: «Niemand wollte *On the Waterfront* machen, bis ich schließlich 820000 Dollar auftrieb, die nötig waren, die Sache in Hobocken runterzukurbeln. Ich hatte Bogie die Rolle des Pfarrers angeboten. Er las das Drehbuch, es gefiel ihm auch, doch als er erfuhr, daß Kazan und Brando mit von der Partie sein würden, ließ er die Finger davon und prophezeite mir, daß ich nun endgültig in der Gosse landen würde.»

Der Film wurde ein unglaublicher Erfolg, bei Kritikern und Zuschauern gleichermaßen. Brando avancierte zum «begehrtesten Star Hollywoods».

Die Columbia und Harry Cohn, die den Verleih übernommen hatten, schickten aber auch Bogart und *Die Caine war ihr Schicksal* ins Rennen um den Oscar. Insgeheim hoffte Cohn, daß dieser Film der Gewinner des Abends werden würde, obwohl die Kritiken mit ihm heftig ins Gericht gingen. Das Publikum aber liebte den Film, der auf der Rangliste der Topfilme den zweiten Platz nach *White Christmas* eroberte.

Am 30. März 1955, in der «Nacht der Nächte», hoffte die alte Garde, Bogart würde Brando schlagen.

Von der Anspannung und Nervosität war Bogart nichts anzumerken, als er die Bühne betrat, um den Oscar für den besten Schwarzweiß-Cinematographen zu vergeben. Er musterte Bob Hope, der durchs Programm führte, und witzelte: «Verdammt, wer ist eigentlich für dein Make-up zuständig? Abbey Rents?» Danach wollte Hope wissen, wie er es schaffen könne, auch einmal für einen Oscar nominiert zu werden. «Nun, du mußt endlich etwas machen, das weniger lächerlich ist» antwortete Bogart. Hope grinste ins Publikum und zückte in Anspielung auf Bogarts Rolle drei silberne Kugeln und ließ sie durch die Finger gleiten.

Als besten Schauspieler verkündete Bette Davis dann jedoch Marlon Brando. Ohne abzuwarten sprang Bogart auf, verließ zusammen mit Betty den Saal und eilte ins Romanoff's, wo er die «Party der schlechten Verlierer» für eröffnet erklärte. Während des Abends sollten sich noch Bing Crosby, Judy Garland, James Mason und Jane Wyman zu ihnen gesellen.

1954 war die Nacht der «jungen Wilden»: *On the Waterfront* bekam acht Oscars, beste Hauptdarstellerin wurde Grace Kelly. Gefühle waren out, harter Realismus in.

Bogart konnte sich nicht mehr zurückhalten: «Stars? Ich mag die Bezeichnung nicht. War Edwin Booth ein Star?» sagte er in einem Interview zu Ezra Goodman. «Die Bezeichnung ‹Filmstar› ist derart ausgelutscht, daß sie keine Bedeutung mehr hat. Jede kleine Null, die mal einen Film gemacht hat, und wenn sie nur ihren Arsch über die Leinwand schob, ist heutzutage ein Star. Heute wird man ein Star, indem man kräftig Schwänze lutscht und die Maschine rattern läßt. Das war früher auch schon so, aber heute ist es den meisten egal, ob sie für einen Mann oder eine Frau ihren Arsch hinhalten.

Spencer Tracy ist für mich der einzige, der die Bezeichnung

Schauspieler und Filmstar gleichermaßen verdient. Clark Gable ist ein Star. Gary Cooper ist ein Star. Und sosehr ich die Lady auch privat verachte, auch Joan Crawford ist ein Star. Alle anderen, die sich so nennen, sind in Wirklichkeit irgendwelche unbedeutenden Nullen. Als Star mußt du dein ganzes Gewicht an die Kinokasse schleppen. Als Star mußt du auch auf Schritt und Tritt erkannt werden.

Die Presse puscht heute gerne eine kleine Braut hoch, die nicht einmal ihren Namen richtig buchstabieren kann, aber Kinder liebt und einen netten Mann will. Ich finde das zum Kotzen. Damit haben sie den Glamour von Hollywood kaputtgemacht. Die Presse versucht den Leuten einzureden, Tony Curtis sei der nette Junge von nebenan. Warum soll ich Geld ausgeben, um einen netten Nachbarsjungen zu sehen?»

«Als ich sein Statement las, standen mir die Haare zu Berge», erinnerte sich Jerry Wald. «Vor allem dachte ich daran, welche verheerenden Auswirkungen das auf unseren nächsten Film haben würde.»

Wald hatte Bogart vor gut einem Jahr die Hauptrolle in *Schmutziger Lorbeer* angeboten. «Es wird ein realistischer, harter Film über das Boxgeschäft», sagte er. Bogart unterzeichnete den Vertrag, bereute seinen Entschluß aber, als er erfuhr, daß möglicherweise Marlon Brando sein Partner werden würde.

Der Beginn der Dreharbeiten war auf den 31. Oktober 1955 festgesetzt worden. Wald hatte an die zehn Schauspieler verpflichtet, die nach der Methode Strasbergs arbeiteten. «Um den Schaden, den Bogies Äußerungen in der Strasberg-Kazan-Methode-Gemeinde angerichtet hatte, zu begrenzen, überredete ich ihn, einige der jungen Schauspieler bei sich zu empfangen, um ihnen wichtige Ratschläge hinsichtlich der Karriere zu geben.» Widerwillig stimmte Bogart zu, und so versammelten sich im September 1955 Rod Steiger, Dennis Hopper (der seinen Freund und Zimmergenossen Jack Nicholson mitschleppte), Richard

Burton und acht weitere Jungdarsteller in Bogarts Wohnzimmer und lauschten seinen Ausführungen. Als einer der Jungmimen versuchte, ihm die Methode Stanislawskis zu erklären, schwieg Bogart nachdenklich. Nach einer Pause «die nur wenige Minuten anhielt, auf uns aber wie Stunden wirkte» (Burton), räusperte er sich und meinte: «Ihre Ausführungen haben mich ganz benebelt. Aber Sie dürfen eines niemals vergessen. Die Zuschauer sind Ihnen immer einen Wimpernschlag voraus. Wenn ein Kerl Sie mit einer Waffe bedroht, weiß das Publikum instinktiv, daß Sie Angst haben. Sie müssen das nicht erst am eigenen Leib erfahren haben. Auch müssen Sie nicht irgendwelche Grimassen schneiden, um das klarzumachen. Sie müssen nur fest daran glauben, daß Sie die Person sind, die Sie darzustellen haben, und daß das, was gerade passiert, Ihnen passiert.»

Als Burton wissen wollte, worauf es im Showgeschäft wirklich ankomme, sprang Bogie auf, holte seinen Oscar und drückte ihn Burton in die Hand.

«Allein das zählt im Business. Nichts sonst.»

Schmutziger Lorbeer basierte auf dem gleichnamigen Roman von Budd Schulberg und erzählt die Geschichte eines jungen Boxers (Mike Lane), der von einem korrupten Boxkampfmanager (Steiger) und einem ehemaligen Sportjournalisten (Bogart) gemanagt wird. Nach etlichen manipulierten Scheinsiegen wird der Boxer in einen aussichtslosen Titelkampf getrieben. Der zynische Journalist besinnt sich eines Besseren und setzt sich wieder an die Schreibmaschine, um korrupten Managern das Handwerk zu legen.

Bei den Außenaufnahmen in Chicago fühlte sich Bogart vom ersten Drehtag an unwohl. Seine Hustenanfälle behinderten die Dreharbeiten, und Atemnot ließ ihn einige Male zusammenbrechen. Schließlich fand er einen Arzt, der ihm jeden Morgen eine «Vitaminspritze» verabreichte, die ihn «in eine gewisse Hochstimmung» versetzte.

Gleichwohl ließ Bogart keine Chance ungenutzt, über seine

«Partner» herzuziehen. «Bei der Arbeit mit Hollywoods neuester Garde sind zwei Regeln dringend zu befolgen. Erstens: Laß sie sich austoben und warte auf dein Stichwort. Zweitens: Spiel nie eine Eßszene mit ihnen, sie spucken dich sonst voll.» Wann immer einer von den Methodeanhängern in der Nähe war, ließ er eine Predigt vom Stapel. «Gnadenlos nutzte er ihre Unerfahrenheit im Umgang mit den Reportern aus», erinnerte sich Wald. Den meisten seiner «jungen Kollegen» fehlte die Filmerfahrung, und sie wünschten sich nichts sehnlicher, als auch einmal ein Star zu werden wie Bogart.

Da bei *Schmutziger Lorbeer* nicht nur zwei Generationen, sondern auch zwei gegensätzliche Auffassungen der Schauspielkunst aufeinanderprallten, nimmt es nicht wunder, daß in der dritten Drehwoche das Set zwei verfeindeten Lagern glich.

Anfangs fühlte sich Bogart, dank der täglichen Spritzen, einigermaßen bei Kräften. Doch während der letzten vier Drehwochen litt er neben den Hustenanfällen auch noch an Schluckbeschwerden und Heiserkeit. «Bogie hatte derartige Sprachprobleme, daß sich eine Zeitlang sogar das Gerücht hielt, ein Großteil von *Schmutziger Lorbeer* sei mit einem Stimmenimitator nachsynchronisiert worden», erinnerte sich Huston.

Von den Dreharbeiten völlig erschöpft, beklagte sich Bogart gegenüber Spencer Tracy: «Ich weiß wirklich nicht, was mit mir los ist. Wahrscheinlich ist es das Alter. Aber ich fühle mich, als ob ich jede Kraft, jeden Mumm, jedes Quentchen Energie verloren hätte.»

Die Filmaufnahmen jedoch verrieten nichts von den unglaublichen Strapazen, die die Arbeit für Bogart bedeutete. Und es sieht ganz so aus, als habe Bogart auch noch den Sieg über die Methode davongetragen. «Bogart gibt sich cool, klar, kurz und bündig, während Steiger zwar kraftvoll wirkt, ansonsten aber monoton und überhitzt ist», urteilte Allen Eyles.

Die Dreharbeiten sollten bis Weihnachten beendet sein. Als Bogart am 23. Dezember 1955 das Studio betrat, teilte ihm Mark

Robson mit, daß er heute nicht mehr benötigt werde. Die meisten Schauspieler hatten sich gegen eine «Abschiedsparty» ausgesprochen, und so ging Bogart, das Ende der Dreharbeiten allein zu feiern. «Es war ja Weihnachten, und wir alle waren gespannt, ob er irgend etwas in dieser Richtung sagen würde oder sogar Geschenke mitgebracht hätte, so, wie es damals noch üblich war», erinnerte sich Bob Yeager. «Er ging, winkte kurz und sagte: ‹Wir sehen uns dann am Montag, wenn ich mein Zeug aus der Garderobe hole.› Er ging zur Tür, öffnete sie und verschwand. Plötzlich flog sie wieder auf, und er murrte: ‹Frohe Weihnachten.› Wissen Sie, diese Szene erinnerte mich an diese Geschichte von Dickens. In diesem Augenblick war er der leibhaftig gewordene Scrooge.»

So fand sich Bogart bei Romanoff's ein und feierte allein. Er scherzte mit Mike, lästerte über andere Gäste und war guter Laune, bis ihn plötzlich wieder ein heftiger Hustenanfall heimsuchte. Mike, Buddy Fogelson und dessen Frau Greer Garson brachten ihn in ein Hinterzimmer, wo er sich erholen konnte.

Nachdem es ihm wieder besserging, begann Greer Garson ihn zu «verhören». «Bogie schilderte uns die Symptome, und ich war besorgt, mit welcher Leichtigkeit er die Krankheit beiseite schob. Mein Vater war an Lungenkrebs erkrankt, und Bogies Husten löste in mir unangenehme Erinnerungen aus», erzählte Greer Garson. Da Buddy Fogelson sowieso einen Zahnarzttermin im Beverly Hills Hospital hatte, schlug Garson vor: «Wieso begleitest du uns nicht? Während Buddy auf dem Stuhl gefoltert wird, gehen wir zu meinem Freund und lassen deinen Husten untersuchen?» Bogart blickte mürrisch, aber als auch Mike ihn drängte, willigte er ein. Greer Garson führte ein kurzes Telefonat und vereinbarte einen Termin bei Dr. Maynard Brandsma.

Brandsma untersuchte Bogart und ließ sich die Symptome und den Verlauf der Erkrankung schildern. Er diagnostizierte eine Entzündung im Hals, verordnete Bogart eine dreiwöchige Diät und riet ihm, den Alkohol- und Zigarettenkonsum einzuschränken. Lachend erwiderte Bogart: «Nun, ich will sehen, was ich tun kann. Versprechen möchte ich Ihnen aber nichts.»

Gegenüber Betty erwähnte Bogart nichts von seinem Arztbesuch. Er stürzte sich in die alljährlichen Weihnachts- und Geburtstagsvorbereitungen, und Betty bereitete die Reise nach Palm Springs vor, wo sie gemeinsam mit Frank Sinatra, den Nivens, den Romanoffs und Noël Coward das neue Jahr begrüßen wollte.

Betty und Frank Sinatra bemühten sich, wenigstens vor Bogart den Schein zu wahren, doch schien ihnen das nicht besonders gut zu gelingen. Noël Coward schrieb am 1. Januar 1956 in sein Tagebuch: «Frankie ist charmant wie gewöhnlich, und wie üblich hat er eine seiner Schnepfen bei sich, mit der er sich ebenso langweilt wie mit allen anderen. Sie ist blond, keß und entschlossen, ihn zu heiraten, doch wird ihr das wenig nützen, solange Betty Bacall auf der Pirsch ist.»

Als Sinatra sie bat, länger zu bleiben, lehnte Bogart dankend ab. Auf der Rückfahrt heulte die Bacall und warf Bogart vor, grausam zu sein. Wütend entgegnete er: «Vergiß nicht, wir haben unser eigenes Leben, und damit hat Frank nichts zu schaffen. Schlimm, daß er vereinsamt, aber er hat es so gewollt. Wir gehen unseren eigenen Weg, vergiß das nie. Noch bist du meine Frau, und ich habe keine Lust, sein Leben zu teilen.»

«Wir alle wußten, daß Betty früher oder später Bogie verlassen würde», erinnerte sich Sheila Graham. «Jedoch wollte sie es sich nicht entgehen lassen, wieder an seiner Seite zu filmen.»

Nach jahrelangem Suchen hatte Jack Warner endlich einen Stoff gefunden, der seiner Ansicht nach geeignet war, Bogie wieder in die Warner-Familie heimzuführen. Ohne zu zögern erwarb er die Filmrechte an John P. Marquands Roman *Melville Goodwin, U.S.A.*

Bogart gefiel der Stoff, und er fragte an, ob es möglich sei, Katharine Hepburn als Partnerin zu bekommen. Warner stimmte begeistert zu und schickte der Hepburn das Drehbuch.

Auf der Stelle willigte die Hepburn ein, die Rolle zu übernehmen.

Drei Tage vor der Vertragsunterzeichnung erreichte Warner ein Anruf Bogarts. «Jack, ich habe da ein kleines Problem», eröffnete er das Gespräch. «Meine Frau hat Wind davon bekommen, daß Katie meine Partnerin werden soll. Jetzt macht sie mir die Hölle heiß, weil ich nicht sie vorgeschlagen habe, und um ehrlich zu sein, Katie wäre ideal für den Part, aber um des lieben Friedens willen möchte ich Sie nun bitten, Betty die Rolle zu geben.»

«Das wäre alles kein Problem», erwiderte Warner. «Aber wir haben die Verhandlung mit der Hepburn bereits eröffnet. Wenn wir sie jetzt ersetzen, gibt das einen Riesenwirbel und schlechte Publicity.»

«Gut, dann werde ich mich darum kümmern», versicherte Bogart. Kurze Zeit später traf er sich bei Spencer Tracy mit Katharine Hepburn und schilderte sein Problem. «In solchen Situationen kann Kate das Verständnis in persona sein», erinnerte sich Tracy. Sie versicherte, das sei kein Problem und zog sich aus dem Vorhaben zurück, indem sie terminliche Probleme vorschob. In letzter Minute bat Warner nun Betty, den Part der Dottie Peale zu übernehmen.

Das Jahr 1956 schien vielversprechend zu werden. Als die Liste der erfolgreichsten Stars des Jahres 1955 erschien, fand sich Bogart auf dem achten Platz wieder, nach James Stewart, Grace Kelly, John Wayne, William Holden, Gary Cooper, Marlon Brando sowie dem Komikerduo Dean Martin und Jerry Lewis. Im Januar fanden die ersten Kostümproben und Probeaufnahmen für *Melville Goodwin, U.S.A.* statt. Der Drehbeginn war auf den 22. Februar festgesetzt worden. Im Anschluß daran, Ende Mai 1956, sollte Bogart in der Verfilmung von C.S. Foresters neuestem Roman «The Good Shepherd» mitwirken. Gefragt, um was es gehe, erklärte er: «Ich spiele einen Kommandanten, der sein Schiff im Zweiten Weltkrieg durch die feindlichen Linien steuert.»

Den Sommer über würde er dann in Ceylon seinen Verpflichtungen gegenüber Hecht und Lancaster nachkommen. Nach einem Western mit James Stewart sollten die Verfilmungen von *The Bridge of the River Kwai*, Frank Harris' Autobiographie *Reminiscences of a Cowboy* und *Gunfight at the O. K. Corral* folgen.

«Sehen Sie, Doc, ich habe wenig Zeit, krank zu feiern», sagte Bogart zu Dr. Brandsma bei seinem nächsten Besuch.

«Gut, Mister Bogart, aber haben Sie sich an meine Diät gehalten?»

Bogart lachte und zählte auf, welche gesellschaftlichen Verpflichtungen er in den letzten drei Wochen hatte. «Da hat eine Diät, wie Sie sie mir verordnet haben, nur geringe Chancen.»

«Dann kann ich nur sagen, daß ich in diesem Fall nur wenig Hoffnung sehe, Ihnen helfen zu können», entgegnete Brandsma. «Ohne Ihre Mitwirkung ist die Chance auf eine Besserung gleich Null.»

Lachend versprach Bogart, sich diesmal an die Diät zu halten. Doch in den nächsten Tagen verschlechterte sich Bogarts Zustand, so daß er fast keine Nahrung mehr zu sich nehmen konnte.

Beunruhigt ließ Brandsma Brustkorb und Speiseröhre röntgen, ohne Befund, und so ließ Dr. Brandsma Bogarts Sputum untersuchen. «Beim ersten Test waren drei von fünf Indikatoren für Krebs positiv», erinnerte sich Dr. Brandsma. «Krebs war damals aber noch eine Krankheit, die in den Augen der Öffentlichkeit zum sicheren Tod führte. Ich wollte ganz gewiß sein, und so schlug ich noch einen Test vor. Es lag nur eine Woche zwischen den Untersuchungen, aber inzwischen sprachen vier von fünf Indikatoren für eine Erkrankung Bogarts.»

Um sicherzugehen, unterzog sich Bogart im Good Samaritan Hospital einer Fluorskopie. Dr. Michael Flynn, der die Untersuchung leitete, stellte in der Speiseröhre eine Geschwulst fest. Die durchgeführte Biopsie ergab, daß es sich eindeutig um Krebs handelte.

Der Drehbeginn von *Melville Goodwin, U.S.A.* stand kurz bevor, und so fragte Bogart, als Brandsma ihm erklärte, es sei notwendig zu operieren: «Es ist sicher kein Problem, wenn ich erst den Film bei Warner Brothers drehe?»

«Gewiß nicht, Mister Bogart», entgegnete Dr. Brandsma. «Ich bin sicher, Forest Lawn (Hollywoods Prominentenfriedhof) wird sich über die vielen Blumen und den neuen coolen Helden freuen. Wir hatten Glück, daß wir den Tumor so früh entdeckten. Er ist noch klein, jetzt haben wir die größten Heilungschancen.»

«Aber wenn wir den Film verschieben, kostet das das Studio ein Vermögen.»

«Ist es Ihnen lieber, wenn die Studioleute ein Vermögen für Blumen zu Ihrer Beerdigung ausgeben müssen?» fragte Brandsma zurück.

Bogart bat um Bedenkzeit, sprach mit Mary Baker und ließ sie prüfen, ob er seine vertraglichen Verpflichtungen erfüllen konnte, wenn er sich jetzt operieren ließ. «Mary ist eine wahre Zauberin. Sie rechnete alles durch und lieferte mir einen Zeitplan, der alle Beteiligten zufriedenstellen würde», sagte Bogart. Dann verabredete er sich mit Jack Warner und Milton Sperling. «Seit unserem letzten Treffen hatte er gut vierzig Pfund verloren. Das machte mir etwas Sorgen, denn die Dreharbeiten sollten in zwei Tagen beginnen. Er stocherte nur in seinem Essen herum und erklärte uns, er habe da ein kleines gesundheitliches Problem: ein Polyp säße in seiner Speiseröhre, der unbedingt entfernt werden müßte. Ich ahnte sofort, daß Bogie nicht ganz ehrlich war, aber Jack sah mich nur kurz an und versicherte, dies sei alles kein Problem», berichtete Sperling.

Drei Tage später rief Bogart Dr. Brandsma an und sagte, er sei zur Operation bereit. Die wenigen Freunde, die er davon unterrichtet hatte, drängten Betty, sich nun voll und ganz um ihren Mann zu kümmern. «Wir wußten, wie sehr sie Krankheiten und kranke Menschen haßte», erinnerte sich John Huston. «Dennoch machten wir ihr klar, daß nun ihr Platz an Bogies Seite sei.» Als Bogart am 29. Februar 1956 ins Krankenhaus ging, überkam ihn das erste Mal ein Anflug von Panik. «Verrückt», meinte er zu Betty. «Ich habe mein ganzes Leben nie besonders viel mit Ärzten am Hut gehabt und jetzt werde ich wahrscheinlich den Rest meines Lebens mit ihnen verbringen.»

«Die bevorstehende Operation hätte jeden von uns in Angst und Schrecken versetzt», erinnerte sich Earl James, einer von Bogarts Pflegern. «Er dagegen machte gute Miene zum bösen Spiel. Als wir ihm erklärten, wir müßten seine Brustbehaarung entfernen, spielte er den Rasenden und versuchte, uns mit fünfzig Dollar zu bestechen, ihm statt dessen ein Herz zu scheren. ‹Jahrelang habe ich die Kerle mit den behaarten Brüsten bewundert, und jetzt, wo endlich auch mal was bei mir wächst, kommt ihr und wollt mich kahlscheren.› Unter Protest und bösartigen Witzen ließ er die Prozedur dann doch über sich ergehen.»

Dr. Jones erklärte ihm, er werde am kommenden Morgen um sieben Uhr operiert werden. Die Narbe würde J-förmig verlaufen, aber es sei notwendig, eine Rippe zu entfernen. «Verdammt, da bin ich mal gespannt, was daraus für eine Eva gemacht wird», witzelte Bogart. Insgesamt sollte die Operation nicht mehr als drei Stunden dauern.

«Ich weiß wirklich nicht mehr, wie ich den Tag überstand», erinnerte sich die Bacall Jahre später. «Wahrscheinlich mit Hunderten von Zigaretten und vielen Tassen Kaffee. Bogie war ziemlich groggy, als ich am Morgen zu ihm kam, aber er lächelte tapfer. Nun, ich lief diesen Korridor auf und ab. Die Zeit wollte nicht vergehen. Neun Uhr. Zehn Uhr. Elf Uhr. Da tauchte plötzlich Dr. Brandsma auf und sagte, alles sei in Ordnung, aber es würde noch eine Stunde dauern. Zwölf Uhr. Dreizehn Uhr. Als ich mich besorgt erkundigte, sagte mir Dr. Flynn, daß der Krebs bereits die Lymphdrüsen befallen hatte und sie entfernt werden müßten, aber innerhalb einer Stunde sei alles vorbei. Inzwischen erreichten mich die Anrufe von Mutter, von John und anderen Freunden, und ich mußte sie alle auf später vertrösten.»

Nach neuneinhalb Stunden war die Operation schließlich beendet. «Ich war gerade ein wenig eingenickt, als ich das Quietschen der Schuhe und die Räder des Wagens hörte. Sobald ich Bogie sah, bekam ich es mit der Angst zu tun. Es war einfach schrecklich. Sein linker Arm war auf die vierfache Größe angeschwollen. Ein schwarzes Etwas verhinderte, daß er seine Zunge verschluckte, und überall hingen diese Flaschen. Mein Gott, dachte ich, wie kann sein Körper das alles nur ausgehalten haben? Aber wenigstens war er wieder da.»

Die nächsten Tage dämmerte Bogart vor sich hin. Dr. Jones war zuversichtlich, den Krebs vollständig entfernt zu haben. Diese Zuversicht übertrug sich auch auf Bogart und die Bacall, die in diesen Tagen nur von seiner Seite wich, um nach den Kindern zu sehen. «Am meisten litt Bogie, wenn seine Lunge abgesaugt werden mußte», erinnerte sie sich. Und so schrie Betty am dritten Tag die Schwester entnervt an, sie solle mit der Prozedur aufhören.

«Früher starben die Menschen an Lungenentzündung. Seien Sie froh, daß es jetzt diese Maschine gibt und Ihren Mann vor dem sicheren Tod bewahrt.»

Der Presse hatte man vor der Operation mitgeteilt, es handele sich nur um einen kleinen Eingriff, eine Mandeloperation. Den wahren Sachverhalt ahnte zum damaligen Zeitpunkt niemand.

Obwohl es ihm rasch besserging, hatte sein Husten nicht nachgelassen. Ungerührt rauchte Bogart aber weiter «wie ein Schlot». Eine Woche nach der Operation erschütterte ihn wieder ein Hustenanfall, als die Bacall entdeckte, daß sich plötzlich sein Verband rot färbte. Die zu Hilfe geholte Schwester rief sofort den Arzt, und innerhalb von 20 Minuten befand sich Bogart wieder auf dem Operationstisch.

Von all diesen Strapazen mochte Bogart sich nichts anmerken lassen, wenn er in seinem Krankenzimmer hofhielt. Raymond Massey berichtete: «Chasen's und Romanoff's lieferten die Speisen, und das Zimmer war immer voll von Menschen. Bogie thronte in seinem Sessel und bot jedem mit verschwörerischer Stimme an, ihm die Details seiner Operation zu schildern.»

Gutgelaunt feierte er am Vorabend seiner Entlassung mit Betty und dem Krankenhauspersonal. Am nächsten Morgen brachte ihn ein Krankenwagen nach Hause, und stolzerfüllt erklärte Bogie: «Das ist es, wofür es sich zu leben lohnt.»

In den nächsten Wochen verbesserte sich sein Zustand. Er schien an Kraft zu gewinnen, und am Freitag, bevor die Bestrahlung beginnen sollte, nahm Bogart allen Mut zusammen und fuhr zur Klinik, um die Maschine in Augenschein zu nehmen. «Das Ding sieht aus wie aus einem Science-fiction-Film», berichtete er Spencer, wobei er keinen Hehl daraus machte, daß er vor der Behandlung höllische Angst hatte.

Die erste Woche der Behandlung verlief ohne Probleme, doch am Ende der zweiten fühlte er sich «ausgesprochen lausig». Im Verlauf der nächsten Wochen verschlechterte sich sein Zustand zusehends. Nach den Behandlungen schleppte er sich nur noch nach Hause und zog sich in sein Schlafzimmer zurück. Betty fühlte sich in dieser Zeit als Außenstehende. Um so erleichterter war sie, als Frank Sinatra Abend für Abend vorbeischaute. Gelegentlich gingen die beiden auch abends aus, obwohl sie wußte, daß Bogart dies nicht paßte.

«Er war schrecklich eifersüchtig auf Frank», gestand die Bacall viele Jahre später. «Teils, weil er wußte, wie gerne ich mit Frank zusammen war, teils, weil er ahnte, daß Frank in mich verliebt war.»

Die Freunde mahnten Betty, doch ihr war dies egal. «Ich bin gesund. Ich habe mich die letzten vierzehn Wochen vergraben. Irgendwann kann auch ich einmal nicht mehr.»

«Alle wußten über Betty und Frank Bescheid», erinnerte sich Ketti Frings. «Wir hofften nur inständig, daß Bogie es nicht erfahren würde. Das wäre tödlicher für ihn gewesen, als seine Krankheit.»

Bogart wußte Bescheid.

Nachdem die Röntgenbehandlung ihn mehr geschwächt als ihm geholfen hatte, beschloß «das freundliche Skelett» (Alistair Cooke) der Wahrheit ins Auge zu blicken. Er vereinbarte einen Termin mit Jack Warner und gab geradewegs zu, daß er den Film nicht machen konnte. Warner war bereit, auf Bogart zu warten, doch Bogart wollte, daß das Projekt mit Betty und Kirk Douglas realisiert werden sollte. Da die Bacall aber noch immer mit dem Metro-Film beschäftigt war, ging die Rolle letztendlich an Susan Hayward. Douglas sprang auch für ihn bei *Gunfight at the O. K. Corral* ein. Hecht und Lancaster verzichteten auf ihren Film ganz, während der ihm zugedachte Part in Frank Harris' Autobiographie 1958 von Glenn Ford übernommen wurde. Allein Harry Cohn bestand darauf, Bogart auch weiterhin für *The Good Shepherd* unter Vertrag zu behalten. «Bogie wollte aussteigen, doch Harry drohte, ihn wegen Vertragsbruchs zu verklagen. Bogart sollte regelmäßig Berichte über seinen Zustand geben. Schließlich kam man überein, daß man sofort mit den Dreharbeiten beginnen würde, wenn Bogie zwanzig Kilo zugenommen hätte», erinnerte sich Sam Jaffe.

Während Betty vor der Kamera stand und Frank ihre Geburtstagsfeier im Sand's in Las Vegas vorbereitete, quälten Bogart unerträgliche Schmerzen. Er wußte, daß er seine Frau verloren hatte, und lud Pete, die gerade von ihrer ausgedehnten Hochzeitsreise zurückgekehrt war, ins Romanoff's ein.

«Weißt du, ich bin wirklich froh, daß du jemanden gefunden hast, der sich um dich kümmert. Ich habe mir nämlich wirklich Sorgen gemacht», sagte Bogart.

«Warum?» fragte Pete. «Du weißt doch, daß ich gut auf mich selber aufpassen kann.»

«Na ja, jetzt, wo ich beginne, aus dem Leim zu gehen, brauche ich mir wenigstens keine Sorgen mehr zu machen, wer einmal auf dich aufpassen wird.»

«Ich verstand nicht, was er meinte, doch nach und nach erzählte er mir von seiner Krankheit. Seine Worte trafen mich wie ein Schlag. Ich wollte es nicht hören. Es darf einfach nicht wahr sein, dachte ich. Die Ärzte müssen sich geirrt haben. Ich begann verzweifelt loszureden. Ich erwähnte Oscar Hammerstein und die vielen anderen Menschen, die den Krebs besiegt hatten. Im Innersten hoffte ich, er werde nicht verlangen, daß ich weitere Namen nenne. Denn in den fünfziger Jahren gab es wirklich nicht sehr viele Leute, die den Kampf gewonnen hatten.»

Noch immer spielte Bogart der Öffentlichkeit ein normales Leben vor. Bilder von Betty, den Kindern und Bogart an Bord der Santana am Wochenende von Labour Day wurden ebenso geschickt in den Klatschspalten plaziert, wie Berichte über neue Projekte. Schwieriger war es, die Affäre zwischen Betty und Sinatra aus den Schlagzeilen herauszuhalten. Bisher hatten sich alle Klatschkolumnisten daran gehalten, nichts zu berichten. Als nun aber Sinatra ein Flugzeug charterte und Cole Porter, Martha Hyer, Harry Kurnitz, Nancy Berg, Mike und Gloria Romanoff, die Nivens und «Swifty» Lazar nach Las Vegas einfliegen ließ, um dort mit ihnen und Betty ihren Geburtstag zu feiern, liefen die Telefone heiß. Bogart hatte sich geweigert, an der Feier teilzunehmen. Als Hedda Hopper nachfragte, was zwischen Betty und Frank liefe, meinte Bogart: «Ehrlich gestanden, Hedda, ich weiß es nicht. Ich halte nicht fiel davon, unter dem Bett zu liegen, während meine Frau und Sinatra es miteinander treiben.»

«Wir standen alle vor einer schwierigen Entscheidung: Wer würde die Bombe platzen lassen? Jack Warner drohte allen mit Studioverbot, sollte auch nur eine Andeutung über die Liebschaft in den Klatschspalten erscheinen», erinnerte sich Sheila Graham. «Wir mußten unseren Mund halten. Den meisten fiel das aber leicht, zumal wir inzwischen alle Bogie und seine Tapferkeit im Kampf gegen die Krankheit unglaublich bewunderten.»

Nur schwer ertrug es Bogart, untätig zu sein. Er wollte wieder vor die Kamera. Als Harry Cohn sich mit ihm traf, erschrak er zu Tode. «Bogie war schrecklich abgemagert. Er wirkte wie ein menschliches Skelett. Fast keine Haare mehr, riesige Augen, kurz, es war unmöglich, ihn in diesem Zustand vor die Kamera zu lassen. Wir vereinbarten, daß wir sofort mit den Dreharbeiten beginnen würden, wenn er vierzig Pfund zugenommen hätte. Er sehnte sich nach Arbeit. Er war wie ein Ertrinkender. Er ahnte, daß er sterben würde, klammerte sich aber voll Verzweiflung an zukünftige Projekte. Es war schrecklich.»

Natürlich wußten die Studios, daß Bogart nie wieder filmen würde. Doch nachdem er in einigen Gesprächen angedeutet hatte, er würde wieder zur Verfügung stehen, riefen verschiedene Studios bei ihm an und schickten ihm Drehbücher. «Hollywood ist eigentlich nicht der Ort für derartige Sentimentalität», räumte Jack Warner ein, «aber bei Bogart verhielt es sich anders. Wir ahnten, wie es um ihn stand, aber ihn offensichtlich zum Alteisen zu werfen hätte seinen sicheren Tod nur noch beschleunigt.»

Sorgfältig las Bogart die Drehbücher, machte Anmerkungen und diskutierte die Möglichkeit, gemeinsam mit Walter Thompson einige Projekte selbst zu produzieren. Die Besprechungen dauerten nie länger als eine Stunde.

Anfang November war Bogart völlig geschwächt, doch die Ärzte machten ihm Hoffnung. «Mir gegenüber aber gaben sie offen zu, daß Bogie inzwischen das Endstadium erreicht hatte», sagte die Bacall. «Ich wollte es einfach nicht wahrhaben. Ich klammerte mich an den Gedanken, daß es doch noch eine Chance gab. Wir mußten nur durchhalten, irgendwie.»

Um möglichen Spekulationen in der Presse von Anfang an entgegenzuwirken, ließ Bogart am 25. November Joe Hyams zu sich kommen. «Ich habe dich hergebeten, damit die Leute an der Ostküste nicht glauben, man wird mir ein Bein amputieren oder den Kopf abschneiden. Die meisten meiner Freunde haben aufgehört zu saufen oder sind Mitglieder bei den Anonymen Alkoholikern. Wenn sie erfahren, daß mir etwas Ernsthaftes zugestoßen ist, könnte der Schock sie wieder vom geraden Weg der Tugend abbringen», witzelte Bogart.

Dr. Jones erklärte Hyams, Bogart begebe sich lediglich wegen «des eingeklemmten Nervs in die Klinik».

«Irgendwie wurde mir ganz flau im Magen. Ich konnte die Sache nicht ganz glauben. Bogie sah einfach zu schlecht aus. Aber durch die Gelassenheit des Arztes, Bogies zuversichtliches Lächeln und Bettys Unbeschwertheit gab ich meiner Geschichte über den bevorstehenden Krankenhausaufenthalt die Tendenz, die Bogie von mir erwartete.

Ich konzentrierte mich auf Details und persönliche Anekdoten und schrieb z. B., daß zu seinem Gepäck sieben Kriminalromane, ein Buch über Schach, ein kleines Schachspiel und zwei Flaschen Scotch gehören würden. Zwar leide er noch unter Untergewicht, sei aber Pfund für Pfund der alte.»

Am 27. November checkte Bogart ins St. John's Hospital ein. Erleichtert verbrachte Betty die meiste Zeit mit Frank. «Verdammt, kann dieser Hurensohn nicht warten, bis ich wenigstens kalt bin?» sagte Bogart zu Spencer Tracy.

Nachdem Bogart fünf Tage im St. John's Hospital verbracht hatte, erklärte ihm Dr. Jones, er müsse sich auch weiterhin einer Kobaltbehandlung unterziehen. «Bogart sah mich lange an. ‹Kommen Sie, Doc, ich weiß doch, daß die Kobaltbehandlung der letzte Versuch ist, wenn man Krebs hat. Ich will die Wahrheit hören. Wie lange habe ich noch?› Jetzt befand ich mich in einer Zwickmühle. Ich konnte ihn nicht anlügen, mußte ihm die Wahrheit sagen. ‹Auf Grund meiner Erfahrung müßten Sie bereits seit drei Monaten tot sein, Mister Bogart.› Das klingt herzlos, aber es entsprach den Tatsachen.

Bogie erstarrte. Er blickte lange zum Fenster hinaus, dann

räusperte er sich und fragte: ‹Weiß es meine Frau?› Ich bejahte, und er nickte nur kurz. ‹Gut, dann wollen wir wenigstens den Rest der Welt auf die Schippe nehmen.›»

In den letzten Wochen seines Lebens ritualisierte Bogart den Tagesablauf. Da er nicht wollte, daß die Kinder seinen Verfall mitbekamen, beschloß er, sie nur noch selten zu sehen. Nicht verzichten wollte er aber auf seine «Schnorrerrunde». Er verbrachte den Vormittag im Bett, doch gegen 16 Uhr wurde er von der Krankenschwester für die eintreffenden Gäste hergerichtet. Er setzte sich in seinen Rollstuhl, fuhr zum Butternut Room und bereitete die Cocktails für seine Gäste vor. Er selbst plazierte sich in seinen Lieblingssessel, dann reichte ihm die Schwester seine Requisiten: eine Zigarette in die rechte, ein Glas Sherry in die linke Hand. «Er wußte genau, wie es um ihn stand, aber er war fest entschlossen, sich zwei Stunden am Tag aufzuraffen, um sich in der Gesellschaft seiner Freunde zu entspannen, bis das Ende kam», erinnerte sich Alistair Cooke.

David Niven gehörte ebenso zu den regelmäßigen Besuchern wie Adlai Stevenson, Clifton Webb, Jack Warner, George Cukor, Truman Capote, Nunnally Johnson, Harry Cohn, William Wyler und John Huston. Huston faßte in Worte, was die meisten seiner Freunde fühlten: «Nach dem ersten Wiedersehen – man mußte den anfänglichen Schock über seinen körperlichen Verfall jedesmal neu verdauen – überließ man sich schnell seiner großartigen Haltung. Sie wirkte ansteckend. Irgendwie fühlte man sich in seiner Anwesenheit beglückt, erleichtert. Ja, man war irgendwie stolz darauf, sein Freund zu sein. Der Freund eines so tapferen Mannes.»

Nachdem 1956 die übliche Weihnachts-Geburtstags-Feier abgesagt worden war, kursierten in Hollywood die Gerüchte, Bogart läge bereits im Koma. Um die «Pressefritzen» eines Besseren zu belehren, meldete er sich am 2. Januar bei Louella Parsons und erklärte ihr, er amüsiere sich derzeit köstlich bei einem Boxkampf.

Da die letzten Wochen für alle sehr anstrengend waren, beschloß Betty, ein Wochenende in New York zu verbringen. Frank Sinatra trat gerade im Copa auf. Doch diesen Umstand verschwieg sie Bogart lieber. Entgegen seiner sonstigen Angewohnheit, sie zum Bleiben zu bewegen, ermutigte er sie diesmal zu fahren.

Am 12. Januar 1957 telefonierte Bogart mit Betty in New York. Gegen Abend rief er bei Katharine Hepburn an und fragte, ob sie und Spencer Tracy noch vorbeischauen könnten. Die Besuche der beiden hatte Bogart immer besonders genossen. Ihm gefiel die spröde Art der Hepburn, und er liebte den unerschöpflichen Anekdoten- und Klatschvorrat seines Freundes Tracy. «Eigentlich waren wir an diesem Abend bei George Cukor eingeladen», erinnerte sich die Hepburn. «Aber irgendwie beunruhigte mich das Telefonat mit Bogie. Also sagten Spence und ich in letzter Minute George ab und fuhren zu ihm. Er freute sich sehr, als er uns sah, wirkte aber irgendwie zerstreut. Wir blieben nur kurz. Seine Hände zitterten, und es schien ihn unheimlich anzustrengen, der Konversation und Spences Erzählungen zu folgen. Also verabschiedeten wir uns nach dreißig Minuten. Spence legte die Hände auf seine Schultern und sagte: ‹Gute Nacht, Bogie.› Gewöhnlich sagte Bogie ‹Gute Nacht› oder ‹See you›, doch nun nahm er Spencers Hand, lächelte und meinte: ‹Leb wohl, Spencer.› Und wir wußten, daß er es so meinte.»

In der Nacht fand Bogart keinen Schlaf. Am Sonntag morgen rief er Dr. Brandsma an und bat ihn vorbeizuschauen. «Doc, das war die schlimmste Nacht meines Lebens – so etwas möchte ich nicht noch einmal durchmachen», erklärte er ihm. Brandsma untersuchte ihn, während Aurelio Salazar, sein Gärtner, die Kinder zum Gottesdienst brachte. Als er mit der Morgenzeitung zurückkam, rasierte sich Bogart gerade. «Mein Gott, ich bin verdammt müde», erklärte er der Schwester und entschied, sich noch etwas hinzulegen, bevor er mit den Kindern zu Mittag essen wollte.

Gegen 13 Uhr erreichte Betty in New York ein Anruf von Brandsma. Er sagte ihr, daß Bogart ins Koma gefallen sei und er nicht glaube, daß er daraus wieder erwachen würde. Es sei wohl das beste, wenn Betty wieder nach Los Angeles käme.

Als Betty im Morgengrauen des 14. Januar 1957 ihr Haus betrat, stand im Hof ein Leichenwagen. Die Hintertür war offen. Sie rannte nach oben, doch die Krankenschwester zog bereits das Bett von Bogart ab. «Mrs. Bogart, es ist vorbei», sagte sie.

Nachdem sie sich vom ersten Schock erholt hatte, informierte Betty Joe Hyams, daß Bogart gestorben war. Hyams entwickelte zusammen mit ihr eine schöne Lüge, die ihr bis heute einen festen Platz in der Bogart-Legende sichern sollte. «Betty war sich vom ersten Moment an klar darüber, daß ihr Wunsch nach Unsterblichkeit nur dann erfüllt werden würde, wenn sie auf ewig ein Bestandteil in der Bogart-Legende sein würde», erklärte «Swifty» Lazar kurz vor seinem Tod. Geschickt vertuschte man ihren Aufenthalt in New York und auch ihre Pläne, sich wegen Sinatra von Bogart zu trennen.

Humphrey Bogart wurde in Forest Lawn eingeäschert. Die Trauerrede hielt John Huston. Seine Urne fand ihren Platz im Garden of Memory. Die Gedenktafel trug lediglich die Inschrift «Humphrey DeForest Bogart» sowie die Geburts- und Sterbedaten.

Betty hatte in einer Anzeige gebeten, von Blumen abzusehen und statt dessen Geld an die amerikanische Krebsgesellschaft zu überweisen. «Ich saß auf der Veranda inmitten von Karten und Telegrammen. Ich war wie gelähmt. Aber um wenigstens etwas zu tun, begann ich zu lesen. Und wissen Sie, was mir diese Hundesöhne der American Floral Association schrieben?

‹Sagen wir etwa auch, gehen Sie nicht in einen Lauren-Bacall-Film?›»

Anhang

Filmographie

Zeichenerklärung

B:	Besetzung	Ko:	Kostüme
P:	Produzent	L:	Spieldauer (bezieht sich auf die Originallänge)
R:	Regie	Ma:	Manager
Ra:	Regieassistent	Mu:	Make-up
D:	Drehbuch	PL:	Produktionsleitung
De:	Dekoration, Kulisse	S:	Schnitt
K:	Kamera	Sp:	Spezialeffekte
AD:	Art Director	St.:	Stunts
M:	Musik	T:	Ton
H:	Frisuren		

The Dancing Town

Paramount, 1928, **L:** 10 min.
B: *Helen Hayes, Humphrey DeForest Bogart.*
P: Paramount Famous Lasky; **R:** Edmund Laurence; **D:** Rupert Hughes.

Broadway's Like That

Warner Brothers, 1930, **L:** 10 min.
B: *Ruth Etting, Joan Blondell, Humphrey Bogart.*
P: Vitaphon Corporation/Warner Brothers Vitaphon Varieties No. 960; **R:** Murray Roth; **D:** Stanley Rau; **K:** John Seitz; **M:** Harold Levy.

Up the River

Fox, 1930, **L:** 92 min.
B: *Spencer Tracy*, St. Louis; *Claire Luce*, Judy; *Warren Hymer*, Dannemora Dan; *Humphrey Bogart*, Steve; *William Collier*, Pop; *Joan Marie Lawes*, Jean; *George MacFarlance*, Jessup; *Gaylord Pendleton*, Morris; *Sharon Lynn*, Edith LaVerne; *Noel Francis*, Sophie; *Goodee Montgomery*, Kit; *Robert Burns*, Slim; *John Swor*, Clem; *Robert E. O'Connor*, Gefängnisdirektor; *Louise MacIntosh*, Mrs. Massey; *Richard Keene*, Dick; *Johnnie Walker*, Happy; *Pat Somerset*, Beauchamp; *Morgan Wallace*, Frosby; *Edythe Chapman*, Mrs. Jordan; *Althea Henly*, Cynthia; *The Keating Sisters*, Mary und June; *Joe Brown*, stellvertretender Gefängnisdirektor; *Wilbur Mack*, Whiteley; *Harvey Clark*, Nash; *Carol Wines*, Daisy Elmore; *Adele Windsor*, Minnie; *Mildred Vincent*, Annie.
P: Fox/Winfield R. Sheehan; **R:** John Ford; **Ra:** William Collier Jr.; **D:** Maurine Watkins; **K:** Joseph August; **AD:** Duncan Cramer; **M:** George Lipschultz; **T:** W. W. Lindsay; **S:** Frank E. Hull.

A Devil With Women

Fox, 1930, **L:** 76 min.
B: *Victor McLaglen,* Jerry Maxton; *Mona Maris,* Rosita Fernandez; *Humphrey Bogart*, Tom Standish; *Luana Alcaniz*, Dolorez; *Michael Vavitch*, Morloff; *Soledad Jiminez*, Duenna; *Mona Rico*, Alicia; *John St. Polis*, Don Diego; *Robert Edeson*, General Garcia; *Joe De La Cruz*, Juan.
P: George Middleton; **R.** Irving Cummings; **D:** Dudley Nichols und Henry M. Johnson, nach dem Roman «Dust and Sun» von Clement Ripley; **K:** Arthur Todd; **AD:** William Darling; **M:** Peter Brunelli, James Monaco und Cliff Friend – Song «Amore Mio»; **T:** E. Clayton Ward und Harry M. Leonard; **S:** Jack Murray.

Bad Sister

Universal, 1931, **L:** 86 min.
B: *Conrad Nagel*, Dr. Dick Lindley; *Sidney Fox*, Marianne Madison; *Bette Davis*, Laura Madison; *ZaSu Pitts*, Minnie; *Slim Summerville*, Sam; *Charles Winninger*, Mr. Madison; *Emma Dunn*, Mrs. Madison; *Humphrey Bogart*, Valentine Corliss; *Bert Roach*, Wade Trumbull; *David Durand*, Hedrik Madison.
P: Carl Laemmle Jr.; **R:** Hobart Henley; **D:** Raymond L. Schrock, Tom Reed und Edwin H. Knopf, nach der Kurzgeschichte «The Flirt» von Booth Tarkington; **K:** Karl Freund; **T:** C. Roy Hunter; **S:** Ted Kent.

Body and Soul

Fox, 1931, **L:** 70 min.
B: *Charles Farrell*, Mal Andrews; *Elissa Landi*, Carla; *Humphrey Bogart*, Jim Watson; *Myrna Loy*, Alice Lester; *Donald Dillaway*, Tap Johnson; *Craufurd Kent*, Major Burke; *Pat Somerset*, Major Knowls; *Ian MacLaren*, General Trafford-Jones; *Dennis D'Auburn*, Lieutenant Meggs; *Douglas Dray*, Zane; *Harold Kinney*, Young; *Bruce Warren*, Sam Douglas.
P: Winfield R. Sheehan; **R:** Alfred Santell; **D:** Jules Furthman, nach dem Theaterstück «Squadrons» von A. E. Thomas, das auf der Geschichte «Big Eyes and Little Mouth» von Elliott White Springs basiert; **K:** Glen MacWilliams; **Sp:** Ralph Hammeras; **AD:** Anton Grot; **M:** Peter Brunelli; **T:** Donald Flick; **S:** Paul Weatherwax.

Women of All Nations

Fox, 1931, **L:** 72 min.
B: *Victor McLaglen*, Sergeant Flagg; *Edmund Lowe*, Sergeant Quirt; *Greta Nissen*, Elsa; *El Brendel*, Olsen; *Fifi Dorsay*, Fifi; *Marjorie White*, Pee Wee; *T. Roy Barnes*, «Cap»; *Bela Lugosi*, Prinz Hassan; *Humphrey Bogart*, Stone; *Joyce Compton*, Kiki; *Jesse DeVorsak*, Izzie; *Charles Judels*, Leon; *Marion Lessing*, Gretchen; *Ruth Warren*, Ruth.
P: Archibald Buchanan; **R:** Raoul Walsh; **D:** Barry Connors, nach einer Idee von Laurence Stallings und Maxwell Anderson; **K:** Lucien Andriot; **M:** Reginald Bassett; **T:** George H. Leverett; **S:** Jack Dennis.

A Holy Terror

Fox, 1931, **L:** 53 min.
B: *George O'Brien*, Tony Bard; *Sally Eilers*, Jerry Foster; *Rita LaRoy*, Kitty Carroll; *Humphrey Bogart*, Steve Nash; *James Kirkwood*, William Drew; *Stanley Fields*, Butch Morgan; *Robert Warwick*, Thomas Woodbury; *Richard Tucker*, Tom Hedges; *Earl Pingree*, Jim Lawler.
P: Edmund Grainger; **R:** Irving Cummings; **D:** Ralph Block, Alfred A. Cohn und Myron Fagan nach dem Roman «Trailin'» von Max Brand; **K:** George Schneiderman; **M:** George Lipschultz; **T:** Donald Flick Clay; **S:** Ralph Dixon.

Love Affair

Columbia, 1932, **L:** 68 min.
B: *Dorothy Mackaill*, Carol Owen; *Humphrey Bogart*, Jim Leonard; *Jack Kennedy*, Gilligan; *Barbara Leonard*, Felice; *Astrid Allwyn*, Linda Lee; *Bradley Page*, Georgie; *Halliwell Hobbes*, Kibbee; *Hale Hamilton*, Bruce Hardy; *Harold Minjir*, Antone.
R: Thornton Freeland; **D:** Jo Swerling und Dorothy Howell, nach der Magazinserie «College Humor» von Ursula Parrott; **K:** Ted Tetzlaff; **T:** Charles Noyes; **S:** Jack Dennis.

Big City Blues

Warner Brothers, 1932, **L:** 65 min.
B: *Joan Blondell*, Vida; *Eric Linden*, Bud; *Inez Courtney*, Faun; *Evelyn Knapp*, Jo-Jo; *Guy Kibbee*, Hummel; *Lyle Talbot*, Sully; *Gloria Shear*, Agnes; *Walter Catlett*, Gibbony; *Jobyna Howland*, Serena; *Humphrey Bogart*, Adkins; *Josephine Dunn*, Jackie; *Grant Mitchell*, Polizist; *Thomas Jackson*, Quelkin; *Ned Sparks*, Stackhouse; *Sheila Terry*, Lorna; *Tom Dugan*, Red; *Betty Gillette*, Mabel; *Edward McWade*, Schaffner.
P: First National; **R:** Mervyn LeRoy; **D:** Ward Morehouse und Lillie Hayward nach dem Theaterstück «New York Town» von Ward Morehouse; **K:** James van Trees; **M:** Ray Heindorf und Bernhard Kaun; Dirigent: Leo F. Forbstein; **T:** C. A. Rigg; **S:** Ray Curtiss.

Three on a Match

Warner Brothers, 1932, **L:** 64 min.
B: *Joan Blondell*, Mary Keaton; *Warren William, Henry Kirkwoord; Ann Dvorak*, Vivian Revere; *Bette Davis*, Ruth Westcoot; *Lyle Talbot*, Mike Loftus; *Humphrey Bogart*, The Mug; *Patricia Ellis*, Linda; *Sheila Terry*, Naomi; *Grant Mitchell*, Schulvorsteher; *Glenda Farrell*, Vivians Freundin; *Frankie Darro*, Bobby; *Clara Blandick*, Mrs. Keaton; *Hale Hamilton*, Verteidiger; *Dick Brandon*, Horace; *Junior Johnson*, Max; *Anne Shirley*, Vivian als Kind; *Virginia Davis*, Mary als Kind; *Betty Carrs*, Ruth als Kind, *Buster Phelps*, Junior.
P: First National; **R:** Mervyn LeRoy; **D:** Lucien Hubbard, Kubec Glasmon und John Bright nach einer Idee von Kubec Glasmon und John Bright; **AD:** Robert Haas; **K:** Sol Polito; **M:** Ray Heindorf und Bernhard Kaun; Dirigent: Leo F. Forbstein; **T:** C. A. Rigg; **S:** Ray Curtiss.

She wanted a Millionaire

20th Century Fox, 1932, **L:** 90 min.
B: *Joan Bennett*, Jane Miller; *Spencer Tracy*, William Kelley; *Una Merkel*, Mary Taylor; *James Kirkwood*, Roger Norton; *Dorothy Peterson*, Mrs. Miller; *Douglas Cosgrove*, Mr. Miller; *Donald Dillway*, Humphrey; sowie *Lucille LaVerne, Tetsu Komai, Humphrey DeForest Bogart.*
P: Winfield R. Sheehan; **R:** John Blystone; **D:** William A. McGuire, nach dem gleichnamigen Roman von Sonya Levien; **K:** John Seitz; **M:** George Lipschultz; **T:** C. Clayton Ward; **S:** Ralph Dixon.

Midnight

Universal, 1934, **L:** 76 min.
B: *Sidney Fox*, Stella Weldon; *O. P. Heggie*, Edward Weldon; *Henry Hull*, Nolan; *Margaret Wycherly*, Mrs. Weldon; *Lynne Overmann*, Joe Biggers; *Katharine Wilson*, Ada Biggers; *Richard Whorf*, Arthur Weldon; *Humphrey Bogart*, Garboni; *Granville Bates*, Henry McGrath; *Cora Witherspoon*, Elizabeth McGrath; *Moffat Johnston*, District Attorney Plunkett; *Henry O'Neill*, Ingersoll, *Helen Flint*, Ethel Saxon.
P: Chester Erskine, All Star; **R:** Chester Erskine; **D:** Chester Erskine,

nach dem gleichnamigen Theaterstück von Claire und Paul Sifton; **K:** William Steiner und George Webber; **AD:** Sam Corso; **T:** Warren Hale; **S:** Leo Zochling.

The Petrified Forest (dt. Der versteinerte Wald)

Warner Brothers, 1936, **L:** 83 min.
B: *Leslie Howard*, Alan Squier; *Bette Devis*, Gabrielle Maple; *Genevieve Tobin*, Mrs. Edith Chisholm; *Dick Foran*, Boze Hertzlinger; *Humphrey Bogart*, Duke Mantee; *Joseph Sawyer*, Jackie; *Porter Hall*, Jason Maple; *Charley Grapewin*, Gramp Maple; *Paul Harvey*, Mr. Chisholm; *Eddie Acuff*, Lineman; *Adrian Morris*, Ruby; *Nina Campana*, Paula; *Slim Thompson*, Pyler; *John Alexander*, Joseph.
P: Henry Blanke; **R:** Archie Mayo; **RA:** Dick Mayberry; **D:** Charles Kenyon und Delmer Daves, nach dem gleichnamigen Theaterstück von Robert E. Sherwood; **AD:** John Hughes; **K:** Sol Polito; **Sp:** Warren E. Lynch, Fred Jackman und Willard van Enger; **M:** Bernhard Kaun; **T:** Charles Lang; **S:** Owen Marks; **Ko:** Orry-Kelly.

Bullets or Ballots (dt. Wer regiert die Stadt?)

Warner Brothers, 1936, **L:** 81 min.
B: *Edward G. Robinson*, Johnny Blake; *Joan Blondell*, Lee Morgan; *Barton MacLane*, Al Kruger; *Humphrey Bogart*, Nick «Bugs» Fenner; *Frank McHugh*, Herman; *Joseph King*, Captain Dan MacLaren; *Richard Purcell*, Driscoll; *George E. Stone*, Wires; *Joseph Crehan*, Sprecher der Geschworenen; *Henry O'Neill*, Bryant; *Henry Kolker*, Hollister; *Gilbert Emery*, Thorndyke; *Herbert Rawlinson*, Caldwell; *Louise Beavers*, Nellie; *Norman Willis*, Vinci; *William Pawley*, Crail; *Ralph Remley*, Kelly; *Frank Faylen*, Gatlery.
P: Louis F. Edelman/First National; **R:** William Keighley; **Ra:** Chuck Hansen; **D:** Seton I. Miller, nach der gleichnamigen Kurzgeschichte von Martin Mooney und Seton I. Miller; **K:** John Seitz; **Sp:** Fred Jackman, Fred Jackman Jr. und Warren E. Lynch; **M:** Heinz Roemheld; **T:** Oliver S. Garretson; **S:** Jack Killifer.

Two Against the World (dt. Titel: Zwei gegen die Welt; brit. Titel: The Case of Mrs. Pembrook; US-TV-Titel: One Fatal Hour)

Warner Brothers, 1936, **L:** 64 min.
B: *Humphrey Bogart*, Sherry Scott; *Beverly Roberts*, Alma Ross; *Helen MacKellar*, Martha Carstairs; *Henry O'Neill*, Jim Carstairs; *Linda Perry*, Edith Carstairs; *Carlyle Moore Jr.*, Billy Sims; *Virginia Brissac*, Mrs. Marion Sims; *Robert Middlemass*, Bertram C. Reynolds; *Clay Clement*, Mr. Banning; *Harry Hayden*, Martin Leavenworth; *Claire Dodd*, Cora Latimer; *Hobart Cavanaugh*, Tippy Mantus; *Douglas Wood*, Malcolm Sims; *Bobby Gordon*, Herman O'Reilly, *Paula Stone*, Miss Symonds; *Frank Orth*, Tommy; *Howard Hickman*, Dr. McGuire; *Ferdinand Schumann-Heink*, Toningenieur.
P: Bryan Foy, First National; **R:** William McGann; **Ra:** Carrol Sax; **D:** Michael Jacoby, nach der Kurzgeschichte «Five Star Final» von Louis Weitzenkorn; **K:** Sid Hickox; **Sp:** Fred Jackman Jr. und Rex Wimpy; **AD:** Esdras Hartley; **M:** Heinz Roemheld; **T:** C. A. Riggs; **S:** Frank Magee.

China Clipper

Warner Brothers, 1936, **L:** 85 min.
B: *Pat O'Brien*, Dave Logan; *Beverly Roberts*, Jean Logan; *Ross Alexander*, Tom Collins; *Humphrey Bogart*, Hap Stuart; *Marie Wilson*, Sunny Avery; *Henry B. Walthall*, Dad Brunn; *Joseph Crehan*, Jim Horn; *Joseph King*, Mr. Pierson; *Addison Richards*, B. C. Hill; *Ruth Robinson*, Mutter Brunn; *Carlyle Moore Jr.*, Funker; *Lyle Moraine*, Kopilot; *Dennis Moore*, Kopilot; *Wayne Morris*, Navigator; *Alexander Cross*, Bill Andrews; *William Wright*, Pilot; *Kenneth Harlan*, Inspekteur; *Anne Nagel*, Sekretärin; *Marjorie Weaver*, Sekretärin; *Milburn Stone*, Funker; *Owen King*, Funker.
P: Louis F. Edelman, First National; **R:** Ray Enright; **Ra:** Lee Katz; **D:** Frank Wead und Norman Reilly Raine; **K:** Arthur Edeson; Elmer G. Dyer und H. F. Koenekamp; **Sp:** Fred Jackman, Williard van Enger und H. F. Koenekamp; **AD:** Max Parker; **M:** Bernhard Kaun und W. Franke Harling; **T:** Everett A. Brown; **S:** Owen Marks.

Isle of Fury

Warner Brothers, 1936, **L:** 60 min.
B: *Humphrey Bogart*, Val Stevens; *Margaret Lindsay*, Lucille Gordon; *Donald Woods*, Eric Blake; *Paul Graetz*, Captain Deever; *Gordon Hart*, Anderson; *E.E. Clive*, Dr. Hardy; *George Regas*, Otar; *Sidney Bracy*, Sam; *Tetsu Komai*, Kim Lee; *Miki Morita*, Oh Kay; *Houseley Stevenson Sr.*, Pfarrer; *Frank Lackteen*, Eingeborener.
P: Bryan Foy; **R:** Frank McDonald; **Ra:** Frank Heath; **D:** Robert Andrews und William Jacobs, nach dem Roman «The Narrow Corner» von W. Somerset Maugham; **K:** Frank Good; **Sp:** Fred Jackman, Willard van Enger und H.F. Koenekamp; **AD:** Esdras Hartley; **M:** Howard Jackson; **T:** Charles Lang; **S:** Warren Low; **Ko:** Orry-Kelly

Black Legion (dt. Geheimbund «Schwarze Legion»)

Warner Brothers, 1937, **L:** 83 min.
B: *Humphrey Bogart*, Frank Tayloe; *Dick Foran*, Ed Jackson; *Erin O'Brien-Moore*, Ruth Taylor; *Ann Sheridan*, Betty Grogan; *Robert Barrat*, Brown; *Helen Flint*, Pearl Davis; *Joseph Sawyer*, Cliff Moore; *Addison Richards*, Ankläger; *Eddie Acuff*, Metcalf; *Clifford Soubier*, Mike Grogan; *Paul Harvey*, Billings; *Samuel S. Hinds*, Richter; *John Litel*, Tommy Smith; *Alonzo Price*, Alexander Hargrave; *Dickie Jones*, Buddy Taylor; *Dorothy Vaughan*, Mrs. Grogan; *Henry Brandon*, Joe Dombrowski; *Charles Halton*, Osgood; *Pat C. Flick*, Nick Strumpas; *Francis Sayles*, Charlie; *Paul Stanton*, Dr. Barham; *Harry Hayden*, Jones; *Egon Brecher*, Dombrowski.
P: Robert Lord; **R:** Archie Mayo; **Ra:** Jack Sullivan; **D:** Abem Finkel und William Wister Haines, nach einer Geschichte von Robert Lord; **K:** George Barnes; **Sp:** Fred Jackman Jr. und H.F. Koenekamp; **AD:** Robert Haas; **M:** Bernhard Kaun; **T:** C.A. Riggs; **S:** Owen Marks; **Ko:** Milo Anderson.

The Great O'Malley (dt. Ordnung ist das halbe Leben)

Warner Brothers, 1937, **L:** 71 min.
B: *Pat O'Brien*, James Aloysius O'Malley; *Sybil Jason*, Barbara Phillips; *Humphrey Bogart*, John Phillips; *Ann Sheridan*, Judy Nolan; *Frieda Inescort*, Mrs. Phillips; *Donald Crisp*, Captain Cromwell; *Henry O'Neill*, Verteidiger; *Craig Reynolds*, Autofahrer; *Hobart Ca-*

vanaugh, Pinky Holden; *Gordon Hart*, Doktor; *Mary Gordon*, Mrs. O'Malley, *Mabel Colcord*, Mrs. Flaherty; *Frank Sheridan*, Pater Patrick; *Lillian Harmer*, Miss Taylor; *Delmar Watson*, Tuby; *Frank Reicher*, Dr. Larson.
P: Harry Joe Brown; **R:** William Dieterle; **Ra:** Frank Shaw; **D:** Milton Krims und Tom Reed, nach dem Roman «The Making of O'Malley» von Gerald Beaumont; **K:** Ernest Haller; **Sp:** James Gibbons, Fred Jackman Jr. und H.F. Koenekamp; **AD:** Hugh Reticker; **M:** Heinz Roemheld; **T:** Francis J. Scheid; **S:** Warren Low.

Marked Woman (dt. Mord im Nachtklub)

Warner Brothers, 1937, **L:** 96 min.
B: *Bette Davis*, Mary Dwight; *Humphrey Bogart*, David Graham; *Lola Lane*, Gabby Marvin; *Isabel Jewell*, Emma Lou Egan; *Eduardo Cianelli*, Johnny Vanning; *Rosalind Marquis*, Florrie Ligett; *Mayo Methot*, Estelle Porter; *Jane Bryan*, Betty; *Allen Jenkins*, Louie; *John Litel*, Gordon; *Ben Welden*, Charlie; *Damian O'Flynn*, Ralph Krawford; *Henry O'Neill*, Arthur Sheldon; *Raymond Hatton*, Pflichtverteidiger; *Carlos San Martin*, Oberkellner; *William B. Davidson*, Bob Crandall; *Kenneth Harlan*, Eddie; *Robert Strange*, George Beler; *James Robbins*, Bell Captain; *Arthur Aylesworth*, John Truble; *John Sheehan*, Vincent; *Sam Wren*, Mac; *Edwin Stanley*, Detective Casey; *Alan Davids*, Bandenmitglied; *Allen Matthews*, Bandenmitglied; *Guy Usher*, Detective Ferguson; *Gordon Hart*, Richter; *Pierre Watkin*, Richter; *Herman Marks*, Joe.
P: Louis F. Edelman, First National; **R:** Lloyd Bacon; **Ra:** Dick Mayberry; **D:** Robert Rossen, Seton I. Miller und Abem Finkel; **K:** George Barnes; **Sp:** James Gibbons und Robert Burks; **AD:** Max Parker; **M:** Bernhard Kaun, Heinz Roemheld. Songs: «My Silver dollar Man» von Harry Warren und Al Dubin; «Mr and Mrs Doaks» von M.K. Jerome und Jack Scholl; **T:** Everett A. Brown; **S:** Jack Killifer; **Ko:** Orry-Kelly.

Kid Galahad (dt. Kid Galahad – Mit eisernen Fäusten; US-TV-Titel: The Battling Bellhop)

Warner Brothers, 1937, **L:** 101 min.
B: *Edward G. Robinson*, Nick Donati; *Bette Davis*, Fluff; *Humphrey Bogart*, Turkey Morgan; *Wayne Morris*, Ward Guisenberry; *Jane Bryan*, Marie Donati; *Harry Carey*, Silver Jackson; *William Haade*,

Chuck McGraw; *Soledad Jiminez*, Mrs. Donati; *Joe Cunnigham*, Joe Taylor; *Ben Welden*, Buzz Barett; *Joseph Crehan*, Brady; *Veda Ann Borg*, Rotschopf; *Frank Faylen*, Barney; *Harland Tucker*, Revolverheld; *Bob Evans*, Sam; *Hank Hankinson*, Burke; *Bob Nestell*, O'Brien; *Jack Kranz*, Denbaugh; *George Humbert*, Friseur.
P: Samuel Bischoff; **R:** Michael Curtiz; **Ra:** Jack Sullivan; **D:** Seton I. Miller, nach einem Roman von Francis Wallace; **K:** Tony Gaudio; **Sp:** James Gibbons und Edwin DuPar; **AD:** Carl Jules Weyl; **M:** Heinz Roemheld und Max Steiner; **T:** Charles Lang; **S:** George Amy; **Ko:** Orry-Kelly.

San Quentin

Warner Brothers, 1937, **L:** 70 min.
B: *Pat O'Brien*, Captain Stephen Jameson; *Humphrey Bogart*, Joe «Red» Kennedy; *Ann Sheridan*, May Kennedy; *Barton MacLane*, Lieutenant Druggin; *Joseph Sawyer*, Matrose Hansen; *Veda Ann Borg*, Helen; *James Robbins*, Mickey Callahan; *Joseph King*, Gefängnisdirektor Taylor; *Gordon Oliver*, Captain; *Garry Owen*, Dopey; *Marc Lawrence*, Venetti; *Emmett Vogan*, Lieutenant; *William Pawley*, Sträfling; *Al Hill*, Sträfling; *Max Wagner*, Kalfaktor; *George Lloyd*, Sträfling; *Ernie Adams*, Fink.
P: Samuel Bischoff, First National; **R:** Lloyd Bacon; **RA:** Dick Mayberry; **D:** Peter Milne, Humphrey Cobb, Charles Belden, Seton I. Miller, Tom Reed und Laird Doyle, nach einer Story von Robert Tasker und John Bright; **K:** Sid Hickox; **Sp:** James Gibbons und H. F. Koenekamp; **AD:** Esdras Hartley; **M:** Heinz Roemheld, Charles Maxwell und David Raskin; **T:** Everett A. Brown; **S:** William Holmes; **Ko:** Howard Shoup.

Dead End (dt. Sackgasse)

United Artists, 1937, **L:** 93 min.
B: *Sylvia Sidney*, Drina; *Joel McCrea*, Dave Connell; *Humphrey Bogart*, Baby Face Martin; *Wendy Barrie*, Kay Burton; *Claire Trevor*, Francey; *Allen Jenkins*, Hunk; *Marjorie Main*, Mrs. Martin; *Billy Halop*, Tommy; *Huntz Hall*, Dippy; *Bobby Jordan*, Angel; *Leo Gorcey*, Spit; *Gabriel Dell*, T. B.; *Bernard Punsley*, Milty; *Charles Peck*, Philip Griswold; *Minor Watson*, Mr. Griswold; *James Burke*, Officer Mulligan; *Ward Bond*, Portier; *Elisabeth Risdon*, Mrs. Connell; *Esther*

Dale Mrs. Fenner; *George Humbert*, Mr. Pascaglo; *Marcelle Corday*, Erzieherin; *Charles Halton*, Whitey.
P: Samuel Goldwyn; **R:** William Wyler; **Ra:** Eddie Bernoudy; **D:** Lillian Hellman, nach dem gleichnamigen Theaterstück von Sidney Kingsley; **K:** Gregg Toland; **Sp:** James Basevi; **AD:** Richard Day; **M:** Alfred Newman; **T:** Frank Maher; **S:** Daniel Mandell; **Ko:** Omar Kiam.

Stand-In (dt. Mister Dodds geht nach Hollywood)

United Artists, 1937, **L:** 90 min.
B: *Leslie Howard*, Atterbury Dodd; *Joan Blondell*, Lester Plum; *Humphrey Bogart*, Douglas Quintain; *Alan Mowbray*, Koslofski; *Marla Shelton*, Thelma Cheri; *C. Henry Gordon*, Ivor Nassau; *Jack Carson*, Potts; *Tully Marshall*, Pennypacker Sr.; *J. C. Nugent*, Pennypacker Jr.; *William V. Mong*, Pennypacker; *Esther Howard*, Mrs. Mack.
P: Walter Wanger; **R:** Tay Garnett; **Ra:** Charles Kerr; **D:** Gene Towne und Graham Baker, nach einer Artikelserie in der «Saturday Evening Post» von Clarence Budington Kelland; **K:** Charles Clarke; **AD:** Alexander Toluboff; **M:** Heinz Roemheld; **T:** Paul Neal; **S:** Otho Lovering, Dorothy Spencer; **Ko:** Helen Taylor.

Swing Your Lady

Warner Brothers, 1937, **L:** 72 min.
B: *Humphrey Bogart*, Ed Hatch; *Frank McHugh*, Popeye Bronson; *Louise Fazenda*, Sadie Horn; *Nat Pendleton*, Joe Skopapoulos; *Penny Singleton*, Cookie Shannon; *Allen Jenkins*, Shiner Ward; *Leon Weaver*, Waldo Davis; *Frank Weaver*, Ollie Davis; *Elviry Weater*, Mrs. Davis; *Ronald Reagan*, Jack Miller; *Daniel Boone Savage*, Noah Webster; *Hugh O'Connell*, Smith; *Tommy Bupp*, Rufe Horn; *Sonny Bupp*, Len Horn; *Joan Howard*, Mattie Horn; *Sue Moore*, Mabel; *Olin Howland*, Hotelbesitzer; *Sammy White*, Specialty Number.
P: Samuel Bischoff; **R:** Ray Enright; **Ra:** Jesse Hibbs; **D:** Joseph Schrank und Maurice Leo, nach dem gleichnamigen Theaterstück von Kenyon Nicholson und Charles Robinson; **K:** Arthur Edeson; **AD:** Esdras Hartley; **M:** Adolph Deutsch, Hugo Friedhofer. Songs: «Mountain Swingaroo», «Hillbilly from Tenth Avenue», «The Old Apple Tree», «Swing your Lady» und «Dig me a Grave in Missouri» von M.K. Jerome und Jack Scholl; **T:** Charles Lang; **S:** Jack Killifer; **Ko:** Howard Shoup.

Crime School (dt. Schule des Verbrechens)
Warner Brothers, 1938, **L:** 86 min.
B: *Humphrey Bogart*, Mark Braden; *Gale Page*, Sue Warren; *Billy Halop*, Frankie Warren; *Bobby Jordan*, Squirt; *Huntz Hall*, Goofy; *Leo Gorcey*, Spike Hawkins; *Bernard Punsley*, Fats Papadopolo; *Gabriel Dell*, Bugs Burke; *George Offerman Jr.*, Red; *Weldon Heyburn*, Cooper; *Cy Kendall*, Morgan; *Charles Trowbridge*, Richter Clinton; *Spencer Charters*, Doktor; *Donald Briggs*, neuer Doktor; *Frank Jaquet*, Commissioner; *Helen MacKellae*, Mrs. Burke; *Al Bridge*, Mr. Burke; *Sibyl Harris*, Mrs. Hawkins; *Paul Porcasi*, Nick Papadopolo; *Frank Otto*, Junkie; *Ed Gargan*, Officer Hogan, *James B. Carson*, Schwartz.
P: Bryan Foy; **R:** Lewis Seiler; **Ra:** Fred Tyler; **D:** Crane Wilbur und Vincent Sherman, nach einer Idee von Crane Wilbur; **K:** Arthur Todd; **AD:** Charles Novi; **M:** Max Steiner; **T:** Francis J. Scheid; **S:** Terry Morse; **Ko:** N'Was McKenzie.

Men Are Such Fools

Warner Brothers, 1938, **L:** 96 min.
B: *Wayne Morris*, Jimmy Hall; *Priscilla Lane*, Linda Lawrence; *Humphrey Bogart*, Harry Galleon; *Hugh Herbert*, Harvey Bates; *Penny Singleton*, Nancy; *Johnnie Davis*, Tad: *Mona Barrie*, Beatrice Harris; *Marcia Ralston*, Wanda Townsend; *Gene Lockhart*, Bill Daton; *Kathleen Lockhart*, Mrs. Dalton; *Donald Briggs*, George Onslow; *Renie Riano*, Mrs. Pinkel; *Claude Allister*, Rudolf; *Nedda Harrigan*, Mrs. Nelson; *Eric Stanley*, Mr. Nelson; *James Nolan*, Bill Collyer; *Carole Landis*, June Cooper.
P: David Lewis; **R:** Busby Berkley; **Ra:** Chuck Hansen; **D:** Norman Reilly Raine und Horace Jackson, nach der Artikelserie von Faith Baldwin; **K:** Sid Hickox; **AD:** Max Parker; **M:** Heinz Roemheld; **T:** Stanley Jones; **S:** Jack Killifer; **Ko:** Howard Shoup.

The Amazing Dr. Clitterhouse (dt. Das Doppelleben des Dr. Clitterhouse)

Warner Brothers, 1938, **L:** 87 min.
B: *Edward G. Robinson*, Dr. Clitterhouse; *Claire Trevor*, Jo Keller; *Humphrey Bogart*, Rocks Valentine; *Allen Jenkins*, Okay; *Donald Crisp*, Inspektor Lane; *Gale Page*, Schwester Randolph; *Henry O'Neill*, Richter; *John Litel*, Staatsanwalt; *Thurston Hall*, Grant; *Ma-*

xie Rosenbloom, Butch; *Bert Hanlon*, Pal; *Curt Bois*, Rabbit; *Ward Bond*, Tug; *Vladimir Sokoloff*, Popus; *Bill Wayne*, Candy; *Robert Homans*, Lieutenant Johnson; *Irving Bacon*, Vorsitzender der Geschworenen.
P: Robert Lord; **R:** Anatole Litvak; **Ra:** Jack Sullivan; **D:** John Wexley und John Huston, nach dem gleichnamigen Theaterstück von Barré Lyndon; **K:** Tony Gaudio; **AD:** Carl Jules Weyl; **M:** Max Steiner; **T:** C.A. Riggs; **S:** Warren Low; **Ko:** Milo Anderson.

Racket Busters

Warner Brothers, 1938, **L:** 71 min.
B: *Humphrey Bogart*, Pete Martin; *George Brent*, Denny Jordan; *Gloria Dickson*, Nora Jordan; *Allen Jenkins*, Horse Wilson; *Walter Abel*, Thomas Allison; *Henry O'Neill*, Gouverneur; *Penny Singleton*, Gladys; *Elliott Sullivan*, Charlie Smith; *Fay Helm*, Mrs. Smith; *Joseph Downing*, Joe; *Norman Willis*, Gus; *Don Rowan*, Kimball.
P: Samuel Bischoff; **R:** Lloyd Bacon; **Ra:** Dick Mayberry; **D:** Robert Rossen und Leonardo Berovici; **K:** Arthur Edeson; **AD:** Esdras Hartley; **M:** Adolph Deutsch; **T:** Robert B. Lee; **S:** James Gibbon; **Ko:** Howard Shoup.

Angels With Dirty Faces (dt. Chicago)

Warner Brothers, 1938, **L:** 97 min.
B: *James Cagney*, Rocky Sullivan; *Pat O'Brien*, Jerry Connolly; *Humphrey Bogart*, James Frazier; *Ann Sheridan*, Laury Ferguson; *George Bancroft*, Mac Keffer; *Billy Halop*, Soapy; *Bobby Jordan*, Swing; *Leo Gorcey*, Bim; *Gabriel Dell*, Patsy; *Huntz Hall*, Crab; *Bernhard Punsley*, Hunky; *Joseph Downing*, Steve; *Edward Pawley*, Edwards; *Adrian Morris*, Blackie; *Frankie Burke*, Rocky als Junge; *William Tracy*, Jerry als Junge; *Marilyn Knowlden*, Laury als Kind, der *Kirchenchor von St. Brendan*.
P: Samuel Bischoff; **R:** Michael Curtiz; **Ra:** Sherry Shrouds; **D:** John Wexley und Warren Duff, nach dem gleichnamigen Roman von Rowland Brown; **K:** Sol Polito; **AD:** Robert Haas; **M:** Max Steiner, Hugo Friedhofer; **T:** Everett A. Brown; **S:** Owen Marks; **Ko:** Orry-Kelly.

King of the Underworld

Warner Brothers, 1939, **L:** 69 min.
B: *Humphrey Bogart*, Joe Gurney; *Kay Francis*, Dr. Carol Nelson; *James Stephenson*, Bill Forrest; *John Eldredge*, Niles Nelson; *Jessie Busley*, Tante Margaret; *Arthur Aylesworth*, Dr. Sanders; *Raymond Brown*, Sheriff; *Harland Tucker*, Mr. Ames; *Ralph Remley*, Mr. Robert; *Charley Foy*, Eddie; *Murray Alper*, Butch; *Joe Devlin*, Porky; *Elliott Sullivan*, Mugsy; *Alan Davis*, Slick; *John Harmon*, Slats; *John Ridgely*, Jerry; *Richard Bond*, Assistenzarzt; *Pierre Watkin*, Staatsanwalt; *Charles Trowbridge*, Dr. Ryan; *Edwin Stanley*, Dr. Jacobs.
P: Bryan Foy; **R:** Lewis Seiler; **Ra:** Frank Heath; **D:** George Bricker und Vincent Sherman, nach der «Liberty Magazine»-Serie «Dr. Socartes» von W. R. Burnett; **K:** Sid Hickox; **AD:** Charles Novi; **M:** Heinz Roemheld; **T:** Everett A. Brown; **S:** Frank Dewar; **Ko:** Orry-Kelly.

The Oklahoma Kid (dt. Oklahomas Kid)

Warner Brothers, 1939, **L:** 80 min.
B: *James Cagney*, Jim Kincaid; *Humphrey Bogart*, Whip McCord; *Rosemary Lane*, Jane Hardwick; *Donald Crisp*, Richter Hardwick; *Harvey Stephens*, Ned Kincaid; *Hugh Sothern*, John Kincaid; *Charles Middleton*, Alec Martin; *Edward Pawley*, Doolin; *Ward Bond*, Wes Handley; *Lew Harvey*, Curley; *Trevor Bardette*, Jack Pasco, der Indianer; *John Miljan*, Ringo; *Arthur Aylesworth*, Richter Morgan; *Irving Bacon*, Hotelangestellter; *Joe Devlin*, Keely; *Wade Boteler*, Sheriff Abe Collins.
P: Samuel Bischoff; **R:** Lloyd Bacon; **Ra:** Dick Mayberry; **D:** Warren Duff, Robert Buckner und Edward E. Paramore, nach einer Idee von Edward E. Paramore und Wally Klein; **K:** James Wong Howe; **AD:** Esdras Hartley; **M:** Max Steiner; **T:** Stanley Jones; **S:** Owen Marks; **Ko:** Orry-Kelly.

You Can't Get Away With Murder

Warner Brothers, 1939, **L:** 78 min.
B: *Humphrey Bogart*, Frank Wilson; *Billy Halopp*, Johnnie Storm; *Gale Page*, Madge Stone; *John Littel*, Rechtsanwalt Carey; *Henry Travers*, Pop; *Harvey Stephens*, Fred Burke; *Harold Huber*, Scappa; *Joseph Sawyer*, Red; *Joseph Downing*, Smitty; *George E. Stone*, Toad;

Joseph King, Oberaufseher; *Joseph Crehan*, Gefängnisdirektor; *John Ridgely*, Tankwart; *Herbert Rawlinson*, Staatsanwalt.
P: Samuel Bischoff/First National; **R:** Lewis Seiler; **Ra:** William Kissel; **D:** Robert Bruckner, Don Ryan und Kenneth Gramet, nach dem Theaterstück «Chalked Out» von Lewis E. Lawes; **K:** Sol Polito; **AD:** Hugh Retiker; **M:** Heinz Roemheld; **T:** Francis J. Scheid; **S:** James Gibbon; **Ko:** Milo Anderson.

Dark Victory (dt. Opfer einer großen Liebe)

Warner Brothers, 1939, **L:** 106 min.
B: *Bette Davis*, Judith Traherne; *George Brent*, Dr. Frederick Steele; *Humphrey Bogart*, Michael O'Leary; *Geraldine Fitzgerald*, Ann King; *Ronald Reagan*, Alec Hamm; *Henry Travers*, Dr. Parsons; *Cora Witherspoon*, Carrie Spottswood; *Dorothy Peterson*, Miss Wainwright; *Virginia Brissac*, Martha; *Charles Richman*, Colonel Mantle; *Herbert Rawlinson*, Dr. Carter; *Leonard Mudie*, Dr. Driscoll; *Fay Helm*, Miss Dodd; *Lottie Williams*, Lucy.
P: David Lewis/First National; **R:** Edmund Goulding; **Ra:** Frank Heath; **D:** Casey Robinson, nach dem gleichnamigen Theaterstück von George Emerson Brewer Jr. und Bertram Block; **K:** Ernest Haller; **AD:** Robert Haas; **M:** Max Steiner; Song: «Oh, Give Me Time For Tenderness» von Elsie Janis und Edmund Goulding; **T:** Robert B. Lee; **S:** William Holmes; **Ko:** Orry-Kelly.

The Roaring Twenties (dt. Die goldenen Zwanziger)

Warner Brothers, 1939, **L:** 106 min.
B: *James Cagney*, Eddie Bartlett; *Priscilla Lane*, Jean Sherman; *Humphrey Bogart*, George Hally; *Gladys George*, Panama Smith; *Jeffrey Lynn*, Lloyd Hart; *Frank McHugh*, Danny Green; *Paul Kelly*, Nick Brown; *Elisabeth Risdon*, Mrs. Sherman; *Edward Keane*, Pete Henderson; *Joseph Sawyer*, Sergeant Pete Jones; *Joseph Crehan*, Mr. Fletcher; *George Meeker*, Masters; *John Hamilton*, Richter; *Robert Elliott*, erster Detektiv; *Eddie Chandler*, zweiter Detektiv; *Abner Biberman*, Lefty; *Vera Lewis*, Mrs. Gray; *Elliott Sullivan*, Eddies Zellengenosse; *Bert Hanlon*, Pianist; *Murray Alper*, erster Mechaniker; *Dick Wessel*, zweiter Mechaniker; *George Humbert*, Restaurantbesitzer; *Ben Welden*, Tavernenbesitzer; *John Deering*, Erzähler.
P: Hal B. Wallis und Samuel Bischoff/First National; **R:** Raoul Walsh;

Ra: Dick Mayberry; **D:** Jerry Wald, Richard Macaulay und Robert Rossen, nach einer Idee und Artikelserie von Mark Hellinger; **K:** Ernest Haller; **Sp:** Byron Haskin und Edwin B. DuPar; **AD:** Max Parker; **M:** Heinz Roemheld und Ray Heindorf; Song: «My Melancholy Baby» von Ernie Burnett und George A. Norton; «I'm Just wild About Harry» von Eubie Blake und Noble Sissle; «It Had To Be You» von Isham Jones und Gus Kahn; «In A Shanty In Old Shanty Town» von Jack Little, Joseph Young und John Siras; **T:** Everett A. Brown; **S:** Jack Killifer; **Ko:** Milo Anderson.

The Return of Doctor X. (dt. Das zweite Leben des Doktor X.)

Warner Brothers, 1939, **L:** 62 min.
B: *Wayne Morris*, Walter Barnett; *Rosemary Lane*, Joan Vance; *Humphrey Bogart*, Marshall Quesne; *Dennis Morgan*, Michael Rhodes; *John Litel*, Dr. Francis Flegg; *Lya Lys*, Angela Merrova; *Huntz Hall*, Pink; *Charles Wilson*, Detective Ray Kincaid; *Vera Lewis*, Miss Sweetman; *Howard Hickman*, Präsident; *Olin Howland*, Leichenbestatter; *Arthur Aylsworth*, Führer; *Jack Mower*, Moran; *Creighton Hale*, Hotelmanager; *John Ridgely*, Rodgers; *Joseph Crehan*, Redakteur; *Glenn Langan*, Assistenzarzt; *William Hopper*, Assistenzarzt.
P: Bryan Foy/First National; **R:** Vincent Sherman; **Ra:** Dick Mayberry; **D:** Lee Katz, frei nach dem Roman «The Doctor's Secret» von William J. Makin; **K:** Sid Hickox; **AD:** Esdras Hartley; **M:** Bernhard Kaun; **T:** Charles Lang; **S:** Thomas Pratt; **Ko:** Milo Anderson.

Invisible Stripes (dt. Zwölf Monate Bewährungsfrist)

Warner Brothers, 1939, **L:** 82 min.
B: *George Raft*, Cliff Taylor; *Jane Bryan*, Peggy; *William Holden*, Tim Taylor; *Humphrey Bogart*, Chuck Martin; *Flora Robson*, Mrs. Taylor; *Paul Kelly*, Ed Kruger; *Lee Patrick*, Molly; *Henry O'Neill*, Bewährungshelfer Masters; *Frankie Thomas*, Tommy; *Moroni Olsen*, Gefängnisdirektor; *Margot Stevenson*, Sue; *Marc Lawrence*, Lefty; *Joseph Downing*, Johnny; *Leo Gorcey*, Jimmy; *William Haade*, Shrank; *Tully Marshall*, Old Pete.
P: Hal B. Wallis und Louis F. Edelman/First National; **R:** Lloyd Bacon; **Ra:** Elmer Decker; **D:** Warren Duff, nach einer Kurzgeschichte von Jonathan Finn, basierend auf den Erinnerungen des Gefängnisdirektors Lewis E. Lawes; **K:** Ernest Haller; **Sp:** Byron Haskin; **AD:** Max Parker;

M: Heinz Roemheld; **T:** Ralph Thomas; **S:** James Gibbon; **Ko:** Milo Anderson.

Virginia City (dt. Goldschmuggel nach Virginia)

Warner Brothers, 1940, **L:** 121 min.
B: *Errol Flynn*, Kerry Bradford; *Miriam Hopkins*, Julia Hayne; *Randolph Scott*, Vance Irby; *Humphrey Bogart*, John Murrell; *Frank McHugh*, Mr. Upjohn; *Alan Hale*, Olaf Swenson; *Guinn «Big Boy» Williams*, Marblehead; *John Litel*, Marshall; *Douglass Drumbille*, Major Drewery; *Moroni Olsen*, Dr. Cameron; *Russell Hicks*, Armistead; *Dickie Jones*, Cobby; *Frank Wilcox*, Soldat; *Russell Simpson*, Gaylord; *Victor Kilian*, Abraham Lincoln; *Charles Middleton*, Jefferson Davis.
P: Hal B. Wallis und Robert Fellows/First National; **R:** Michael Curtiz; **Ra:** Sherry Shrouds; **D:** Robert Buckner, Howard Koch und Norman Reilly; **K:** Sol Polito; **Sp:** Byron Haskin und H. F. Koenekamp; **AD:** Ted Smith; **M:** Max Steiner; **T:** Oliver S. Garetson und Francis J. Scheid; **S:** George Amy; **Ko:** Milo Anderson.

It All Came True (dt. Ein Nachtclub für Sarah Jane)

Warner Brothers, 1940, **L:** 97 min.
B: *Ann Sheridan*, Sarah Jane Ryan; *Jeffrey Lynn*, Tommy Taylor; *Humphrey Bogart*, Graseeli/Chips Maguire; *ZaSu Pitts*, Miss Flint; *Una O'Connor*, Maggie Ryan; *Jessie Busley*, Norah Taylor; *John Litel*, Mr. Roberts; *Grant Mitchell*, Mr. Salmon; *Felix Bressart*, Mr. Boldini; *Charles Jedels*, Leantopopulos; *Brandon Tynan*, Mr. van Diver; *Howard Hickman*, Mr. Pendergast; *Herbert Vigran*, Monks.
P: Hal B. Wallis und Mark Hellinger/First National; **R:** Lewis Seiler; **Ra:** Russ Saunders; **D:** Michael Fessier und Lawrence Kimble nach dem Roman «Better Than Life» von Louis Bromfield; **K:** Ernest Haller; **Sp:** Byron Haskin und Edwin B. DuPar; **AD:** Max Parker; **M:** Heinz Roemheld; **T:** Dolph Thomas; **S:** Thomas Richards; **Ko:** Howard Shoup.

Brother Orchid (dt. Orchid, der Gangsterbruder)

Warner Brothers, 1940, **L:** 91 min.
B: *Edward G. Robinson*, Little John Sarto; *Ann Sothern*, Flo Addams; *Humphrey Bogart*, Jack Buck; *Donald Crisp*, Abt; *Ralph Bellamy*, Clarence Fletcher; *Allen Jenkins*, Willie, the Knife; *Charles D. Brown*, Bruder Wren; *Cecil Kellaway*, Bruder Goodwin; *Morgan Conway*, Philadelphia Powell; *Richard Lane*, Mugsy O'Day; *Paul Guilfoyle*, Red Martin; *John Ridgely*, Texas Pearson; *Joseph Crehan*, Bruder MacEwen; *Wilfred Lucas*, Bruder MacDonald; *Tom Tyler*, Curley Matthewes; *Dick Wessel*, Buffalo Burns; *Granville Bates*, Polizeichef von Pattonsville; *Paul Phillips*, French Frank; *Don Rowan*, Al Muller; *Nanette Vallon*, Fifi; *Tim Ryan*, Turkey Malone; *Joe Caites*, Handsome Harry; *Pat Gleason*, Dopey Perkins; *Tommy Baker*, Joseph.
P: Hal B. Wallis und Mark Hellinger/First National; **R:** Lloyd Bacon; **Ra:** Dick Mayberry; **D:** Earl Baldwin, nach einer «Collier's»-Serie von Richard Connell; **K:** Tony Gaudio; **Sp:** Byron Haskin, Willard van Enger und Edwin B. DuPar; **AD:** Max Parker; **M:** Heinz Roemheld; **T:** C. A. Riggs; **S:** William Holmes; **Ko:** Howard Shoup.

They Drive by Night (dt. Nachts unterwegs; brit. Titel: The Road to Frisco)

Warner Brothers, 1940, **L:** 97 min.
B: *George Raft*, Joe Fabrini; *Ann Sheridan*, Cassie Hartley; *Ida Lupino*, Lana Carlsen; *Humphrey Bogart*, Paul Fabrini; *Gale Page*, Pearl Fabrini; *Alan Hale*, Ed Carlsen; *Roscoe Karns*, Irish McGurn; *John Litel*, Harry McNamara; *George Tobias*, George Rondolos; *Henry O'Neill*, Staatsanwalt; *Charles Halton*, Farnsworth; *Paul Hurst*, Pete Haig; *John Ridgely*, Hank Dawson; *George Lloyd*, Barney; *Joyce Compton*, Sue Carter; *Charles Wilson*, Mike Williams; *Pedro Regas*, McNamaras Helfer; *Norman Willis*, Neves; *Joe Devlin*, Fatso; *William Haade*, Fahrer; *Vera Lewis*, Wirtin; *John Hamilton*, Verteidiger.
P: Hal B. Wallis und Mark Hellinger/First National; **R:** Raoul Walsh; **Ra:** Elmer Decker; **D:** Jerry Wald und Richard Macaulay, nach dem Roman «Long Haul» von A. I. Bezzerides; **K:** Arthur Edeson; **Sp:** Byron Haskin, H. F. Koenekamp, James Gibbons, John Holden und Edwin B. DuPar; **AD:** John Hughes; **M:** Adolph Deutsch; **T:** Oliver S. Garretson; **S:** Thomas Richards; **Ko:** Milo Anderson.

High Sierra (dt. Entscheidung in der Sierra)

Warner Brothers, 1941, **L:** 100 min.
B: *Ida Lupino*, Marie Garson; *Humphrey Bogart*, Roy Earle; *Alan Curtis*, Babe Kozak; *Arthur Kennedy*, Red Hattery; *Joan Leslie*, Velma; *Henry Hull*, Doc Banton; *Henry Travers*, Pa Goodhue; *Jerome Cowan*, Healy; *Minna Gombell*, Mrs. Baughman; *Barton MacLane*, Jake Kranmer; *Elisabeth Risdon*, Ma Goodhue; *Cornel Wilde*, Louis Mendoza; *Donald MacBride*, Big Mac; *Paul Harvey*, Mr. Baughman; *Isabel Jewell*, Blondine; *Willie Best*, Algernon; *Spencer Charters*, Ed; *George Meeker*, Pfiffer; *Robert Strange*, Art; *John Edredge*, Lon Preiser; *Sam Hayes*, Erzähler; *Louis Jean Heydt*, Hotelgast; *Harry Hayden*, Geschäftsinhaber; *Zero*, der Hund Pard.
P: Hal B. Wallis und Mark Hellinger/First National; **R:** Raoul Walsh; **Ra:** Elmer Decker; **D:** John Huston und W.R. Burnett, nach dem gleichnamigen Roman von W.R. Burnett; **K:** Tony Gaudio; **Sp:** Byron Haskin und H.F. Koenekamp; **AD:** Ted Smith; **M:** Adolph Deutsch; **T:** Dolph Thomas; **S:** Jack Killifer; **Ko:** Milo Anderson.

The Wagons Roll at Night (dt. Von Stadt zu Stadt)

Warner Brothers, 1941, **L:** 84 min.
B: *Humphrey Bogart*, Nick Coster; *Sylvia Sidney*, Flo Loraine; *Eddie Albert*, Matt Varney; *Joan Leslie*, Mary Coster; *Sig Runmann*, Hoffmann der Große; *Cliff Clark*, Doc; *Charley Foy*, Snapper; *Frank Wilcox*, Tex; *John Ridgely*, Arch; *Clara Blandick*, Mrs. Williams; *Aldrich Bowker*, Mr. Williams; *Garry Owen*, Gus; *Jack Mower*, Bundy; *Frank Mayo*, Wally.
P: Harlan Thompson/First National; **R:** Ray Enright; **Ra:** Jesse Hibbs; **D:** Fred Niblo Jr. und Barry Trivers, nach dem Roman «Kid Galahad» von Francis Wallace; **Sp:** Byron Haskin und H.F. Koenekamp; **AD:** Hugh Reticker; **M:** Heinz Roemheld; **T:** Dolph Thomas; **S:** Frederick Richards; **Ko:** Milo Anderson.

The Maltese Falcon (dt. Die Spur des Falken; Der Malteser Falke)

Warner Brothers, 1941, **L:** 100 min.
B: *Humphrey Bogart*, Sam Spade; *Mary Astor*, Brigid O'Shaughnessey; *Gladys George*, Iva Archer; *Peter Lorre*, Joel Cairo; *Barton MacLane*, Lieutenant Dundy; *Lee Patrick*, Effie Perine; *Sydney Green-*

street, Casper Gutman; *Ward Bind*, Detective Tom Polhaus; *Jerome Cowan*, Miles Archer; *Elisha Cook Jr.*, Wilmer Cook; *James Burke*, Luke; *Murray Alper*, Frank; *John Hamilton*, Staatsanwalt Bryan; *Emory Parnell*, Matrose; *Walter Huston*, Kapitän Jacobi.
P: Hal B. Wallis und Henry Blanke/First National; **R:** John Huston; **Ra:** Claude Archer; **D:** John Huston, nach dem gleichnamigen Roman von Dashiell Hammett; **K:** Arthur Edeson; **AD:** Robert Haas; **M:** Adolph Deutsch; **T:** Oliver S. Garretson; **S:** Thomas Richards; **Ko:** Orry-Kelly.

All Through the Night (dt. Agenten der Nacht)

Warner Brothers, 1942, **L:** 107 min.
B: *Humphrey Bogart*, Gloves Donahue; *Conrad Veidt*, Hall Ebbing; *Kaaren Verne*, Leda Hamilton; *Jane Darwell*, Ma Donahue; *Frank McHugh*, Barney; *Peter Darwell*, Pepi; *Judith Anderson*, Madame; *William Demarest*, Sunshine; *Jackie C. Gleason*, Starchie; *Phil Silvers*, Kellner; *Wallace Ford*, Spats Hunter; *Barton MacLane*, Marty Callahan; *Edward Brophy*, Joe Denning; *Martin Kosleck*, Steindorff; *Jean Ames*, Annabelle; *Ludwig Stossel*, Mr. Miller; *Irene Seidner*, Mrs. Miller; *James Burke*, Forbes; *Ben Welden*, Smitty; *Hans Schumm*, Anton; *Charles Cane*, Spence; *Frank Sully*, Sage; *Sam McDaniel*, Deacon.
P: Jerry Wald/First National; **R:** Vincent Sherman; **Ra:** William Kissel; **D:** Leonard Spigelgass und Edwin Gilbert, nach einer Idee von Leonard Q. Ross (= Leo Rosten) und Leonard Spigelgass; **K:** Sid Hickox; **Sp:** Edwin B. DuPar; **AD:** Max Parker; **M:** Adolph Deutsch; Song: «All Through The Night» von Johnny Mercer und Arthur Schwartz; **T:** Oliver S. Garretson; **S:** Rudi Fehr; **Ko:** Milo Anderson.

In This Our Life (dt. Ich will mein Leben leben)

Warner Brothers, 1942, **L:** 97 min.
B: *Bette Davis*, Stanley Timberlake; *Olivia de Havilland*, Roy Timberlake; *George Brent*, Craig Fleming; *Dennis Morgan*, Peter Kingsmill; *Charles Coburn*, William Fitzroy; *Frank Craven*, Asa Timberlake; *Billie Burke*, Lavinia Timberlake; *Hattie McDaniel*, Minerva Clay; *Lee Patrick*, Betty Wilmouth; *Ernest Anderson*, Passy Clay; *Walter Huston*, Bartender; *Humphrey Bogart, Mary Astor, Peter Lorre, Sydney Greenstreet*, Partygäste.
P: Hal B. Wallis/First National; **R:** John Huston; **D:** Howard Koch

und John Huston, nach dem gleichnamigen Roman von Ellen Glasgow; **K:** Ernest Haller; **AD:** Robert Haas; **M:** Max Steiner; **T:** Stanley Jones; **S:** William Holmes; **Ko:** Orry-Kelly.

The Big Shot (dt. Der große Gangster)

Warner Brothers, 1932, **L:** 90 min.
B: *Humphrey Bogart*, Duke Berne; *Irene Manning*, Lorna Fleming; *Richard Travis*, George Anderson; *Susan Peters*, Ruth Carter; *Stanley Ridges*, Martin Fleming; *Minor Watson*, Gefängnisdirektor Booth; *Chick Chandler*, Tänzer; *Joseph Downing*, Frenchy; *Howard da Silva*, Sandor; *Murray Alper*, Quinto; *Roland Drew*, Faye; *John Ridgely*, Tim; *Joseph King*, Toohey; *John Hamilton*, Richter; *Virginia Brissa*, Mrs. Booth; *William Edmunds*, Sarto; *Virginia Sale*, Mrs. Miggs; *Ken Christy*, Kat; *Wallace Scott*, Rusty.
P: Walter MacEwen / First National; **R:** Lewis Seiler; **Ra:** Art Luecker; **D:** Bertram Millhauser, Abem Finkel und Daniel Fuchs; **K:** Sid Hickox; **AD:** John Hughes; **M:** Adolph Deutsch; **T:** Stanley Jones; **S:** Jack Killifer; **Ko:** Milo Anderson.

Across the Pacific (dt. Abenteuer in Panama)

Warner Brothers, 1942, **L:** 97 min.
B: *Humphrey Bogart*, Rick Leland; *Mary Astor*, Albert Marlow; *Sydney Greenstreet*, Dr. Lorenz; *Charles Halton*, A. V. Smith; *Victor Sen Yung*, Joe Totsuiko; *Roland Got*, Sugi; *Lee Tung Foo*, Sam Wing On; *Frank Wilcox*, Captain Morrison; *Paul Stanton*, Colonel Hart; *Lester Matthews*, kanadischer Major; *John Hamilton*, Vorsitzender des Kriegsgerichtes; *Tom Stevenson*, großer, dünner Mann; *Roland Drew*, Captain Harkness; *Monte Blue*, Dan Morton; *Chester Gan*, Captain Higoto; *Richard Loo*, erster Offizier Miyuma; *Keye Luke*, Angestellter im Schiffahrtsbüro; *Kam Tong*, T. Oki; *Spencer Chan*, Chefingenieur Mitsudo; *Rudy Robles*, philippinischer Attentäter; *Frank Faylen*, Puppenverkäufer; *Tony Caruso*, Taxifahrer.
P: Jerry Wald und Jack Saper / First National; **R:** John Huston; **Ra:** Lee Katz; **D:** Richard Macaulay nach der «Saturday Evening Post»-Artikelserie «Aloha Means Good-Bye» von Robert Carson; **K:** Arthur Edeson; **Sp:** Byron Haskin und Willard van Enger; **AD:** Carl Jules Weyl; **M:** Adolph Deutsch; **T:** Everett A. Brown; **S:** Frank Magee; **Ko:** Milo Anderson.

Casablanca (dt. Casablanca)

Warner Brothers, 1942, **L:** 102 min.
B: *Humphrey Bogart*, Rick Blaine; *Ingrid Bergman*, Ilsa Lund; *Paul Henreid*, Victor Laszlo; *Claude Rains*, Captain Louis Renault; *Conrad Veidt*, Major Strasser; *Sydney Greenstreet*, Senor Ferrari; *Peter Lorre*, Ugarte; *S. Z. Sakall*, Karl; *Madeleine LeBeau*, Yvonne; *Dooley Wilson*, Sam; *Joy Page*, Annina Brandel; *John Qualen*, Berger; *Leonid Kinsky*, Sascha; *Helmut Dantine*, Jan Brandel; *Curt Bois*, Taschendieb; *Marcel Dalio*, Emil, der Croupier; *Corinna Mura*, Sängerin; *Ludwig Stossel*, Mr. Leuchtag; *Ilka Gruning*, Mrs. Leuchtag; *Charles La Torre*, italienischer Offizier Tonelli; *Frank Puglia*, arabischer Händler; *Dan Seymour*, Abdul; *Oliver Prickett*, Kellner im Blue Parrot; *Torben Meyer*, deutscher Bankier; *Gino Corrado*, Kellner; *George Dee*, Lieutenant Casselle; *Norma Varden*, Engländerin; *Leo Mostovoy*, Fyodor; *Richard Reyen*, Heinze; *Martin Garralaga*, Oberkellner; *Olaf Hytten*, reicher Mann; *Monte Blue*, Amerikaner; *Michael Mark*, Verkäufer; *Leon Belasco*, Händler; *Paul Porcasi*, Marokkaner; *Hans von Twardowski*, 1. deutscher Offizier; *Albert Morin*, französischer Offizier; *Creighton Hale*, Kunde; *Henry Rowland*, 2. deutscher Offizier; *Louis Mercier, Gregory Gay, George Meeker*, Schmuggler; *Lou Marcelle*, Erzähler.
P: Hal B. Wallis/First National; **R:** Michael Curtiz; **Ra:** Lee Katz; **D:** Howard Koch, Casey Robinson, Albert Maltz, Julius J. und Philip G. Epstein, nach dem Theaterstück «Everbody Comes to Rick's» von Murray Burnett und Joan Alison; **K:** Arthur Edeson; **Sp:** Lawrence Butler und Willard van Enger; **AD:** Carl Jules Weyl; **M:** Max Steiner; Songs: «As Time Goes By» von Herman Hupfeld; «Knock on Wood», «That's What Noah Done», «Muse's Call» von M. K. Jerome und Jack Scholl; «Shine» von Ford Dabney und Cecil Mack; «It Had to Be You» von Isham Jones und Gus Kahn; «Perfidia», «Le Marseillaise» von Claude Joseph Rouget de Lisle; «Die Wacht am Rhein» von Max Schneckenburger und Carl Wilhelm; **T:** Francis J. Scheid; **S:** Owen Marks; **Ko:** Orry-Kelly.

Action in the North Atlantic (dt. Einsatz im Nordatlantik)

Warner Brothers, 1943, **L:** 127 min.
B: *Humphrey Bogart*, Joe Rossi; *Raymond Massey*, Captain Steve Jarvis; *Alan Hale*, Boats O'Hara; *Julie Bishop*, Pearl; *Ruth Gordon*, Mrs. Jarvis; *Sam Levene*, Chips Abrams; *Dane Clark*, Johnny Pulaski;

Peter Whitney, Whitey Lara; *Dick Hogan*, Kadett Robert Parker; *Minor Watson*, Admiral Hartridge; *J.M. Kerrigan*, Caviar Jinks; *Kane Richmond*, Ensign Wright; *William von Brincken*, deutscher U-Boot-Kapitän; *Chick Chandler*, Goldberg; *George Offerman Jr.*, Cecil; *Don Douglas*, Lieutenant Commander; *Art Foster*, Pete Larson; *Ray Montgomery*, Aherne; *Glenn Strange*, Tex Matthews; *Creighton Hale*, Sparks; *Elliott Sullivan*, Hennessy; *Alec Craig*, McGonigle; *Ludwig Stossel*, Kapitän Ziemer; *Dick Wessel*, Cherub; *Frank Puglia*, Kapitän Carpolis; *Iris Adrian*, Jenny O'Hara; *Irving Bacon*, Barmann; *James Flavin*, Lieutenant Commander.
P: Jerry Wald/First National; **R:** Lloyd Bacon; **Ra:** Reggie Callow; **D:** John Howard Lawson, A.T. Bezzerides und W.R. Burnett, nach dem gleichnamigen Roman von Guy Gilpatric; **K:** Ted McCord; **Sp:** Jack Cosgrove und Edwin Perc Westmore; **AD:** Ted Smith; **M:** Adolph Deutsch; **T:** C.A. Riggs; **S:** Ted McCord; **Ko:** Milo Anderson.

Thank Your Lucky Stars

Warner Brothers, 1943, **L:** 127 min.
B: *Eddie Cantor*, Joe Simpson; *Joan Leslie*, Pat Dixon; *Dennis Morgan*, Tom Randolph; *Edward Everett Horton*, Farnsworth; *S.Z. Sakall*, Dr. Schlenna; *Hattie MacDaniel*, Gossip; *Ruth Donnelly*, Schwester Hamilton; *Don Wilson*, Ansager; *Willie Best*, Soldat; *Henry Armetta*, Angelo; *Joyce Reynolds*, Mädchen mit Buch, *Spike Jones and His City Slickers, Humphrey Bogart, Errol Flynn, Bette Davis, Olivia de Havilland, John Garfield, Ida Lupino, Ann Sheridan, Dinah Shore, Alexis Smith, Jack Carson, Alan Hale, George Tobias* als sie selbst.
P: Mark Hellinger/First National; **R:** David Butler; **RA:** Phil Quinn; **D:** Norman Panama, Melvin Frank und James V. Kern, nach einer Idee von Everett Freeman und Arthur Schwartz; **K:** Arthur Edeson; **Sp:** H.F. Koenekamp; **AD:** Anton Grot und Leo K. Kuter; **M:** Heinz Roemheld, Maurice de Packh, Arthur Schwartz und Frank Loesser; **T:** Francis J. Scheid und Charles David Forrest; Clayton Ward; **S:** Ralph Dixon; **Ko:** Milo Anderson.

Sahara (dt. Sahara)

Columbia, 1943, **L:** 97 min.
B: *Humphrey Bogart*, Sergeant Joe Gunn; *Bruce Bennett*, Waco Hoyt; *J. Carrol Naish*, Guiseppe; *Lloyd Bridges*, Fred Clarkson; *Rex Ingram*, Tambul; *Richard Nugent*, Captain Jason Halliday; *Dan Dureyea*, Jimmy Doyle; *Carl Harbord*, Marty Williams; *Patrick O'Moore*, Ozzie Bates; *Louis Mercier*, Jean Leroux; *Guy Kingsford*, Peter Stegman; *Kurt Krueger*, Hauptmann von Schletow; *John Wengraf*, Major von Falken; *Hans Schumm*, Feldwebel Krause.
P: Harry Joe Brown; **R:** Zoltan Korda; **Ra:** Abby Berlin; **D:** John Howard Lawson, James O'Hanlon und Zoltan Korda, nach dem russischen Originaldrehbuch «Trinadstat» von Mikhail Romm; **K:** Rudolph Maté; **AD:** Lionel Banks und Eugene Lourie; **M:** Miklos Rozsa und Morris Stoloff; **T:** Lodge Cunningham; **S:** Charles Nelson.

Passage to Marseille (dt. Fahrkarten nach Marseille)

Warner Brothers, 1944, **L:** 109 min.
B: *Humphrey Bogart*, Matrac; *Claude Rains*, Captain Freycinet; *Michele Morgan*, Paula; *Philip Dorn*, Renault; *Sydney Greenstreet*, Major Duval; *Peter Lorre*, Marius; *George Tobias*, Petit; *Helmut Dantine*, Garrou; *John Loder*, Manning; *Victor Francen*, Kapitän Malo; *Vladimir Sokoloff*, Großvater; *Eduardo Cianelli*, Chefingenieur; *Corinna Mura*, Sängerin; *Konstantin Shayne*, erster Offizier; *Stephen Richards*, Lieutenant Hastings; *Charles La Torre*, Lieutenant Lenoir; *Hans Conried*, Jourdain; *Monte Blue*, zweiter Offizier; *Billy Roy*, Schiffsjunge; *Frederick Brunn*, Bijou; *Louis Mercier*, zweiter Ingenieur.
P: Hal B. Wallis/First National; **R:** Michael Curtiz; **Ra:** Frank Heath; **D:** Casey Robinson und Jack Moffitt, nach dem Roman «Men Without Country» von Charles Nordhoff und James Norman Hall; **K:** James Wong Howe; **Sp:** Jack Cosgrove, Edwin B. DuPar, Byron Haskin, E. Roy Davidson und Rex Wimpy; **AD:** Carl Jules Weyl; **M:** Max Steiner und Leonid Raab; Song: «Someday I'll Meet You Again» von Max Steiner und Ned Washington; **T:** Everett A. Brown; **S:** Owen Marks; **Ko:** Leah Rhodes.

Report from the Front

Warner Brothers/National Screen Service 1944, **L:** 3 min.
B: Humphrey Bogart; Mayo Methot
P: Red Cross Drive Committee of the Motion Picture Industry; **R:** Peter Godfrey; **D:** Mary McCall Jr.; **K:** Jonny Sommerville; **M:** Max Steiner; **T:** C. A. Riggs; **S:** Peter Godfrey.

To Have and Have Not (dt. Haben und Nichthaben)

Warner Brothers, 1944, **L:** 100 min.
B: *Humphrey Bogart*, Harry Morgan; *Walter Brennan*, Eddie; *Lauren Bacall*, Marie; *Dolores Moran*, Helene de Brusac; *Hoagy Carmichael*, Cricket; *Walter Molnar*, Paul de Brusac; *Sheldon Leonard*, Lieutenant Coyo; *Marcel Dario*, Gerard; *Walter Sande*, Johnson; *Dan Seymour*, Captain Renard; *Aldo Nadi*, Renards Leibwächter; *Paul Marion*, Beauclerc; *Patricia Shay*, Mrs. Beauclerc; *Pat West*, Barmann; *Emmett Smith*, Emil; *Sir Lancelot*, Horatio.
P: Howard Hawks/First National; **R:** Howard Hawks; **Ra:** Jack Sullivan; **D:** Jules Furthman und William Faulkner, nach dem gleichnamigen Roman von Ernest Hemingway; **K:** Sid Hickox; **Sp:** E. Roy Davidson und Rex Wimpy; **AD:** Charles Novi; **M:** Franz Waxman; **T:** Oliver S. Garretson; **S:** Christian Nyby; **Ko:** Milo Anderson.

Conflict (dt. Konflikt; Tatort Springfield)

Warner Brothers, 1942, **L:** 86 min.
B: *Humphrey Bogart*, Richard Mason; *Alexis Smith*, Evelyn Turner; *Sydney Greenstreet*, Dr. Mark Hamilton; *Rose Hobart*, Kathryn Mason; *Charles Drake*, Professor Norman Holdsworth; *Grant Mitchell*, Dr. Grant; *Patrick O'Moore*, Detective Lieutenant Egan; *Ann Shoemaker*, Nora Grant; *Frank Wilcox*, Robert Freston; *Edwin Stanley*, Phillips; *James Flavin*, Detective Lieutenant Workman; *Mary Servoss*, Mrs. Allman; *Wallis Clark*, Schriftexperte; *Harlan Briggs*, Ladenangestellter.
P: William Jacobs/First National; **R:** Curtis Bernhardt; **Ra:** Elmer Decker; **D:** Arthur T. Horman und Dwight Taylor, nach einer Idee von Robert Siodmak und Alfred Neumann; **K:** Merrit Gerstad; **AD:** Ted Smith; **M:** Frederick Hollander (= Friedrich Hollaender); **T:** Oliver S. Garretson; **S:** David Weisbart; **Ko:** Milo Anderson.

Hollywood Victory Caravan

Paramount Pictures, 1945, **L:** 20 min.
B: Robert Benchley, Humphrey Bogart, Joe Carioca, Carmen Cavallero und sein Orchester, Bing Crosby, William Demarest, Donna Drake, Bob Hope, Betty Hutton, Alan Ladd, Diana Lynn, Noreen Nash, Franklin Pangborn, Olga San Juan, Barbara Stanwyck, Charles Victor, Marjorie Weaver, Virginia Welles, der Chor der U.S. Maritime Service Training Station.
P: Louis Harris/War Activities Committee/Treasury Department; **R:** William Russell; **D:** Melville Shavelson; **K:** John Seitz; **T:** C.A. Riggs; **S:** Louis Harris.

The Big Sleep (dt. Tote schlafen fest)

Warner Brothers, 1946, **L:** 114 min.
B: *Humphrey Bogart*, Philip Marlowe; *Lauren Bacall*, Vivian Rutledge; *John Ridgely*, Eddie Mars; *Martha Vickers*, Carmen Sternwood; *Dorothy Malone*, Besitzerin der Buchhandlung; *Peggy Knudsen*, Mrs. Edie Mars; *Regis Toomey*, Bernie Ohls; *Charles Waldron*, General Sternwood; *Charles D. Brown*, Norris; *Bob Stelle*, Canino; *Elisah Cook Jr.*, Harry Johnes; *Louis Jean Heydt*, Joe Brody; *Sonia Darrin*, Agnes; *James Flavin*, Captain Cronjager; *Thomas Jackson*, Staatsanwalt Wilde; *Dan Wallace*, Carol Lundgren; *Theodore von Etz*, Arthur Geiger; *Joy Barlowe*, Taxifahrer; *Tom Fadden*, Sidney; *Ben Welden*, Pete; *Trevor Bardette*, Art Huck; *Joseph Crehan*, Arzt.
P: Howard Hawks/First National; **R:** Howard Hawks; **Ra:** Robert Vreeland; **D:** William Faulkner, Leigh Brackett und Jules Furthman, nach dem gleichnamigen Roman von Raymond Chandler; **K:** Sid Hickox; **Sp:** E. Roy Davidson, Warren E. Lynch, William McGann, Robert Burks und Willard van Enger; **AD:** Carl Jules Weyl; **M:** Max Steiner; **T:** Robert B. Lee; **S:** Christian Nyby; **Ko:** Leah Rhodes.

Two Guys from Milwaukee

Warner Brothers, 1946, **L:** 90 min.
B: *Dennis Morgan*, Prinz Henry; *Jack Carson*, Buzz Williams; *Joan Leslie*, Connie Reed; *Janis Paige*, Polly; *S. Z. Sakall*, Graf Oswald; *Patti Brady*, Peggy; *Tom D'Andrea*, Happy; *Rosemary de Camp*, Nan; *John Ridgely*, Mike Collins; *Pat McVey*, Johnson; *Franklin Pangborn*,

Theatermanager; *Francis Pierlot*, Dr. Bauder; *Lauren Bacall, Humphrey Bogart* als sie selbst.
P: Alex Gottlieb/First National; **R:** David Butler; **Ra:** Jesse Hibbs; **D:** Charles Hoffman und I. A. L. Diamond; **K:** Arthur Edeson; **Sp:** Harry Barndollar und Edwin B. DuPar; **AD:** Leo K. Kuter; **M:** Frederick Hollander; **T:** Stanley Jones; **S:** Irene Morra; **Ko:** Leah Rhodes.

Dead Reckoning (dt. Späte Sühne)

Warner Brothers, 1947, **L:** 100 min.
B: *Humphrey Bogart*, Rip Murdock; *Lizabeth Scott*, Carol Chandler; *Morris Carnovsky*, Martinelli; *Charles Cane*, Lieutenant Kincaid; *William Pronce*, Johnny Drake; *Marvin Miller*, Krause; *Wallace Ford*, McGee; *James Bell*, Pater Logan; *George Chandler*, Louis Ord; *William Forrest*, Lieutenant Colonel Simpson; *Ruby Dandridge*, Hyacinth.
P: Sidney Biddell; **R:** John Cromwell; **Ra:** Seymour Friedman; **D:** Oliver H. P. Garrett, Allen Rivkin und Steve Fisher nach einer Kurzgeschichte von Gerald Adams und Sidney Biddell; **K:** Leo Tover; **AD:** Stephen Gosson und Rudolph Sternad; **M:** Marlin Skiles; **T:** C. A. Riggs; **S:** Gene Havlick; **Ko:** Jean Louis.

The Two Mrs. Carrolls (dt. Die zweite Mrs. Carroll; Die zweite Frau; Die zwei Mrs. Carrolls)

Warner Brothers, 1947, **L:** 99 min.
B: *Humphrey Bogart*, Geoffrey Carroll; *Barbara Stanwyck*, Sally Carroll; *Alexis Smith*, Cecily Latham; *Nigel Bruce*, Dr. Tuttle; *Isabel Elson*, Mrs. Latham; *Patrick O'Moore*, Charles Pennington; *Ann Carter*, Beatrice Carroll; *Anita Bolster*, Christine; *Barry Bernard*, Mr. Blagdon; *Colin Campbell*, MacGregor; *Peter Godfrey*, Tipgeber beim Pferderennen; *Creighton Hale*, Gast.
P: Mark Hellinger/First National; **R:** Peter Godfrey; **Ra:** Claude Archer; **D:** Thomas Job, nach dem gleichnamigen Theaterstück von Martin Vale; **K:** Peverell Marley; **Sp:** Robert Burks; **AD:** Anton Grot; **M:** Franz Waxmann; **T:** C. A. Riggs; **S:** Frederick Richards; **Ko:** Edith Head und Milo Anderson.

Dark Passage (dt. Die schwarze Natter; Das unbekannte Gesicht)

Warner Brothers, 1947, **L:** 106 min.
B: *Humphrey Bogart*, Vincent Parry; *Lauren Bacall*, Irene Jansen; *Bruce Bennett*, Bob Rapf; *Agnes Morehead*, Madge Rapf; *Tom D'Andrea*, Sam; *Clifton Young*, Bakr; *Douglas Kennedy*, Detective; *Rory Mallinson*, George Fellsinger; *Houseley Stevenson*, Dr. Walter Coley.
P: Jerry Wald/First National; **R:** Delmer Daves; **Ra:** Dick Mayberry; **D:** Delmer Daves, nach dem gleichnamigen Roman von David Goodis; **K:** Sid Hickox; **Sp:** H.F. Koenekamp; **AD:** Charles H. Clarke; **M:** Franz Waxmann; **T:** Dolph Thomas; **S:** David Weisbart; **Ko:** Bernard Newman.

Always Together

Warner Brothers, 1947, **L:** 78 min.
B: *Robert Hutton*, Don Masters; *Joyce Reynolds*, Jane Barker; *Cecil Kellaway*, Jonathan Turner; *Ernest Treux*, Mr. Bull; *Don McGuire*, McIntyre; *Ransom Sherman*, Richter; *Douglas Kennedy*, Doberman; *Humphrey Bogart*, als er selbst.
P: Alex Gottlieb/First National; **R:** Frederick de Cordova; **Ra:** James McMahon; **D:** Phoebe Ephron, Henry Ephron, I. A. L. Diamond; **K:** Carl Guthrie; **Sp:** William McGann und Edwin B. DuPar; **AD:** Leo K. Kuter; **M:** Werner Heymann; **T:** C. A. Riggs; **S:** Folmer Blangsted; **Ko:** Travilla.

The Treasure of the Sierra Madre (dt. Der Schatz der Sierra Madre)

Warner Brothers, 1948, **L:** 126 min.
B: *Humphrey Bogart*, Dobbs; *Walter Huston*, Howard; *Tim Holt*, Curtin; *Bruce Bennett*, Cody; *Barton MacLane*, McCormick; *Alfonso Bedoya*, Gold Hat; *A. Soto Rangel*, Presidente; *Manuel Donde*, El Jefe; *Jose Torvay*, Pablo; *Margarito Luna*, Pancho; *Jacqueline Dalya*, leichtes Mädchen; *Bobby Blake*, mexikanischer Junge, *John Huston*, Mann im weißen Anzug; *Jack Holt*, Herumtreiber; *Harry Vejar*, Barkeeper.
P: Henry Blanke/First National; **R:** John Huston; **Ra:** Dick Mayberry; **D:** John Huston, nach dem gleichnamigen Roman von B. Traven; **K:** Ted McCord; **Sp:** William McGann und H. F. Koenekamp; **AD:** John Hughes; **M:** Max Steiner; **T:** Robert B. Lee; **S:** Owen Marks; **Ko:** Milo Anderson.

Key Largo (dt. Hafen des Lasters; Gangster in Key Largo)

Warner Brothers, 1948, **L:** 101 min.
B: *Humphrey Bogart*, Frank McCloud; *Edward G. Robinson*, Johnny Rocco; *Lauren Bacall*, Nora Temple; *Lionel Barrymore*, James Temple; *Claire Trevor*, Gaye Dawn; *Thomas Gomez*, Curley Hoff; *Harry Lewis*, Toots Bass; *John Rodney*, Deputy Clyde Sawyer; *Marc Lawrence*, Ziggy; *Dan Seymour*, Angel Garcia; *Monte Blue*, Sheriff Ben Wade; *William Hade*, Ralph Feeney; *Jay Silverheels*, Tom Osceola; *Rodric Redwing*, John Osceola.
P: Jerry Wald/First National; **R:** John Huston; **Ra:** Art Luecker; **D:** Richard Brooks und John Huston, nach dem gleichnamigen Theaterstück von Maxwell Anderson; **K:** Karl Freund; **Sp:** William McGann und Robert Burks; **AD:** Leo K. Kuter; **M:** Max Steiner; **T:** Dolph Thomas; **S:** Rudi Fehr; **Ko:** Leah Rhodes.

Knock on Any door (dt. Vor verschlossenen Türen)

Columbia, 1949, **L:** 100 min.
B: *Humphrey Bogart*, Andrew Morton; *John Derek*, Nick Romano; *George Macready*, Kerman; *Allene Roberts*, Emma; *Susan Perry*, Adele Morton; *Mickey Knox*, Vito; *Barry Kelley*, Richter Drake; *Cara Williams*, Nelly; *Jimmy Conlin*, Kid Fingers; *Sumner Williams*, Jimmy; *Sid Melton*, Squint; *Pepe Hern*, Juan; *Dewey Martin*, Butch; *Robert A. Davis*, Sunshine; *Houseley Stevenson*, Junior; *Vince Barnett*, Barmann; *Thomas Sully*, Officer Hawkins; *Florence Auer*, Tante Lena; *Pierre Watkin*, Purcell; *Gordon Nelson*, Corey; *Argentina Brunetti*, Ma Romano; *Dick Sinatra*, Julian Romano; *Carol Coombs*, Ang Romano; *Joan Baxter*, Maria Romano.
P: Robert Lord und Henry S. Kesler/Santana; **R:** Nicholas Ray; **Ra:** Arthur S. Black; **D:** Daniel Taradash und John Monks Jr., nach dem gleichnamigen Roman von Willard Motley; **K:** Burnett Guffey; **AD:** Robert Peterson; **M:** George Antheil; **T:** Frank Goodwin; **S:** Viola Lawrence; **Ko:** Jean Louis.

Tokyo Joe (dt. Tokio-Joe)

Columbia, 1949, **L:** 88 min.
B: *Humphrey Bogart*, Joe Barrett; *Alexander Knox*, Mark Landis; *Florence Marly*, Trina; *Sessue Hayakawa*, Baron Kimura; *Jerome Court-*

land, Danny; *Gordon Jones*, Idaho; *Teru Shimada*, Ito; *Hideo Mori*, Kanda; *Charles Meredith*, General Ireton; *Rhys Williams*, Colonel Dahlgren; *Lora Lee Michael*, Anya; *Kyoko Kamo*, Nani-San; *Gene Gondo*, Kamikaze; *Harold Goodwin*, Major Loomis; *James Cardwell*, M.P. Captain; *Frank Kumagai*, Lkw-Fahrer; *Tetsu Komai*, Takenobu; *Otto Han*, Hara; *Yosan Tsuruta*, Goro.
P: Robert Lord und Henry S. Kesler/Santana; **R:** Stuart Heisler; **Ra:** Wilbur McGaugh; **D:** Cyril Hume, Walter Doniger und Bertram Millhauser, nach einer Kurzgeschichte von Steve Fisher; **K:** Charles Lawton Jr.; **AD:** Robert Peterson; **M:** George Antheil; **T:** Russell Malmgren; **S:** Viola Lawrence; **Ko:** Jean Louis.

Chain Lightning (dt. Des Teufels Pilot)

Warner Brothers, 1950, **L:** 94 min.
B: *Humphrey Bogart*, Matt Brennan; *Eleanor Parker*, Jo Holloway; *Raymond Massey*, Leland Willis; *Richard Whorf*, Carl Troxell; *James Brown*, Major Hinkle; *Roy Roberts*, General Hewitt; *Morris Ankrum*, Ed Bostwick; *Fay Baker*, Mrs. Willis; *Fred Sherman*, Jeb Farley.
P: Anthony Veiller/First National; **R:** Stuart Heisler; **Ra:** Don Page; **D:** Liam O'Brien und Vincent Evans, nach einer Idee von J. Redmond Prior; **K:** Ernest Haller; **Sp:** William McGann, Harry Barndollar, H.F. Koenekamp und Edwin B. DuPar; **AD:** Leo K. Kuter; **M:** David Buttolph; **T:** Francis J. Scheid; **S:** Thomas Reilly; **Ko:** Leah Rhodes.

In a Lonely Place (dt. Ein einsamer Ort)

Columbia, 1950, **L:** 94 min.
B: *Humphrey Bogart*, Dixon Steele; *Gloria Grahame*, Laurel Gray; *Frank Lovejoy*, Brub Nicolai; *Carl Benton Reid*, Captain Lochner; *Art Smith*, Mel Lippman; *Jeff Donnell*, Slyvia Nicolai; *Martha Stewart*, Mildred Atkinson; *Robert Warwick*, Charlie Waterman; *Morris Ankrum*, Lloyd Barnes; *William Ching*, Ted Barton; *Steven Geray*, Paul; *Hadda Brooks*, Sängerin; *Alice Talton*, Frances Randolph; *Jack Reynolds*, Henry Kesler; *Ruth Warren*, Effie; *Ruth Gilette*, Martha; *Guy Beach*, Swan; *Lewis Howard*, Junior.
P: Robert Lord und Henry S. Kesler/Santana; **R:** Nicholas Ray; **Ra:** Earl Bellamy; **D:** Andrew Solt und Edmund H. North, nach dem gleichnamigen Roman von Dorothy B. Hughes; **K:** Burnett Guffey; **AD:** Robert Peterson; **T:** Howard Fogetti; **S:** Viola Larance; **Ko:** Jean Louis.

The Enforcer (dt. Der Tiger; brit. Titel: Murder Inc.)

Warner Brothers, 1951, **L:** 87 min.
B: *Humphrey Bogart*, Martin Ferguson; *Zero Mostel*, Big Babe Lazich; *Ted de Corsia*, Joseph Rico; *Everett Sloane*, Albert Mendoza; *Roy Roberts*, Captain Frank Nelson; *Lawrence Tolan*, Duke Malloy; *King Donovan*, Sergeant Whitlow; *Bob Steele*, Herman; *Adelaide Klein*, Olga Kirshen; *Don Beddoe*, Thomas O'Hara; *Tito Vuolo*, Tony Vetto; *John Kellog*, Vince; *Jack Lambert*, Philadephia Tom Zaca; *Patricia Joiner*, Angela Vetto; *Susan Cabot*, Nina Lombardo; *Mario Siletti*, Louis der Friseur.
P: Milton Sperling/United States Pictures; **R:** Bretaigne Windust und Raoul Walsh; **Ra:** Chuck Hansen; **D:** Martin Rackin; **K:** Robert Burks; **AD:** Charles H. Clarke; **M:** David Buttolph; **T:** Dolph Thomas; **S:** Fred Allen; **Ko:** Jean Louis.

Sirocco (dt. Sirocco – Zwischen Kairo und Damaskus)

Columbia, 1951, **L:** 98 min.
B: *Humphrey Bogart*, Harry Smith; *Marta Toren*, Violette; *Lee J. Cobb*, Colonel Feroud; *Everett Sloane*, General LaSalle; *Gerald Mohr*, Major Leon; *Zero Mostel*, Balukjin; *Nick Dennis*, Nasir Aboud; *Onslow Stevens*, Emir Hassan; *Ludwig Donath*, Besitzer einer Absteige; *David Bond*, Achmet; *Vincent Renno*, Arthur; *Martin Wilkens*, Omar; *Peter Ortiz*, Major Robbinet; *Edward Colmans*, Colonel Corville; *Al Eben*, Sergeant; *Peter Brocco*, Friseur; *Jay Novello*, Hamal; *Leonard Penn*, Rifat; *Harry Guardino*, Lieutenant Collet.
P: Robert Lord und Henry S. Kesler/Santana; **R:** Curtis Bernhardt; **Ra:** Earl Bellamy; **D:** A. I. Bezzerides und Hans Jacoby, nach dem Roman «Coup de Grace» von Joseph Kessel; **K:** Burnett Guffey; **AD:** Robert Peterson; **M:** George Antheil; **T:** Lodge Cunningham; **S:** Viola Lawrence; **Ko:** Milo Anderson.

The African Queen (dt. African Queen)

United Artists, 1951, **L:** 103 min.
B: *Humphrey Bogart*, Charlie Allnut; *Katharine Hepburn*, Rose Sayer; *Robert Morley*, Reverend Samuel Sayer; *Peter Bull*, Kapitän der Luisa; *Theodore Bikel*, erster Offizier der Louisa; *Walter Gotell*, zweiter Offizier der Louisa; *Gerald Onn*, Deckoffizier der Louisa; *Peter Swan-*

wick, erster Offizier der Shona; *Richard Marner*, zweiter Offizier der Shona.
P: S.P. Eagle (alias Sam Spiegel)/Horizon-Romulus; **R:** John Huston; **Ra:** Guy Hamilton; **D:** James Agee und John Huston, nach dem gleichnamigen Roman von C.S. Forester; **K:** Jack Cardiff; **Sp:** Cliff Richardson; **AD:** Wilfred Shingleton und John Hoesli; **M:** Alan Gray; **T:** John Mitchell und Eric Wood; **S:** Ralph Kemplen; **Ko:** Doris Langley Moore, Connie De Pinna, Vi Murray.

Deadline U.S.A. (dt. Die Maske runter; brit. Titel: Deadline)

20th Century Fox, 1952, **L:** 87 min.
B: *Humphrey Bogart*, Ed Hutchinson; *Ethel Barrymore*, Mrs. Garrison; *Kim Hunter*, Nora; *Ed Begley*, Frank Allen; *Warren Stevens*, George Burrows; *Paul Stewart*, Harry Thompson; *Martin Gabel*, Thomas Rienzi; *Joe de Santis*, Herman Schmidt; *Joyce MacKenzie*, Kitty Garrison Geary; *Audrey Christie*, Mrs. Willebrandt; *Fay Baker*, Alice Garrison Courtney; *Jim Backus*, Jim Cleary; *Carleton Young*, Crane; *Selmer Jackson*, Williams; *Fay Roope*, Richter; *Parley Baer*, Oberkellner; *John Douchette*, Hal; *Florence Shirley*, Miss Barndollar; *Kasia Orzazewski*, Mrs. Schmidt; *Ramond Greenleaf*, Lawrence White; *Tom Powers*, Wharton; *Thomas Browne*, Henry Fenway; *Philip Terry*, Lewis Schaefer; *Joseph Sawyer*, Whitey; *Lawrence Dobkin*, Larry Hansen; *Alex Gerry*, Prentiss; *Clancy Cooper*, Captain Finlay; *Willis Bouchey*, Henry; *Joseph Crehan*, Redakteur; *Paul Dubov*, entlassenes Redaktionsmitglied.
P: Sol C. Siegel; **R:** Richard Brooks; **Ra:** Dick Mayberry; **D:** Richard Brooks; **K:** Milton Krasner; **Sp:** Ray Kellog; **AD:** Lyle Wheeler und George Patrick; **M:** Cyril Mockridge und Sol Kaplan; **T:** E. Clayton Ward und Harry M. Leonard; **S:** William B. Murphy; **Ko:** Eloise Jenssen.

U.S. Saving Bonds Trailer

MGM, 1952, **L:** 9 min.
B: Humphrey Bogart
P: Dore Shary; **R:** George Cukor; **K:** John Seitz; **T:** C. Clayton Ward; **S:** Ralph Dixon.

Battle Circus (dt. Arzt im Zwielicht)

MGM, 1953, **L:** 90 min.
B: *Humphrey Bogart*, Major Jed Webbe; *June Allyson*, Lieutenant Ruth McCara; *Keenan Wynn*, Sergeant Orvil Statt; *Robert Keith*, Lieutenant Colonel Hillary Whalters; *William Campbell*, Captain John Rustford; *Perry Sheehan*, Lieutenant Laurence; *Patricia Tiernan*, Lieutenant Rose Ahland; *Jonathan Cott*, Adjutant; *Adele Longmire*, Lieutenant Jane Franklin; *Ann Morrison*, Lieutenant Edith Edwards; *Helen Winston*, Lieutenant Graciano; *Sarah Selby*, Captain Dobbs; *Danny Steve Forrest*, Sergeant; *Jeff Richards*, Lieutenant; *Dick Simmons*, Captain Norson.
P: Pandro S. Berman; **R:** Richard Brooks; **Ra:** Al Jennings; **D:** Richard Brooks, nach einer Idee von Allen Rivkin und Laura Kerr; **K:** John Alton; **Sp:** A. Arnold Gillespie; **AD:** Cedric Gibbons und James Basevi; **M:** Lennie Hayton; **T:** Douglas Shearer; **S:** George Boemler; **Ko:** Edith Head.

Beat the Devil (dt. Schach dem Teufel)

United Artists, 1953, **L:** 93 min.
B: *Humphrey Bogart*, Billy Dannreuther; *Jennifer Jones*, Gwendolen Chelm; *Gina Lollobrigida*, Maria Dannreuther; *Robert Morley*, Petersen; *Peter Lorre*, O'Hara; *Edward Underdown*, Harry Chelm; *Ivor Barnard*, Major Ross; *Bernard Lee*, Inspektor; *Marco Tulli*, Ravello; *Mario Perroni*, Zahlmeister; *Alex Pochet*, Hotelmanager; *Aldo Silvani*, Charles; *Guilio Donnini*, Verwalter; *Saro Urzi*, Kapitän; *Juan de Landa*, Fahrer; *Manuel Serano*, arabischer Offizier; *Mimo Poli*, Barmann.
P: Jack Clayton/Santana – Romulus; **R:** John Huston; **D:** John Huston und Truman Capote, nach dem gleichnamigen Roman von James Helvick; **K:** Oswald Morris; **AD:** Wilfred Singleton; **M:** Franco Mannino; **T:** George Stephenson und E. Law; **S:** Ralph Kemplen; **Ko:** Doris Langley.

The Love Lottery

Ealing Studios, 1954, **L:** 89 min.
B: *David Niven*, Rex Allerton; *Peggy Cummins*, Sally; *Anne Vernon*, Jane; *Herbert Lom*, Amico; *Charles Victor*, Jennings; *Gordon Jack-*

son, Ralph; *Felix Aylmer*, Winant; *Hugh McDermott*, Rodney Wheeler; *Stanley Maxted*, Stanton; *June Clyde*, Viola; *John Chandos*, Gulliver Kee; *Gabriella Blunt*, Doreen; *Hattie Jacques*, Dienstmädchen; *Humphrey Bogart*, als er selbst.
P: Monja Danischwesky; **R:** Charles Chrichton; **D:** Harry Kurnitz; **K:** Douglas Slocombe; **AD:** Cedric Gibbons; **M:** Benjamin Frankel; **T:** Tom Morahan Ward; **S:** Seth Holt; **Ko:** Thomas Morahan.

The Caine Mutiny (dt. Die Caine war ihr Schicksal)

Columbia, 1954, **L:** 125 min.
B: *Humphrey Bogart*, Kapitän Queeg; *Jose Ferrer*, Lieutenant Barney Greenwald; *Van Johnson*, Lieutenant Steve Maryk; *Fred MacMurray*, Lieutenant Tom Keefer; *Robert Francis*, Ensign Willie Keith; *May Wynn*, May Wynn; *Tom Tully*, Captain de Vriess; *E. G. Marshall*, Lieutenant Commander Challee; *Arthur Franz*, Lieutenant Paynter; *Lee Marvin*, Meatball; *Warner Anderson*, Captain Blakely; *Claude Akins*, Horrible; *Katharine Warren*, Mrs. Keith; *Jerry Paris*, Ensign Harding; *Steve Brodie*, Chief Budge; *Todd Karns*, Stilwell; *Whit Bissell*, Lieutenant Commander Dickson; *James Best*, Lieutenant Jorgendsen; *Joe Haworth*, Ensign Carmody; *Guy Anderson*, Ensign Rabbit; *James Edwards*, Whittaker; *Don Dubbins*, Urban; *David Alpert*, Engstrand.
P: Stanley Kramer Company; **R:** Edward Dmytryk; **Ra:** Carter DeHaven Jr.; **D:** Stanley Roberts und Michael Blankfort, nach dem gleichnamigen Roman von Herman Wouk; **K:** Franz Planer; **Sp:** Lawrence Butler; **AD:** Cary Odell; **M:** Max Steiner; Songs: «I Can't Belive That You're In Love» von Jimmy McHugh und Clarence Gaskill; «Yellowstain Blues» von Fred Karger und Herman Wouk; **T:** Lambert Day; **S:** William Lyon und Henry Batista; **Ko:** Jean Louis.

Sabrina (dt. Sabrina; brit. Titel: Sabrina Fair)

Paramount, 1954, **L:** 113 min.
B: *Humphrey Bogart*, Linus Larrabee; *Audrey Hepburn*, Sabrina Fairchild; *William Holden*, David Larrabee; *Walter Hampden*, Oliver Larabee; *John Williams*, Thomas Fairchild; *Martha Hyer*, Elizabeth Tyson; *Joan Vohs*, Gretchen van Horn; *Marcel Dalio*, Baron; *Marcel Hillaire*, Professor; *Nella Walker*, Maude Larrabee; *Francis X. Bushman*, Mr. Tyson; *Ellen Corby*, Miss McCardle.

P: Billy Wilder; **R:** Billy Wilder; **Ra:** C.C. Coleman Jr.; **D:** Billy Wilder, Samuel Taylor und Ernest Lehman, nach dem Theaterstück «Sabrina Fair» von Samuel Taylor; **K:** Charles Lang Jr.; **Sp:** John P. Fulton und Farciot Edouart; **AD:** Hal Pereira und Walter Tyler; **M:** Frederick Hollander; **T:** Harold Lewis und John Cope; **S:** Arhur Schmidt; **Ko:** Edith Head.

The Barefoot Contessa (dt. Die barfüßige Gräfin)

United Artists/Figaro Incorporated, 1954, **L:** 128 min.
B: *Humphrey Bogart*, Harry Dawes; *Ava Gardner*, Maria Vargas; *Edmond O'Brien*, Oscar Muldoon; *Marius Goring*, Alberto Bravano; *Valentina Cortesa*, Eleanora Torlato-Favrini; *Rossano Brazzi*, Vincenzo Torlato-Favrini; *Elizabeth Sellars*, Jerry; *Warren Stevens*, Kirk Edwards; *Franco Interlenghi*, Pedro; *Mari Aldon*, Myrna; *Bessie Love*, Mrs. Eubnaks; *Diana Decker*, betrunkene Blondine; *Bill Fraser*, J. Montague Brown; *Alberto Rabagliati*, Nachtclubbesitzer; *Enzo Staiola*, Botenjunge; *Maria Zanoli*, Marias Mutter; *Renato Chiantoni*, Marias Vater; *John Parrish*, Mr. Black; *Jim Gerald*, Mr. Blue; *Riccardo Rioli*, tanzender Zigeuner; *Tonio Selwart*, der Thronfolger; *Margaret Anderson*, die Frau des Thronfolgers; *Gertrude Flynn*, Lulu McGee; *John Horne*, Hector Eubanks; *Robert Christopher*, Eddie Blake; *Anna Maria Paduan*, Zimmermädchen; *Carlo Dale*, Chauffeur.
P: Forrest Johnstone, Franco Magli und Michael Waszynski; **R:** Joseph L. Mankiewicz; **Ra:** Pietro Mussetta; **D:** Joseph L. Mankiewicz; **K:** Jack Cardiff; **AD:** Arrigo Equini; **M:** Mario Nascimbene; **T:** Charles Knott; **S:** William Hornbeck; **Ko:** Fontana.

We're No Angels (dt. Wir sind keine Engel)

Paramount, 1955, **L:** 103 min.
B: *Humphrey Bogart*, Joseph; *Aldo Ray*, Albert; *Peter Ustinov*, Jules; *Joan Bennett*, Amelie Ducotel; *Basil Rathbone*, André Trochard; *Leo G. Carroll*, Felix Ducotel; *John Baer*, Paul Trochard; *Gloria Talbot*, Isabell Ducotel; *Lea Penman*, Madame Perone; *John Smith*, Arnaud.
P: Pat Duggan; **R:** Michael Curtiz; **Ra:** John Coonan; **D:** Ronald MacDougall, nach dem Theaterstück «La Cuisine des Anges» von Albert Husson; **K:** Loyal Griggs; **Sp:** John P. Fulton; **AD:** Hal Pereira; **M:** Frederick Hollander; **T:** Hugo Grenzbach und John Cope; **S:** Arthur Schmidt; **Ko:** Mary Grant.

The Left Hand of God (dt. Die linke Hand Gottes)

20th Century Fox, 1955, **L:** 87 min.
B: *Humphrey Bogart*, Jim Carmody; *Gene Tierney*, Anne Scott; *Lee J. Cobb,* Mieh Yang; *Agnes Moorehead*, Beryl Sigman; *E. G. Marshall*, Dr. David Sigman; *Jean Porter*, Mary Yin; *Carl Benton Reed*, Reverend Cornelius; *Victor Sen Young*, John Wong; *Philip Ahn*, Jan Teng; *Benson Fong*, Chun Tien; *Richard Cutting*, Pater O'Shea; *Leon Lontoc,* Pao Ching; *Don Forbes*, Pater Keller; *Noel Toy*, Frau im Sarong; *Peter Chong*, Feng Tso Lin; *Marie Tsien*, Frau im Kimono; *Stephen Wong*, der Junge; *Sophie Chin*, Celeste; *George Chan*, Li Kwan; *Walter Soo Hoo*, Krankenpfleger; *Henry S. Quan*, Krankenpfleger; *Doris Chung*, Krankenschwester; *Moy Ming*, alter Mann; *George Lee*, Mi Lu; *Beal Wong*, Pater; *Stella Lynn*, Pao Chu; *Robert Burton*, Reverend Marvin; *Soo Yong*, Hebamme.
P: Buddy Adler; **R:** Edward Dmytryk; **Ra:** Ben Kadish; **D:** Alfred Hayes, nach dem gleichnamigen Roman von William E. Barrett; **K:** Franz Planer; **Sp:** Ray Kellogg; **AD:** Lyle Wheeler und Maurice Ransford; **M:** Victor Young; **T:** Eugene Grossman und Harry M. Leonard; **S:** Dorothy Spencer; **Ko:** Charles Le Maire.

The Desperate Hours (dt. An einem Tag wie jeder andere)

Paramount, 1955, **L:** 112 min.
B: *Humphrey Bogart*, Glenn Griffin; *Fredric March*, Dan Hilliard; *Arthur Kennedy*, Jesse Bard; *Martha Scott*, Eleanor Hilliard; *Dewey Martin*, Hal Griffin; *Gig Young*, Chuck; *Mary Murphy*, Cindy Hilliard; *Richard Eyer*, Ralphie Hilliard; *Robert Middleton*, Sam Kobish; *Alan Reed*, Detective; *Bert Freed*, Winston; *Ray Collins*, Masters; *Whit Bissell*, Carson; *Ray Teal*, Fredericks; *Michael Moore*, Detective; *Don Haggerty*, Detective; *Ric Roman*, Sal; *Pat Flaherty*, Durtch; *Beverly Garland*, Miss Swift; *Louis Lettieri*, Bucky Walling; *Ann Doran*, Mrs. Walling; *Walter Baldwin*, Patterson.
P: William Wyler; **R:** William Wyler; **Ra:** C. C. Coleman Jr.; **D:** Joseph Hayes, nach seinem gleichnamigen Roman; **K:** Lee Garmes; **Sp:** John P. Fulton und Farciot Edouart; **AD:** Hal Pereira und Joseph MacMillan; **M:** Gail Kubik; **T:** Hugo Grenzbach und Winston Leverett; **S:** Robert Swink; **Ko:** Edith Head.

The Harder They Fall (dt. Schmutziger Lorbeer)

Columbia, 1956, **L:** 109 min.
B: *Humphrey Bogart*, Eddie Willis; *Rod Steiger*, Nick Benko; *Jan Sterling*, Beth Willis; *Mike Lane*, Toro Moreno; *Max Baer*, Buddy Brannen; *Jersey Joe Walcott*, George; *Edward Andrews*, Jim Weyerhause; *Harold J. Stone*, Art Leavitt; *Carlos Montalban*, Luis Agrandi; *Nehemiah Persoff*, Leo; *Felice Orlandi*, Vince Fawcett; *Herbie Faye*, Max; *Rusty Lane*, Danny McKeogh; *Jack Albertson*, Pop; *Val Avery*, Frank; *Tommy Herman*, Tommy; *Vinnie DeCarlo*, Joey; *Pat Comiskey*, Gus Dundee; *Matt Murphy*, Matrose Rigazzo; *Abel Fernandez*, Chief Firebird; *Marion Carr*, Alice.
P: Philip Yordan; **R:** Mark Robson; **Ra:** Milton Feldman; **D:** Philip Yordan, nach dem gleichnamigen Roman von Budd Schulberg; **K:** Burnett Guffey; **AD:** William Flannery; **M:** Hugo Friedhofer; **T:** Lambert Day; **S:** Jerome Thoms; **Ko:** Jean Louis.

Bibliographie

Agee, James: Agee on Film, Vol. I. und II., New York, Perigee Books, 1983

Astor, Mary: A Life on Film, New York, Delacorte, 1971

Bacall, Lauren: By Myself, London, Jonathan Cape, 1979

–: Now, New York, Alfred A. Knopf, 1994

Bacon, James: Hollywood is a Four-Letter-Town, Chicago, Henry Regnery Co., 1976

Baxter, John: John Ford, München, Wilhelm Heyne, 1980

Behlmer, Rudy: Memo from David O. Selznick, New York, Viking Press, 1972

–: America's Favorite Movies, Behind the Scenes, New York, Frederick Ungar Publishing Co., 1982

–: Inside Warner Brothers (1935–1950), London, Weidenfeld and Nicolson, 1986

Benchley, Nathaniel: Humphrey Bogart, London, Hutchinson, 1975

Bentley, Eric (ed.): Thirty Years of Treason. Excerpts from Hearings Before the House Committee on Un-American Activities, New York, Viking Press, 1971

Bergman, Ingrid (mit Alan Burgess): My Story, London, Michael Joseph, 1980

Bronner, Edwin: The Encyclopedia of the American Theatre 1900–1975, San Diego, A. S. Barnes, 1980

Brooks, Louise: Lulu in Hollywood, London, Hamish Hamilton, 1982

Cagney, James: Cagney on Cagney, New York, Doubleday, 1976

Davidson, Bill: Spencer Tracy – Tragic Idol, London, Sidgewick & Jackson, 1987

Deschner, Donald: The Films of Spencer Tracy, Secaucus, N. J., Citadel Press, 1971

DiOrio Jr., Al: Little Girl Lost, New Rochelle, Arlington House, 1973

Eyles, Allen: Humphrey Bogart, London, Macmillan Publishers, 1975
Ford, Dan: Pappy. The Life of John Ford, Englewood Cliffs, N.J., Prentice Hall, Inc., 1979
Freedland, Michael: The Warner Brothers, London, Harrap, 1983
French, Philip: The Movie Moguls, London, Weidenfeld and Nicolson, 1969
Gehman, Richard: Bogart, Greenwich, Connecticut, Gold Medal Books, Fawcett Publications, 1965
Geist, Kenneth: Pictures will talk. The Life & Films of Joseph L. Mankiewicz, New York, Da Capo Press, 1978
Goodman, Ezra: Bogey. The Good-Bad Guy, New York, Lyle Stuart, 1965
Hepburn, Katharine: AFRICAN QUEEN oder Wie ich mit Bogart, Bacall und Huston nach Afrika fuhr und beinahe den Verstand verlor, München, Wilhelm Heyne, 1987
Higham, Charles: Ava, London, W.H. Allen, 1975
–: Errol Flynn. The untold Story, London, Granada, 1980
Hopper, Hedda; From Under My Hat, Garden City, N.Y., Doubleday & Co., 1960
Huston, John: An Open Book, New York, Ballatine Books, 1981
Hyams, Joe: Bogie, London, W.H. Allen, 1971
Kobal, John: People will talk, London, Aurum Press, 1986
Koch, Howard: As Time Goes By, New York und London, Harcourt Brace Jovanovich, 1979
Korda, Michael: Charmed Lives, New York, Random House, 1980
Mast, Gerald: Howard Hawks, Storyteller, New York, Oxford University Press, 1982
McBride, Joseph: Hawks on Hawks, Berkeley, University of California Press, 1982
McCarty, Clifford: Bogey – The Films of Humphrey Bogart, Secaucus N.J., Citadel Press, 1965
McDowell, Roddy: Double Exposure, New York, Delacorte Press, 1966
Muscio, Giuliana: Hexenjagd in Hollywood, Frankfurt, Verlag Neue Kritik, 1982
O'Brien, Pat: The Wind at my Back, Garden City, N.Y., Doubleday & Co., 1964
Robinson, Edward G.: All My Yesterdays, London, W. H. Allen, 1974
St. John, Adela Rogers: The Honeycomb, Garden City, N.Y., Doubleday & Co., 1969

Swindell, Larry: Spencer Tracy. A Biography, Mountain View, Cal., World Publishing Co., 1969
Thompson, Verita (mit Donald Shephard): Bogie and Me, New York, St. Martin's Press, 1982
Wallis, Hal (mit Charles Higham): Starmaker – the Autobiographie of Hal Wallis, New York, Macmillan, 1980
Walsh, Raoul: Each Man in His Time, New York, Farrar, Straus & Giroux, 1974
Warner, Jack L. (mit Dean Jennings): My first Hundred Years in Hollywood, New York, Random House, 1964
Warner Sperling, Cass/Millner, Cork/Warner, Jack Jr.: Hollywood Be Thy Name – The Warner Brother Story, Rocklin, Prima Publishing, 1994
Warren, Douglas: James Cagney – The Authorized Biography, London, Robson Books, 1983
Weley, Mason und Bona, Damien: Inside Oscar – The unofficial History of the Academy Awards, London, Columbus Books, 1986
Yablonsky, Lewis: George Raft, London, W.H. Allen, 1975
Zolotow, Maurice: Billy Wilder in Hollywood, New York, G.P. Putnam's Sons, 1977

Personenregister